高职高专财务会计类特色规划教材
国家示范性高职院校重点规划教材
高等职业教育校企合作特色示范教材

会计电算化

Accounting Computerization

主　编◎张丽静　石　峦
副主编◎窦琳琳　孙海涛
参　编◎王　欢
主　审◎张振和

上海财经大学出版社

图书在版编目(CIP)数据

会计电算化/张丽静,石峦主编．—上海:上海财经大学出版社,2017.1

高职高专财务会计类特色规划教材

国家示范性高职院校重点规划教材

高等职业教育校企合作特色示范教材

ISBN 978-7-5642-2651-0/F・2651

Ⅰ.①会… Ⅱ.①张…②石 Ⅲ.①会计电算化-高等职业教育-教材 Ⅳ.①F232

中国版本图书馆 CIP 数据核字(2017)第 003342 号

□ 责任编辑 吴晓群

□ 封面设计 韩庆熙

KUAIJI DIANSUANHUA

会 计 电 算 化

张丽静 石 峦 主 编

窦琳琳 孙海涛 副主编

王 欢 参 编

张振和 主 审

上海财经大学出版社出版发行

(上海市武东路 321 号乙 邮编 200434)

网 址:http://www.sufep.com

电子邮箱:webmaster @ sufep.com

全国新华书店经销

启东市人民印刷有限公司印刷装订

2017 年 1 月第 1 版 2017 年 1 月第 1 次印刷

787mm×1092mm 1/16 19.5 印张 499 千字

印数:0 001—4 000 定价:43.00 元

前　言

我国高职高专教育在国家扶持和社会需求的双重推动下进入高速发展时期，人们对高职高专教育的重要性有了新的认识。高职高专的教育目标是培养高技术技能人才，注重学生的实践动手能力、职业岗位能力、创新能力和解决实际问题能力的培养。本书以“成果导向”教学理念为特色，根据会计行业所涵盖的职业岗位群进行职业能力分析，并设定学习项目；以“学习成果”为导向，紧紧围绕完成工作任务的需要，选择内容，并以会计电算化工作任务为载体，强化实训。针对本课程的教学规律和高职高专学生的特点，合理安排各项目教学内容，力求准确、简明、完整，体现“学以致用”“即学即用”的编写思路，并且强调基础知识与实践环节相结合，注重操作步骤与应用技巧相联系。

本教材共分10个项目，具体内容和要求如下：

项目一“总论”：明晰会计电算化基本概念，了解会计电算化发展历史，区别手工会计与电算化会计，能根据企业需要购买商品化会计软件，进行市场调研，根据企业特点提供建议；确定会计岗位任务，根据企业岗位任务设置会计电算化岗位，并制定相应管理制度。

项目二“系统管理”：根据企业需要在系统管理中设置用户、建立企业账套和设置用户权限；根据企业财务需要进行账套的输出、引入和修改；对系统运行安全进行统一管理。

项目三“企业应用平台”：在企业应用平台进行基础档案设置；明确从手工会计到电算化会计进行系统转换时的注意事项，能够合理选择转换时间、方法，尤其应具备转换过程中对原会计资料归纳总结并加以规范的能力。

项目四“总账系统”：具有初始数据录入并试算平衡能力，设置总账控制参数；具有凭证管理岗位技能；明确制单与审核的相关规定，明晰记账的规则与注意事项；精练期末转账处理。

项目五“薪资管理”：建立工资管理账套，完成工资系统初始化；设置工资管理项目并定义工资计算公式，输入、修改工资数据和资料；对工资费用进行分配和有关费用的计提和分配；统计、分析和个人所得税的核算；制作各种类型的工资表。

项目六“固定资产管理”：正确地选择固定资产折旧方法，明晰编码规则，增加或减少固定资产的类型，正确处理内部变动的调整，能够进行增加或减少资产和折旧的会计处理。

项目七“应收款管理”：能根据单位具体信息设置参数和基础档案、录入期初数据，并且录入应收单据、收款单据；能进行票据录入、转账设置；能根据原始凭证准确制单。

项目八“应付款管理”：能根据单位具体信息设置参数和基础档案、录入期初数据，并且录入应付单据、付款单据；能进行票据录入、转账设置；能根据原始凭证准确制单。

项目九“企业财务报表管理”：明确报表格式包括哪些项目，确定单元格属性，了解报表函数的识别、关键字及其设置，正确定义取数公式、舍位平衡公式，会用报表模板的调用方法。

附录“会计电算化综合实训”：能进行总账、薪资管理、固定资产管理、报表管理的综合业务处理。

本书由一批长期工作在高职高专会计电算化教学一线的教师编写，企业人员负责指导，具体分工为：张丽静、石峦为主编，窦琳琳、孙海涛为副主编，王欢为参编，张振和为主审。项目一、项目七、项目八由张丽静编写，项目二、项目三、项目五由石峦编写，项目四由王欢编写，项目六由孙海涛编写，项目九由窦琳琳编写。

本书在编写过程中得到了上海财经大学出版社有关领导和编辑的大力支持与帮助，在此一并表示感谢。由于编者水平有限，书中难免出现错误和不足，敬请广大读者和同仁给予批评指正。

编　者

2017年1月

目　录

项目一

总 论

职业能力目标

明晰会计电算化的含义及作用；了解国内外会计电算化的发展趋势；明确会计管理制度、会计岗位的设置；区别手工会计与电算化会计。

学习成果

熟悉会计电算化基本概念，能开展会计电算化。

任务一 会计电算化基础知识

一、会计电算化的含义

1981年，中国会计学会在总结第一汽车制造厂的应用经验基础上，在长春市召开的“财务、会计、成本应用电子计算机专题讨论会”上正式提出“会计电算化”一词。它是以电子计算机为主的当代电子信息处理技术应用到会计工作中的简称，是用电子计算机代替手工建账、记账、算账、报账以及部分代替人脑完成对会计信息的分析、预测和决策的全过程。会计电算化的产生不仅是会计数据处理手段的变革，而且对会计理论和实务也产生了深远影响。

会计电算化已成为一门融电子计算机科学、管理学、信息学和会计学为一体的边缘学科。其研究对象是如何利用电子计算机信息处理技术进行会计核算、会计管理、会计辅助决策及相关的所有工作。其主要任务是研究如何在会计中应用电子计算机及其对会计理论的影响。它的目的是通过核算手段的现代化，更好地发挥会计参与管理、参与决策的职能，为提高现代化管理水平和提高经济效益服务。从会计电算化的研究对象和开展会计电算化的任务来看，会计电算化不仅研究如何通过电子计算机及相关技术获取会计信息的全过程，而且研究如何按管理的需要对现行会计工作进行改革。

二、会计电算化的作用

(一)减轻了会计人员的工作强度,提高了会计工作效率

实现会计电算化后,只要将记账凭证输入计算机,大量数据的计算、分类、汇总、存储和传输等工作,都可由计算机自动完成。这不仅可以把广大会计人员从繁杂的记账、算账和报账中解脱出来,而且由于计算机极高的运算速度和精确度,大大提高了会计工作效率,同时也为管理提供了全面、及时和准确的会计信息。

(二)促进会计工作规范化,提高了会计工作质量

由于在计算机应用中对会计数据来源提出了一系列规范化的要求,在很大程度上解决了手工操作中的不规范、易出错及易疏漏等问题,会计工作趋于标准化、制度化和规范化,会计工作的质量也得到了进一步的提高。

(三)促进了会计职能的转变

在手工条件下,会计人员整天忙于记账、算账及报账。实施会计电算化后,由计算机替代会计人员的手工记账、算账和报账。会计人员可以腾出更多的时间和精力参与经营管理,从而促进了会计职能的转变。

(四)促进了会计队伍素质的提高

会计电算化不仅要求会计人员具有会计专业知识,还必须具有计算机专业知识,这就迫使广大会计人员进一步学习业务知识、开拓知识面。而计算机在会计工作中的应用,又为会计人员进一步学习和发展提供了时间和机会,使会计人员有更多的精力学习和交流新知识,其结果必然会改变财会人员的知识结构、提高自身素质和管理水平。

(五)为整个管理工作现代化奠定了基础

实施会计电算化后,利用计算机高速度、大容量等功能,不仅可以对过去的经营活动进行详细记录,而且可以及时获得当前经济活动的最新数据,还可以预测未来各种经营活动,反映市场变化趋势,从而为整个管理信息系统开展分析、预测和决策提供可靠的依据。在行业、地区实现会计电算化后,大量的经济信息资源可以得到共享,通过计算机网络可以迅速了解各种经济技术指标,极大地提高了经济信息的使用价值,为整个管理工作现代化奠定了基础。

(六)促进了会计理论的研究和会计实务的不断发展

会计电算化不仅是会计核算手段和会计信息处理技术的变革,而且必将对会计核算的内容、方式、程序和对象等会计理论和实务产生影响,从而促进会计自身的不断发展,使其进入新的发展阶段。

三、国外会计电算化的发展

从 1946 年电子计算机在美国诞生,到 1954 年 10 月美国通用电气公司第一次在计算机上计算职工工资,标志着电子计算机真正应用到了会计领域,引起了会计处理技术的真正变革。最初的处理内容仅限于工资计算、库存材料的收发核算等一些数据处理量大、计算简单而重复次数多的经济业务。它以模拟手工会计核算形式代替了部分手工劳动,提高了这些劳动强度较高的工作的效率。

20 世纪 50 年代中期到 60 年代,随着人们利用电子计算机对会计数据进行综合处理,系统地提供经济分析、决策所需要的会计信息,手工簿记系统被电算化信息系统取而代之。这个时期会计电算化的特点是电子计算机几乎完成了手工簿记系统的全部业务,打破了手工方式

下的一些常规结构，更重视数据的综合加工处理，并加强了内部管理。这一时期所开发的系统具有一定的反馈功能，能为基层和中层管理提供信息，但各种功能之间还未实现共享。

20 世纪 70 年代，计算机技术迅猛发展，计算机网络的出现和数据库管理系统的应用，形成了应用电子计算机的管理信息系统。企业管理中全面地应用了电子计算机，各个功能系统可以共享储存在计算机上的整个企业生产经营成果的数据库。电算化会计信息系统成为管理信息系统中的一个部分，企业、公司的最高决策也借助计算机系统提供的信息，提高了工作效率和管理水平。

20 世纪 80 年代，微电子技术蓬勃发展，微型计算机大批涌现，进入了社会各个领域，包括家庭在内。信息革命逐渐成为新技术革命的主要标志和核心内容，人类进入了信息社会，微型电子计算机不仅受到大中型企业的欢迎，也得到了小型企业的青睐。它促使各部门把小型机、微型机的通信线路相互联结，形成计算机网络，提高了计算和数据处理的能力，取代了大型电子计算机。国际会计师联合会于 1987 年 10 月在日本东京召开的以“计算机在会计中的应用”为中心议题的第 13 届世界会计师大会，成为计算机会计信息系统普及的重要标志。

20 世纪 90 年代，随着计算机技术的飞速发展，计算机会计信息系统在国际上也呈现普及之势。美国在这一领域已步入较快的发展阶段，始终处于国际最高水平。美国会计软件的应用也非常普及。有关资料显示，美国有几百种商品化会计软件在市场上流通。会计软件产业已成为美国计算机软件产业的一个重要分支。

从会计电算化开发技术与运行平台来看，20 世纪 90 年代中期推出的商品化会计电算化软件与早期的会计电算化软件相比上了一个台阶，这是由于 90 年代计算机信息处理技术飞速发展的结果。90 年代中期的商品化会计电算化软件主要使用 Windows 环境下的开发工具，并运行在 Windows 操作系统之上，这些开发工具大大缩短了软件开发周期，并大大增强了软件的运行稳定性，与此同时，图形化界面使得软件功能更直观也更易于操作使用。部分软件使用了服务器数据库，如 SYBASE、ORACLE、INFORMIX、SQL SERVER、DB2 和 ACCESS 等，提高了数据的安全性。

20 世纪 90 年代中期的商品化会计信息系统基本上具有网络功能，网络结构体系主要有 F/S(文件/服务器)和 C/S(客户/服务器)两种。网络操作系统除了 NetWare 之外，还有 Windows NT 和 UNIX 等。

四、我国会计电算化的发展

我国会计电算化工作始于 1979 年。其主要标志是，1979 年财政部支持并参与了长春第一汽车制造厂的会计电算化试点工作。1981 年 8 月，在财政部和中国会计协会的支持下，在长春召开了“财务、会计、成本应用电子计算机专题讨论会”，这次会议成为我国会计电算化理论研究的一个里程碑，在这次会上提出计算机在会计上的应用统称为“会计电算化”。随着 20 世纪 80 年代计算机在全国各个领域的应用、推广和普及，计算机在会计领域的应用也得以迅速发展。概括起来，我国会计电算化的发展可以分为以下几个阶段：

(一)会计电算化缓慢发展阶段(1983 年以前)

这个阶段起始于 20 世纪 70 年代少数企事业单位单项会计业务的电算化，计算机技术应用于会计领域的范围十分狭窄，涉及的业务十分单一，最普遍的是工资核算的电算化。在这个阶段，由于会计电算化人员缺乏，计算机硬件比较昂贵，软件汉化不理想，会计电算化没有得到高度重视，因此，会计电算化的发展比较缓慢。

(二)会计电算化自我发展阶段(1983～1987 年)

自 1983 年下半年起在我国掀起了一个应用计算机的热潮,微型计算机在国民经济各个领域得到了广泛的应用。然而,由于应用电子计算机的经验不足,理论准备与人才培训不够,管理水平跟不上,在会计电算化过程中出现许多盲目的低水平重复开发的现象,浪费了许多人力、物力和财力。

这一阶段的主要表现如下:

(1)没有经过认真调查研究就匆匆上马的会计软件开发项目占大多数。许多单位先买了计算机,然后才确定上什么项目,没有全盘考虑如何一步一步地实现会计电算化;还有的单位只是为了评先进、上等级等,才购买计算机来摆样子。

(2)开展会计电算化的单位之间缺乏必要的交流,闭门造车、低水平、重复开发的现象严重。

(3)会计软件的开发多为专用定点开发,通用会计软件开发的研究不够,会计软件的规范化、标准化程度低,商品化受到很大的限制。

(4)会计电算化的管理落后于客观形势发展的需要,全国只有少数地方的财政部门开展了会计电算化组织管理工作,配备了管理会计电算化的专职人员,制定了相应的管理制度,多数地区还没有着手开展管理工作。

(5)既懂会计又懂计算机的人才尚在培养中。从 1984 年开始,各大中专院校、研究院所纷纷开始培养会计电算化的专门人才。

(6)会计电算化的理论研究此时开始得以重视,许多高等院校、研究院所及企业组织了专门的班子研究会计电算化理论。1987 年 11 月中国会计学会成立了会计电算化研究组,为有组织地开展理论研究做好了准备。

(三)会计电算化普及与提高阶段(1987～1999 年)

这一阶段相继出现了以开发经营会计核算软件为主的专业公司,业务发展很快,逐步形成会计软件产业。由于我国经济发展水平的影响和计算机技术发展的限制,会计电算化的演进具有多态性。

这一阶段的主要表现如下:

(1)从单项数据处理发展到全面应用计算机、建立会计信息系统的过程。

(2)从计算机处理与手工操作并行,发展到甩掉手工账本,靠计算机独立运行完成记账、算账及报账等任务的过程。

(3)从计算机应用于企业内部会计信息处理,发展到用计算机汇总并报送会计报表,为国家宏观经济提供可靠的会计信息的过程。

(4)从最初采用原始的软件开发方法,发展到运用现代软件工程学方法开发会计软件的过程。

(5)从单家独户开发会计软件,发展到设置专门机构,集中专门人才,开发通用化、商品化的会计软件的过程。

这一发展阶段有如下几个主要标志:一是会计软件的开发向通用化、规范化、专业化和商品化方向开展;二是各级行政部门和业务主管部门加强了对会计电算化的管理,许多地区和部门制定了相应的发展规划、管理制度和会计软件开发标准;三是急于求成的思想逐渐被克服,失败和成功的经验给人们以启示。

(四)会计电算化向企业管理全面信息化发展(1999 年至今)

随着我国市场体系的不断完善,以及政府对国有大中型企业改革的不断深入,绝大多数企业已清楚地意识到自己已被置身于市场竞争的环境中，怎样实现良好的经济效益已成为企业追求在激烈竞争环境中生存与发展的目标。为此，企业必须探索新的管理模式并不断改善管理模式，以适应市场需求的变化、强化成本管理和效益意识。此外，完善的信息是企业决策的基础，只有建立面向企业全面管理的一体化管理信息系统才能及时、准确地收集企业运营信息，对管理绩效进行反馈监控，以便及时调整管理策略，实现信息的使用价值并起到决策支持作用。为了适应企业规模化发展需要以及对市场需求的响应速度，越来越多的有识之士相继提出了开发"管理型"会计电算化系统的想法与思路。20 世纪 90 年代中期中国会计学会中青年会计电算化分会召开研讨会，正式提出了开发以财务管理为核心的全面企业管理信息系统这一战略转变，全面吹响了进军企业管理信息系统的号角。用友、金蝶等几家大型会计软件公司正在开发研制大型企业管理信息系统，并于 90 年代末推向企业应用。

与 20 世纪 90 年代中期推出的商品化会计信息系统相比，90 年代末推出的大型企业管理信息系统更多地借鉴国外企业管理软件的发展道路，同时又发挥了我国会计软件公司在会计软件领域的优势，是以财务为中心的 ERP(Enterprise Resource Planning)系统，它不仅能解决企业财务管理问题，而且能对企业的资金流、物流和信息流进行一体化、集成化管理。从软件结构上看，企业管理信息系统各模块不仅能独立运行，更可以集成一体化运行。从软件功能上来看，不仅包括账务处理、工资管理、固定资产管理、采购与应付账款管理、销售与应收账款管理、库存管理，还包括对物料需求计划的管理、对生产流程的管理、对成本的管理以及对人力资源的管理。

从企业应用的角度来看，并非所有企业都要应用大型企业管理信息系统，只有规范化管理的企业或具有一定规模的企业才会考虑应用大型企业管理信息系统，而大部分企业一般是先解决会计电算化，等到规模化发展时才开始应用面向企业全面管理的大型企业管理信息系统。因此，会计电算化系统开发公司在制定自己的发展策略时，一般要根据自己的资金实力与技术实力，对自己开发的产品进行定位。其中，部分会计信息系统开发公司将致力于开发中小型会计电算化系统产品，只有少数具有一定规模和实力的会计信息系统公司才能致力于开发大型企业管理信息系统。

任务二　会计电算化的开展

一、企业会计软件的选择

目前，我国已经形成一个规模很大的会计软件市场，并涌现了一批质量较高的会计软件，如市场占有率较高的用友、金蝶软件等。这些软件公司开发的软件已由原来的单一会计核算发展到以会计核算为中心的 ERP 系统，并向全面管理信息系统发展。产品都是以企业绩效管理为核心，涵盖了企业内部资源管理、供应链管理、客户关系管理、知识管理等内容，并能实现企业间的协作和电子商务的应用集成软件。

选购企业会计软件时应考虑以下几个方面：

(一)本单位财会业务的特点

1. 行业特点

每个行业的会计工作都有其特殊性。财政部在制定会计制度时，也是分行业分别制定的。因此，各单位在购买会计软件时，必须考虑各行业的特点。比如工业企业和商品流通企业的会计工作，在具体核算上，其内容和标准也不尽相同，其他各行业也如此。当然，通用商品化软件的某些功能是可以在某几个行业甚至各行业中通用的。购买软件时，既要满足财会工作的共性，更要满足其特殊性，这样才能极大地发挥其作用。

2. 本单位会计核算的特点

企业规模的大小、会计业务需要处理的数据量的多少、需要使用哪些模块、会计核算精确度的高低，以及是否分级核算，这些因素都将决定购买软件的性质和功能。

(二)软件的运行环境

与单位的实际情况相结合，明确软件运行的硬件环境和软件环境。

1. 硬件环境

计算机硬件设备是会计电算化的物质基础，计算机硬件系统设备选择的好与坏直接影响系统的投资大小和今后系统工作的质量与效率。硬件环境主要应了解软件运行所要求的硬件应达到的标准，如计算机的硬件型号、硬盘的容量、显示器的型号、内存的大小以及对打印机的要求等。

2. 软件环境

系统软件的选择对会计软件的应用影响很大，主要包括操作系统、数据库管理系统和工具软件等。会计软件属于一种应用软件，需要在系统软件的基础上运行。所以应明确会计软件需要什么样的操作系统来支持，会计软件使用的数据库管理系统有哪些等。

(三)会计软件的基本情况

1. 会计软件是否通过财政部门评审

会计工作要遵循全国统一的会计制度和相关财经法规中的有关规定，对执行会计工作的商品化会计软件也不例外。《会计电算化管理办法》规定，为了保证商品化会计软件的质量，财务软件必须经过省级以上财政部门评审以后，才能在市场上销售。不经评审的软件在质量上不能保证，也不能得到财政、税务、审计等部门的承认，不能代替手工记账。所以，对于会计软件的用户，为了保证财务信息的安全，一定要选用已经通过评审的财务软件。

2. 会计软件的技术性能

(1)操作使用是否简单易学。虽然在我国计算机的普及程度越来越高，但会计人员对计算机的运用熟悉程度仍然不是很高，仍缺乏系统的计算机方面的知识和操作上的经验。如果操作过于复杂、学习困难，很容易引起会计人员的误操作，从而带来不必要的麻烦。这就要求选择商品化会计软件时尽可能选择简单易学的。

(2)软件运行是否安全可靠。安全可靠是对会计软件最重要的要求。会计软件的安全可靠性是指会计软件处理信息的准确性、防止会计信息被泄露和破坏的能力。这点集中体现在软件的防错、纠错能力上，包括对操作权限的控制、操作错误的提示处理、计算机发生故障或由于强行关机等引起数据破坏的恢复、程序及数据被篡改后的恢复等。

(3)文档资料是否齐全。最基本、最重要的文档资料是用户操作手册，又称使用说明书。它应尽量详细地介绍系统的功能和用户的操作步骤，以及系统对操作的反应，以帮助用户熟悉软件的使用并排除某些操作产生的故障。文档资料中还应有系统运行时产生的凭证、账簿、报表等样本资料。它可以帮助用户判断新系统的功能是否满足自己的需要。文档资料中最好能有对系统的测试方案，以帮助用户验证系统的功能与控制能力。如果文档资料中有系统的业务处理流程及数据结构说明书甚至程序清单，就更完善了。

3. 会计软件的实用性与先进性

会计软件并非只要通过财政部门的评审就一定是好软件。在选择商品化软件时，还应考察该软件对本单位是否实用以及与其他商品化会计软件相比是否更加先进。不同种类的会计软件，其性能、水平也各不相同，在某些方面有自己的优点或缺点。如有的在商品流通行业使用起来比较方便，而有的在工业企业效果更为突出。因此，选择时应认真考察软件的优点和缺点，并根据本行业、本单位的特点提出一些关键性的问题，看看软件能否满足自身要求，对于单位来说是否具有很强的实用性。

先进性是指该软件在同类产品中的先进程度，它包括安全性、可靠性、功能的完备性及运行效率等。由于各单位财务制度、核算方法并非一成不变，而且使用软件后对信息处理的及时性和准确性有很高的要求，因此，先进性是单位选择商品化会计软件的重要因素之一。

4. 软件公司的信誉和售后服务情况

随着我国会计电算化事业的发展，软件用户和软件公司越来越重视售后服务的好坏。一方面，对于软件公司来说，售后服务在公司的业务中所占的比例越来越大，可以说售后服务的质量是它的第二生命；另一方面，对于使用单位来说，售后服务的质量是单位会计电算化系统正常运行的保证。目前，在我国购买会计软件的众多用户很难自己去排除会计软件在运行中发生的故障，主要还是依靠软件公司进行日常的维护工作。所以，单位在选择会计软件时，必须对软件的开发和经销单位的信誉及售后服务进行考察。考察软件公司是否重信誉、守合同，售后服务质量如何。售后服务主要包括对用户的操作培训和应用指导、会计软件的日常维护与维修、软件版本的更新等方面。除此之外，使用单位也可以针对自身的特点与软件经销单位商定售后服务方式，明确售后服务项目，明确哪些是无偿提供的、哪些需要缴纳服务费。

5. 软件的价格

目前，我国各软件公司推出的会计软件的价格各不相同。单位在购买软件时应与其他同档次的会计软件进行价格比较，选择能满足单位需要且价格便宜的软件。在购买会计软件时，还要检查软件价格中是否包括系统软件，如操作系统等。如果单位已经有了这些系统软件，便可将这部分费用扣除。

6. 单位会计电算化工作的发展趋势

随着单位的逐步发展，单位的会计工作将发生很大变化，如经济业务的变化、组织机构的变化以及企业管理需要的变化都会对会计软件提出新的要求，这就要求软件能满足单位未来发展的需要。

二、会计电算化的日常管理制度

(一)建立岗位分工制度

由于在会计电算化条件下根据会计数据处理和财务管理工作的需要，进行了新的工作岗位分工，因此同样需要对不同的工作岗位和人员进行重新划分工作职责和权限，从而明确各自的权利与责任，以保证会计电算化信息系统的有序运行。根据实际情况可以建立会计电算化主管责任制、软件操作责任制、审核记账员责任制、系统管理员责任制、电算审查人员责任制、数据分析员责任制、会计档案保管员责任制等。

(二)建立操作管理制度

操作管理是指对系统操作过程的控制和管理。建立健全的操作管理制度并严格实施，是系统安全、有效运行的保证。

(三)建立硬件管理制度

硬件管理制度主要是为了保证计算机系统和机房设备的正常运转实施的控制，这是系统安全运行的基本前提和物质保证。

(四)建立会计软件和会计数据的管理制度

对会计软件和会计数据进行安全保密控制，旨在防止软件被他人篡改、更换或破坏。

(五)制定会计档案的管理制度

会计档案管理是指会计电算化系统内各类文档资料的存档、安全保管和保密工作。这里的文档资料主要是指打印输出的各种账簿、凭证、报表，存储会计数据和程序的软盘及其他存储介质，系统开发运行中编制的各种文档以及其他会计资料。

三、岗位分工

会计电算化以后的工作岗位可以分为基本工作岗位和电算化会计岗位。基本工作岗位包括会计主管、出纳、会计核算、稽核和会计档案管理等，基本会计岗位与手工会计的各岗位相对应。电算化会计岗位是指直接管理、操作和进行系统维护的岗位。岗位设置参考如下：

(一)电算化主管

负责协调计算机及会计软件系统的运行工作。该岗位要求具备会计和计算机知识，以及相关的会计电算化组织管理经验。电算化主管可由会计主管兼任。

(二)软件操作员

负责记账凭证和原始凭证等会计数据的输入，各种记账凭证、账簿、会计报表的输出及部分会计数据处理工作。该岗位要求具备会计软件操作知识，达到会计电算化初级知识水平。

(三)审核记账员

负责对输入计算机的会计数据进行审核，操作会计软件登记机内账簿，对打印输出的账簿、报表进行确认。该岗位要求具备会计和计算机知识，达到会计电算化初级知识水平，可以由会计主管兼任。

(四)系统维护员

负责保证计算机硬件、软件的正常运行，管理机内数据。该岗位要求具备计算机和会计知识，达到会计电算化中级知识水平。采用大型计算机和计算机网络会计软件的单位，应设立这一岗位。

(五)电算审查员

负责监督计算机及会计软件系统的运行，防止利用计算机进行舞弊。该岗位要求具备计算机和会计知识，达到会计电算化中级知识水平。该岗位可以由会计稽核人员兼任。

(六)数据分析员

负责对计算机内的会计数据进行分析。该岗位要求具备计算机和会计知识，达到会计电算化中级知识水平。采用大型计算机和计算机网络会计软件的单位，可设立这一岗位，可由会计主管兼任。

(七)档案管理员

负责对数据软盘、程序软盘、打印输出的凭证、账簿、会计报表以及系统开发的各种档案资料的保管和保密工作。

(八)系统分析人员

系统分析人员根据用户的需要，通过对现有手工会计信息系统的接口界面、数据流程和数据结构等进行全面的分析，并在可行性分析的基础上确定电算化会计系统的目标，提出系统的逻辑模型。系统分析是开发电算化会计信息系统的第一阶段，也是最重要的阶段，是下一步系统设计的主要依据。会计信息系统是一个复杂的系统，它与企业其他管理信息子系统有着密切的联系，其内部业务处理过程也十分复杂，因此要求系统分析人员熟练掌握企业财务业务知识和企业管理知识，同时还需要掌握系统分析技术和方法，如系统调查、可行性研究、数据流程分析、数据结构分析，以及逻辑模型提出等技术和方法。此外，由于逻辑模型是为系统设计提供依据的，因此系统分析人员还必须掌握系统开发的其他一些知识和技术，如设计技术、编程、计算机硬件、软件基本知识等，以便设计的逻辑模型符合系统设计的要求。

(九)系统设计人员

系统设计人员的主要职责是把系统逻辑模型转化为系统的物理模型，系统分析人员告诉系统“做什么”，而系统设计人员告诉计算机“如何做”，即确定系统的硬件资源、软件资源、系统结构模块划分及功能、数据库设计等。对系统设计人员来说，其所需知识主要为系统开发技术和计算机知识，同时为了更好、更快地理解系统逻辑模型，还需要具备一定的财会业务知识和企业管理知识。由系统设计人员提出的系统的物理模型是程序员编制应用程序的依据。

四、系统试运行

(一)试运行的目的

与其他应用软件相比，会计软件有自身的特殊性，对数据的准确性、时效性有较高的要求，而且它要严格按照财务准则、会计制度执行。所以不仅要保证软件的合法、安全、可靠，按照新系统的要求建立组织机构、进行人员分工，而且对如何安全、准确、可靠地把手工会计系统下的数据转换到新系统中也有严格的要求，这就需要对新系统经过一定时间的运行进行验证和确认。这个阶段就是试运行，只有试运行成功，新系统才能正式投入使用。会计软件的试运行也是会计软件使用的最初阶段，一般是人工与计算机同时进行会计业务处理的过程，因而又称人机并行。它是从手工会计系统转换到会计电算化系统必不可少的一个阶段，试运行的主要作用是验证会计信息系统的正确性、可靠性与安全性。若发现问题应及时进行分析与解决。

(二)试运行的主要内容

1. 会计业务的规范化

这主要是对会计业务工作进行一次全面清理，彻底解决遗留问题，为设计会计电算化方式下的核算方案做好准备。这项工作应当按会计工作达标升级的标准进行，并特别注意与会计电算化关系比较密切的以下内容：

(1)会计核算程序的规范化。会计电算化以后，由于按照计算机数据处理的要求来开展工作，就应避免手工方式下的多人处理、各自记账等情况。而要使财务工作的组织形式科学化，核算次序要明确，哪些先做、哪些后做必须有统一的安排。

(2)凭证的规范化。应该按照软件所给出的凭证编号方式、凭证摘要和凭证内容的格式进行输入，会计电算化以后记账凭证的格式应该是统一的。

(3)需要编码的科目、部门、人员等内容应规范化。

(4)完成各项对账工作，保证各种数据进入会计电算化系统前账账相符、账实相符。

(5)成本核算方法的规范化。根据本企业的实际情况明确规定成本核算方法。

2. 使用电算化会计核算信息系统进行试运行时需检查和调整的工作

(1)检查和调整各种核算方法的实践性、科学性和准确性。

(2)检查会计科目体系，看其能否适应核算要求、报表要求、管理要求和会计制度要求，科目体系是否完整，各种勾稽关系是否正常。

(3)检查已制定的各种方案、工作程序和各项管理制度是否完善，各个核算方案之间的组织安排以及财务核算工作的程序是否在执行。

(4)检查会计软件的完善程度，对该软件的各种功能进行全面测试，充分暴露存在的问题，向软件经销单位提出完善的要求，并与经销单位广泛接触，努力使财会工作思想与软件设计思想融为一体。

(5)检查是否按会计电算化正常的人员配置进行分工，明确不相容的工作不允许由一个人完成。

(6)检查是否按日常会计核算的要求每日处理数据，是否有在月底集中输入、集中审核、集中记账的情况。

(7)检查错账是否按规定的程序和方法进行处理，是否有凭证审核人员直接修改输入内容的现象。

项 目 二

系统管理

职业能力目标

通过本部分的学习，学生能理解系统管理在用友—ERP系统中的重要地位，能够进行用户及权限的集中管理，能够熟练地建立、修改、引入和输出账套，能够对整个系统的运行过程进行监控，并清除系统运行过程中的异常任务、设置系统自动备份计划等，能够理解各项基础档案在系统中所起的作用及各项目的含义，能够在企业应用平台设置系统启用、建立各项基础档案、进行数据权限设置及单据设置，能够掌握本情境与职业资格考试相关的知识。

学习成果

根据情况正确登录系统管理；根据企业情况设置用户及相应的权限；建立适合本企业的账套；能对账套进行修改、备份、删除。

任务一 用户管理

一、任务资料

表 2—1 用户基本信息

编码	用户姓名	密码	编码	用户姓名	密码
101	张 洋	1	104	杨天一	4
102	王 宏	2	105	刘向阳	5
103	郭小小	3	106	胡 群	6

二、任务要求

根据企业需要在系统管理中设置用户。

三、任务操作指导

(一)启动系统管理

系统管理员负责整个应用系统的总体控制和维护工作,可以管理该系统中所有的账套。以系统管理员身份注册进入,可以进行账套的建立、引入和输出,设置用户、角色和权限,设置备份计划。

第一次进入系统时,需要以系统管理员的身份注册进入系统,才能进行操作处理,具体操作步骤如下:

(1)执行“开始—程序—用友 ERP-U8—系统服务—系统管理”命令,启动系统管理。

(2)执行“系统—注册”命令,打开“注册【系统管理】”对话框,如图 2－1 所示。

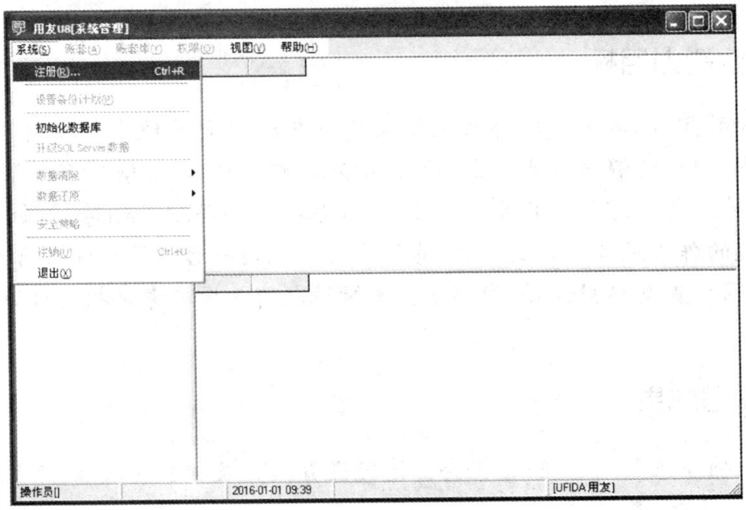

图 2－1　注册【系统管理】窗口

(3)系统中预先设定了一个系统管理员 “admin”,第一次运行时,系统管理员密码为空,选择账套数据源“default”单击“确定”按钮,以系统管理员身份进入系统管理,如图 2－2 所示。

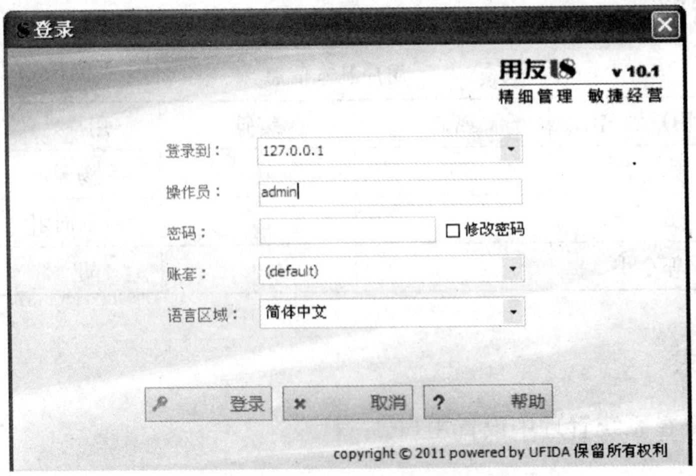

图 2－2　以系统管理员身份登录【系统管理】窗口

(4)为了保证系统的安全性,在“注册【系统管理】”对话框中,可以设置或更改管理员的密码。例如,设置系统管理员密码为 1234567890000,具体操作步骤如下:

①选中“改密码”复选框,单击“确定”按钮。

②打开“设置操作员口令”对话框,在“新口令”和“确认新口令”后面的输入区中均输入 1234567890000 。

③单击“确定”按钮,返回系统管理,如图 2—3 所示。

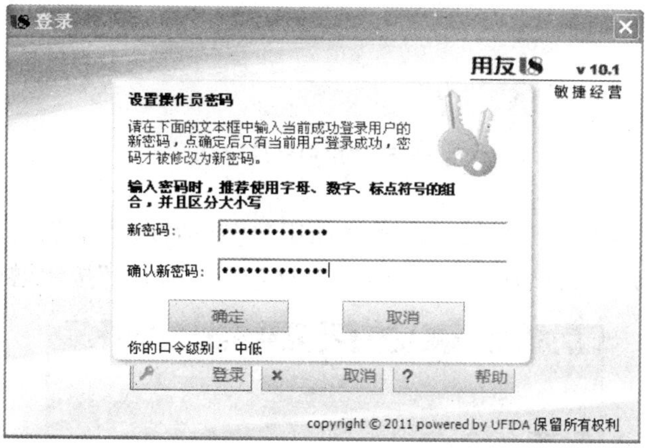

图 2—3 “修改口令”窗口

注意:

①一定要牢记设置的系统管理员密码,否则无法以系统管理员的身份进入系统管理,也就不能执行账套数据的引入和输出。

②考虑实际教学环境,建议不要设置系统管理员密码。

③第一次使用软件在登录时的用户只能是 admin。

(二)设置用户

用户是会计电算化以后会计软件的使用者,安装软件以后需要设置用户。以系统管理员的身份进入系统,建立用户的编号、姓名,并对每个用户赋予相应的权限,具体操作步骤如下:

(1)以系统管理员的身份注册进入系统管理,执行“权限—用户”命令,如图 2—4 所示。

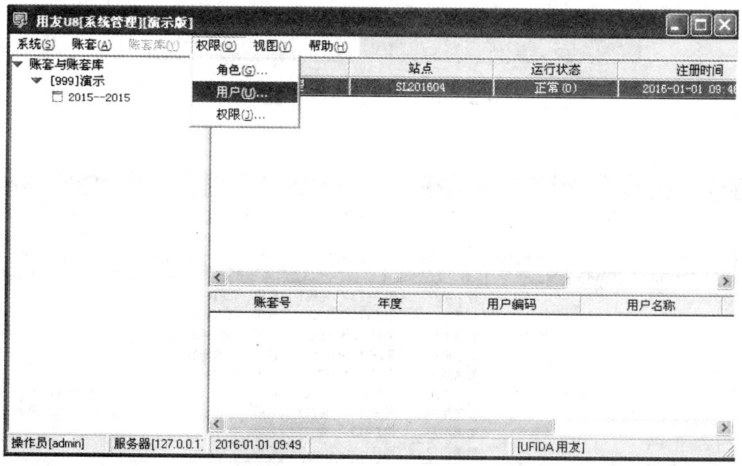

图 2—4 进入“用户管理”窗口

(2)进入“用户管理”窗口，如图 2—5 所示。

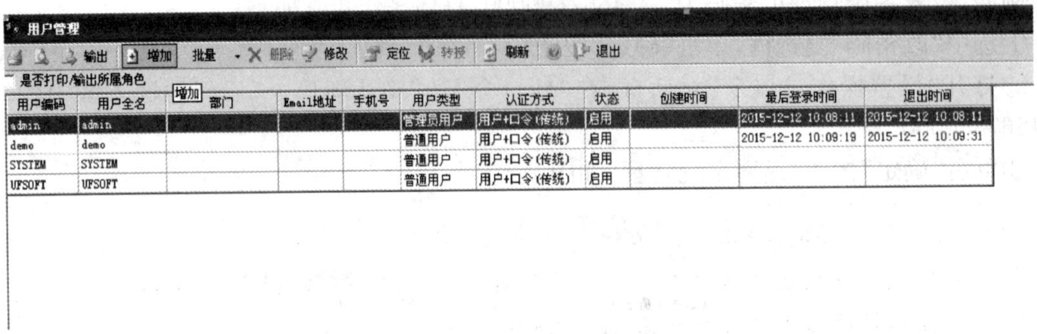

图 2—5 “用户管理”窗口

(3)单击工具栏上的“增加”按钮，打开“增加用户”对话框，按案例资料填写，填写“张洋”，如图 2—6、图 2—7 所示。每增加一个操作员完成后，单击“增加”按钮增加下一个操作员。

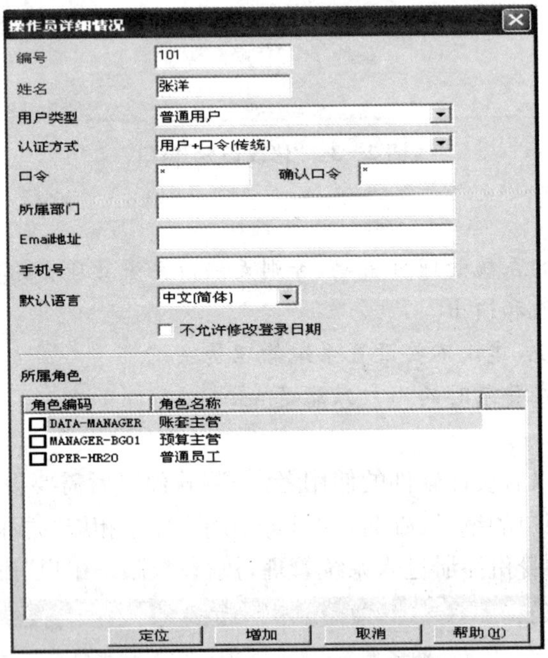

图 2—6 “增加用户”窗口

图 2—7 “增加完用户”窗口

(4)最后单击"退出"按钮结束,返回"用户管理"窗口,所有操作员以列表方式显示。再单击工具栏上的"退出"按钮,返回"系统管理"窗口。

注意:

①只有系统管理员才有权限设置角色和用户。

②用户(操作员)编号在系统中必须唯一,即使是不同的账套,操作员编号也不能重复。设置操作员口令时,为保密起见,输入的口令字以"*"号在屏幕上显示。所设置的操作员一旦被引用,便不能被修改和删除。

③已使用过系统之后又调离本企业的操作员可以通过"修改"功能"注销当前用户",状态为"注销"的操作员此后不允许再登录本系统。

④为保证系统安全、分清责任,应设置用户口令。

⑤在设置用户时可以直接指定该用户的角色,使该用户直接拥有该角色相应的权限。如果不指定该用户的角色,则应在权限设置中再设置用户所拥有的某一账套的操作权限。

任务二　建立账套

一、任务资料

瑞鑫商贸有限公司已经购买了财务软件并于 2016 年 1 月并行使用财务软件,实现会计电算化。企业资料如下:

1.账套名称:瑞鑫商贸有限公司(简称:瑞鑫商贸)账套号:900

2.地址:哈尔滨市南岗区学府路 500 号

法定代表人:王博

邮政编码:150080

联系电话:8999666888

传真:66666666

税号:33110198765435127

本位币名称:人民币(代码:RMB)

企业类型:工业

行业性质:2007 年新会计制度(建账时按行业性质预置会计科目)

3.分类编码方案如下:存货、客户分类,供应商有分类,有外币核算

科目编码级次:42222

存货、客户、供应商编码级次:223

部门和地区编码级次:12

结算方式和收发类别编码级次:12

其余采用系统默认值

存货数量、存货单价及换算率的小数位数均为 2

二、任务要求

建立和修改企业账套。

三、任务操作指导

(一)创建账套

账套是指一组相互关联的财务数据。一般来说,可以为企业中每一个独立核算的单位建立一个账套,系统可以建立多个账套。新建账套的基本信息主要包括账套号、账套名称、账套路径、启用时间及会计期间。创建账套的操作步骤如下:

1. 打开“创建账套”对话框

以系统管理员的身份执行“账套—建立”命令 ,打开“创建账套”对话框,如图 2—8 所示。

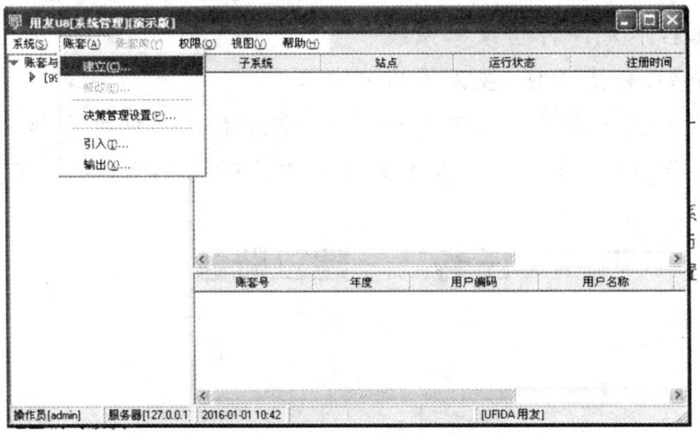

图 2—8 “创建账套”窗口

2. 输入账套信息

已存账套:系统将已存在的账套以下拉列表框的形式显示,用户只能查看,不能输入或修改。

账套号:必须输入。本例输入:900。

账套名称:必须输入。本例输入:瑞鑫商贸有限公司。

账套路径:用来确定新建账套将要被放置的位置 ,系统默认的路径为 C:\U8SOFT\Admin,用户可以人工更改,也可以利用“…”按钮进行参照输入,本例采用系统的默认路径。

启用会计期:必须输入。系统默认为计算机的系统日期,更改为“2016 年 1 月”。输入完成后,单击“下一步”按钮。如图 2—9 所示,进入“创建账套—单位信息”对话框。

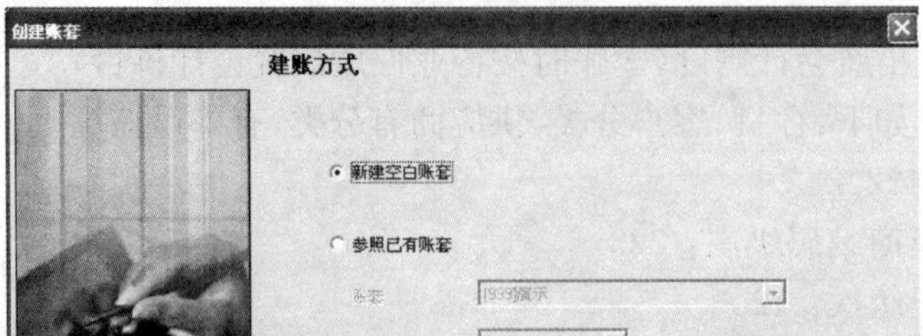

图 2—9 “账套信息”窗口

3. 输入单位信息

单位名称:用户单位的全称,必须输入。企业全称只在发票打印时使用,其余情况全部使用企业的简称。本例输入:瑞鑫商贸有限公司。

单位简称:用户单位的简称,最好输入。本例输入:瑞鑫商贸。其他栏目都属于任选项,参照实验资料输入即可。输入完成后,单击“下一步”按钮,进行核算类型设置,如图 2—10 所示。

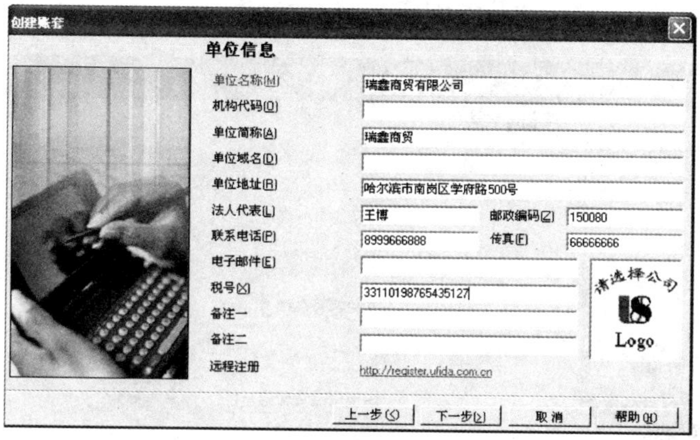

图 2—10 “单位信息”窗口

4. 输入核算类型

本币代码:必须输入。本例采用系统默认值“RMB”。

本币名称:必须输入。本例采用系统默认值“人民币”。

企业类型:用户必须从下拉列表框中选择输入。系统提供了工业、商业两种类型。若选择工业模式,则系统不能处理受托代销业务;若选择商业模式,就能处理委托代销和受托代销业务。本例选择“工业”模式。

行业性质:用户必须从下拉列表框中选择输入,系统按照所选择的行业性质预置科目,本例选择行业性质为“2007 年新会计制度科目”。

账套主管:必须从下拉列表框中选择输入。本例选择“[101]张洋”。

按行业性质预置科目:如果用户希望预置所属行业的标准一级科目,则选中该复选框,本例选择“按行业性质预置科目”输入完成后,单击“下一步”按钮,进行基础信息设置,如图2—11所示。

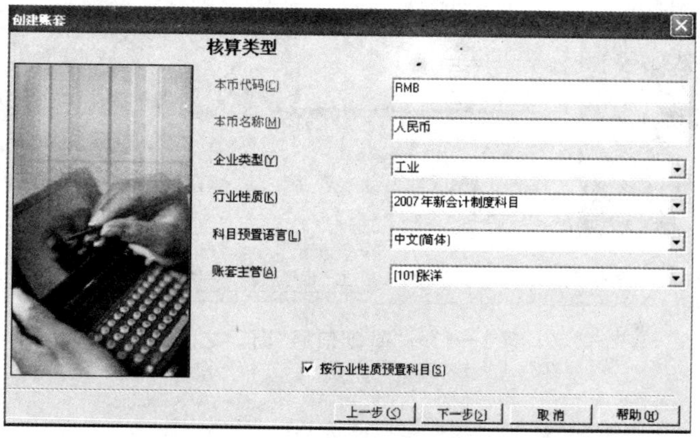

图 2—11 “核算类型”窗口

5. 确定基础信息

如果单位的存货、客户、供应商相对较多,可以对他们进行分类核算。如果此时不能确定是否进行分类核算,也可以在建账完成后,由账套主管在"修改账套" 功能中设置分类核算。

按照本例要求,选中"存货是否分类""客户是否分类""供应商是否分类""有无外币核算"4个复选框,单击"完成"按钮,如图 2—12、图 2—13、图 2—14 所示。系统提示:"可以创建账套了吗 ?"单击"是"按钮,稍候,打开"分类编码方案"对话框。

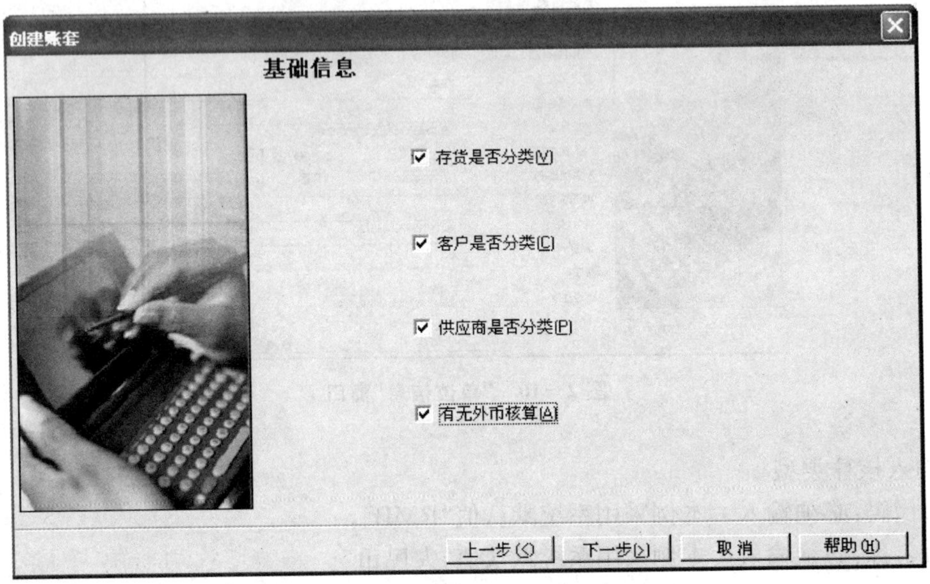

图 2—12 "基础信息"窗口之一

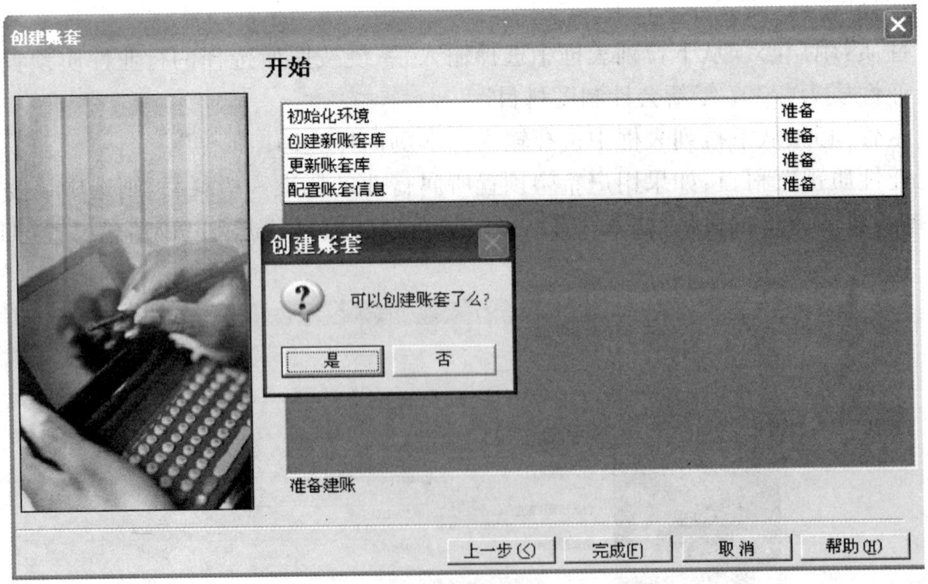

图 2—13 "基础信息"窗口之二

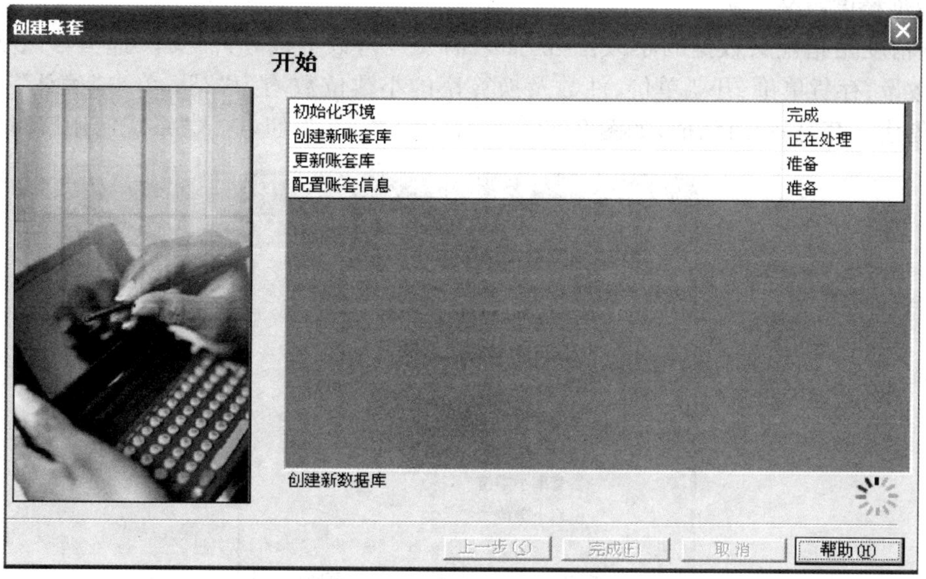

图 2—14 “基础信息”窗口之三

6. 确定分类编码方案

为了便于对经济业务数据进行分级核算、统计和管理，系统要求预先设置某些基础栏的编码规则，即规定各种编码的级次及各级的长度。按实验资料所给内容修改系统默认值，科目编码级次：42222；存货、客户、供应商的编码级次：223；部门和地区的编码级次：12；结算方式和收发类别的编码级次：12；其余采用系统默认值，如图 2—15 所示。单击“保存”按钮，打开“数据精度定义”对话框。

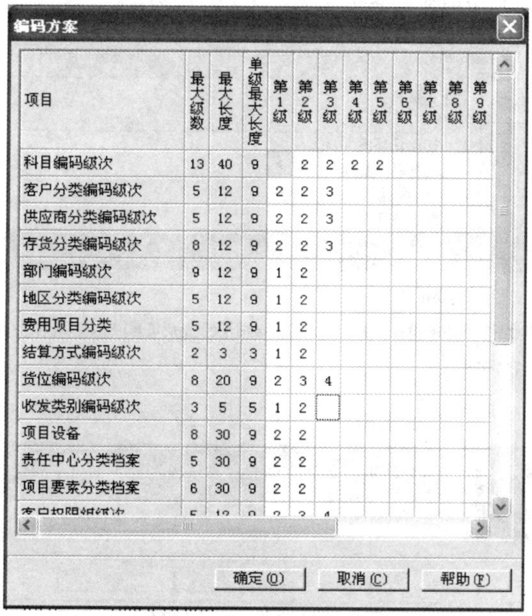

图 2—15 “编码方案”窗口

7. 数据精度定义

数据精度是指定义数据的小数位数，如果需要进行数量核算，需要认真填写该项。本例中，存货数量、存货单价、开票单价、件数及换算率的小数位数均为“2”，单击“确认”按钮，系统弹出“创建账套”提示对话框，如图 2－16 所示，单击“是” 按钮，进入“系统启用”窗口。

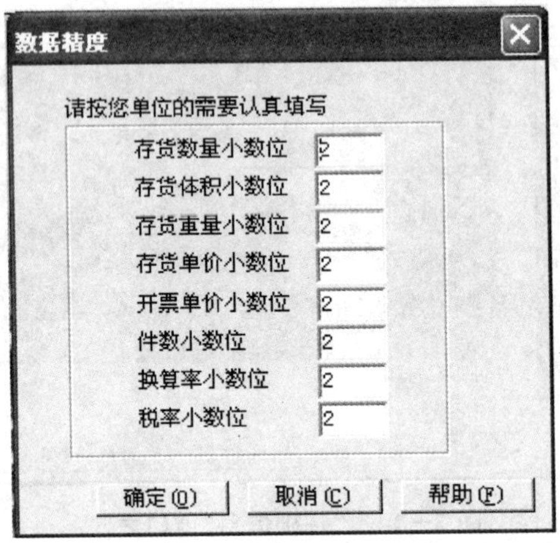

图 2－16 “数据精度”窗口

8. 启用系统

在“系统启用”窗口中，单击选中“GL 总账”系统，弹出“日历”对话框，选择系统启用日期为“2016－1－01”，如图 2－17、图 2－18 所示。单击“确定”按钮，系统提示：“确实要启用当前系统吗？”单击“是”按钮返回。系统弹出提示：“请进入企业应用平台进行业务操作！” 单击“确定”按钮，返回系统管理窗口。另外，分类编码方案、数据精度、系统启用项目可以由账套主管在“企业应用平台—基础信息—基本信息”中进行修改。

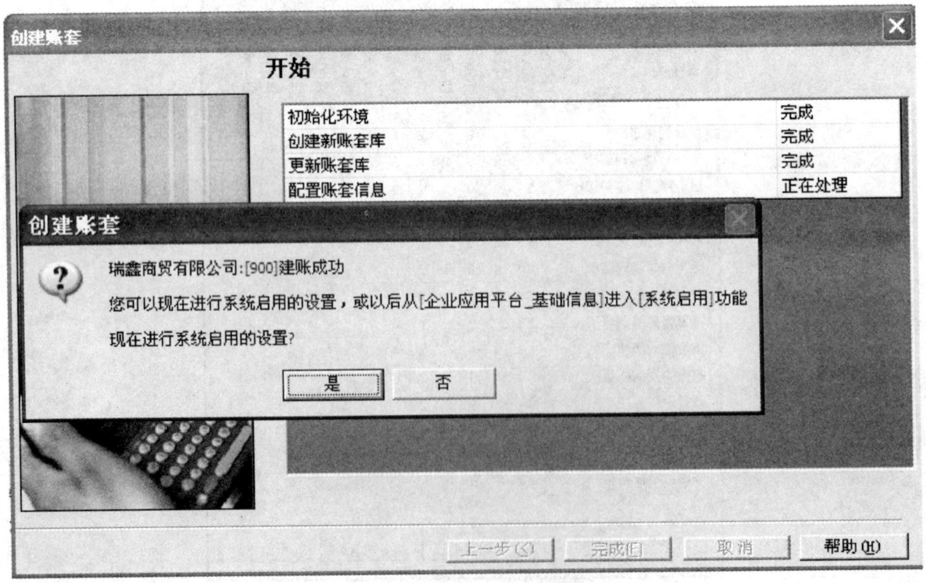

图 2－17 “系统启用”窗口之一

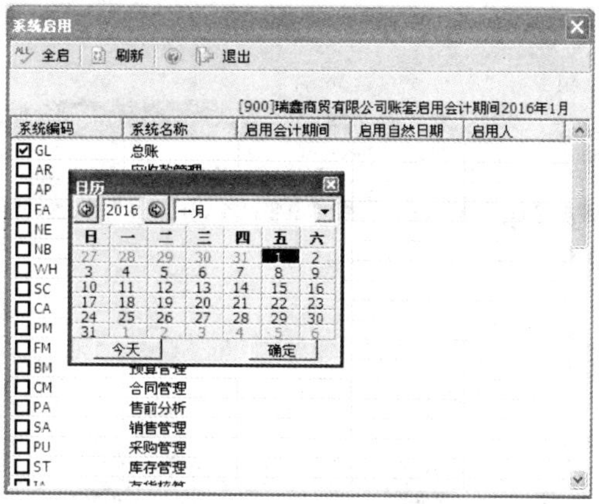

图 2—18 “系统启用”窗口之二

注意：

①新建账套号不能与已存账套号重复。启用会计期不能在机内系统日期之后。

②系统提供了工业、商业两种类型。如果选择了工业模式，则系统不能处理受托代销业务；如果选择商业样式，委托代销和受托代销业务都能处理。

③账套主管可以在账立账套时确定，也可以在操作员权限设置功能中修改。

④用户的存货、客户、供应商相对较多，可以对其进行分类核算。

⑤编码规则是指分类编码共分几段，每段有几位。一级至最底层的段数为级次，每级的编码位数称为级长。编码总级长为每级编码级长之和。

⑥建立账套时可以直接启用系统，也可以到企业门户中启用系统。

(二)修改账套

运行一段时间后，如果发现账套的某些信息需要修改或补充，可以通过修改账套功能来完成。有些功能还可以帮助用户查看某个账套的信息。

系统要求，只有账套主管才有权利注册使用账套修改功能。如果要修改某一账套的信息，首先应在启动系统管理后，以账套主管的身份登录注册系统管理，并选择要修改的账套，示例步骤如下：

(1)账套主管“张洋”登录，如图 2—19 所示。

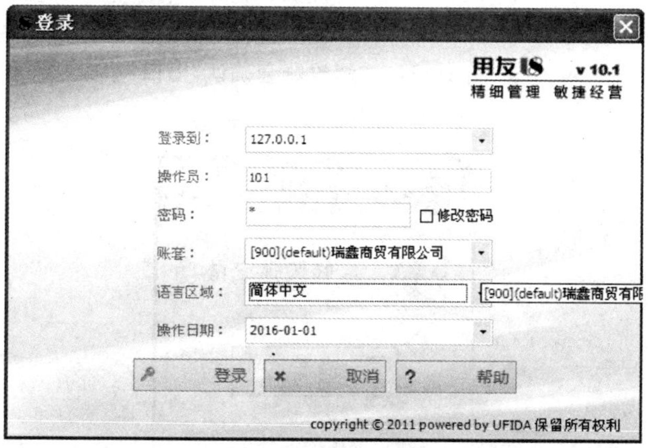

图 2—19 以账套主管身份登录【系统管理】窗口

(2)修改账套，如图 2—20 所示。对账套的内容进行修改。修改完成，如图 2—21、图 2—22所示。

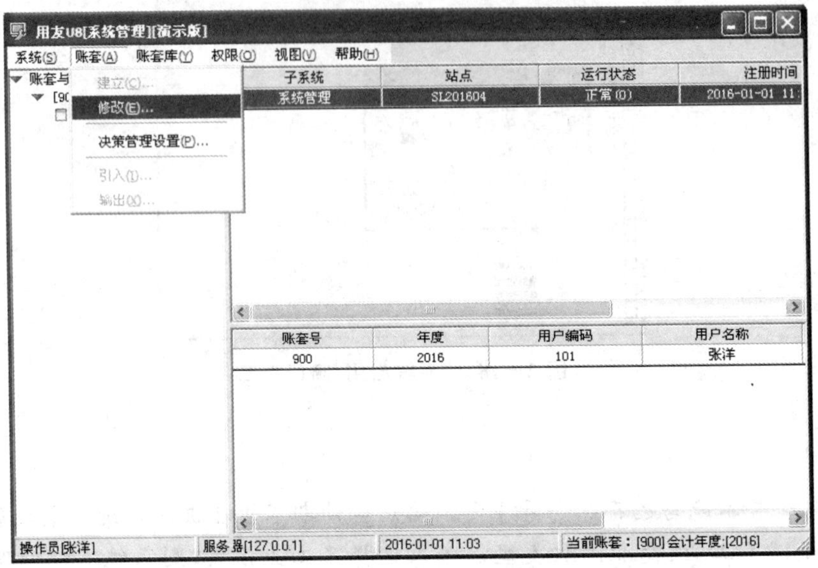

图 2—20 进入“修改账套”窗口

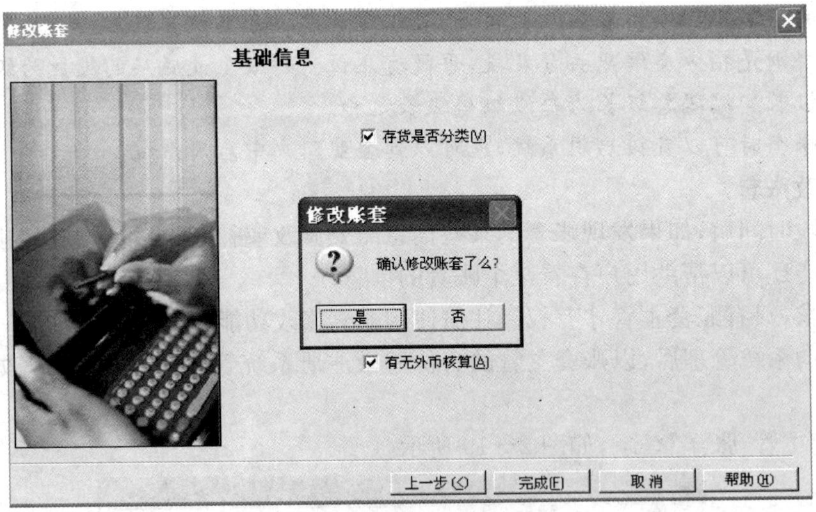

图 2—21 “修改账套确认”窗口

图 2—22 “修改账套成功”窗口

注意：

①必须由账套主管修改账套。

②系统自动列出所有的已建立完成的账套信息，该账套主管可以通过单击“上一步”或“下一步”按钮查看或修改相应的账套信息，如果确认已修改的内容，应在修改完成后单击“是”，否则单击“否”，放弃此次修改操作。

任务三 财务分工和账套的输出与引入

一、任务资料

（一）财务分工

表2—2 财务分工

编号	姓名	职责权限
101	张 洋	账套主管，负责系统日常运行管理，具有全部权限
102	王 宏	负责总账、公共目录设置
103	郭小小	具有薪资管理的所有权限
104	杨天一	进行出纳签字，管理现金日记账、银行存款日记账、资金日报以及银行对账、查询凭证
105	刘向阳	具有固定资产管理的所有权限
106	胡 群	具有审核记账的权限

（二）企业账套备份计划设置

计划编号：2016—1

计划名称：900账套备份

备份类型：账套备份

发生频率：每周

发生天数：1

开始时间：18：00

有效触发：2

保留天数：0

备份路径：C:\账套路径

账套：900瑞鑫商贸有限公司

二、任务要求

设置用户权限，根据企业财务需要进行账套的输出、引入。

三、任务操作指导

（一）财务分工

财务分工是指对允许操作软件的用户规定操作权限。在系统使用之前需要对用户进行财务分工，以此防止与业务无关的人员擅自使用软件。系统管理员与账套主管都可以进入系统管理，但权限不完全相同。系统管理员负责指定账套主管，对整个系统的安全和维护工作负责，对账套进行管理，设置用户并进行财务分工。账套主管负责账套的维护工作，对所选年度账套进行管理，并对所选账套的用户进行财务分工。系统管理员进行财务分工的步骤如下：

（1）由“admin 执行“权限—权限”命令，进入“操作员权限”窗口，如图 2—23 所示。

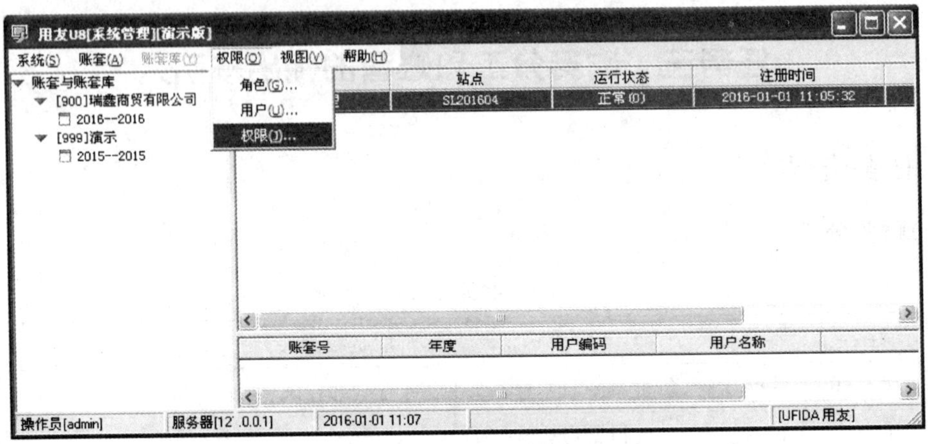

图 2—23 “系统管理”窗口

（2）选择 900 账套：2016 年度（如图 2—24 所示）。

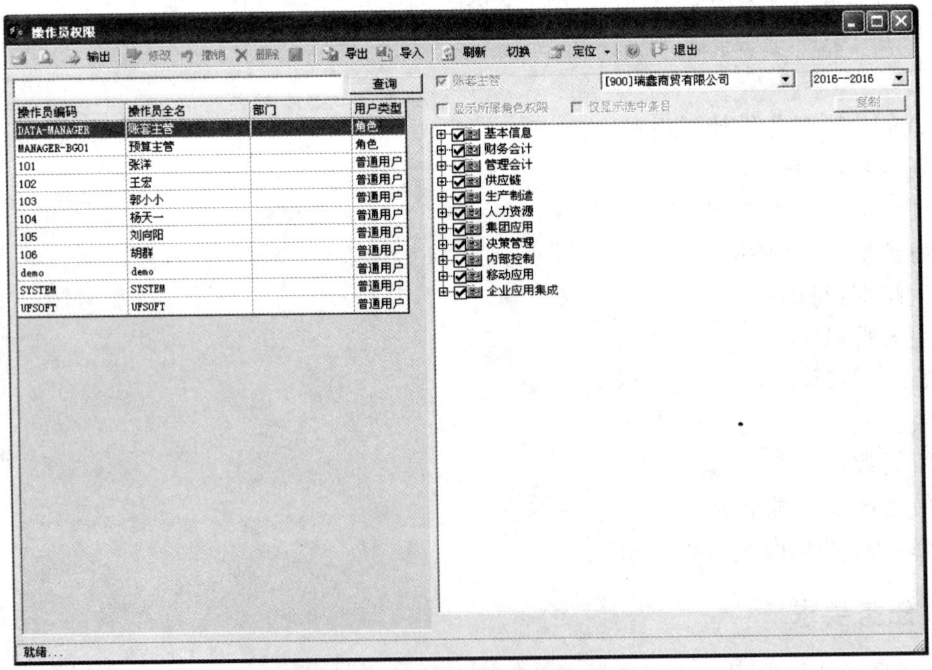

图 2—24 “操作员权限”窗口之一

（3）从窗口左侧操作员列表中选择“101 张洋”，在建立账套时张洋已经被选为“账套主管”，具有账套主管权限。一个账套可以设定多个账套主管。账套主管自动拥有该账套的所有权限。

(4)选择“王宏”，单击工具栏上的“修改”按钮，选中“GL 总账”下的“公用目录设置”，选项后，单击“保存”按钮，如图 2—25 所示。

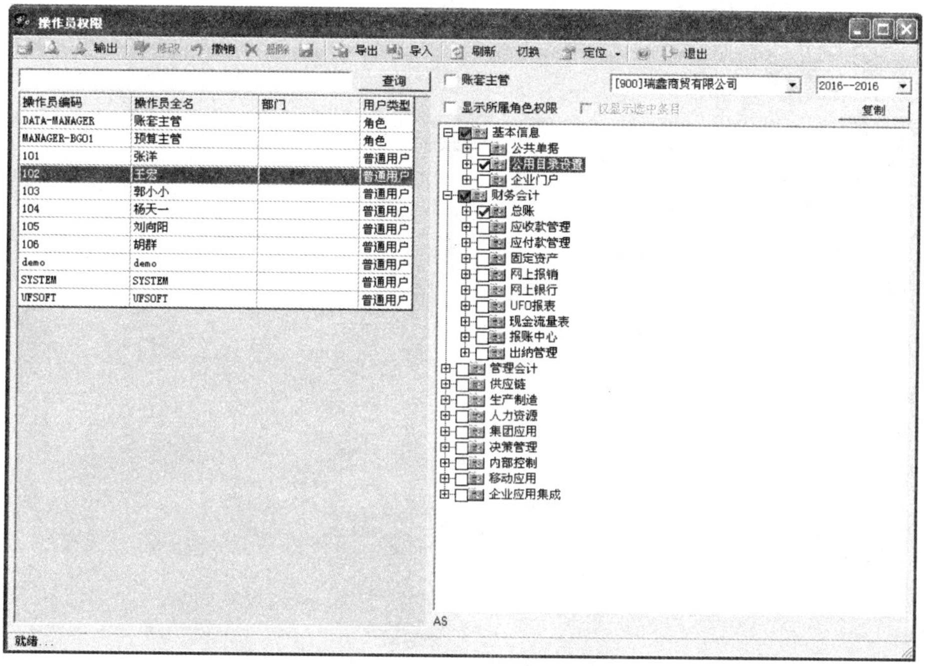

图 2—25 “操作员权限”窗口之二

(5) 选择“郭小小”，单击工具栏上的“修改”按钮，打开“增加和调整权限”对话框，选中“薪资管理”单击“保存”按钮，如图 2—26 所示。

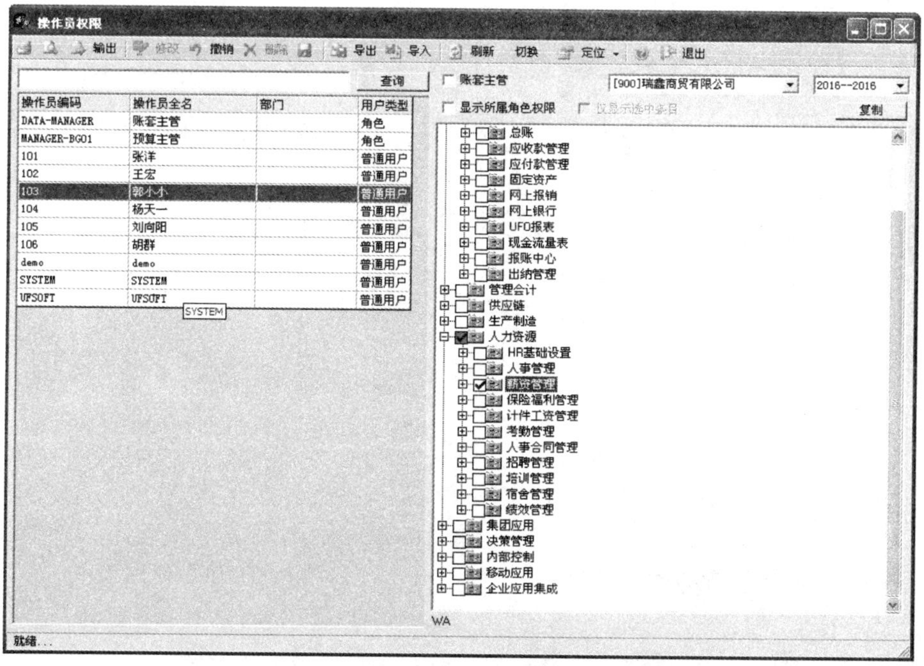

图 2—26 “操作员权限”窗口之三

(6)选择“杨天一”,单击工具栏上的“修改”按钮,打开“增加和调整权限”对话框,选中“GL总账”前的“+”图标,展开“总账”“凭证”项目,选中“出纳签字”权限,再选中“GL总账”下菜单“出纳”单击“保存”按钮,图2—27所示。

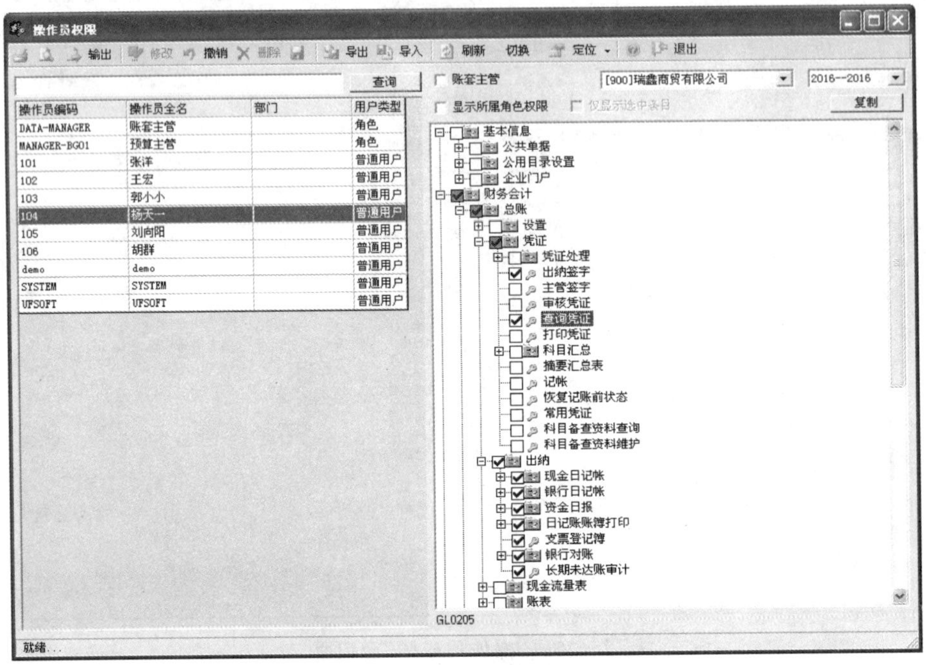

图2—27 “操作员权限”窗口之四

(7)选择“刘向阳”,单击工具栏上的“修改”按钮,打开“增加和调整权限”对话框,选中“固定资产”单击“保存”按钮,如图2—28所示。

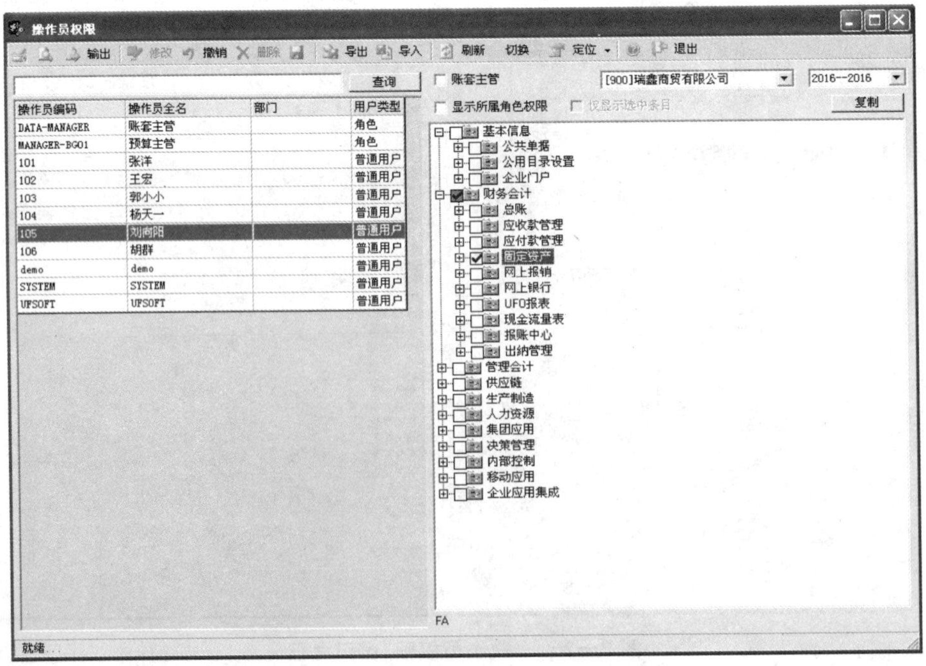

图2—28 “操作员权限”窗口之五

(8)选择“胡群”，单击工具栏上的“修改”按钮，打开“增加和调整权限”对话框，选中“GL总账”前的“+”图标，展开“总账”“凭证”项目，选中“审核凭证”“记账”和权限，单击“保存”按钮，如图 2—29 所示。

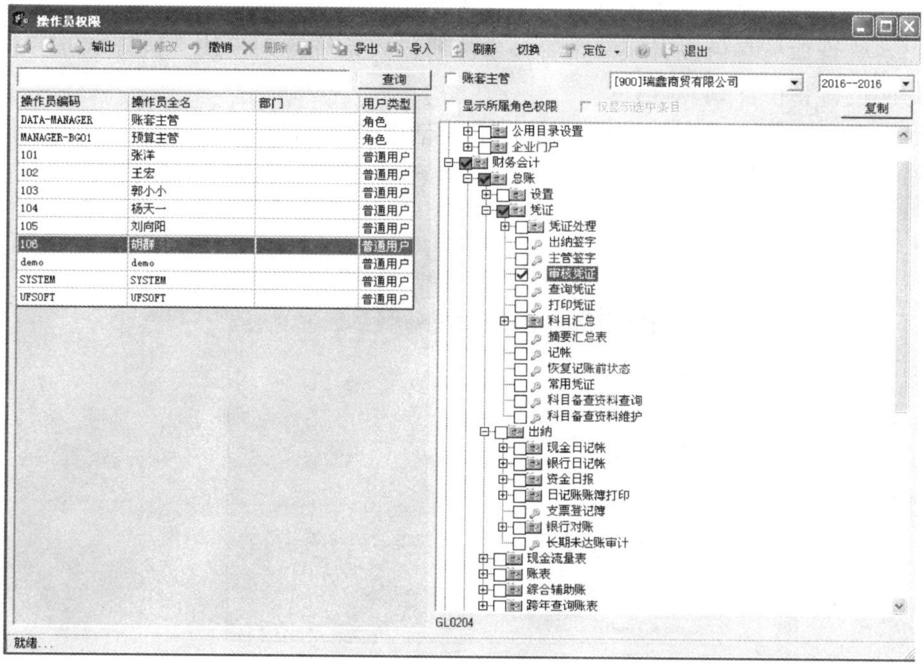

图 2—29 “操作员权限”窗口之六

(9)单击工具栏上的“退出”按钮，返回系统管理。

注意：

为了保证系统运行安全、有序，适应企业精细管理的要求，权限管理必须向更细、更深的方向发展。用友 ERP—10.1 管理系统提供了权限的集中管理功能。除了提供用户对各模块操作权限的管理之外，还相应地提供了金额的权限管理和对于数据的字段级和记录级的控制，不同的组合方式使得权限控制灵活、有效。在用友 ERP—10.1 管理系统中可以实现三个层次的权限管理：

①功能级权限管理。该权限管理提供了更为细致的功能级权限管理功能，包括各功能模块相关业务的查看和分配权限。例如，赋予操作员“王宏”对某账套中总账模块的全部功能。

②数据级权限管理。该权限可以通过两个方面进行控制，一是字段级权限控制，二是记录级的权限控制。例如，设定操作员“王宏”只能录入某一种凭证类别的凭证。

③金额级权限管理。该权限主要用于完善内部金额控制，实现对具体金额数量划分级别，对不同岗位和职位的操作员进行金额级别控制，限制他们制单时可以使用的金额数量，不涉及系统内部控制的不在管理范围内。例如，设定操作员“杨天一”只能录入金额在 20 000 元以下的凭证。

功能权限的分配在系统管理中的“权限—权限”中设置，数据级权限和金额级权限在“企业应用平台—基础信息—数据权限”中设置，且必须是在系统管理的功能权限分配之后才能进行。

(二)设置备份计划

在用友 ERP—U8 应用系统中提供了设置自动备份计划的功能,其作用是自动定时对设置的账套进行输出(备份)。利用该功能,可以实现定时、自动输出多个账套的目的,有效减轻系统管理员的工作量,保障系统数据安全。其操作步骤如下:

(1)以系统管理员身份或者账套主管身份注册进入系统管理模块。执行“系统—设置备份计划”,打开“设置备份计划”对话框。

(2)单击“增加”按钮,打开“增加备份计划”对话框,如图 2—30 所示。

(3)单击“修改”按钮,可以修改备份计划的内容。除“计划编号”不能修改外,其他都可以修改。

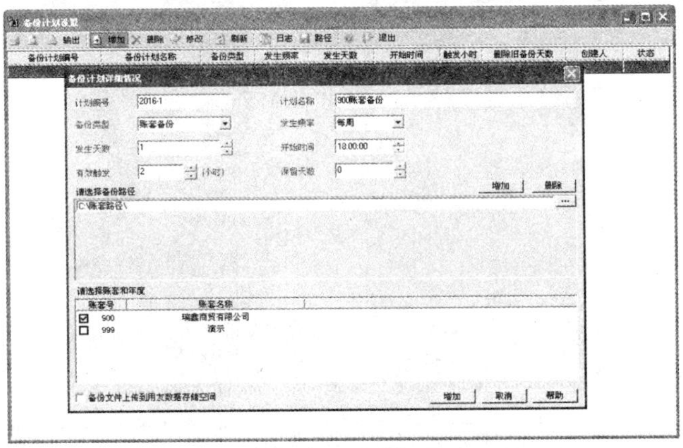

图 2—30 设置自动备份计划

(三)输出账套

(1)账套的输出是账套的备份方法,以系统管理员的身份注册进入系统管理界面,单击“账套—输出”,出现“账套输出”窗口,如图 2—31 所示,从“账套号”下拉列表中选择要输出的账套,单击“确认”按钮。

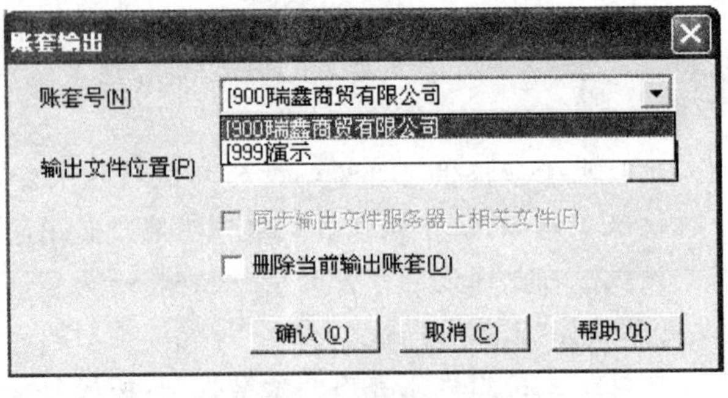

图 2—31 “账套输出”窗口

(2)系统对所要输出的账套数据进行压缩处理,稍后,系统压缩完成,打开“请选择账套备份路径”对话框。

(3)选择存放账套备份数据的文件夹为“账套备份”,如图 2—32 所示。单击“确定”按钮,系统弹出提示“输出成功”,单击“确定”按钮。

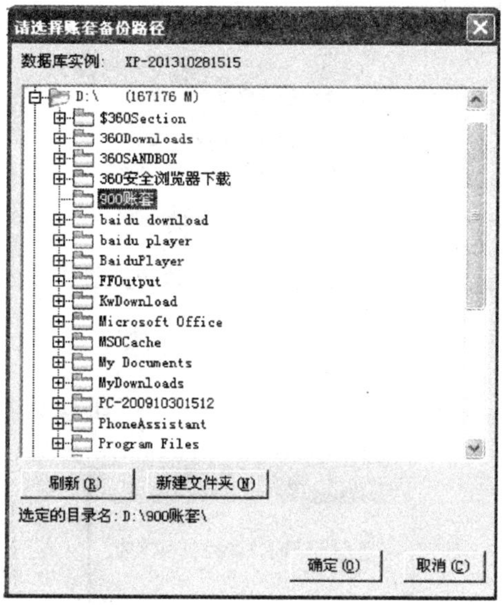

图 2—32 “账套备份路径”窗口

注意：

①系统管理员有权限进行账套的输出和引用。输出账套之前，最好关闭所有系统模块。

②如果将“删除当前输出账套”复选框选中，系统会先备份数据，最后删除当前账套。

③账套输出结果形成两个文件 UFDATA.BAK，UfErpAct.Lst。

(四)引入账套

(1)以系统管理员的身份注册进入系统管理界面，执行“账套—引入”命令，打开“请选择账套备份文件”对话框。

(2)选择要引入的账套数据备份文件，系统引入备份文件，单击“确定”按钮，如图 2—33 所示。

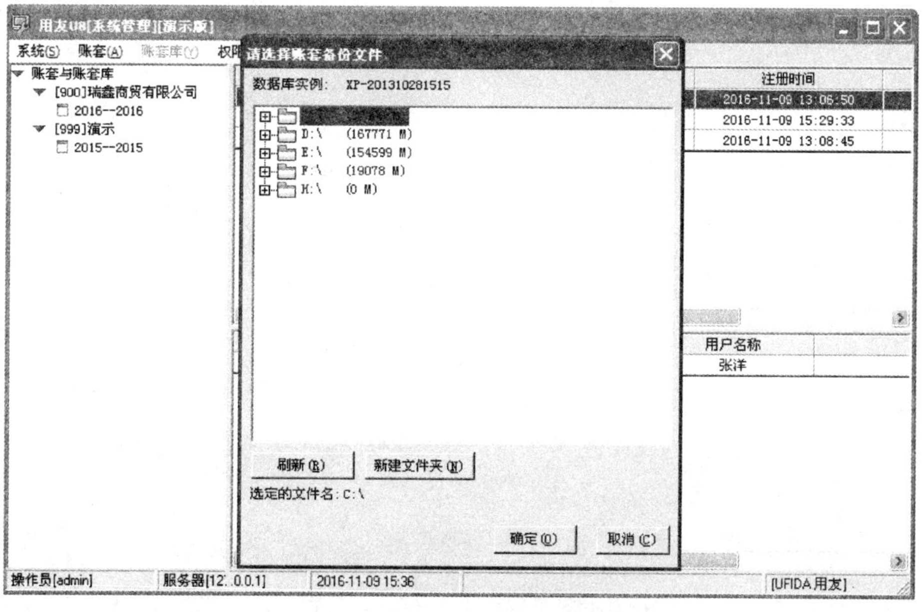

图 2—33 “选择账套备份文件”窗口

(3)系统进行账套数据的引用,如图 2—34 所示。

图 2—34 "账套引入"窗口

(4)完成后提示"账套[900]引入成功",单击"确定"按钮,如图 2—35 所示。

图 2—35 "账套成功引入"窗口

注意:

①恢复备份数据会将硬盘中现有的数据覆盖,因此如果没有发现数据被损坏,不要轻易进行数据恢复。

②在引入账套时,系统默认的账套路径如果与实际引入的账套路径不同,则应修改账套路径。

项目三

企业应用平台

职业能力目标

通过本部分的学习,学生可以理解企业应用平台在用友ERP—10.1管理软件中的作用。通过企业应用平台,用户可以设计个性化工作流程,提高工作效率,还可以实现与日常办公协同进行;能在企业应用平台中设置系统启用、建立各项基础档案、进行数据权限设置及单据设置的方法;理解各项基础档案在系统中所起的作用及各项目的含义。

学习成果

能启用系统,建立各种分类、档案,并根据企业财务管理的要求设置数据限权和金额权限。

任务一　系统启用设置

一、任务资料

2016年1月1日,由账套900主管张洋(编号:101;密码:1)注册进入企业应用平台,启用总账系统,启用日期为2016年1月1日。

二、任务要求

在企业应用平台中启用各个子系统。

三、任务操作指导

(一)登录企业应用平台

执行"开始—程序—用友ERP-U8—企业应用平台"命令或快捷方式,打开"登录"对话框。输入操作员101或"张洋";密码为1;在"账套"下拉列表框中选择"900瑞鑫商贸有限公司";更改"操作日期"为"2016—01—01";单击"确定"按钮,进入用友ERP-U8"企业应用平台",如图3—1所示。

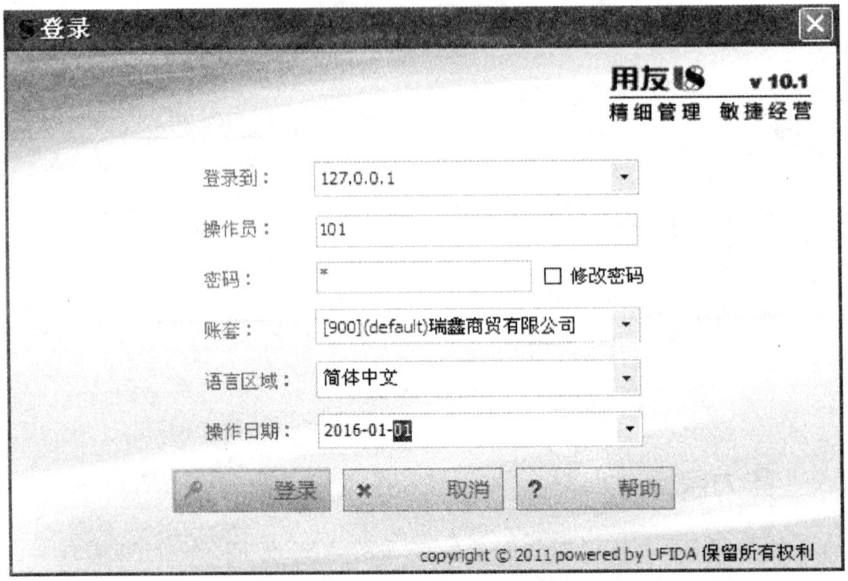

图 3—1　账套主管登录企业应用平台

(二)启用总账系统

在企业应用平台中，单击“基础设置—基本信息—系统启用”，打开“系统启用”对话框，单击选中“总账”前的复选框，出现“日历”对话框，选中“2016 年 1 月 1 日”，如图 3—2 所示。单击“确定”按钮，系统提示：“确定要启用当前系统吗？”如图 3—3、图 3—4 所示。

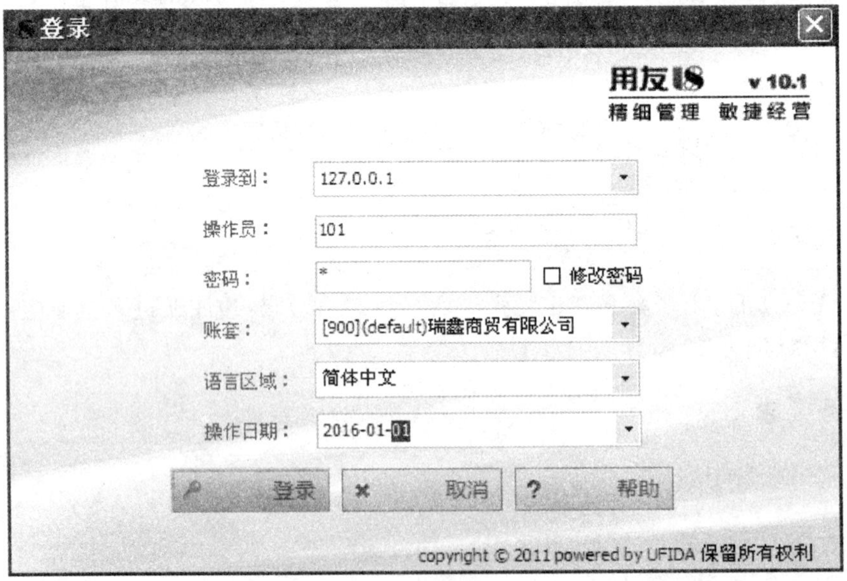

图 3—2　“系统启用”窗口

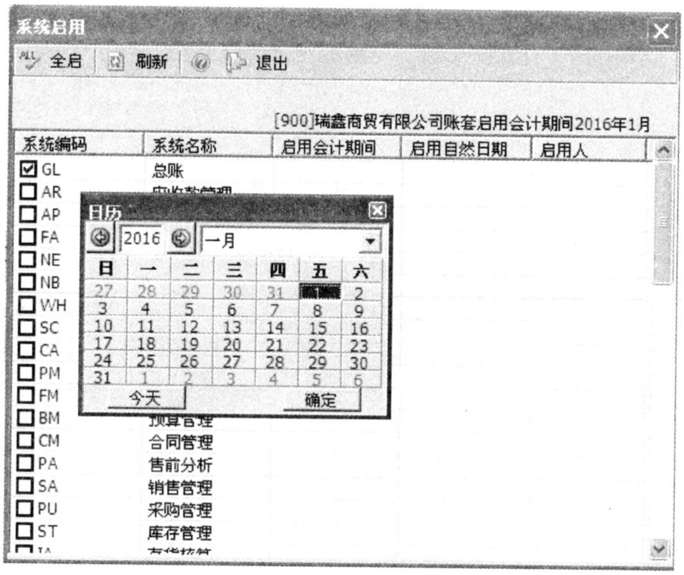

图 3—3　启用“总账”系统窗口之一

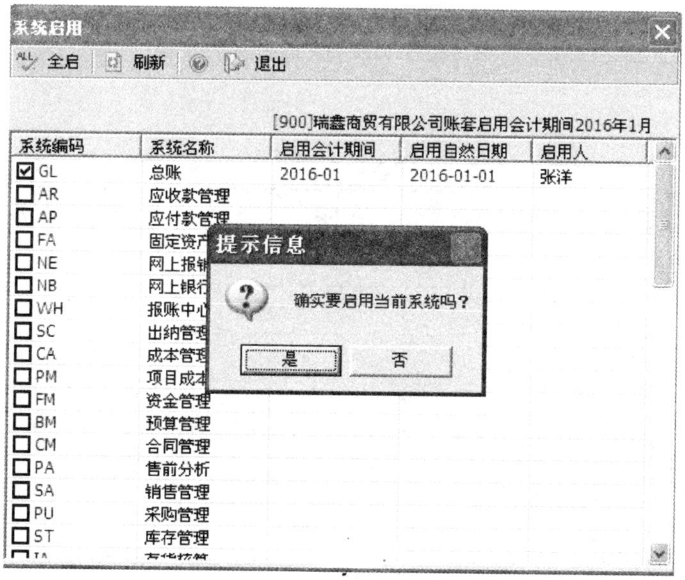

图 3—4　启用“总账”系统窗口之二

注意：

①系统启用界面所列出的子系统全部是已安装的子系统，未安装的不予启用。

②各系统的启用时间必须大于或等于账套的启用时间。

任务二　基础档案设置

一、任务资料

(一)部门档案

表 3—1　部门档案

部门编码	部门名称	负责人
1	财务部	张　洋
2	办公室	李　华
3	经理室	王　鹏
4	采购部	刘　斌
5	销售部	高　兴
6	生产部	张　岩
601	生产一部	张　文
602	生产二部	陈　芳

(二)人员类别

表 3—2　人员类别

人员类别编码	人员类别名称
101	管理人员
102	经营人员
103	车间管理人员
104	生产工人

(三)人员档案

表 3—3　人员档案

人员编码	人员姓名	性别	人员类别	行政部门	是否业务员	是否操作员
101	张　洋	男	管理人员	财务部	是	是
102	王　宏	女	管理人员	财务部	是	是
103	郭小小	女	管理人员	财务部	是	是
104	杨天一	男	管理人员	财务部	是	是
105	刘向阳	男	管理人员	财务部	是	是
106	胡　群	男	管理人员	财务部	是	是
201	李　华	女	管理人员	办公室	是	

续表

人员编码	人员姓名	性别	人员类别	行政部门	是否业务员	是否操作员
301	王　鹏	女	管理人员	经理室	是	
401	刘　斌	男	经营人员	采购部	是	
501	高　兴	男	经营人员	销售部	是	
601	张　岩	女	车间管理人员	生产一部	是	
602	张　文	女	生产工人	生产一部	是	
603	杨　浩	男	生产工人	生产一部	是	
604	于　波	男	车间管理人员	生产二部	是	
605	陈　芳	女	生产工人	生产二部	是	
606	高　强	男	生产工人	生产二部	是	

(四)客户分类

表 3—4　　客户分类

客户分类编码	客户分类名称
01	重要客户
02	普通客户
03	小客户

(五)客户档案

表 3—5　　客户档案

客户编号	客户名称	客户简称	所属分类	税　号	分管部门	专管业务员
001	北京创新公司	创新	01	1233334444444444	销售部	高兴
002	上海远大公司	南方远大	01	4404298391111412	销售部	高兴
003	东北学邦公司	学邦	02	2210342342341213	销售部	高兴
004	美华用品有限公司	美华	02	4250342343342213	销售部	高兴
005	陕西信托有限公司	信托	03	3460342343342213	销售部	高兴

(六)供应商分类

表 3—6　　供应商分类

供应商分类编码	客户分类名称
01	华北地区
02	东北地区
03	华东地区

（七）供应商档案

表 3—7 供应商档案

供应商编号	供应商名称	供应商简称	所属分类	税　号	分管部门	分管业务员
001	北京连城公司	连城	01	110018753453484	采购部	刘　斌
002	天津通信公司	通信	01	234103665437355	采购部	刘　斌
003	黑龙江向阳公司	向阳	02	184103225437355	采购部	刘　斌
004	上海宏光公司	宏光	03	256987111323332	采购部	刘　斌

（八）外币设置

本企业采用固定汇率核算外币，外币只涉及美元，美元币符假定为“$”，2015 年 1 月初汇率为 6.1955。汇率小数位：5。

（九）会计科目

本企业需要增加和修改的会计科目如表 3—8 所示。

表 3—8 企业需要调整的会计科目

科目编号及名称	辅助核算	方向	币别/计量
库存现金(1001)	日记账	借	
银行存款(1002)	银行账、日记账	借	
中行存款(100201)	银行账、日记账	借	美元
工行存款(100202)	银行账、日记账	借	
应收票据(1121)	客户往来(不受控)	借	
应收账款(1122)	客户往来	借	
其他应收款(1221)		借	
应收个人款(122101)	个人往来	借	
预付账款(1123)	供应商往来	借	
材料采购(1401)		借	
原材料(1403)		借	
A 材料(140301)	数量核算	借	千克
B 材料(140302)	数量核算		千克
库存商品(1405)			
A 产品(140501)	数量核算	借	包
B 产品(140502)	数量核算	借	包
工程物资(1605)		借	
专用材料 A(160501)	项目核算	借	
专用材料 B(160502)	项目核算	借	
应付票据(2201)	供应商往来	贷	

续表

科目编号及名称	辅助核算	方向	币别/计量
应付账款(2202)	供应商往来	贷	
预收账款(2203)	客户往来	贷	
应付职工薪酬(2211)		贷	
工资(221101)		贷	
职工福利(221102)		贷	
应交税费(2221)		贷	
应交增值税(222101)		贷	
进项税额(22210101)		贷	
销项税额(22210105)		贷	
本年利润(4103)		贷	
利润分配(4104)		贷	
未分配利润(410401)		贷	
生产成本		借	
A 产品(500101)			
直接材料(50010101)		借	
直接人工(50010102)		借	
制造费用(50010103)		借	
B 产品(500102)			
直接材料(50010201)		借	
直接人工(50010202)		借	
制造费用(50010203)		借	
制造费用(5101)		借	
工资(510101)		借	
折旧费(510102)		借	
其他(510103)		借	
主营业务收入(6001)		贷	
A 产品(600101)	数量核算	贷	包
B 产品(600102)	数量核算	贷	包
其他业务收入(6051)		贷	
主营业务成本(6401)		借	
A 产品(640101)	数量核算	借	包
B 产品(640102)	数量核算	借	包

续表

科目编号及名称	辅助核算	方向	币别/计量
销售费用(6601)		借	
工资(660101)	部门核算	借	
其他(660102)	部门核算	借	
折旧费(660103)	部门核算	借	
管理费用(6602)		借	
工资(660201)	部门核算	借	
办公费(660202)	部门核算	借	
差旅费(660203)	部门核算	借	
折旧费(660204)	部门核算	借	
其他(660207)	部门核算	借	
财务费用(6603)		借	
利息支出(660301)		借	
手续费(660302)		借	
汇兑损益(660303)		借	
其他(660304)			

(十)指定会计科目

指定现金为现金总账科目,银行存款为银行总账科目。

(十一)凭证类别

凭证类别为:收、付、转。

(十二)项目目录

项目大类为"自建工程";核算科目为"工程物资"及明细科目;项目内容为1号工程和2号工程,包括"自建工程"(所属1号工程)和"设备安装"(所属1号工程)两项工程。

(十三)结算方式

表3—9　结算方式

结算方式编码	结算方式名称	票据管理
1	现金结算	否
2	支票结算	
201	现金支票	是
202	转账支票	是
3	银行汇票	是
4	商业汇票	
401	商业承兑汇票	是

续表

结算方式编码	结算方式名称	票据管理
402	银行承兑汇票	是
5	其他	否

（十四）定义常用摘要

常用摘要有：从工行提取现金，赊销商品，采购材料，购买办公用品，出差借款，报销差旅费。

二、任务要求

任务要求包括：设置部门档案；设置人员类别；设置人员档案；设置客户分类及档案；设置供应商分类及档案；外币设置；增加、修改会计科目；指定会计科目；设置项目目录；设置凭证类别；设置结算方式；设置常用摘要。

三、任务操作指导

（一）设置部门档案

在企业应用平台“设置”界面执行“基础档案—机构人员—部门档案”命令，即进入“部门档案”设置窗口。单击“增加”按钮，部门编码为“1”，部门名称为“财务部”，然后单击“保存”按钮，如图 3—5 所示。重复前面的操作继续录入其他部门，系统显示已录入的部门档案，如图 3—6 所示。

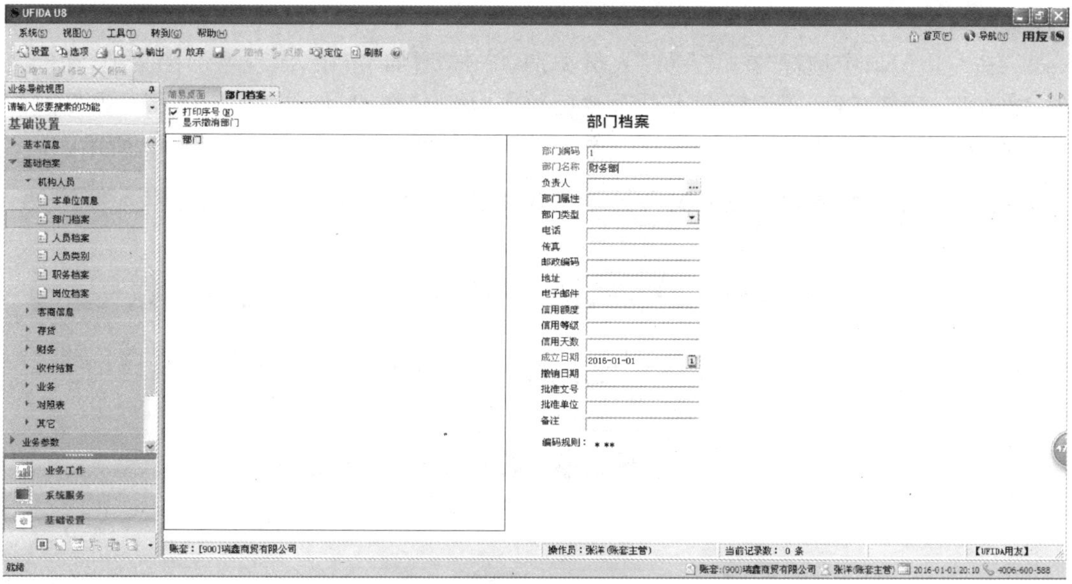

图 3—5 “部门档案”窗口之一

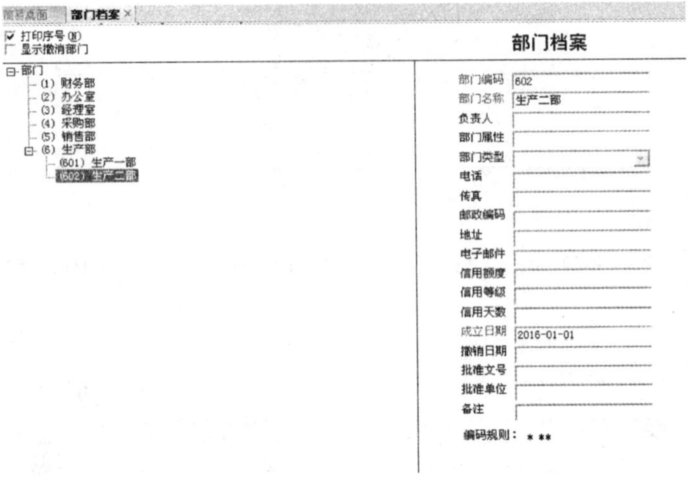

图 3—6 “部门档案”窗口之二

注意：

①部门编码必须符合编码原则。

②由于在设置部门档案时未建立职员档案，因此不能选择输入负责人信息。待职员档案建立完成后，通过“修改”功能补充输入负责人信息。

③部门档案资料一旦被使用就不能被修改或删除。

（二）设置人员类别

（1）在“设置”界面页签中，执行“基础档案—机构设置—人员类别”命令，即进入“人员类别”设置窗口。

（2）在左边窗口中选择“在职人员”人员类别，单击“增加”按钮，出现增加档案项，在档案编码输入“101”，档案名称输入“管理人员”，然后单击“确定”按钮，如图 3—7 所示。重复前面的操作继续录入其他人员类别，系统显示已录入的人员类别，如图 3—8～图 3—10 所示。

图 3—7 “人员类别设置”窗口之一

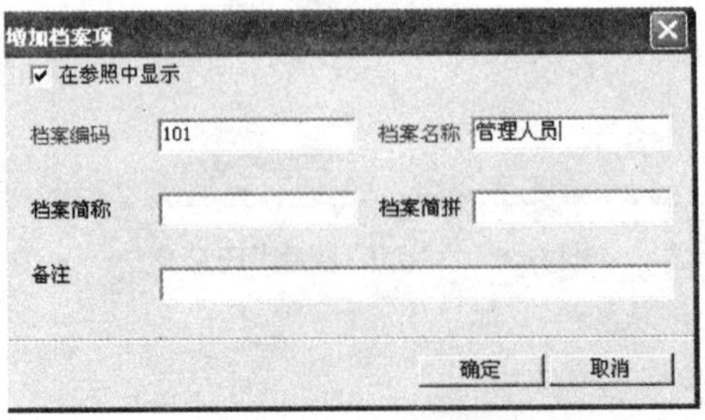

图 3—8 “人员类别设置”窗口之二

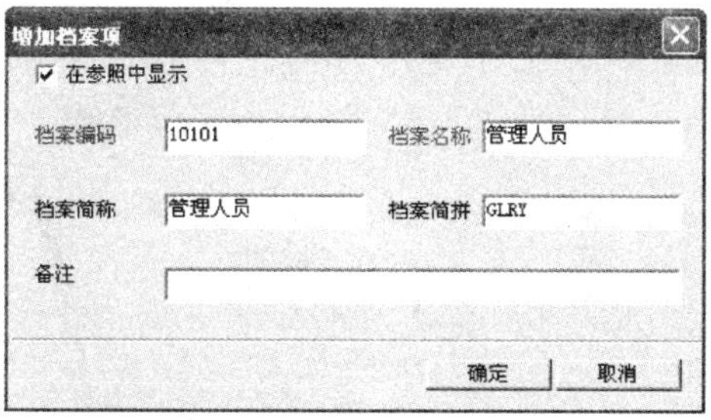

图 3－9 “人员类别设置”窗口之三

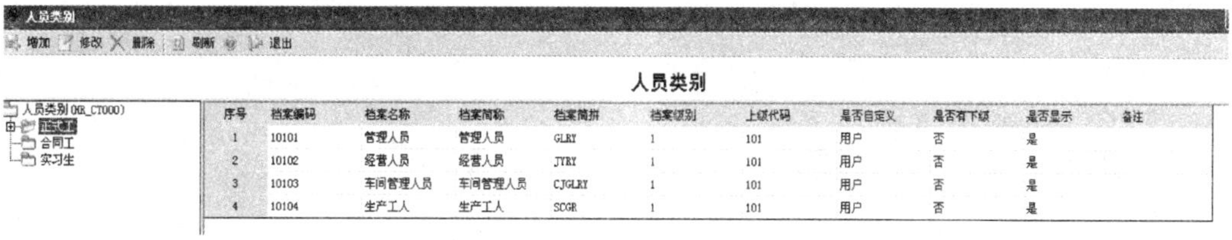

图 3－10 “人员类别设置”窗口之四

(三)设置人员档案

这里的职员是指企业的各个职能部门中参与企业的业务活动，且需要对其进行核算和业务管理的人员，具体操作步骤如下：

在企业应用平台“设置”页签中，选择“基础档案—机构人员—人员档案”命令，即进入“人员列表”设置窗口，单击“增加”按钮并填写张洋的档案结果，如图 3－11～图 3－13 所示。重复前面的操作继续录入其他人员档案，系统显示已录入的人员档案，如图 3－14 所示。

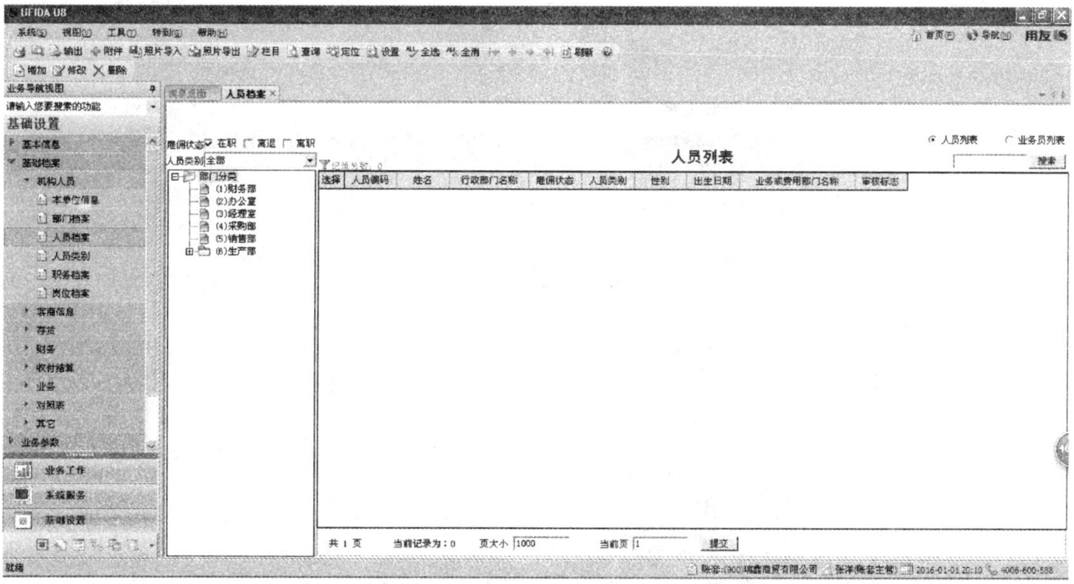

图 3－11 “人员档案设置”窗口之一

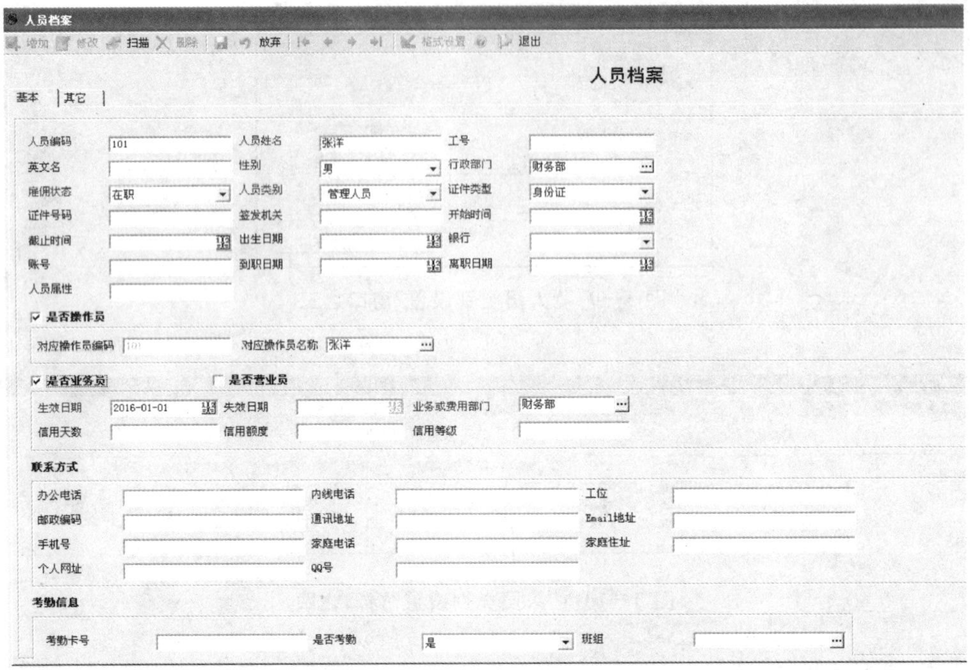

图 3－12 “人员档案设置”窗口之二

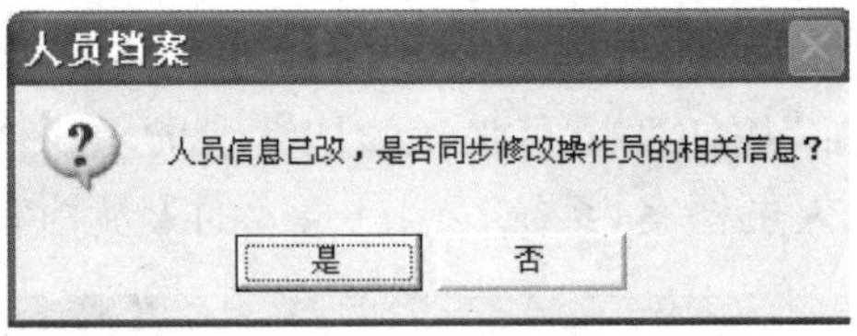

图 3－13 “人员档案设置”窗口之三

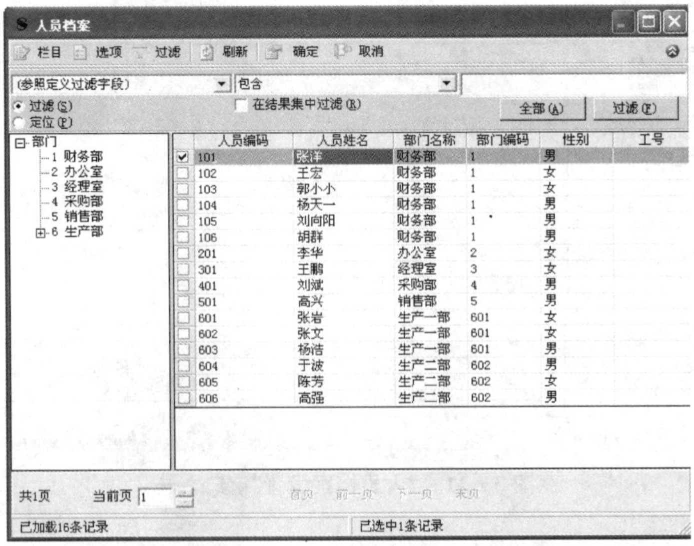

图 3－14 “人员档案设置”窗口之四

注意：

①在录入人员档案时，系统默认被选中的部门，如果所属部门不符合要求，应在删除已选中的部门后，再单击参照按钮重新选择相应的部门。

②职员档案资料一旦被使用就不能被删除。

③增加账套操作员档案时必须与设置操作员时的内容保持一致。

（四）设置客户分类

企业可以从自身管理要求出发对客户和供应商进行相应的分类，以便对业务数据进行统计、分析。例如，可以按照行业或者地区对客户进行划分。如果在建账时选择了客户分类和供应商分类，就必须先建立分类，再增加档案；若没有进行分类管理的需求，可以直接建立档案。本账套对与单位有业务往来的客户按照一定标准进行分类，具体操作步骤如下：

在企业应用平台“设置”页签中执行“基础档案—客商信息—客户分类”命令，即进入“客户分类”设置窗口，单击“增加”按钮，按实验资料填写结果，如图 3—15 和图 3—16 所示。

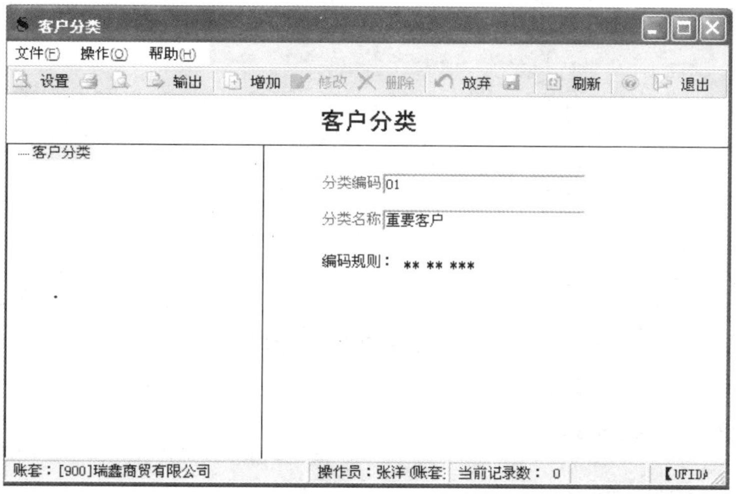

图 3—15 “客户分类”窗口之一

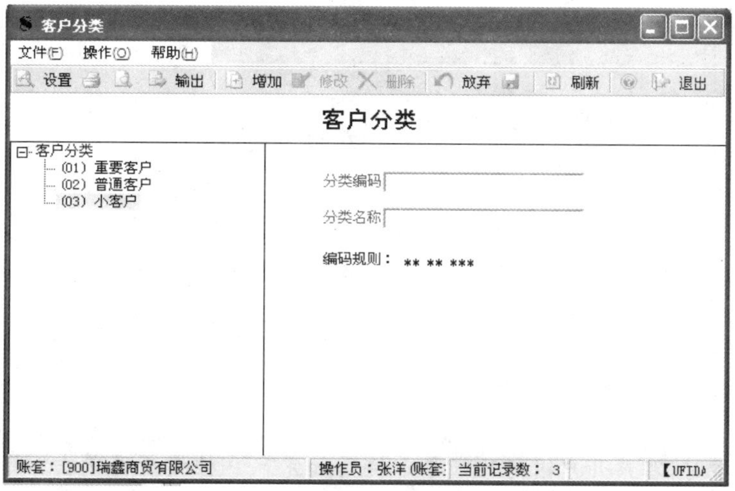

图 3—16 “客户分类”窗口之二

注意：

①客户分类编码必须唯一。

②客户编码必须符合编码原则。

(五)设置客户档案

客商信息在企业应用平台“设置”页签中执行“基础档案—客商信息—客户档案”命令，即进入“客户档案”设置窗口，单击“增加”按钮，填写创新公司的档案，如图3—17和图3—18所示。

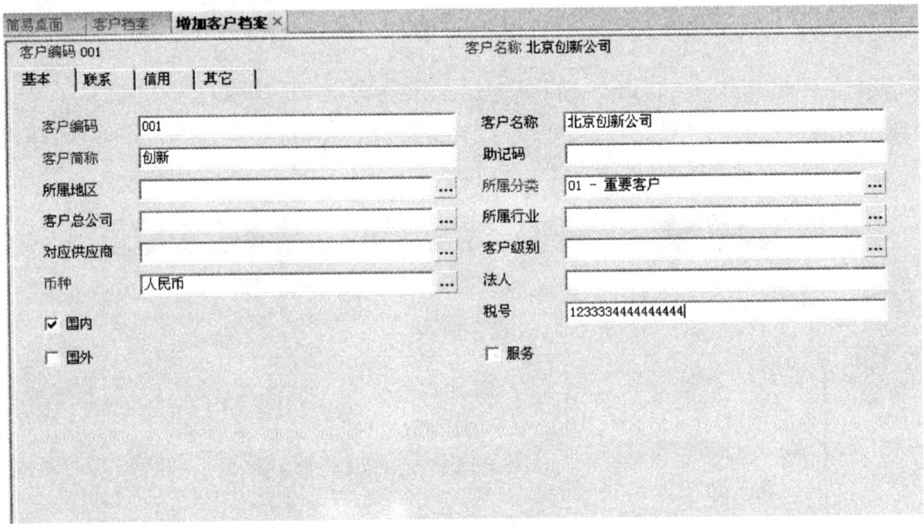

图3—17 “客户档案”窗口之一

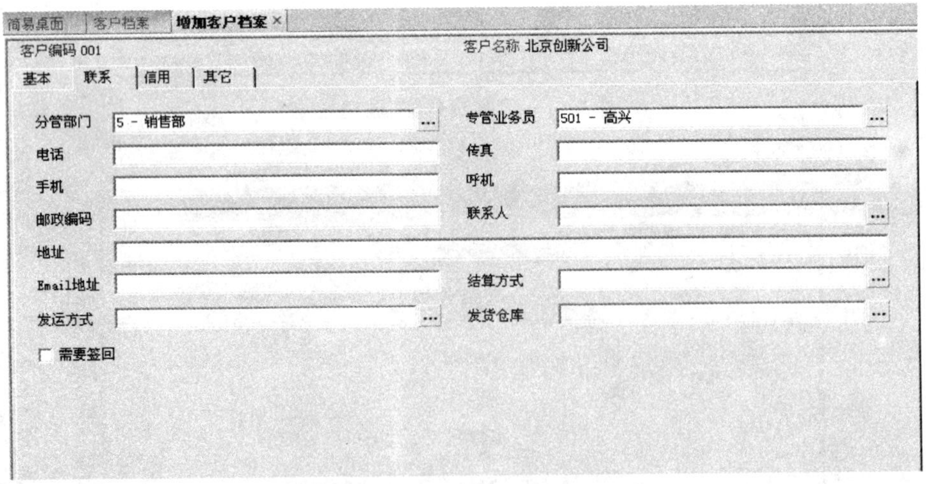

图3—18 “客户档案”窗口之二

提示：

建立客户档案时，客户开户银行及账号需要增加完客户档案后再单击“银行”按钮，打开“客户银行档案对话框录入，如图3—19所示。按以上方法录入其他客户档案，如图3—20所示。

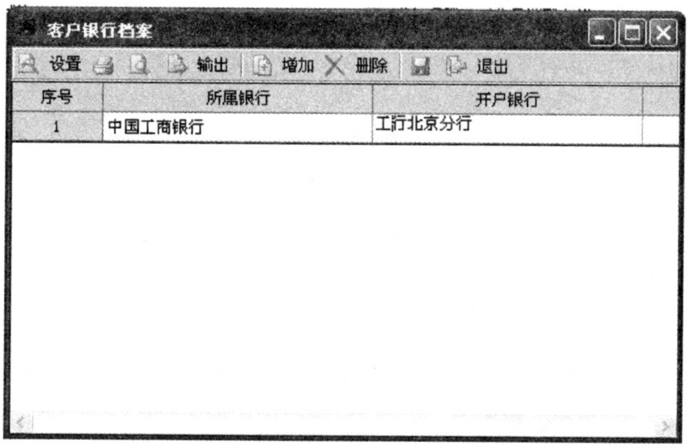

图 3—19 “客户银行档案”窗口

图 3—20 “客户档案”窗口之三

注意:

①客户编码简称和所属分类必须输入,其他可以忽略。

②如果所选客户分类不正确,可以在删除错误的所属分类后单击所属分类栏的参照按钮,重新选择正确的分类。

③输入各项内容后,必须单击“保存”按钮,否则表示放弃。

(六)设置供应商分类

在企业应用平台“设置”页签中执行“基础档案—客商信息—供应商档案”命令,即进入“供应商档案”设置窗口,单击“增加”按钮,按实验资料填写结果,如图 3—21 和图 3—22 所示。

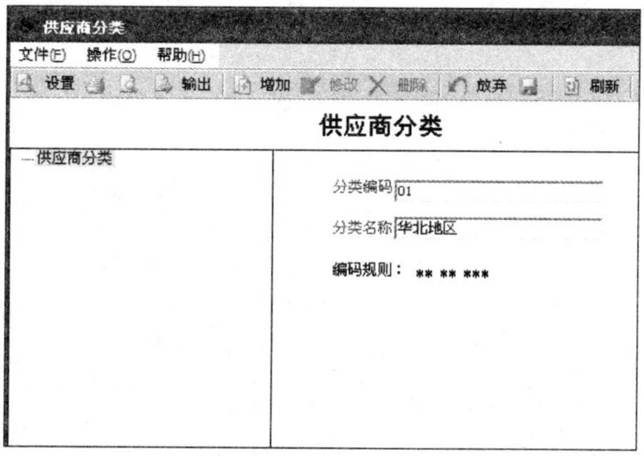

图 3—21 “供应商分类”窗口之一

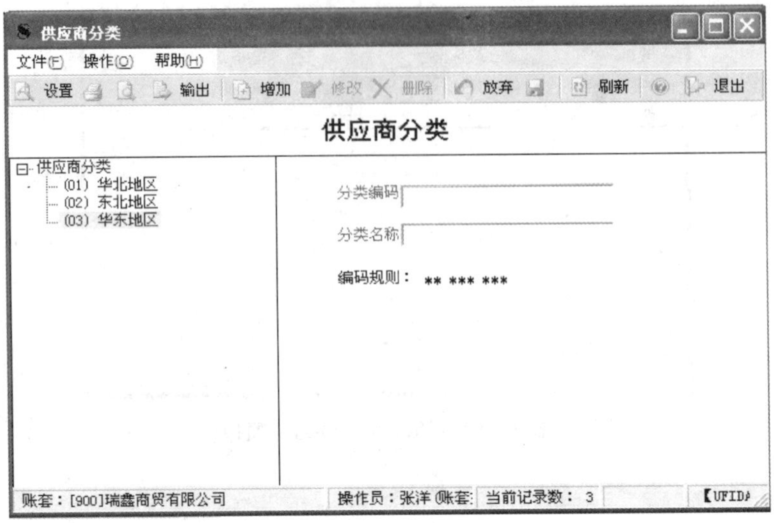

图 3—22 “供应商分类”窗口之二

注意：

①供应商分类编码必须唯一。

②供应商编码必须符合编码原则。

(七)设置供应商档案

客商信息在企业应用平台“设置”页签中执行“基础档案—客商信息—供应商档案”命令，即进入“供应商档案”设置窗口，单击“增加”按钮填写供应商的档案，如图 3—23 和图 3—24 所示。重复前面的操作继续录入其他客户档案，系统显示已录入的客户档案，如图 3—25 所示。

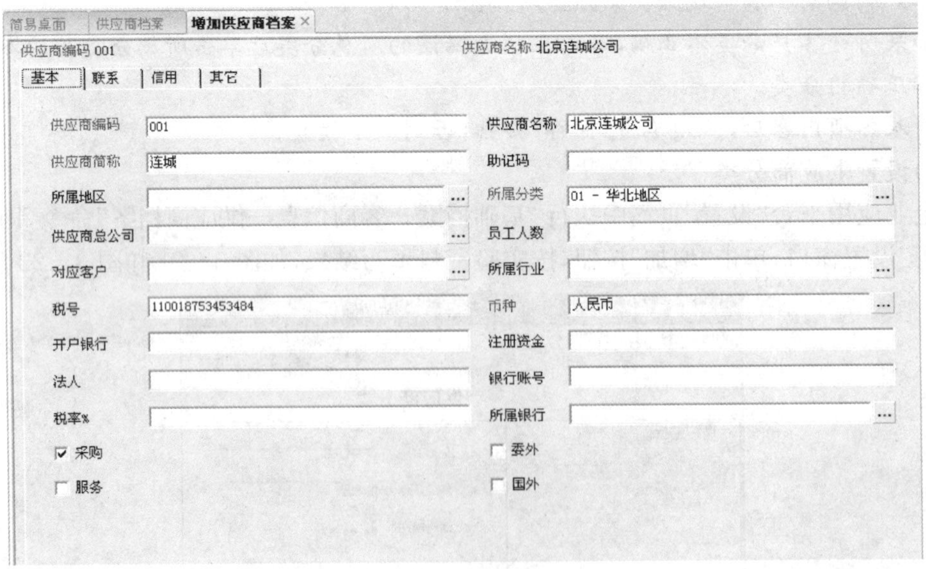

图 3—23 “增加供应商档案”窗口之一

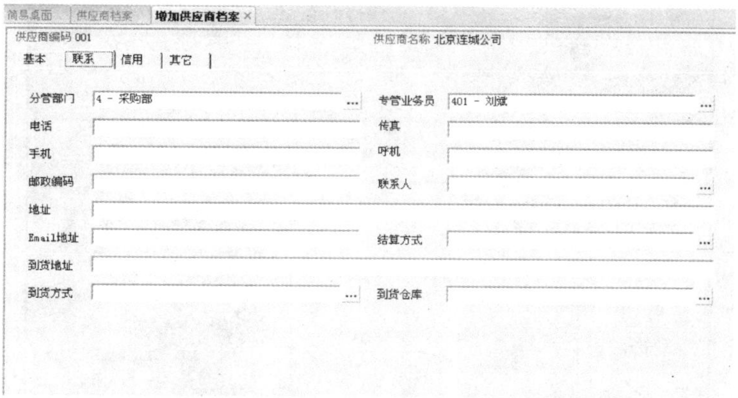

图 3－24 “增加供应商档案”窗口之二

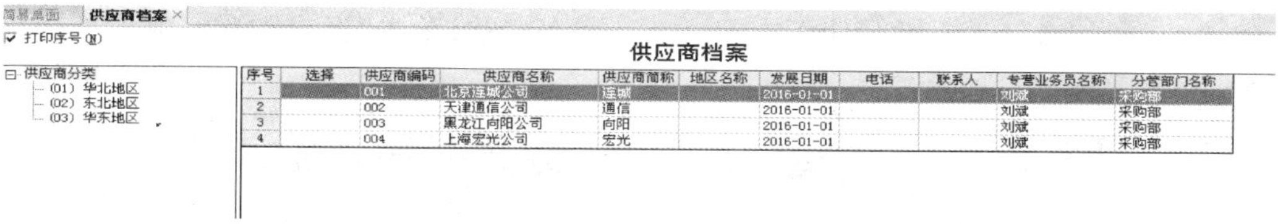

图 3－25 “供应商档案”窗口

注意：

①客户编码简称和所属分类必须输入，其他可以忽略。

②如果所选客户分类不正确，可以在删除错误的所属分类后单击所属分类栏的参照按钮，重新选择正确的分类。

③输入各项内容后，必须单击“保存”按钮，否则表示放弃。

(八)外币设置

单位如果有外币核算业务，则需要进行外币设置，具体操作步骤如下：

(1)在企业应用平台“设置”页签中执行“基础档案—财务—外币设置”命令，即进入“外币设置”设置窗口。输入币符“＄”，币名“美元”，其他项目采用默认值，单击“确认”按钮，如图3－26和图 3－27 所示。

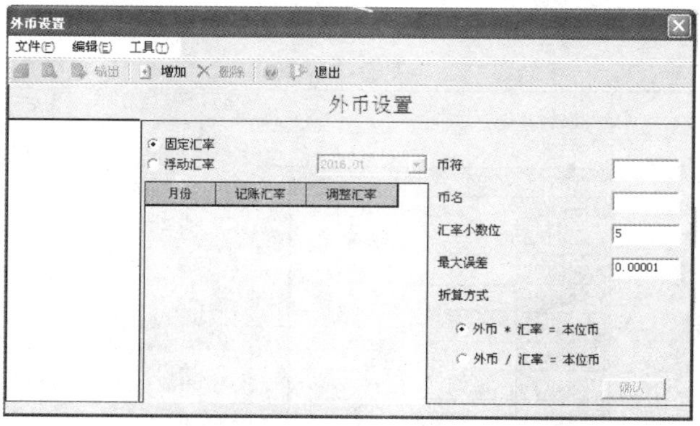

图 3－26 “外币设置”窗口之一

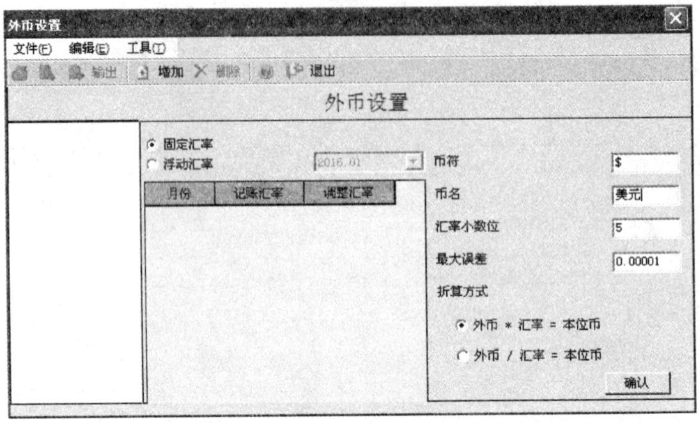

图 3—27 “外币设置”窗口之二

(2)输入 2016 年 1 月初的记账汇率 6.195 5,回车确认,单击“退出”按钮,完成外币设置,如图 3—28 和图 3—29 所示。

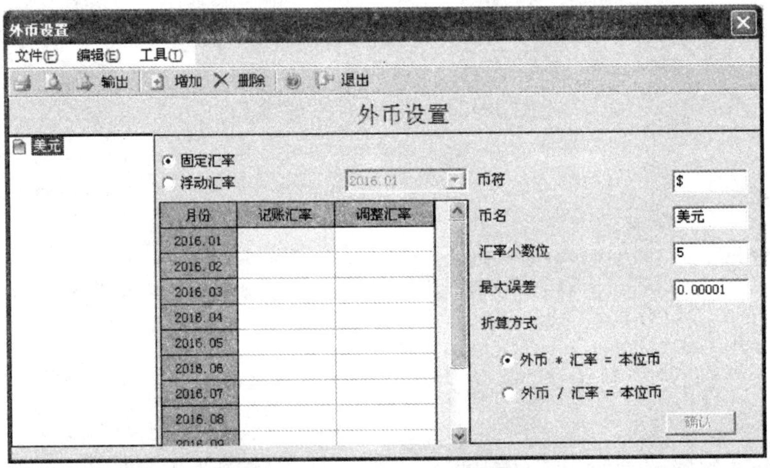

图 3—28 “外币设置”窗口之一

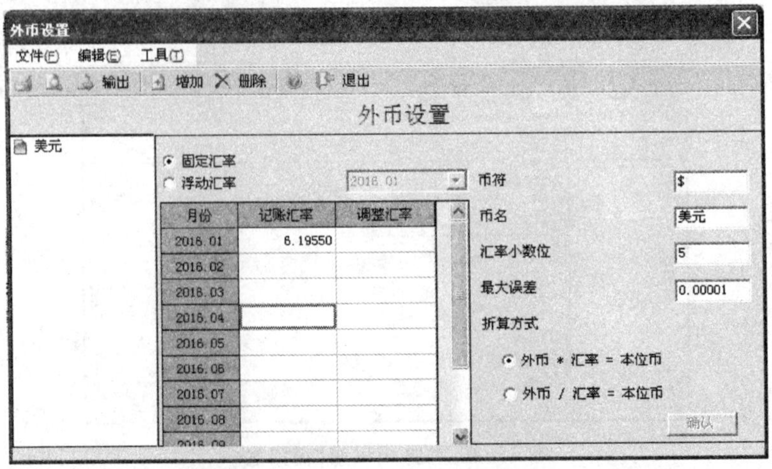

图 3—29 “外币设置”窗口之二

注意：

①使用固定汇率的单位，在填制每月的凭证前，应预先录入该月的记账汇率，否则，将会出现汇率为零的错误。

②使用浮动汇率的单位，在填制当天的凭证前，应预先录入当天的记账汇率。

③制单时使用固定汇率还是浮动汇率，需在总账系统选项“凭证”选项卡中设置。

(九)会计科目设置

1. 增加会计科目

(1)在企业应用平台“设置”页签中执行“基础档案—财务—会计科目”命令，即进入“会计科目”设置窗口，显示所有“2007 年度新会计制度”预置的科目，如图 3—30 所示。

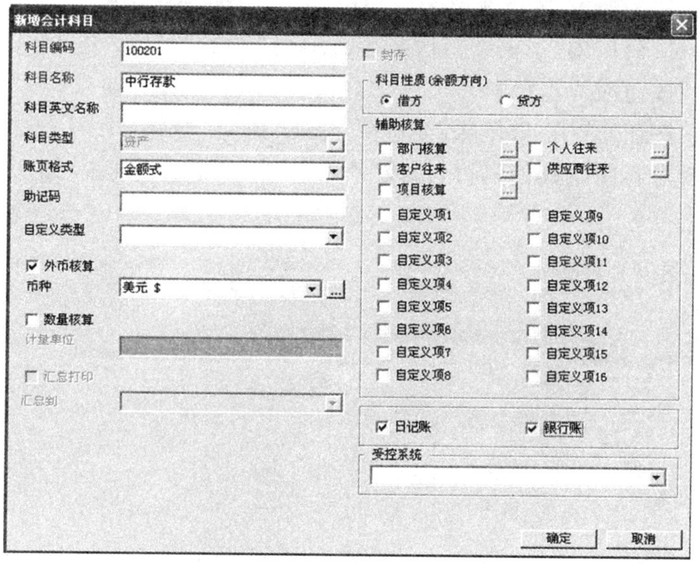

图 3—30 “会计科目”窗口

(2)单击“增加”按钮，进入“会计科目——新增”窗口，输入实验资料中所给的明细科目。

2. 成批复制会计科目

(1)利用“成批复制”功能增加会计科目。当完成管理费用下明细科目的增加后，可以利用成批复制功能增加“营业费用”下的明细科目。

(2)会计科目窗口中，执行“编辑”下的“成批复制”命令，打开“成批复制”对话框。

(3)输入复制源科目编码“1405”和目标科目编码“6001”，选中“数量核算”选项，单击“确认”按钮，保存，如图 3—31 所示。

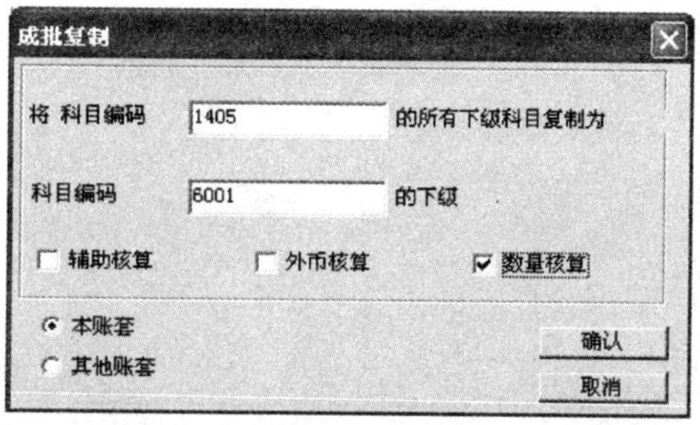

图 3—31 “成批复制会计科目”窗口

注意：

①增加的会计科目编码长度及每段位数要符合编码规则。

②增加会计科目时，要遵循"先建上级再建下级"的原则。

③编码不能重复。

④科目已经使用后再增加明细科目时，系统自动将上级科目的数据结转到新增加的第一个明细科目上，以保证账账平衡。

3. 修改会计科目

如果要对已经设置完成的会计科目的名称、编码及辅助项目等内容进行修改，应在会计科目末使用之前在会计科目的修改功能中完成。

例如，将"1001 库存现金"科目修改为有"日记账"，具体操作步骤如下：

(1)在"会计科目"窗口中，单击要修改的会计科目"1001"。

(2)单击"修改"按钮或双击该科目，进入"会计科目——修改"窗口。

(3)单击"修改"按钮，选中"日记账"复选框，单击"确定"按钮。

(4)按实验资料内容修改其他科目，修改完成后，单击"返回"按钮，如图 3－32 和图 3－33 所示。

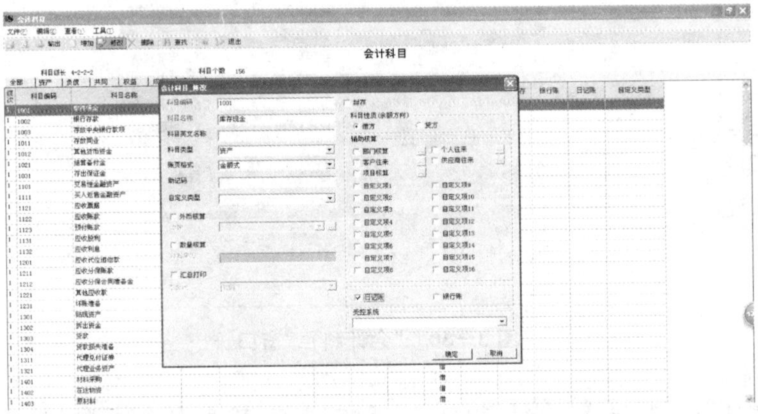

图 3－32 "修改科目"窗口

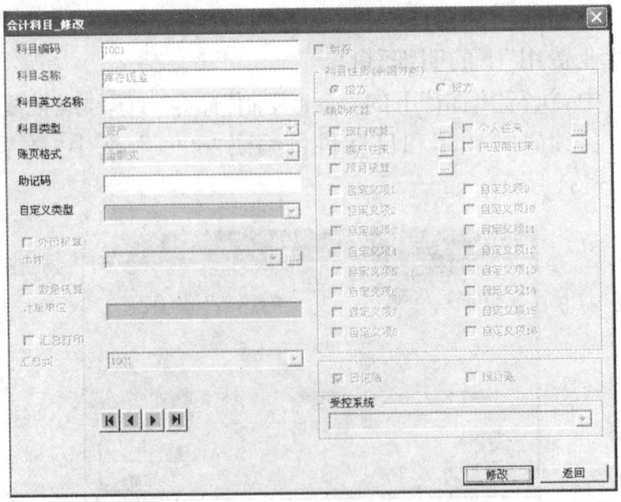

图 3－33 "修改科目后"的窗口

注意：

①没有会计科目设置权的用户只能浏览会计科目，不能进行修改。

②非末级会计科目不能再修改科目编码。

③已经使用的末级会计科目不能再修改科目编码。

④已有数据的会计科目应先将该科目及其下级科目余额清零后再修改。

⑤被封存的科目在制单时不可以使用。

⑥只有处于修改状态时才能设置汇总打印和封存。

4. 删除会计科目

如果科目已制单或已录入期初余额，则不能删除。被指定为现金银行科目的会计科目不能被删除，如果想删除就必须先取消指定。“删除将不能恢复”是指不能自动恢复，以后如需恢复该科目可通过“增加”功能来完成，具体操作步骤如下：

(1)在“会计科目”窗口中，选择要删除的会计科目。

(2)单击“删除”按钮，系统提示：“记录删除后不能修复！真的删除此记录吗?”

(3)单击“确定”按钮，即可删除该科目，如图 3—34 所示。

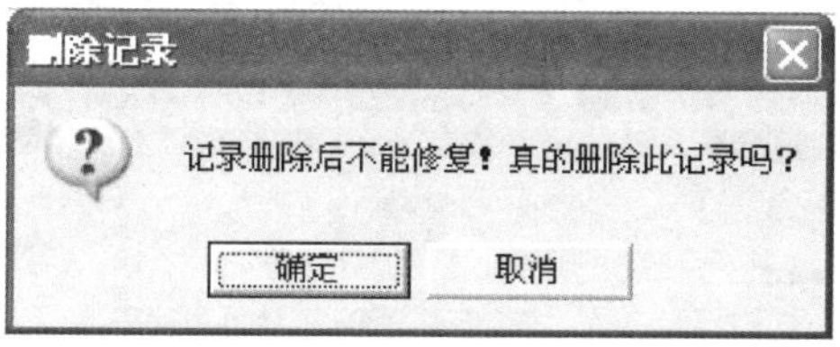

图 3—34 “删除会计科目”窗口

注意：

①如果科目已录入期初余额或已制单，则不能删除。非末级会计科目不能删除。

②被指定为“现金科目”“银行科目”的会计科目不能删除；若想删除，必须先取消指定。

5. 指定会计科目

指定会计科目是指定出纳的专管科目。指定科目后，才能执行出纳签字，从而实现现金、银行管理的保密性，才能查看现金、银行存款日记账。一般情况下，现金科目要设为日记账；银行存款科目要设为银行账和日记账，具体操作步骤如下：

(1)在“会计科目”窗口中，执行“编辑—指定科目”命令，进入“指定科目”窗口。

(2)选择“现金总账科目”单选按钮，将“现金(1001)”由待选科目选入已选科目。

(3)选择“银行总账科目”单选按钮，将“银行存款(1002)”由待选科目选入已选科目，如图 3—35 所示。

(4)单击“确认”按钮。

(5)会计科目的变化如图 3—36 所示。

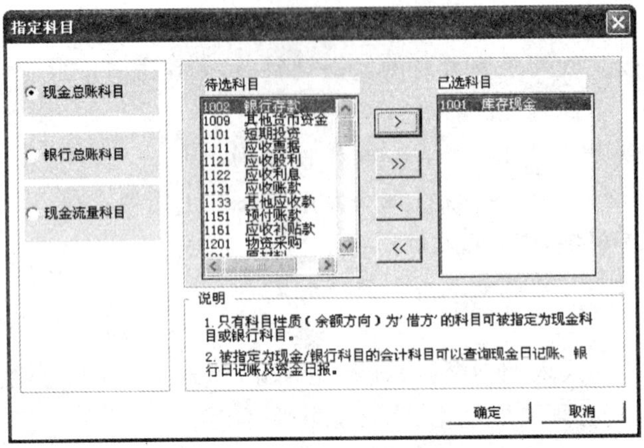

图 3－35 “指定会计科目”窗口

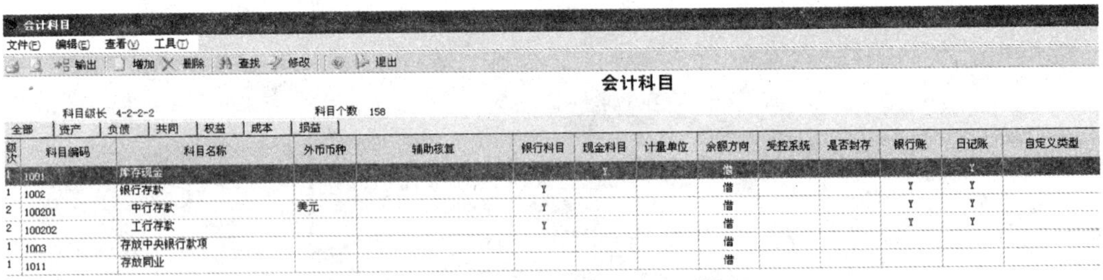

图 3－36 “指定会计科目后会计科目”窗口

注意：

指定会计科目是指定出纳的专管科目。只有指定科目后，才能执行出纳签字，才能实现现金管理。

6. 设置会计目辅助项目

设置辅助核算的内容主要有部门核算、个人往来、客户往来、供应商往来及项目核算。

(1)客户往来(不受控)如图 3－37 所示。

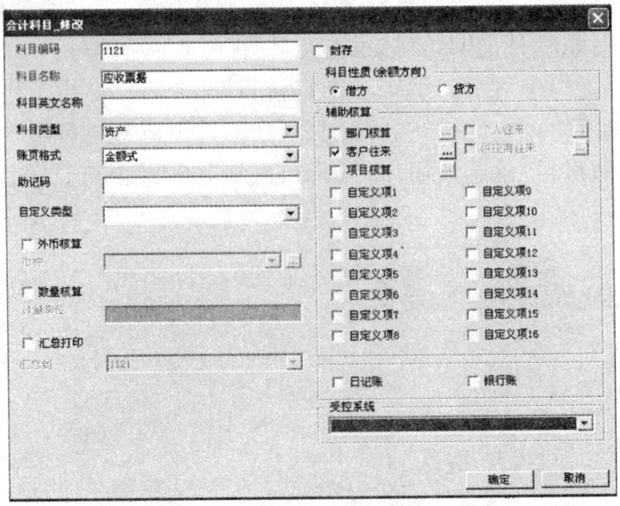

图 3－37 “客户往来辅助核算”窗口

(2)供应商辅助核算(不受控)如图 3—38 所示。

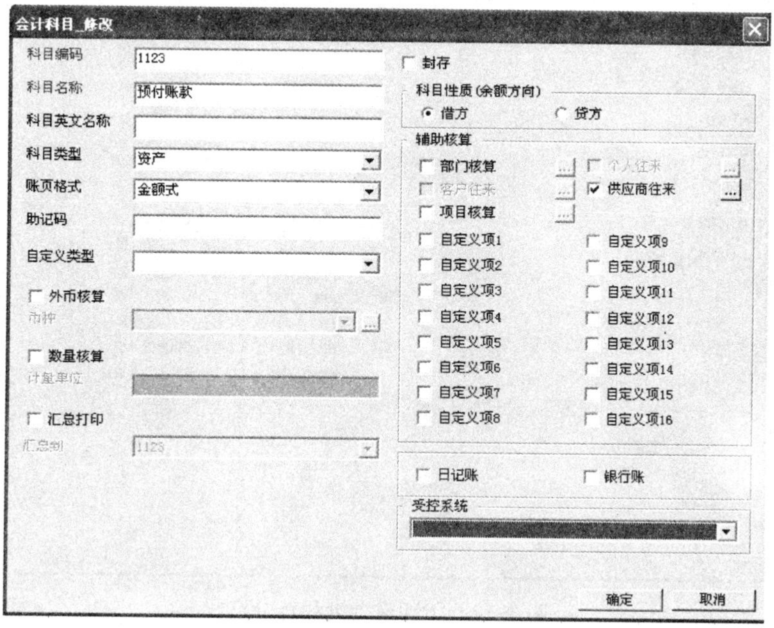

图 3—38 “供应商往来辅助核算”窗口

(3)个人往来核算如图 3—39 所示。

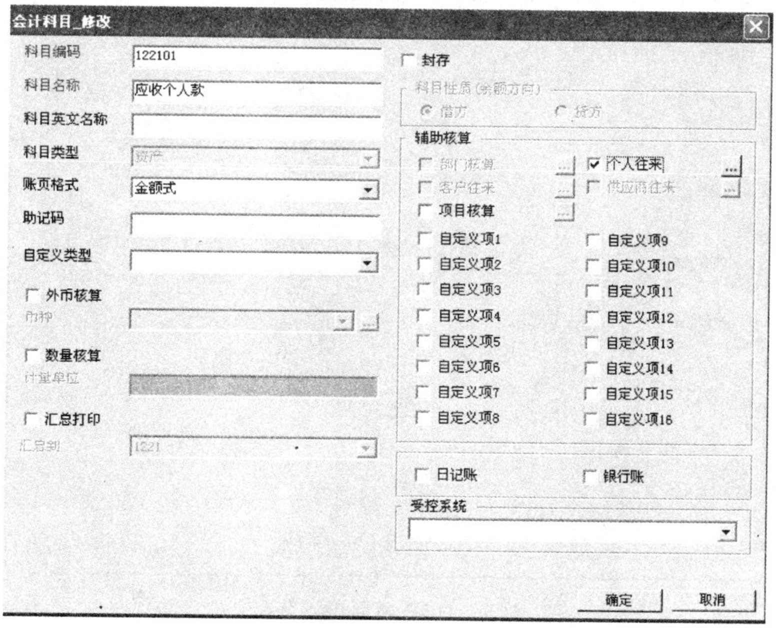

图 3—39 “个人往来辅助核算”窗口

(4)数量核算如图 3—40 所示。

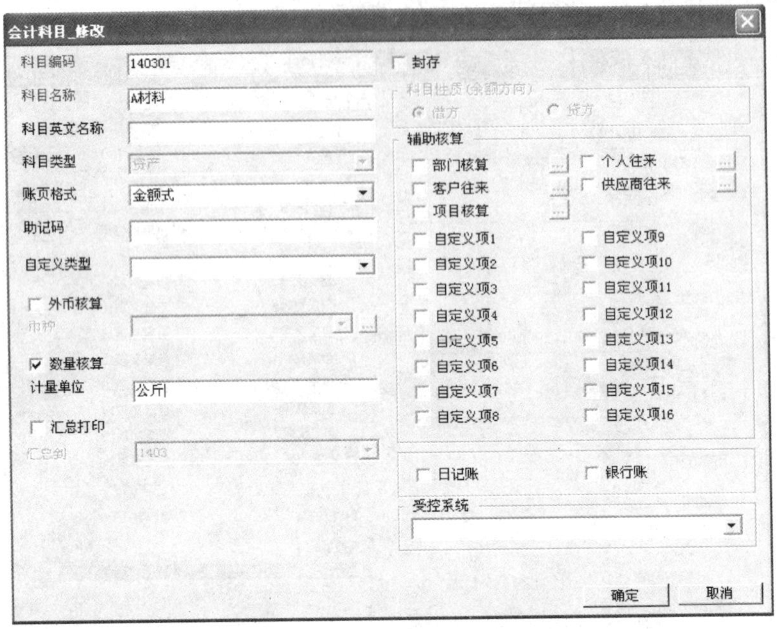

图 3—40　“数量辅助核算”窗口

(5)项目核算如图 3—41 所示。

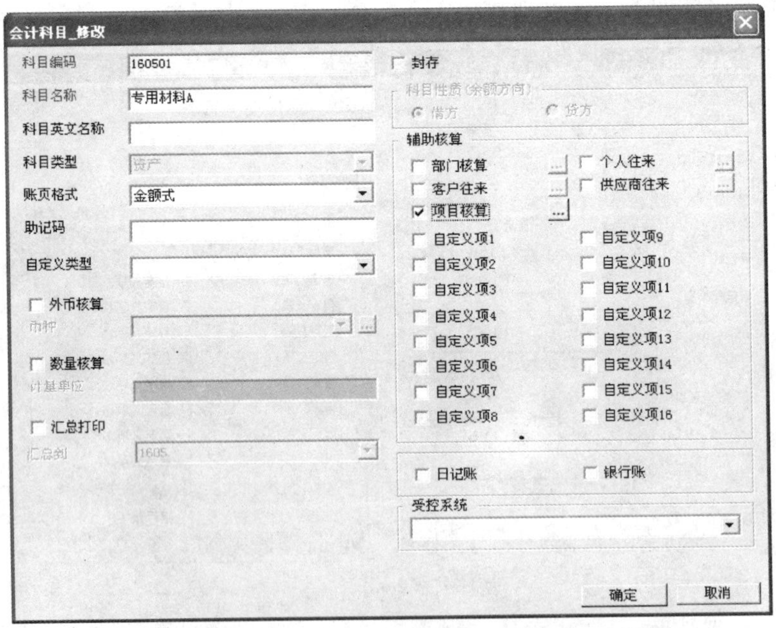

图 3—41　“项目核算”窗口

(6)部门核算如图 3—42 所示。

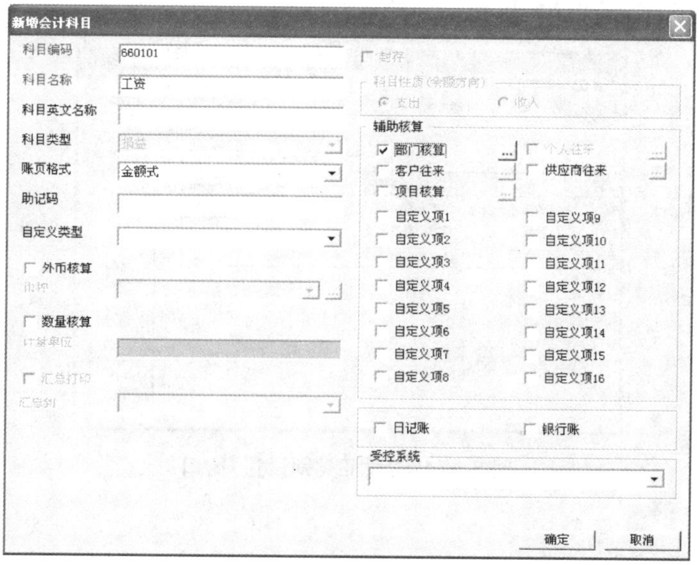

图 3—42 “部门核算”窗口

注意：

①辅助账类必须设在末级科目上，但为了查询或出账方便，可以将其上级科目和末级科目上同时设置辅助账类。

②由于不启用应收、应付系统，往来业务的核算在总账系统中进行，所以在设置供应商和客户往来款项的辅助核算项时，应不设置受控系统。

(十)设置凭证类别

(1)在“企业应用平台”界面，执行“设置”页面中，执行“基础档案—财务—凭证类别”命令，打开“凭证类别预置”对话框，如图 3—43 所示。

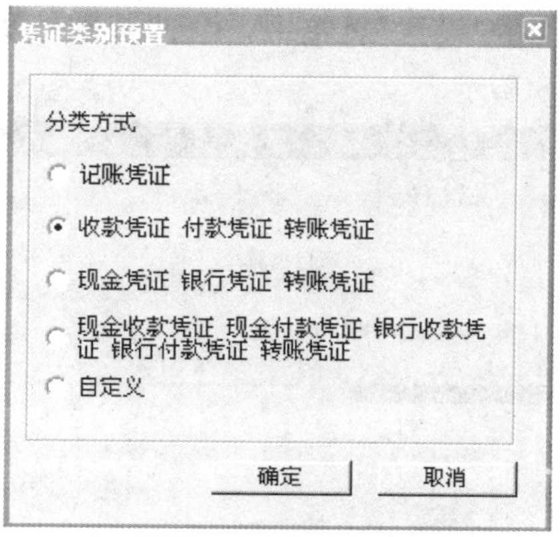

图 3—43 “凭证类别预置”窗口

(2)单击“收款凭证付款凭证转款凭证”按钮。

(3)单击“确定”按钮，进入“凭证类别”窗口设置。

(4)单击“修改”按钮，双击限制类型，出现下拉箭头，选择“借方必有”，选择或输入限制科目“1001，100201，100202”。

(5)设置完成后,单击"退出"按钮。如图 3—44 所示。

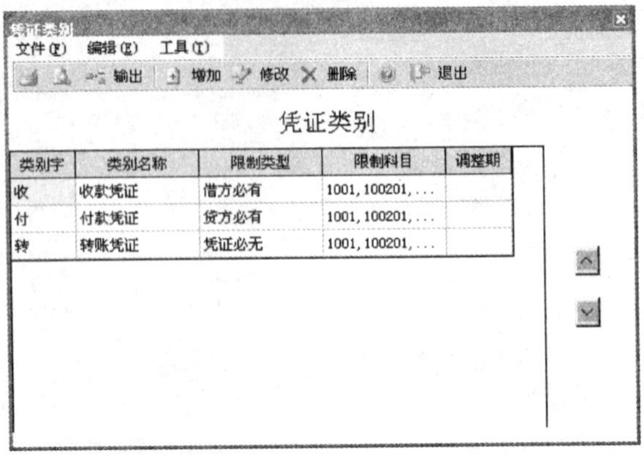

图 3—44 "凭证类别设置"窗口

注意:

①限制科目之间一定为半角符号。

②填制凭证时,如果不符合这些限制条件,系统将拒绝保存。

(十一)项目目录

为了满足企业的实际需要,可定义多类项目核算,将具有相同特性的一类项目定义成一个项目大类,一个项目大类可以核算多个项目。为了便于管理,企业还可以对这些项目进行分类管理,如将存货、成本对象、现金流量、项目成本等作为核算的项目目录。系统要求在建立会计科目时先设置相关的项目核算科目,然后再定义项目目录。"项目目录"功能用于项目大类的设置及项目目录及分类的维护。企业可以在此增加或修改项目大类、项目核算科目、项目分类、项目栏目结构,以及项目目录。

1. 设置项目目录——定义项目大类

(1)在"企业应用平台"界面的"设置"页签中,执行"基础档案—财务—项目目录"命令,进入"项目档案"窗口,如图 3—45 所示。

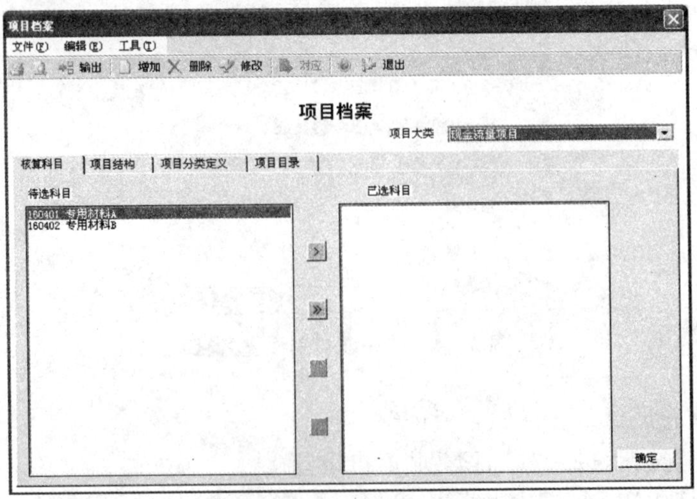

图 3—45 "项目档案"窗口

(2)单击“增加”按钮，打开“项目大类定义——增加”对话框。

(3)输入新项目大类名称“产品”，选择新增项目大类的属性“普通项目”，如图 3－46 所示。

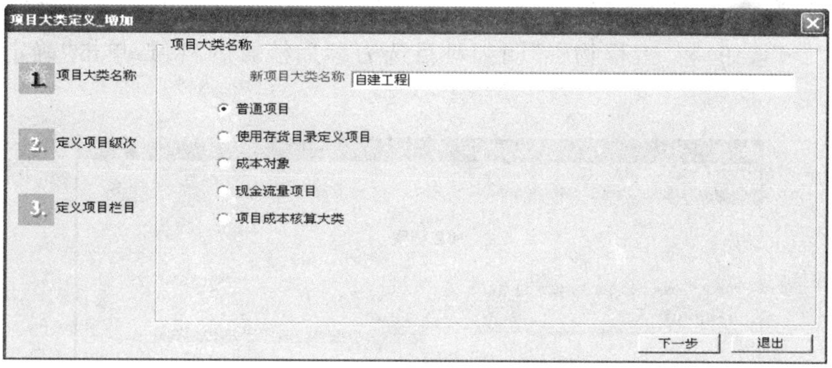

图 3－46 “项目大类名称”窗口

(4)单击“下一步”按钮，输入要定义的项目级次。假设本例采用系统默认值，如图 3－47 所示。

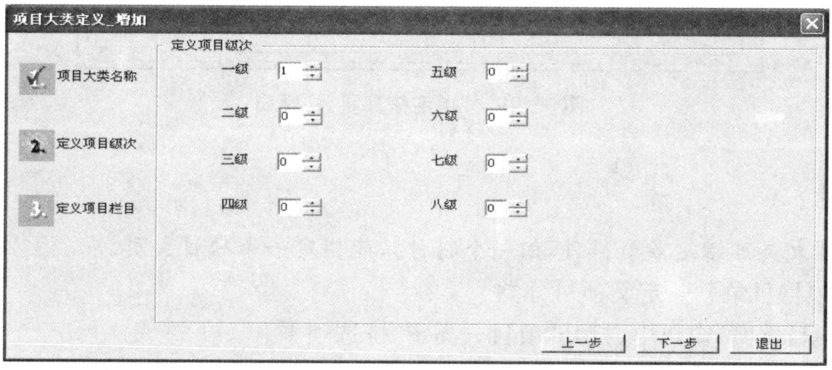

图 3－47 “项目级次定义”窗口

(5)单击“下一步”按钮，输入要修改的项目栏目。假设本例采用系统默认值。

(6)单击“完成”按钮，返回“项目档案”窗口，如图 3－48 所示。

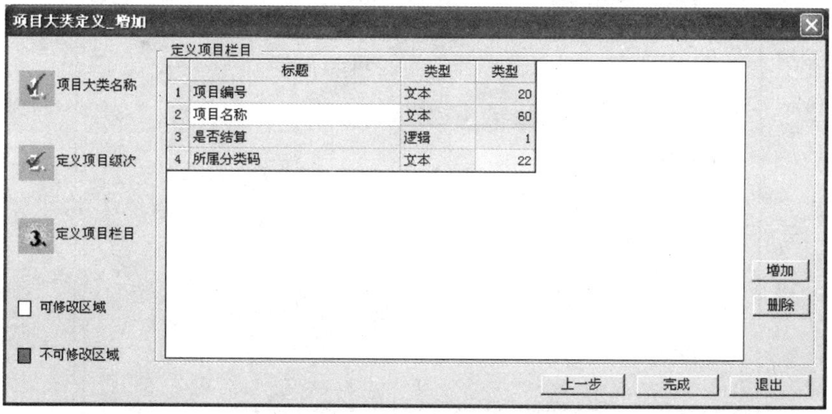

图 3－48 “项目大类定义”窗口

2. 设置项目目录——指定核算科目

(1)在“项目档案”窗口中，打开“核算科目”选项卡。

(2)选择项目大类“自建工程”。

(3)单击“>”按钮，将“工程物资”明细科目选为参加核算的科目，单击“确定”按钮，如图3—49所示。

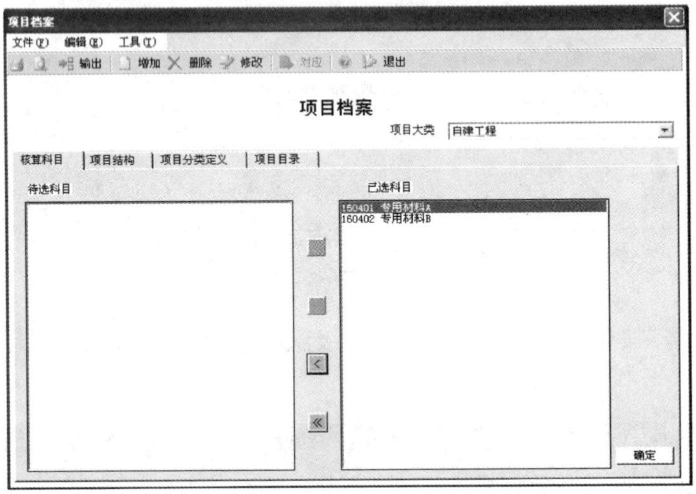

图3—49 “指定核算科目”窗口

注意：

一个项目大类可指定多个科目，但一个科目只能指定一个项目大类。

3. 设置项目目录——定义项目分类

(1)在“项目档案”窗口中，打开“项目分类定义”选项卡。

(2)单击右下角的“增加”按钮，输入分类编码“1”，输入分类名称“1号工程”，单击“确定”按钮。

(3)同理，定义“2号工程”项目分类，如图3—50所示。

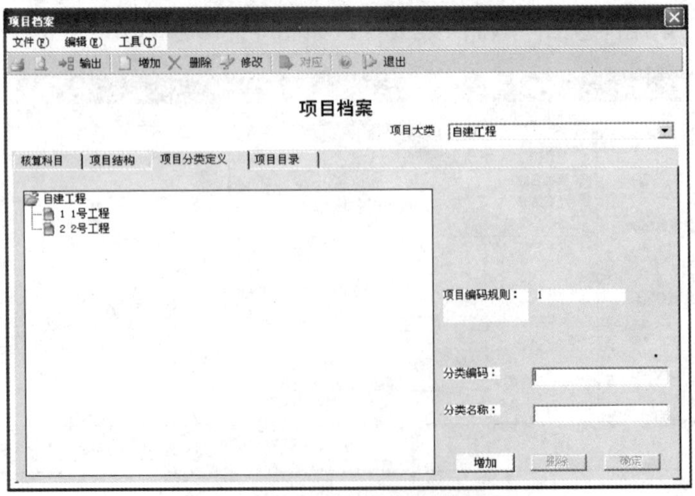

图3—50 “定义项目分类”窗口

为了便于统计，可对同一项目大类下的项目进行进一步划分，即定义项目分类。若无分类，也必须定义项目分类为“无分类”。

4. 设置项目目录——定义项目目录

(1)在“项目档案”窗口中，打开“项目目录”选项卡，如图 3—51 所示。

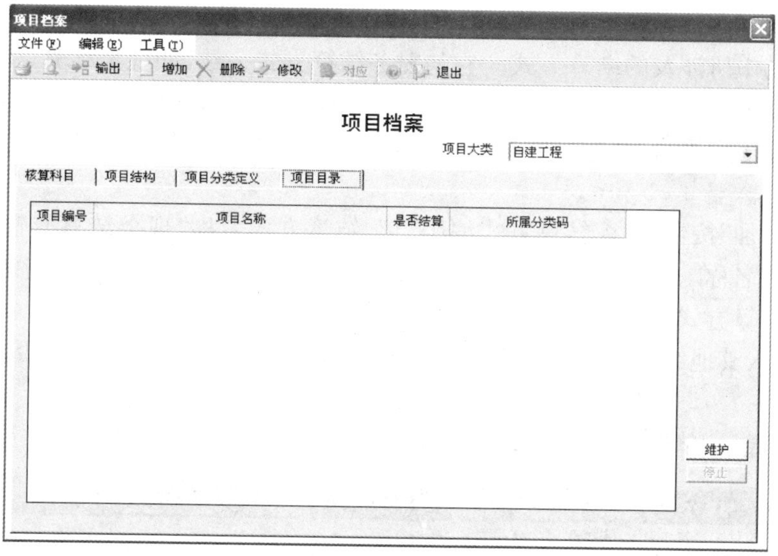

图 3—51 “项目目录选项卡”窗口

(2)单击右侧的“维护”按钮，进入“项目目录维护”窗口。

(3)单击“增加”按钮，输入项目编号“01”，输入项目名称“自建工程”，选择属分类码“1”。

(4)同理，继续增加“设备安装”项目档案，如图 3—52 所示。

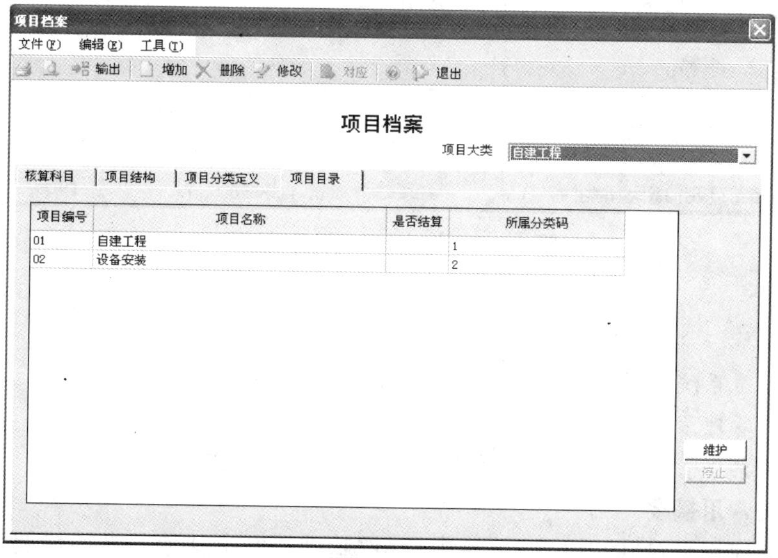

图 3—52 “定义项目目录维护结果”窗口

注意：

①标志结算后的项目将不能再使用。

②必须将需进行项目核算的科目设置为项目账类后，才能定义项目和目录。

(十二)设置结算方式

为了便于管理和提高银行对账的效率，提供了设置银行结算方式的功能，用来建立和管理用户在经营活动中所涉及的结算方式。它与财务结算方式一致，如现金结算、支票结算等。结算方式设置主要内容包括结算方式编码、结算方式名称、票据管理标志等。

(1)在“企业应用平台”的“设置”页签中执行“基础档案—收付结算—结算方式”命令，进入“结算方式”窗口。

(2)单击“增加”按钮，输入结算方式编码“1”、结算方式名称“现金结算”，输入结算方式编码“2”、结算方式名称“支票”，输入结算方式编码“201”、结算方式名称“现金支票”，输入结算方式编码“202”、结算方式名称“转账支票”，单击“保存”按钮。

(3)依次输入其他结算方式。对于“现金支票”和“转账支票”要选中“是否票据管理”复选框。

(4)设置完成后，单击“退出”按钮，如图 3—53 所示。

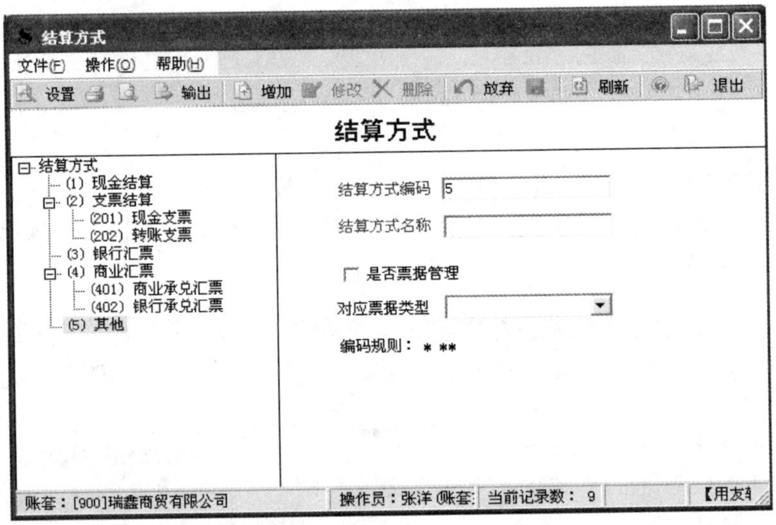

图 3—53 “结算方式设置”窗口

注意：

①支票管理是系统为辅助银行出纳对银行结算票据的管理而设置的功能，类似手工系统中支票登记簿的管理方式。

②若需实施票据管理，则选中“是否票据管理”复选框，做“√”标记。

(十三)定义常用摘要

(1)在“企业应用平台”的“设置”页签中执行“基础档案—其他—常用摘要”命令，进入“常用摘要”窗口。

(2)单击“增加”按钮，输入摘要编码“01”和摘要名称“从工行提现金”，本行输入完成后，单击“保存”按钮。

(3)设置完成后，单击“退出”按钮，如图 3－54、图 3－55 所示。

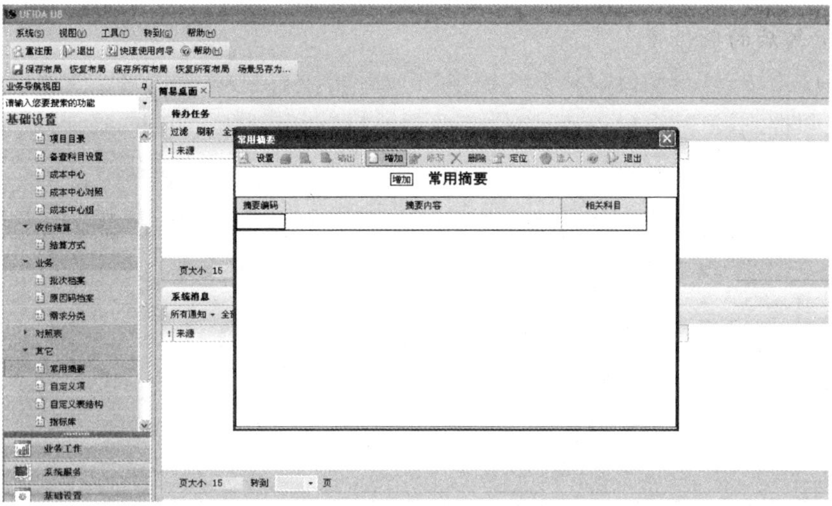

图 3－54 “常用摘要”窗口之一

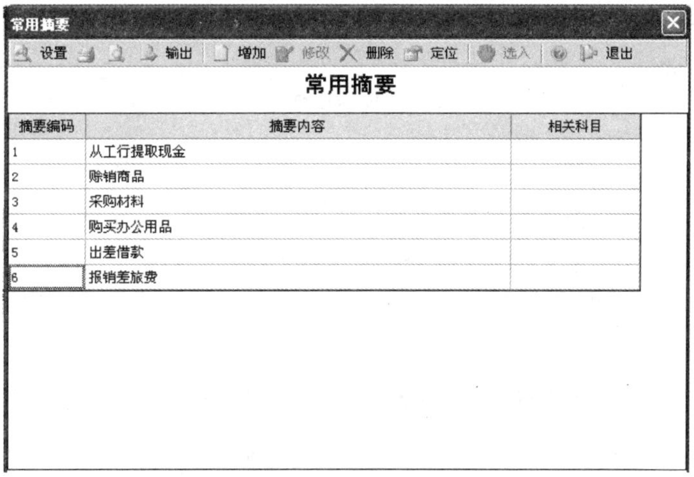

图 3－55 “常用摘要”窗口之二

任务三 权限设置

一、任务资料

1. 操作员胡群查看、录入省内供应商的档案。
2. 操作员刘向阳查询录入所有会计科目。
3. 操作员杨天一操作 50 000 元以下的工商银行的银行存款。

二、任务要求

设置数据权限和金额权限。

三、任务操作指导

(一)数据权限控制设置

在“企业应用平台”界面，执行“系统服务”页签中，执行“权限—数据权限控制设置”命令，进入“数据权限控制设置”窗口。启动“供应商”“科目”业务对象。单击“确定”按钮，如图3—56所示。

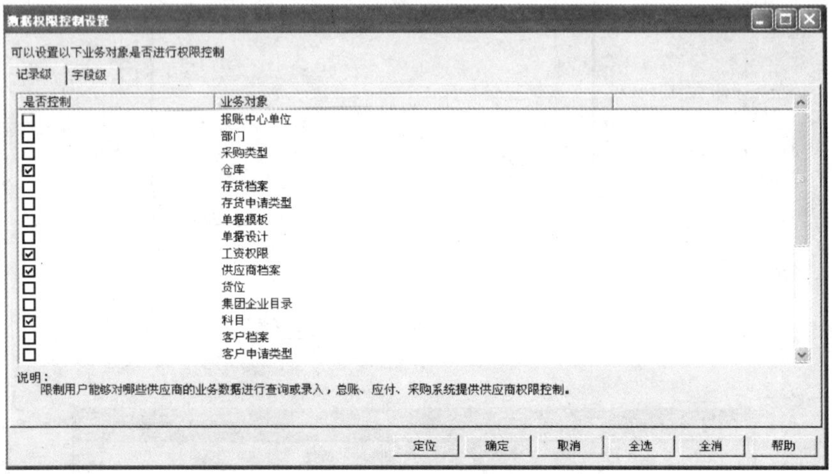

图 3—56　数据权限控制设置

(二)数据权限的分配

1. 供应商数据权限的分配

操作员胡群查看、录入省内供应商的档案，具体步骤如下：

(1)单击“数据权限分配”命令，选择“记录”页面下“业务对象”中的“供应商档案”，如图3—57所示。

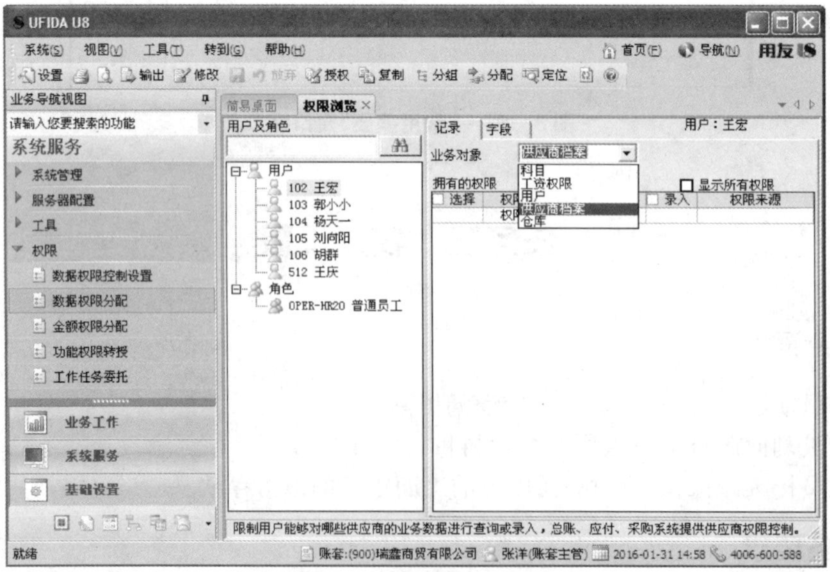

图 3—57　选择业务对象

(2)单击工具栏中的“分组”，如图 3－58 所示。分组名称分为“省内”与“省外”，如图 3－59、图 3－60 所示。

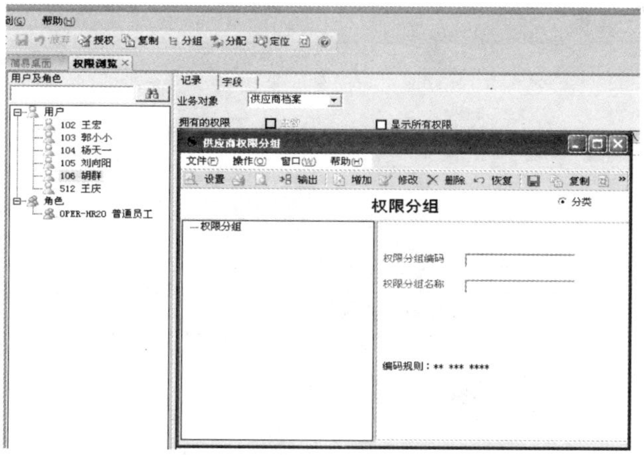

图 3－58 “供应商分组”窗口之一

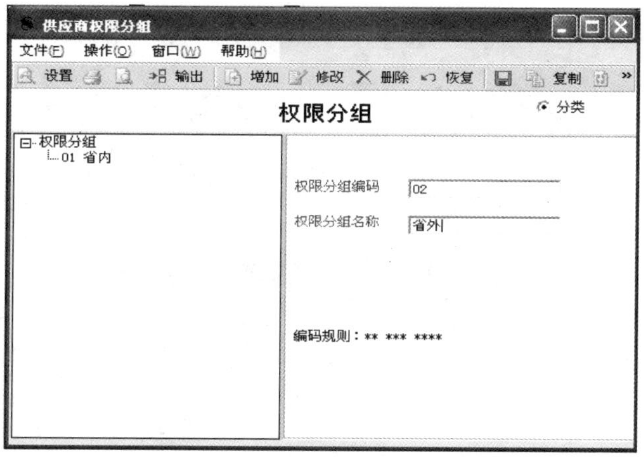

图 3－59 “供应商分组”窗口之二

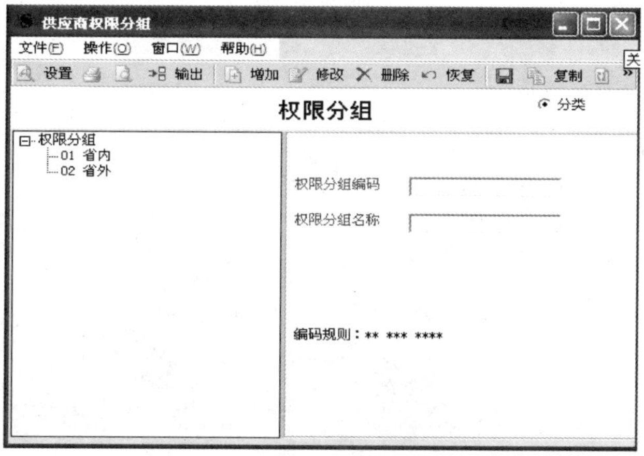

图 3－60 “供应商分组”窗口之三

(3)单击工具栏中的“分配”,进入档案分配窗口,选择“档案”,设置完成后单击“保存”按钮,如图 3－61～图 3－64 所示。

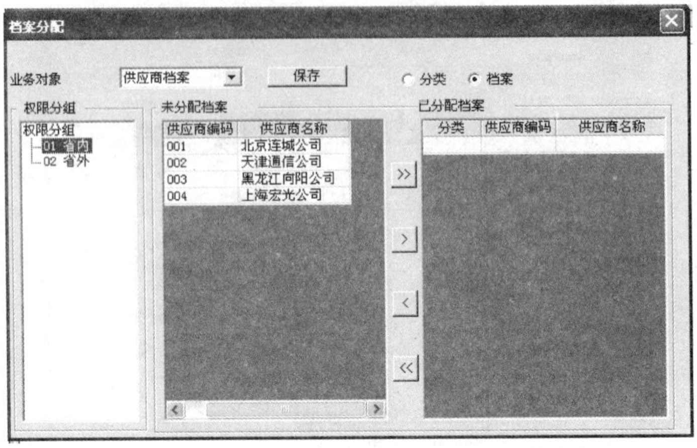

图 3－61 “供应商档案分配”窗口之一

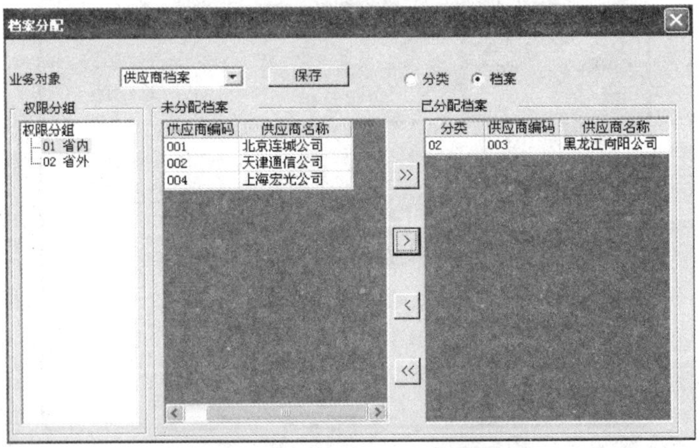

图 3－62 分配省内供应商档案

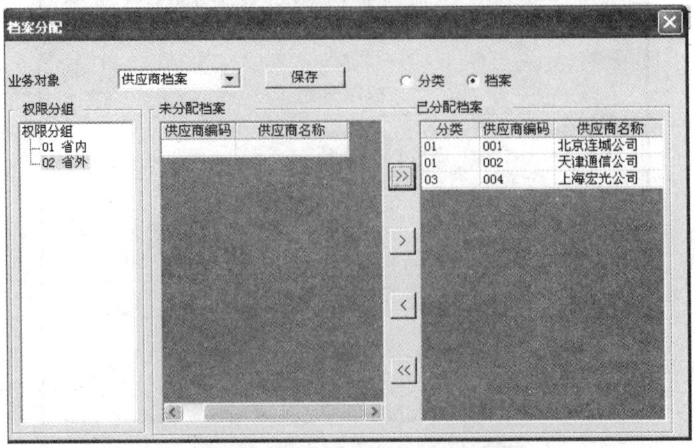

图 3－63 分配省外供应商档案

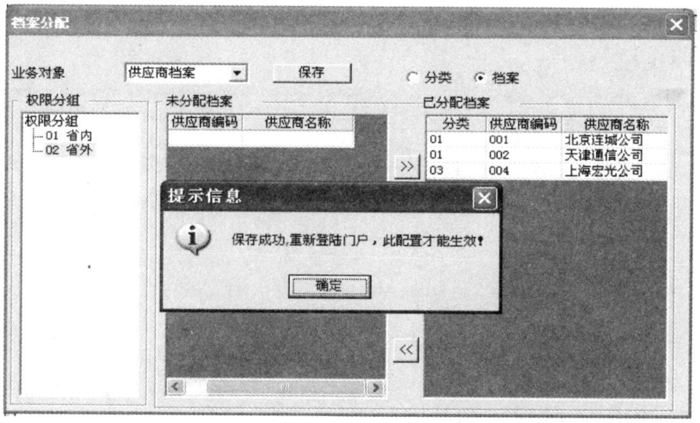

图 3－64 “供应商档案分配”窗口之二

(4)选择用户“106 胡群”,单击工具栏中的“授权”,进入“记录权限设置”,将“省内”选入可用区,单击“保存”按钮,如图 3－65～图 3－67 所示。

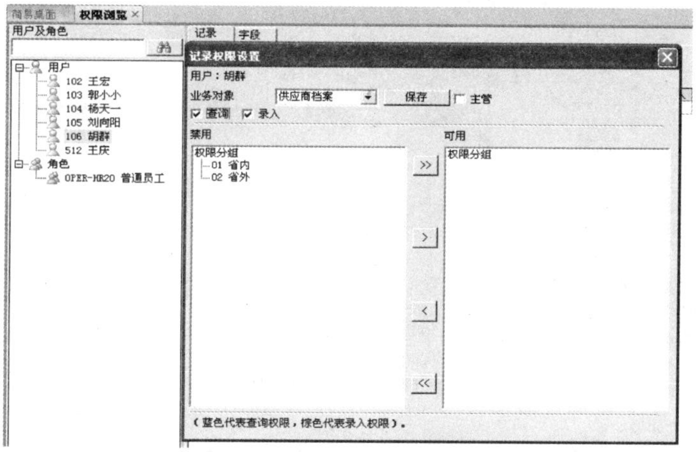

图 3－65 记录权限设置

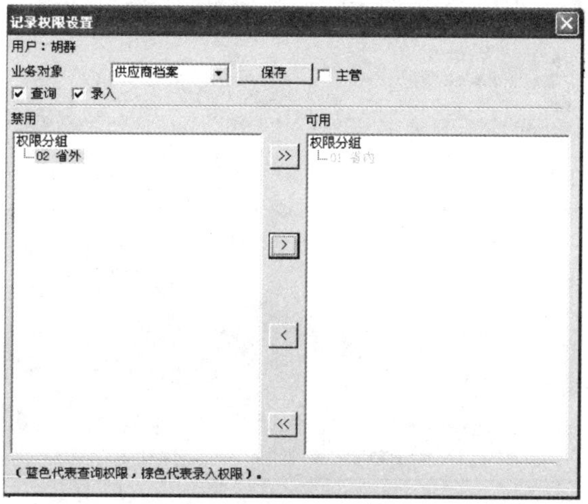

图 3－66 省内供应商可查询及录入

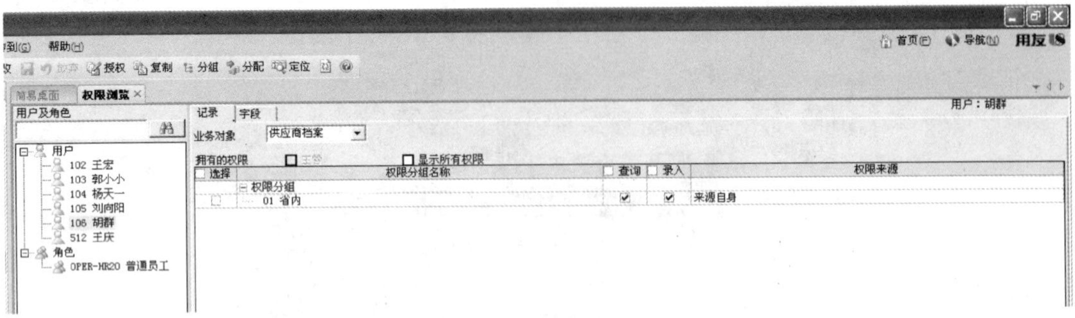

图 3－67　设制结果

2. 会计科目数据权限的设置

操作员刘向阳查询、录入所有会计科目，具体步骤如下：

(1)单击“数据权限分配”，选择“记录”页面下“业务对象”中的“科目”。用户选择“105 刘向阳”，如图 3－68 所示。

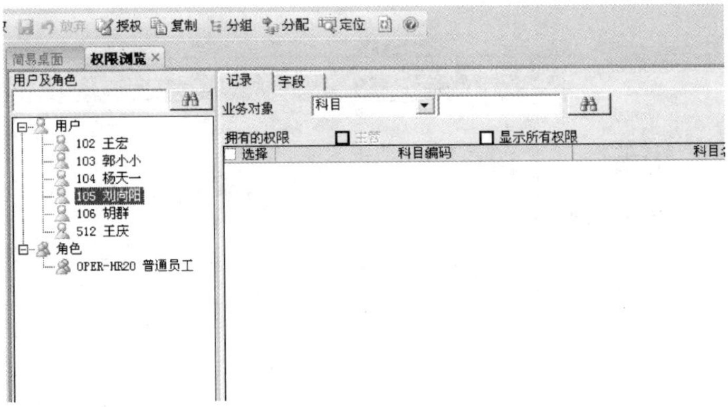

图 3－68　科目权限的设置

(2)单击工具栏中的“授权”，进入“记录权限设置”，将“科目”选入可用区，单击“保存”按钮，如图 3－69～图 3－71 所示。

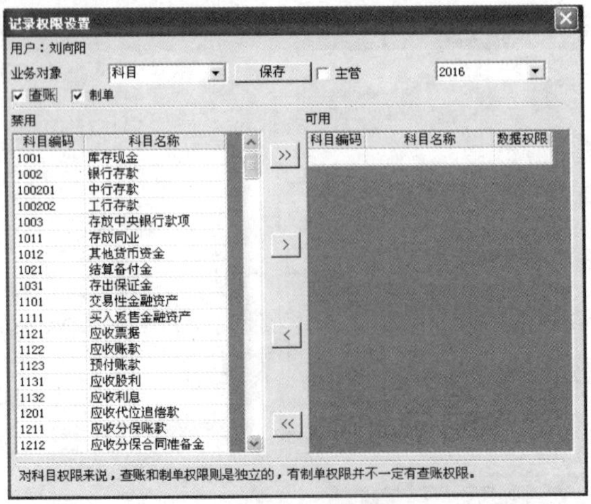

图 3－69　“科目记录权限设置”窗口之一

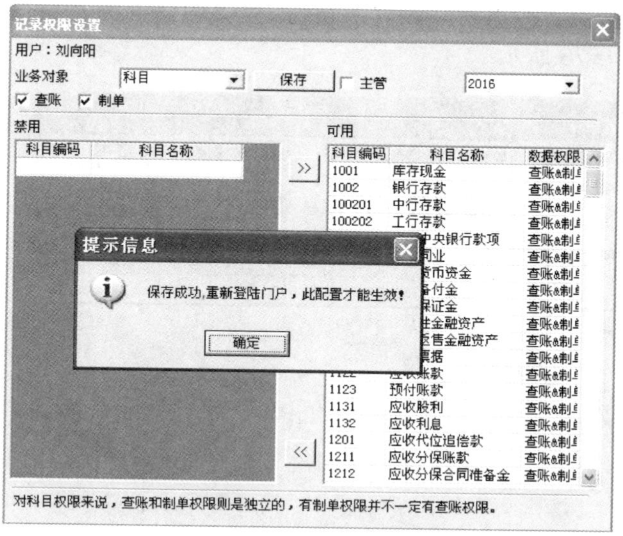

图 3—70 “科目记录权限设置”窗口之二

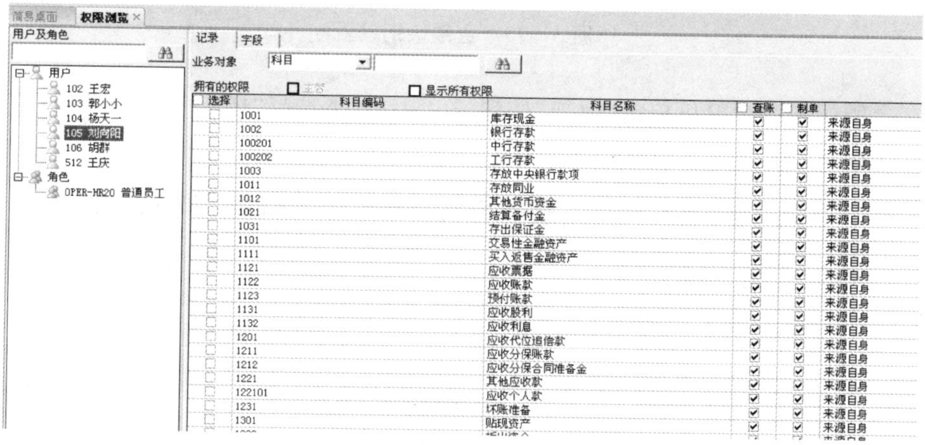

图 3—71 “科目权限设置结果”窗口

(三)金额权限分配

操作员杨天一操作 50 000 元以下的工商银行的银行存款，具体步骤如下：

(1)单击“金额权限分配”，进入“金额权限设置”窗口，选择右上角的“科目级别”，单击工具栏上的“级别”，如图 3—72 所示。

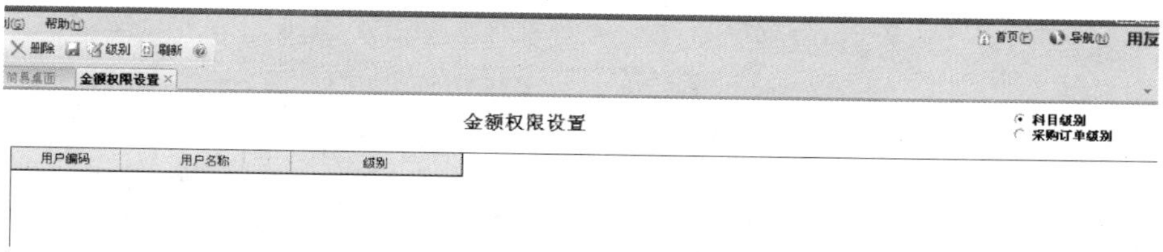

图 3—72 金额权限设置

(2)进入“金额级别设置”,单击“增加”按钮,在对应的位置输入科目、级别金额,输入完单击“保存”按钮,如图 3—73 所示。

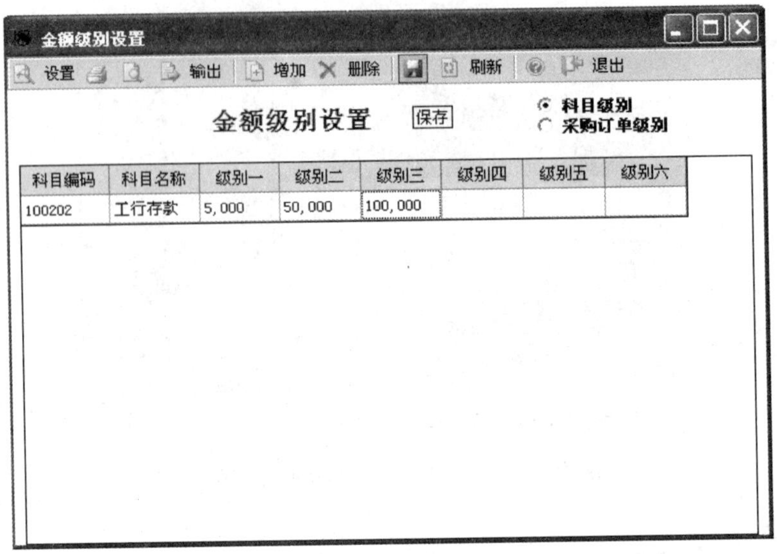

图 3—73　金额级别设置

(3)在金额权限设置窗口单击“增加”按钮,在“用户”下选择“杨天一”,在级别处选择“级别二”,单击“保存”按钮,如图 3—74 所示。

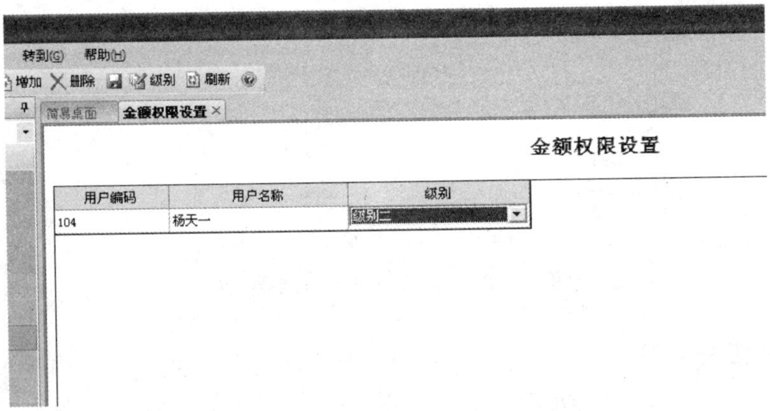

图 3—74　金额权限设置结果

项目四

总账系统

职业能力目标

了解总账系统的任务特点，熟悉总账系统的业务流程和数据流程；了解总账系统的主要功能，掌握总账系统的操作，进行凭证处理、账簿管理、出纳管理及期末处理相关业务操作；能够在通用会计软件中，完成记账、对账以及结账的工作，输出各类总分类账、日记账、明细账和有关辅助账。

学习成果

完成总账系统初始化选项设置，在软件环境下处理日常业务工作，包括填制凭证、出纳签字、审核凭证、主管签字、记账、对账以及结账的工作，同时输出各种总分类账、日记账、明细账和有关辅助账。

任务一　总账系统初始化

一、任务资料

由于购买的软件是通用财务软件，而且公司之前一直使用手工记账方式，因此在使用时首先需要进行系统初始化，将一个通用的总账系统改造为适合本企业核算要求的“专用总账系统”。

总账控制参数见表4－1。

表4－1　　**总账控制参数**

选项卡	参数设置
凭证	制单序时控制 支票控制 赤字控制：资金及往来科目 赤字控制方式：提示 可以使用应收、应付、存货受控科目 凭证编号方式采用系统编号 现金流量科目必录现金流量选项 现金流量参照科目：现金流量科目、自动显示

续表

选项卡	参数设置
账簿	账簿打印位数宽度按标准设定 明细账打印按年排页
凭证打印	打印凭证的制单、出纳、审核、记账等人员姓名 凭证、正式账每页打印行数按标准设定
预算控制	按标准设定
权限	允许修改、作废他人填制的凭证 凭证审核控制到操作员 出纳凭证必须经由出纳签字 明细账查询权限控制到科目
会计日历	启用日期：2016.01.01 数量小数位和单价小数位设置为 2
其他	外汇核算采用固定汇率 部门、个人、项目按编码方式排列

二、任务要求

财务主管张洋进行单位总账系统的初始设置。

三、任务操作指导

(一)登录总账

总账系统的登录建立在整个软件系统的基础设置之上，具体操作步骤如下：

(1)点击“开始”→“程序”→“用友 ERP—U8V10.1”→“企业应用平台”。

(2)输入操作员“101”或“张洋”，密码“1”，选择账套“900 瑞鑫商贸有限公司”，语言区域“简体中文”，操作日期“2016—01—01”，点击“确定”按钮，如图 4—1 所示。进入“企业应用平台”窗口，如图 4—2 所示。

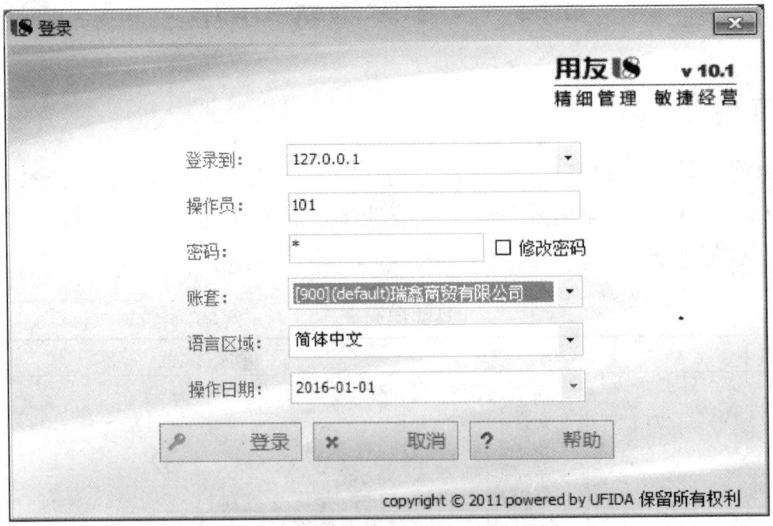

图 4—1　注册企业应用平台

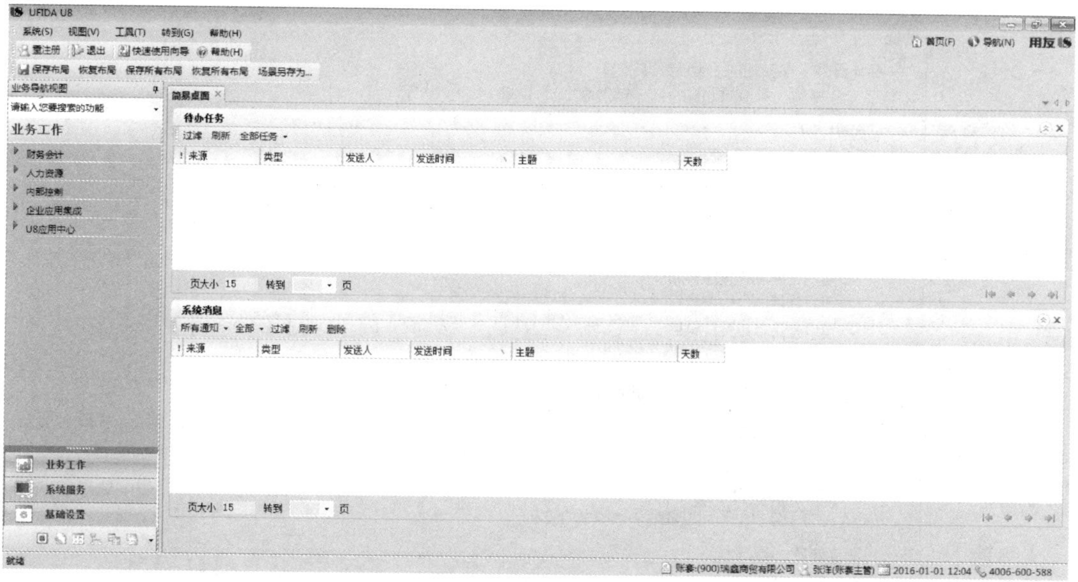

图 4—2 企业应用平台

(3)在企业应用平台"业务工作"选项卡中,选择"财务会计—总账",打开"总账系统"。

注意:

①如果在"财务会计"下没有显示"总账"系统,则表示该系统尚未启用,应先启用再注册(也可在基础设置中启用)。

②登录总账系统的操作员应是具有相应账套操作权限的操作员,系统管理员无权进入企业应用平台对任一账套进行操作。

③输入完操作员和密码后,如果账套显示栏为空白,单击后提示:"读取数据源出错:口令不正确!"应返回系统管理窗口检查该操作员密码并修改。

④操作日期必须在总账系统启用日期之后,否则系统会提示"不存在的年度"。

(二)设置总账参数

第一,在总账系统中,选择"设置—选项",打开"选项"对话框。

第二,点击"编辑"按钮,进入选项编辑状态。

第三,分别打开"凭证""账簿""凭证打印""预算控制""权限""会计日历""其他"选项卡,按照任务资料的要求进行相应的设置,如图 4—3～图 4—9 所示。最后点击"确定"按钮保存设置。

主要选项说明如下:

1."凭证"选项卡(如图 4—3 所示)

"凭证"选项卡包括:

(1)制单序时控制:制单时凭证编号必须按日期排列。"制单序时控制"和"系统编号"联用才有效。

(2)支票控制:只有银行科目选择的结算方式勾选了"票据管理"才能进行。在使用银行科目编制凭证时,系统针对票据管理的结算方式进行登记,如果录入支票号在支票登记簿(总账—出纳)中已存,系统提供登记支票报销功能;否则,系统只提供支票登记簿的功能。

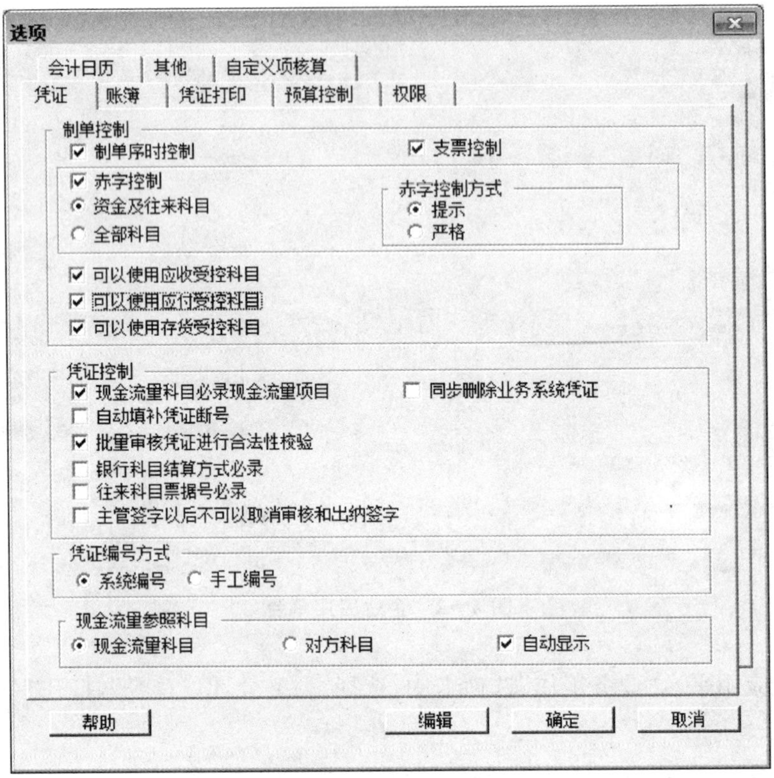

图 4—3 “凭证”选项卡

(3)赤字控制——资金及往来科目：当发生业务造成资金及往来科目的余额与设置的科目余额方向相反时，进行控制。资金科目是指现金科目或银行科目，往来科目是指供应商、客户、个人往来辅助核算的科目。

(4)赤字控制方式——提示：此时在系统发现有赤字出现时，出现提示科目赤字金额，并由用户确定是否可以继续录入此项业务。

(5)可以使用应收受控科目、可以使用应付受控科目：在通常情况下，为保证应收、应付系统与总账系统对账平衡以及为避免发生制单错误(应收、应付科目用错)，有供应商和客户辅助核算的科目可受控于应付系统、应收系统，其他系统(存货、总账、项目管理、成本管理、固定资产等)不可使用。所以，如果需要在总账系统中使用这些科目制单，则应勾选此复选框。

(6)可使用存货受控科目：为保证存货系统与总账系统对账平衡以及为避免发生制单错误，所有科目可受控于存货系统，其他系统(总账、项目管理、成本管理、固定资产等)不可使用，但如有业务发生在总账系统生成凭证，但存货相关的控制不改变时，选择此项。

(7)凭证编号方式——系统编号：系统在“填制凭证”功能中一般按照凭证类别按月自动编制凭证编号。

(8)现金流量科目必录现金流量项目：所有涉及现金流量科目发生的分录必指定现金流量项目方可通过。录入后，在总账——现金流量表中体现。

(9)现金流量参照科目：如果用户依据现金流量科目指定，则选中“现金流量科目”选项；否则，参照凭证科目时系统只显示非现金流量科目。选中“自动显示”选项时，系统依据上一选项指定的现金流量科目(或非现金流量科目)自动显示在现金流量录入界面上。

2."账簿"选项卡(如图 4－4 所示)

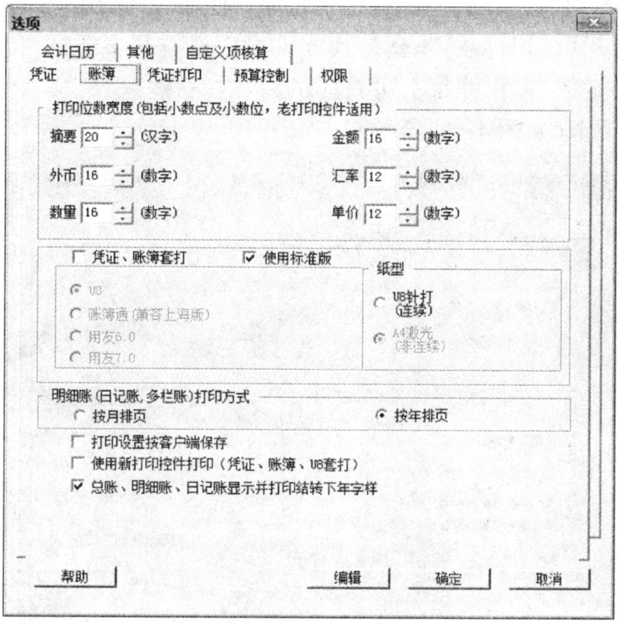

图 4－4 "账簿"选项卡

"账簿"选项卡包括：

(1)打印位数宽度：定义正式账簿打印时各栏目的宽度，包括摘要、金额、外币、数量、汇率、单价。

(2)明细账打印——按年排页：打印时从本会计年度的第一个会计月开始将明细账按顺序排页，再将打印月份范围所在的页打印输出，打印起始页号为所打月份在全年总排页中的页号。

3."凭证打印"选项卡(如图 4－5 所示)

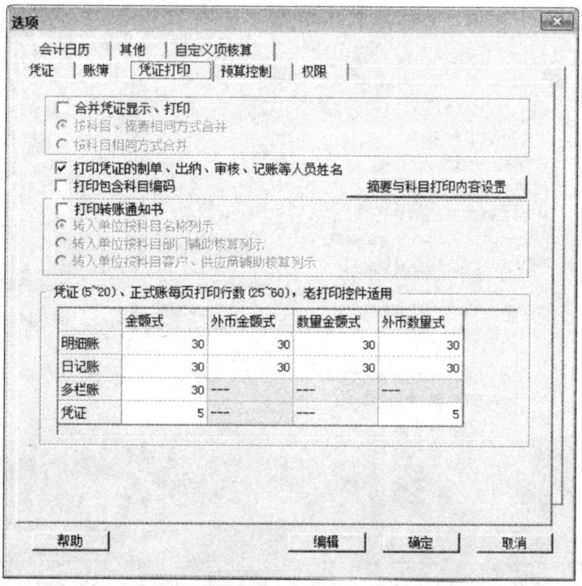

图 4－5 "凭证打印"选项卡

“凭证打印”选项卡包括：

(1)打印凭证页脚姓名：在打印凭证时，是否自动打印制单人、出纳、审核人、记账人的姓名。

(2)凭证、正式账每页打印行数：非套打模式下可以设置每页凭证可打印的分录数；非套打模式下设置明细账、日记账、多栏账每页可打印的行数。

4.“预算控制”选项卡(如图 4－6 所示)

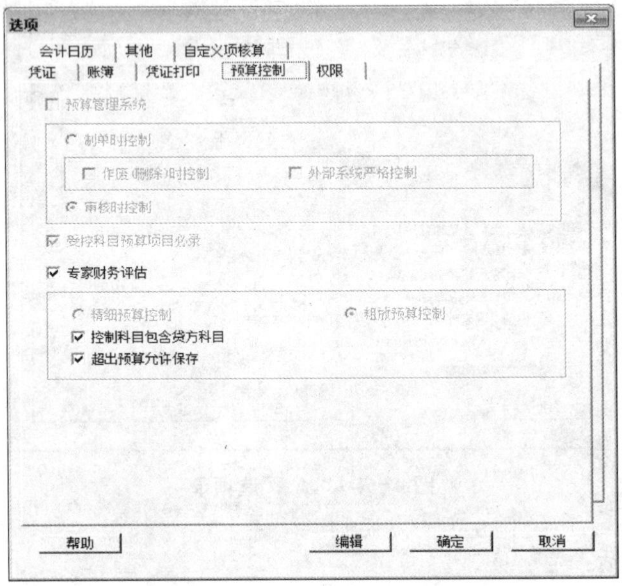

图 4－6 “预算控制”选项卡

“预算控制”选项卡显示是否启用预算管理中对总账的预算控制和是否启用专家财务评估的科目预算控制。

5.“权限”选项卡(如图 4－7 所示)

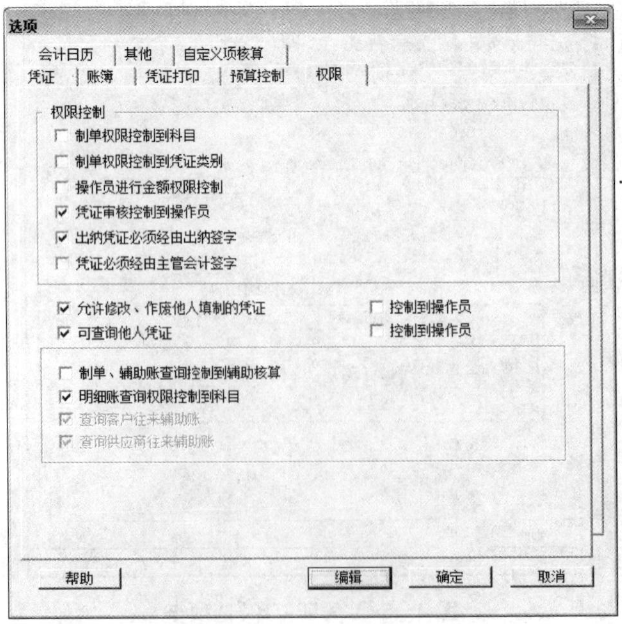

图 4－7 “权限”选项卡

“权限”选项卡包括：

(1)允许修改、作废他人填制的凭证：选择此项可以修改、作废他人填制的凭证，制单人同时更改。如控制到操作员，则要在系统管理的[数据权限控制设置]的[记录]集中启用[用户]控制，在[数据权限设置]中设置业务对象为用户，并设置相关的修改权限，再选择此项，权限设置才有效。

(2)凭证审核控制到操作员：操作员只能审核指定操作员填写的会计凭证。要在系统管理的[数据权限控制设置]的[记录]集中启用[用户]控制，在[数据权限设置]中设置业务对象为用户，并设置相关的审核权限，再选择此项，权限设置才有效。

(3)出纳凭证必须经由出纳签字：填制凭证时，有被指定现金、银行科目的相关科目，如勾选此选项，则必须由出纳人员签字才可记账。

(4)明细账查询权限控制到科目：在明细账查询时，按查询条件控制操作人员的查询内容，无权限的科目不可查询。要在系统管理的[数据权限控制设置]的[记录]集中启用[科目]控制，在[数据权限设置]中设置操作员有权限的科目，再选择此项，权限设置才有效。

6.“会计日历”选项卡(如图 4—8 所示)

图 4—8 “会计日历”选项卡

“会计日历”选项卡包括：

(1)数量小数位：在制单与查账时，按此处定义的小数位输出小数，不足位数将用“0”补齐。例如，定义为 2 位，而数量为 10.2 米，则系统将按“10.20”显示输出。

(2)单价小数位：在制单与查账时，按此处定义的小数位输出小数，不足位数将用“0”补齐。例如，定义为 2 位，而单价为 3 元，则系统将按“3.00”显示输出。

7.“其他”选项卡(如图 4—9 所示)

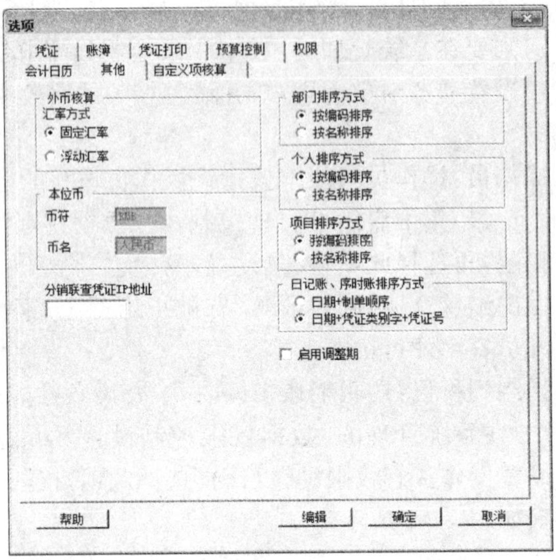

图 4—9 “其他”选项卡

“其他”选项卡的主要选项为“外币核算”,当汇率方式选择“固定汇率”,即在制单时,系统默认外币设置中的凭证日期所在会计期间的固定汇率。

任务二 凭证处理

一、任务资料

(一)填制记账凭证

2016 年 1 月瑞鑫商贸有限公司发生的经济业务如下(由 102 王宏进行日常凭证的填制工作):

(1)2016 年 1 月 2 日,财务部开出现金支票提现备用,取得与业务相关的原始单据如图 4—10所示。

中国工商银行

现金支票存根

30107963
36595657

附加信息

出票日期 2016年 01 月 02 日

收款人:	瑞鑫商贸有限公司
金 额:	¥2,000.00
用 途:	备用金

单位主管 会计

图 4—10 业务 1——现金支票存根

(2)2016 年 1 月 3 日，采购部刘斌报销差旅费，取得与业务相关的原始单据如图 4—11 所示。

差旅费报销单

地区：哈尔滨			部门：采购部			姓名：刘斌		项目：差旅费		事由：采购原材料		报销日期 2016 年 01 月 03 日			
出发				到达				人数	交通工具	交通费金额	餐费补助		其他补助		
月	日	时	地点	月	日	时	地点				天数	金额	项目	天数	金额
12	21	12:00	哈尔滨	12	22	12:00	上海	1	火车	463.50	13	1300.00	住宿费	10	1500.00
01	01	18:00	上海	01	02	18:00	哈尔滨	1	火车	463.50			通讯费		
							现金付讫						其他		
合计：¥3727.00															
报销金额	人民币 叁仟柒佰贰拾柒元整（大写）												预借金额	3000.00	
													补领金额	727.00	
													退还金额		

总经理：李华　　财务复核：王宏　　部门审核：张洋　　出纳：杨天一　　报销人：刘斌

图 4—11　业务 2——差旅费报销单

(3)2016 年 1 月 10 日，经理室报销业务招待费，取得与业务相关的原始单据如图 4—12 所示。

费 用 报 销 单

部门：经理室　　　　报销日期 2016 年 01 月 10 日

费用项目	类别	金额		
业务招待费		880	负责人（签章）	王博
			审查意见	同意
	现金付讫		报销人（签章）	王鹏
核实金额（大写） 零拾零万零仟捌佰捌拾零元零角零分 ¥880.00				

图 4—12　业务 3——费用报销单

(4)2016 年 1 月 13 日，采购部刘斌从上海红光公司采购 A 材料一批，款项已付，取得与业务相关的原始单据如图 4—13～图 4—15 所示。

上海增值税专用发票

6300134140　　　　No 06493125

此联不做报销、扣税凭证使用　　　　开票日期：2016年01月13日

购货单位	名称：瑞鑫商贸有限公司 纳税识别号：331101987654351 27 地址、电话：哈尔滨市南岗区学府路500号 开户行及账号：工行黑龙江省分行哈尔滨市学府支行26020923510674321796					密码区	略	
货物或应税劳务名称	规格型号	单位	数量	单价	金额	税率	税额	
A材料		公斤	3000	10.00	30000.00	17%	5100.00	
合计					¥30000.00		¥5100.00	
价税合计（大写）	⊗ 叁万伍仟壹佰元整					（小写）	¥35100.00	
销货单位	名称：上海宏光有限责任公司 纳税识别号：256987111323332 地址、电话：上海市福州路108号021-633922222 开户行及账号：工行上海分行营业部福州路支行2502024709024688888					备注	上海宏光有限责任公司 256987111323332 发票专用章	

收款人：略　　复核：略　　开票人：略　　销货单位：（章）

国税函［2015］645号上海印务有限公司

第三联：发票联　购货方记账凭证

图 4—13　业务 4——增值税专用发票

供料单位：上海红光公司

瑞鑫商贸有限公司

入库单

地　　址：　　　　No 0000864

请购单编号：　　　　2016 年　01　月　13 日

种类/品名	规格	单位	数量	单价（元）	金额	入库仓位	备注
A材料		公斤	3000	10.00	30000.00		
合　计			3000		30,000.00		

第二联：会计联

仓库主管:略　　验收:略　　复核:略　　记账:略　　制单:略

图 4—14　业务 4——入库单

中国工商银行

转账支票存根

30208546
36792457

附加信息

出票日期 2016年01月13 日

收款人：	上海红光有限责任公司
金　额：	¥35,100.00
用　途：	付材料款

单位主管　　　会计

图 4—15　业务 4——转账支票存根

(5)2016 年 1 月 15 日，采购部刘斌从北京连城公司采购 B 材料一批，款未付，取得与业务相关的原始单据如图 4—16 所示。

1300136570　　北京增值税专用发票　　No 01593136

（全国统一发票监制章 北京 国家税务总局监制）

此联不做报销、扣税凭证使用　　开票日期：2016年01月15日

购货单位	名　　称：瑞鑫商贸有限公司 纳税识别号：331101987654351 27 地址、电话：哈尔滨市南岗区学府路500号 开户行及账号：工行黑龙江省分行哈尔滨市学府支行2602092310674321796	密码区	略				
货物或应税劳务名称	规格型号	单位	数量	单价	金额	税率	税额
B材料		公斤	5000	5.00	25000.00	17%	4250.00
合　计					¥25000.00		¥4250.00
价税合计（大写）	⊗ 贰万玖仟贰佰伍拾元整				（小写）¥29250.00		
销货单位	名　　称：北京连城有限责任公司 纳税识别号：110018753453484 地址、电话：北京市朝阳区西大望路259号010-823966666 开户行及账号：工行北京分行营业部;;朝阳支行2601023407026390639	备注	（北京连城有限责任公司 110018753453484 发票专用章）				

国税函［2015］645号北京印务有限公司

第三联：发票联　购货方记账凭证

收款人：略　　复核：略　　开票人：略　　销货单位：（章）

图 4—16　业务 5——增值税专用发票

(6)2016 年 1 月 18 日，收到创新公司前欠货款，取得与业务相关的原始单据如图 4—17 所示。

收款回单　　中国工商银行

日期：2016年01月18日　　业务类型：企业银行支付　　流水号：E11003002564776

付款账号：1102021210632132685

户名：北京创新有限公司

开户行：工行北京市分行成府路支行

金额（大写）：人民币壹万贰仟元整

（小写）：CNY12000.00

收款人户名：瑞鑫商贸有限公司

收款人账号：2502092310574321796

收款人开户行：工行黑龙江省分行哈尔滨市学府支行

凭证种类：　　凭证号码：　　业务编号：2016011812350

摘要：往来

经办：197505　　第一次打印　　8890001033-000124-201601

图 4—17　业务 6——收款回单

(7)2016 年 1 月 21 日，生产一部杨浩领用原材料，取得与业务相关的原始单据如图 4—18 所示。

领　料　单

领料单位：生产一部　　2016 年 01 月 21 日　　发料第 1 号

类别	编号	名称	规格	单位	数量 请领	数量 实发	单价	金额
标准材料	1	A材料		公斤	200	200	10.00	2000.00
用途	生产A产品				领料部门 负责人：张岩	领料部门 领料人：杨浩	发料部门 核准人：严保锁	发料部门 发料人：韦向东

第三联 交财务

图 4—18　业务 7——领料单

(8)2016 年 1 月 23 日，销售部高兴向陕西信托有限公司销售 B 产品一批，款项尚未收到，取得与业务相关的原始单据如图 4—19 所示。

黑龙江增值税专用发票

3200061620　　№ 04682436

此联不做报销、扣税凭证使用　　开票日期：2016年01月23日

购货单位：
名　　称：陕西信托有限公司
纳税识别号：3460342343342213
地址、电话：西安市新城区万寿北路334号
开户行及账号：工行陕西省分行西安市万寿支行2301085570572347856

密码区：略

货物或应税劳务名称	规格型号	单位	数量	单价	金额	税率	税额
B产品		包	10	2500.00	25000.00	17%	4250.00
合　计					￥25000.00		￥4250.00

价税合计（大写）：⊗贰万玖仟贰佰伍拾元整　　（小写）￥29250.00

销货单位：
名　　称：瑞鑫商贸有限公司
纳税识别号：33110198765435127
地址、电话：哈尔滨市南岗区学府路500号
开户行及账号：工行黑龙江省分行哈尔滨市学府支行2502092310574321796

备注：

收款人：略　　复核：略　　开票人：略　　销货单位：（章）

国税函[2015]645号哈尔滨印务有限公司

第一联：记账联　销货方记账凭证

图 4—19　业务 8——增值税专用发票

(9)2016 年 1 月 24 日，销售部高兴向北京创新公司销售 A 产品一批，款项尚未收到，取得与业务相关的原始单据如图 4—20 所示。

3200061620　　黑龙江增值税专用发票　　№ 04682437

此联不做报销、扣税凭证使用　　开票日期：2016年01月24日

购货单位　名　　称：北京创新公司
纳税识别号：123333444444444444
地址、电话：北京市平谷区西环南路78号
开户行及账号：工行北京分行燕西工业区支行3601023407063870529
密码区　略

货物或应税劳务名称	规格型号	单位	数量	单价	金额	税率	税额
A产品		包	200	600.00	120000.00	17%	20400.00
合　　计					¥120000.00		¥20400.00
价税合计（大写）	⊗壹拾肆万零肆佰元整					（小写）	¥140400.00

销货单位　名　　称：瑞鑫商贸有限公司
纳税识别号：331101987654351 27
地址、电话：哈尔滨市南岗区学府路500号
开户行及账号：工行黑龙江省分行哈尔滨市学府支行3502092310674321796
备注

收款人：略　　复核：略　　开票人：略　　销货单位：（章）

第一联：记账联　销货方记账凭证

国税函〔2015〕645号哈尔滨印务有限公司

图 4—20　业务 9——增值税专用发票

(10)2016 年 1 月 25 日，支付销售部广告费，取得与业务相关的原始单据如图 4—21 和图 4—22 所示。

6300245467　　黑龙江增值税专用发票　　№ 06953298

此联不做报销、扣税凭证使用　　开票日期：2016年01月25日

购货单位　名　　称：瑞鑫商贸有限公司
纳税识别号：33110198765435127
地址、电话：哈尔滨市南岗区学府路500号
开户行及账号：工行黑龙江省分行哈尔滨市学府支行3502092310674321796
密码区　略

货物或应税劳务名称	规格型号	单位	数量	单价	金额	税率	税额
广告费			1	5000.00	5000.00	6%	300.00
合　　计					¥5000.00		¥300.00
价税合计（大写）	⊗伍仟叁佰元整					（小写）	¥5300.00

销货单位　名　　称：黑龙江逸品广告有限公司
纳税识别号：331102967585 74625
地址、电话：哈尔滨市南岗区和兴路208号0451-87502222
开户行及账号：工行黑龙江分行哈尔滨市和兴支行3502024709037556645
备注

收款人：略　　复核：略　　开票人：略　　销货单位：（章）

第三联：发票联　购货方记账凭证

国税函〔2015〕645号哈尔滨印务有限公司

图 4—21　业务 10——增值税专用发票

中国工商银行

转账支票存根

30208546
36792458

附加信息

出票日期 2016年01月25 日

收款人：黑龙江逸品广告有限公司
金　额：¥5,300.00
用　途：付广告费

单位主管　　会计

图 4—22　业务 10——转账支票存根

(二)记账凭证其他相关处理

(1)2016 年 1 月 26 日,由 104 杨天一进行凭证的出纳签字。

(2)2016 年 1 月 26 日,由 106 胡群进行凭证的审核签字。

(3)2016 年 1 月 26 日,由 101 张洋进行凭证的主管签字。

(4)2016 年 1 月 26 日,由 101 张洋进行凭证的记账处理。

(5)2016 年 1 月 27 日,陕西信托有限公司对瑞鑫商贸有限公司销售的 B 产品质量不满意,要求退货,公司同意了退货请求。取消 1 月 23 日的业务处理。

二、任务要求

完成总账业务处理。

三、任务操作指导

(一)第一笔业务操作

(1)在企业应用平台中,点击“重注册”,使用“102 王宏”的身份登录企业应用平台。

(2)在“业务工作”选项卡中,选择“总账—凭证—填制凭证”命令,进入“填制凭证”窗口。

(3)点击“增加”按钮或者按 F5 快捷键。

(4)点击凭证类别的参照按钮,选择“付款凭证”。

(5)选择制单日期为“2016—01—02”。

(6)在摘要栏直接录入“从工行提取现金”或点击摘要栏的参照按钮,选择常用摘要中的“从工行提取现金”或者输入常用摘要编号“1”。

注意:

①账套主管有权限设置常用摘要。一般操作员需要在“系统管理”中进行“常用摘要”功能权限设置后,方可进行此项操作,如图 4—23 所示。

②设置常用摘要后,可以在填制凭证时调用,以提高凭证的录入速度。但是制单人员也必须具有“常用摘要”功能权限。

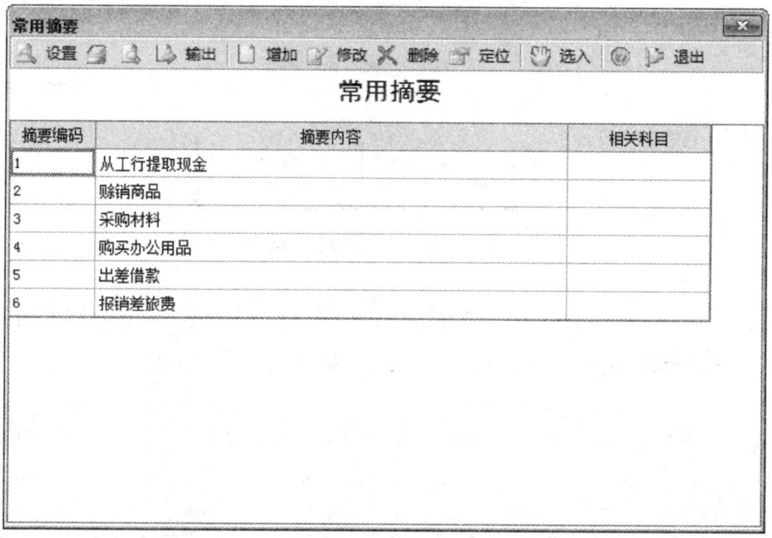

图 4—23 设置常用摘要功能权限

(7)在“科目名称”栏录入科目名称“库存现金”，或者录入科目编号“1001”，或者单击参照按钮(或按 F2 快捷键)，选择资产类科目“1001 库存现金”。

(8)在“借方金额”栏录入“2000”。

(9)按回车键，自动复制上一行摘要，继续录入“科目名称”，点击科目名称栏的参照按钮，选择“银行存款—工行存款”，或者直接输入“100202”。

(10)按回车键，弹出“辅助项”对话框，点击“结算方式”参照按钮，选择“现金支票”，或输入结算方式编码“201”，输入支票号“36595657”，点击“确定”，如图 4—24 所示。

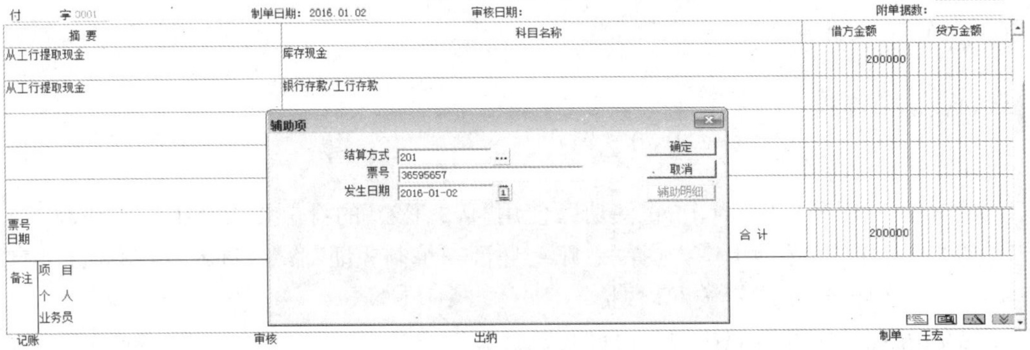

图 4—24　工行存款辅助项

(11)按回车键，录入“贷方金额”栏目，输入贷方金额“2000”，或者点击“＝”键，计算机自动汇总出借贷方差额，保持凭证借贷方平衡，点击“保存”按钮。

(12)弹出凭证对话框：“此支票尚未登记，是否登记?”点击“是”按钮，将支票信息登记在“支票登记簿”中，如图 4—25 所示。

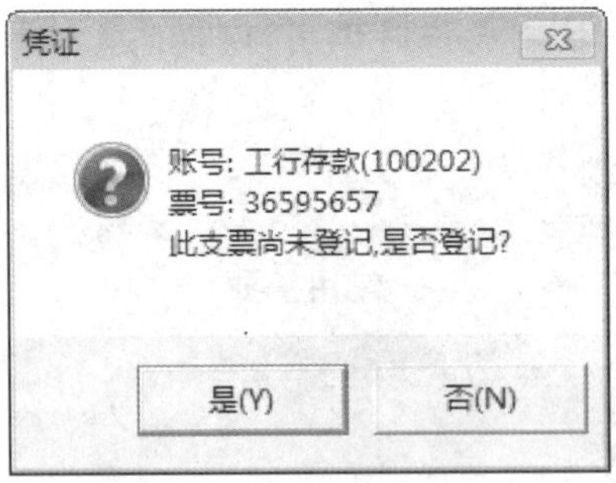

图 4—25　凭证对话框

(13)弹出“票号登记”对话框，录入领用部门“财务部”，用途“备用金”，点击“确定”按钮，如图 4—26 所示。系统弹出“凭证已成功保存”提示，如图 4—27 所示。

图 4—26　票号登记

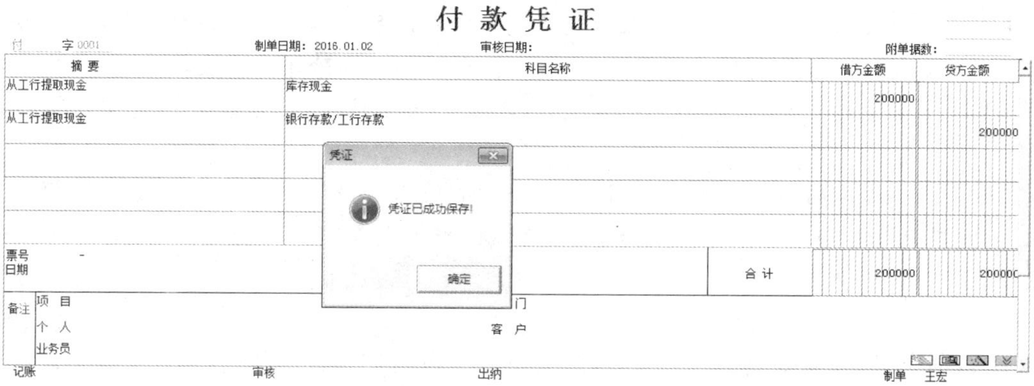

图 4—27　第一笔业务的凭证

注意：

①凡是涉及“银行账”科目，均应输入结算方式及票据号，否则将导致期末无法与银行账对账。如果系统未弹出提示输入结算方式、票据号等内容的“辅助项”窗口，说明在科目设置时，未在有关“银行存款”科目中选中“银行账”复选框。

②“结算方式”栏参照内容是共享基础档案设置中的内容，如果无内容或内容不全，应先在基础档案中完善后再选择。

③如果在对已领用支票报销制单前，已经在支票登记簿登记过，则此处不要进行“票据登记”，系统会在支票登记簿报销日期自动填上凭证制单日期。

(二)第二笔业务操作

(1)在“填制凭证”窗口点击“增加”按钮或者按 F5 快捷键。

(2)点击凭证类别的参照按钮，选择“付款凭证”。

(3)选择制单日期为“2016—01—03”。

(4)在摘要栏直接录入“报销差旅费”或点击摘要栏的参照按钮，选择常用摘要中的“报销差旅费”或者输入常用摘要编号“6”。

(5)在“科目名称”栏录入科目名称“管理费用——差旅费”，或者录入科目编号“660203”，或者单击参照按钮(或按 F2 快捷键)，选择损益类科目“660203 管理费用——差旅费”。

(6)按回车键，系统弹出“辅助项”对话框，录入或选择部门“采购部”，或输入部门编码“4”，如图 4—28 所示。

图 4—28　差旅费辅助项

注意：

①只有对科目设置了辅助核算，在填制凭证时输入该科目，系统才弹出“辅助项”窗口。

②在填制凭证时如果使用设置了辅助核算的会计科目，则除了录入金额信息，还应录入其辅助信息。如果空过辅助信息，仍可继续操作，不显示出错信息，但不能查询到辅助账的相关资料。

③如果点击辅助窗口的参照按钮后，无法查看部门信息，有可能是基础档案中部门信息没录入，此时应先完善部门档案后再选择；或者是该操作员没有“部门”查询的权限，此时应在数据权限设置中进行相应设置。

(7)在“借方金额”栏录入“3727”。

(8)按回车键，自动复制上一行摘要，继续录入科目名称“其他应收款——应收个人款”，或者直接输入“122101”，或者单击参照按钮(或按 F2 快捷键)，选择资产类“122101 其他应收款——应收个人款”。

(9)按回车键，系统弹出“辅助项”对话框，录入或选择部门“采购部”、个人“刘斌”、发生日期“2016—01—03”，如图 4—29 所示。

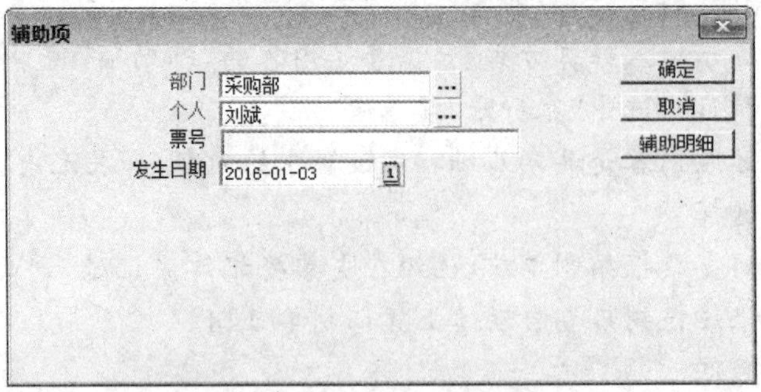

图 4—29　应收个人款辅助项

(10)在“贷方金额”栏录入“3000”。

(11)按回车键，自动复制上一行摘要，继续录入科目名称“库存现金”，或者直接输入“1001”，或者单击参照按钮(或按 F2 快捷键)，选择资产类“1001 库存现金”。

(12)在“贷方金额”栏录入“727”，或者直接按“＝”键，进行借贷自动平衡转换，点击“保存”按钮，保存凭证，如图4－30所示。

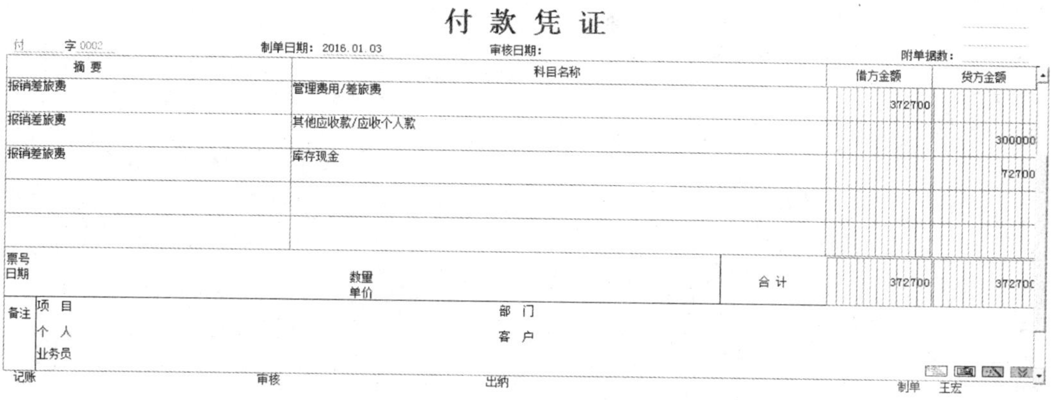

图4—30　第二笔业务的凭证

注意：

①红字金额在录入时可使用减号键。

②同一张凭证的摘要可以相同，也可以不同。

③如果凭证的金额录错了方向，可以使用空格键改变金额方向。

④采用序时控制时，凭证日期应大于或等于启用日期，不能超过业务日期。

(三)第三笔业务操作

(1)在“填制凭证”窗口点击“增加”按钮或者按F5快捷键。

(2)点击凭证类别的参照按钮，选择“付款凭证”。

(3)选择制单日期为“2016－01－10”。

(4)在摘要栏直接录入“报销业务招待费”。

(5)在“科目名称”栏录入科目名称“管理费用——其他”，或者录入科目编号“660207”，或者单击参照按钮(或按F2快捷键)，选择损益类科目“660207 管理费用——其他”。

(6)按回车键，系统弹出“辅助项”对话框，录入或选择部门“办公室”，或输入部门编码“2”，如图4－31所示。

图4—31　部门核算

(7)在“借方金额”栏录入“880”。

(8)按回车键，自动复制上一行摘要，继续录入科目名称“库存现金”，或者直接输入“1001”，或者单击参照按钮(或按F2快捷键)，选择资产类“1001 库存现金”。

(9)在“贷方金额”栏录入“880”，或者直接按“＝”键，进行借贷自动平衡转换，点击“保存”按钮，保存凭证，如图 4－32 所示。

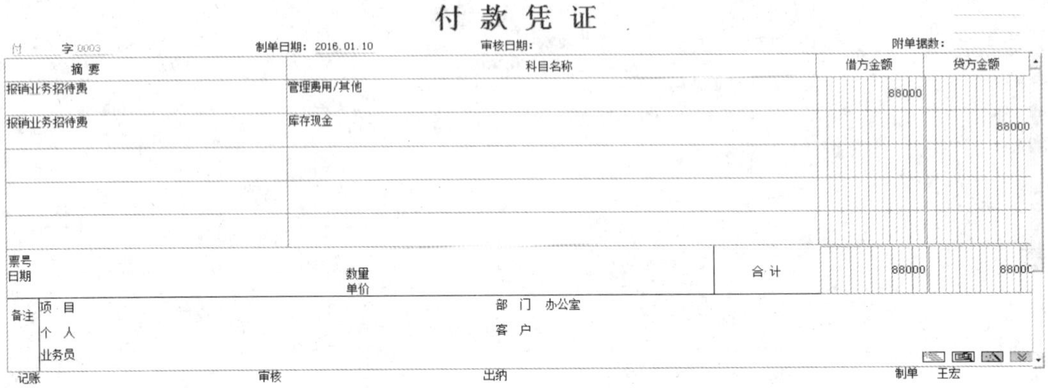

图 4－32 第三笔业务的凭证

(四)第四笔业务操作

(1)参照上述业务凭证填制过程，录入本业务凭证头信息和摘要栏信息。

(2)在凭证体第一行录入科目名称“原材料——A 材料”，或者录入科目编号“140301”，或者单击参照按钮(或按 F2 快捷键)，选择资产类科目“140301 原材料——A 材料”。

(3)按回车键，系统弹出“辅助项”对话框，录入数量“3000”，单价“10”，点击“确定”按钮，借方金额自动录入“30000”，如图 4－33 所示。

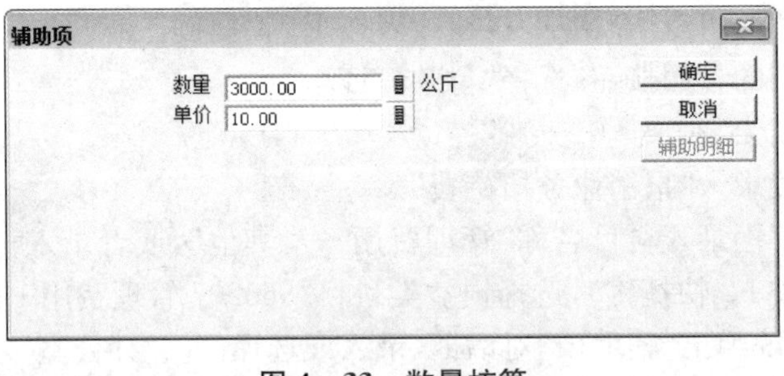

图 4－33 数量核算

注意：

①只有对科目设置了数量金额核算，在添置凭证时输入该科目，系统才弹出输入数量和单价的“辅助项”窗口。

②数量、单价和金额信息三者只能输入两者，系统会自动计算第三个信息，否则可能会出现因为小数四舍五入原因出现总账与明细账目数据不平的现象。

③如果空过辅助信息，仍可继续操作并保存凭证，不显示出错信息，但可能导致数量金额核算科目对账不平。

(4)按回车键，自动复制上一行摘要，继续录入科目名称“应交税费——应交增值税——进项税额”，或者直接输入“22210101”，或者单击参照按钮(或按 F2 快捷键)，选择负债类“22210101 应交税费——应交增值税——进项税额”，在“借方金额栏”录入“5100”。

(5)按回车键,自动复制上一行摘要,继续录入"科目名称",点击科目名称栏的参照按钮,选择"银行存款—工行存款",或者直接输入"100202"。

(6)按回车键,打开"辅助项"对话框,点击"结算方式"参照按钮,选择"转账支票",或输入结算方式编码"202",输入支票号"36792457",点击"确定"按钮。

(7)按回车键,录入"贷方金额"栏目,输入贷方金额"35100",或者点击"="键,计算机自动汇总出借贷方差额,保持凭证借贷方平衡,点击"保存"按钮。弹出凭证对话框:"此支票尚未登记,是否登记?"点击"是"按钮。

(8)弹出"票号登记"对话框,录入收款人"上海红光有限责任公司",用途"付材料款",点击"确定"按钮,如图 4—34 所示。系统弹出"凭证已成功保存"提示框,如图 4—35 所示。

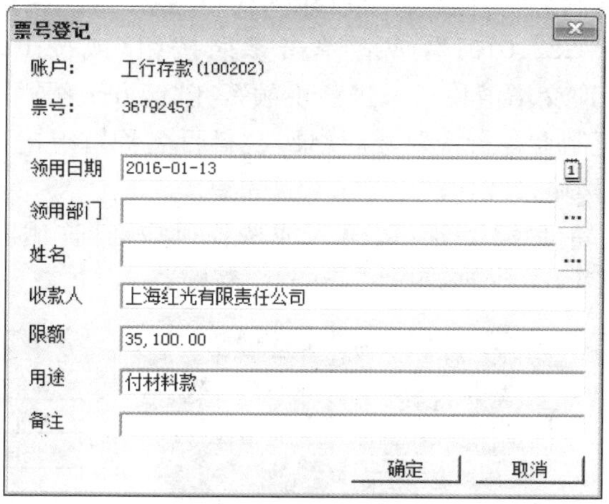

图 4—34 票号登记

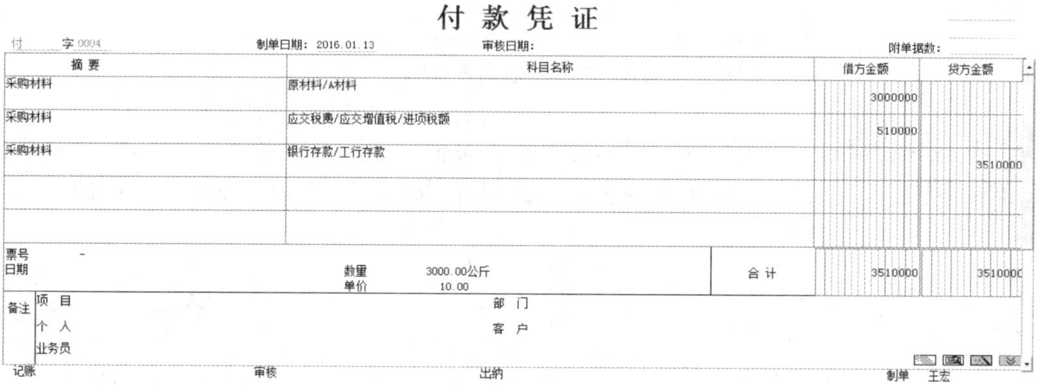

图 4—35 第四笔业务的凭证

(五)第五笔业务操作

(1)参照上述业务凭证填制过程,录入本业务凭证头信息和摘要栏信息。

(2)在凭证体第一行录入科目名称"原材料——B 材料",或者录入科目编号"140302",或者单击参照按钮(或按 F2 快捷键),选择资产类科目"140302 原材料——B 材料"。

(3)按回车键,系统弹出"辅助项"对话框,录入数量"5000",单价"5",点击"确定"按钮,借方金额自动录入"25000",如图 4—36 所示。

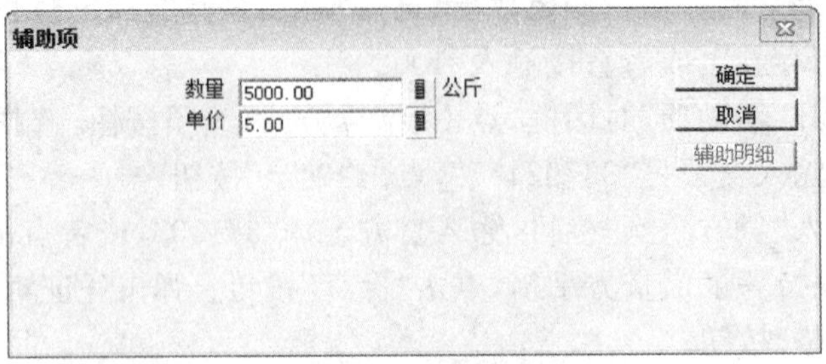

图 4－36　数量核算

(4)按回车键，自动复制上一行摘要，继续录入科目名称“应交税费——应交增值税——进项税额”，或者直接输入“22210101”，或者单击参照按钮(或按 F2 快捷键)，选择负债类“22210101 应交税费——应交增值税——进项税额”，在“借方金额栏”录入“4250”。

(5)按回车键，自动复制上一行摘要，继续录入“科目名称”，点击科目名称栏的参照按钮，选择“应付账款”，或者直接输入“2202”。

(6)按回车键，打开“辅助项”对话框，录入或选择供应商“连城”，录入或选择业务员“刘斌”，点击“确定”按钮，如图 4－37 所示。

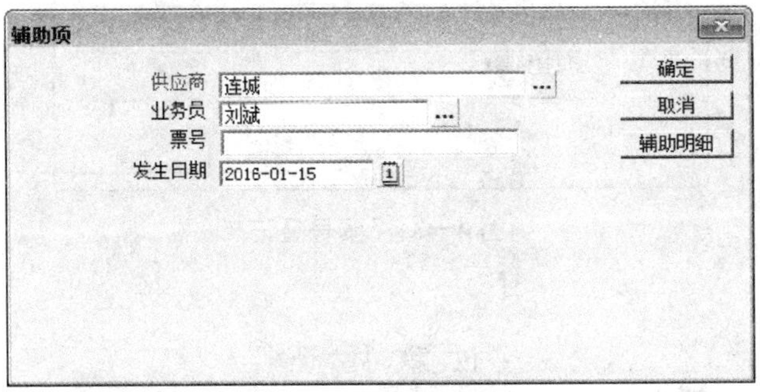

图 4－37　供应商往来核算

(7)按回车键，录入“贷方金额”栏目，输入贷方金额“29250”，或者点击“＝”键，计算机自动汇总出借贷方差额，保持凭证借贷方平衡，点击“保存”按钮，保存凭证，如图 4－38 所示。

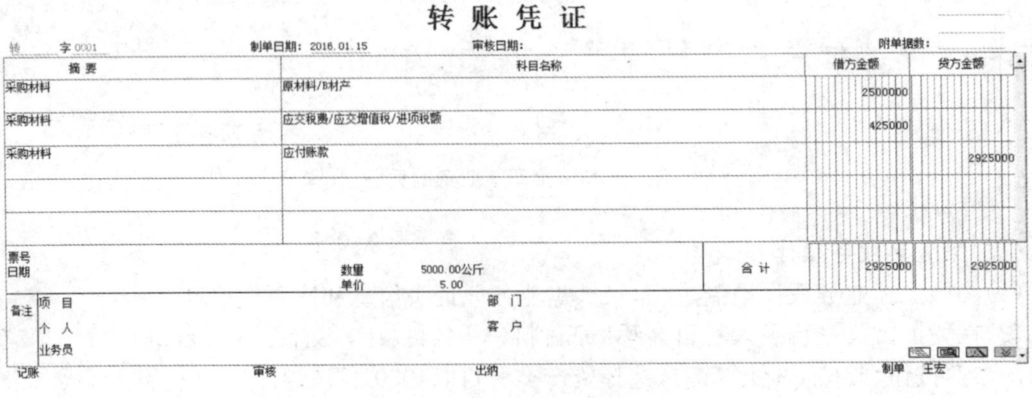

图 4－38　第五笔业务的凭证

(六)第六笔业务操作

(1)参照上述业务凭证填制过程,录入本业务凭证头信息和摘要栏信息。

(2)在凭证体第一行录入科目名称“银行存款——工行存款”,或者录入科目编号“100202”,或者单击参照按钮(或按 F2 快捷键),选择资产类科目“100202 银行存款——工行存款”。

(3)按回车键,弹出“辅助项”对话框,点击“取消”按钮,如图 4—39 所示。

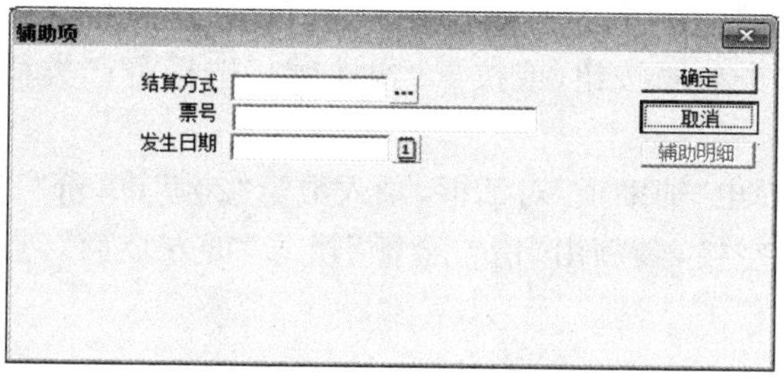

图 4—39 取消辅助项

(4)在“借方金额”栏录入“12000”。

(5)按回车键,自动复制上一行摘要,继续录入科目名称“应收账款”,或者直接输入“1122”,或者单击参照按钮(或按 F2 快捷键),选择资产类“1122 应收账款”。

(6)按回车键,系统弹出“辅助项”对话框,录入或选择客户“创新”、业务员“高兴”、发生日期“2016—01—18”,如图 4—40 所示。

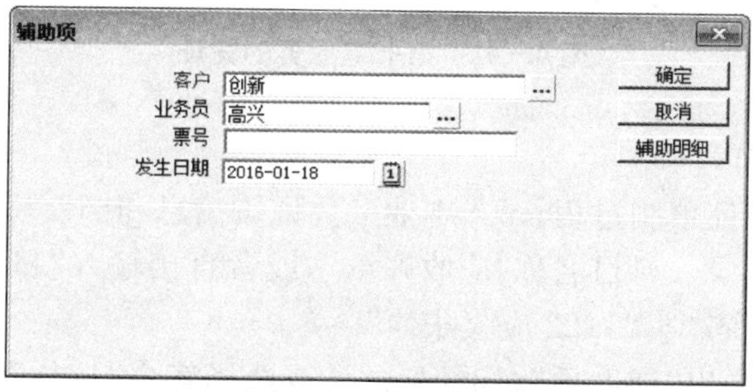

图 4—40 客户往来核算

(7)在“贷方金额”栏录入“12000”,点击“保存”按钮,保存凭证,如图 4—41 所示。

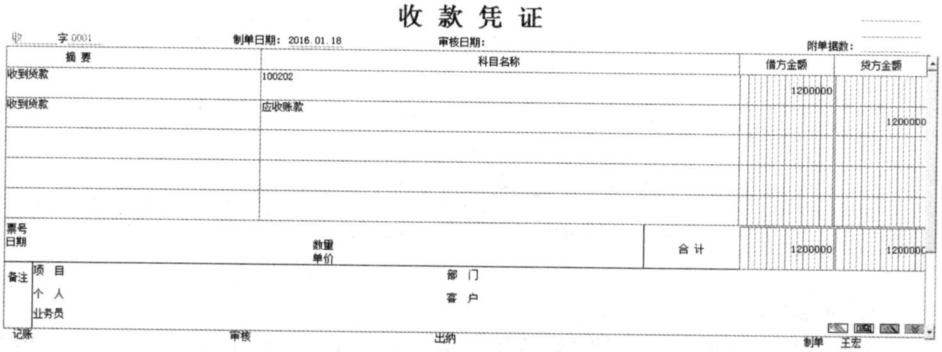

图 4—41 第六笔业务的凭证

(七)第七笔业务操作

(1)参照上述业务凭证填制过程,录入本业务凭证头信息和摘要栏信息。

(2)在凭证体第一行录入科目名称“生产成本——A 产品——直接材料”,或者录入科目编号“50010101”,或者单击参照按钮(或按 F2 快捷键),选择成本类科目“50010101 生产成本——A 产品——直接材料”。

(3)在“借方金额”栏录入“2000”。

(4)按回车键,自动复制上一行摘要,继续录入科目名称“原材料——A 材料”,或者录入科目编号“140301”,或者单击参照按钮(或按 F2 快捷键),选择资产类科目“140301 原材料——A 材料”。

(5)按回车键,系统弹出“辅助项”对话框,录入数量“200”,单价“10”,点击“确定”,借方金额自动录入“2000”,点击空格,金额由“借方金额”换入“贷方金额”,点击“保存”按钮,保存凭证,如图 4—42 所示。

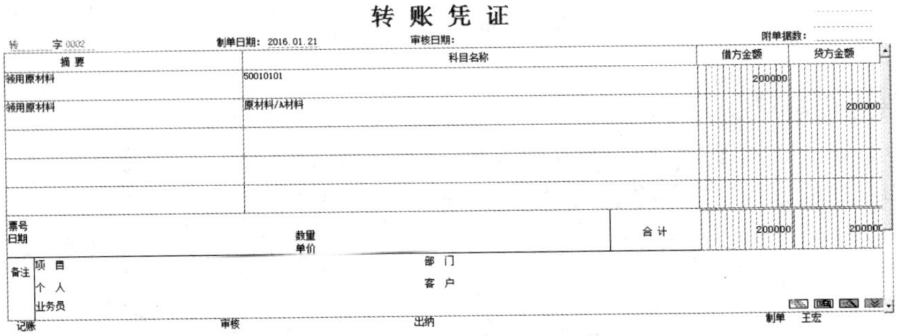

图 4—42 第七笔业务的凭证

(八)第八笔业务操作

(1)参照上述业务凭证填制过程,录入本业务凭证头信息和摘要栏信息。

(2)在凭证体第一行录入科目名称“应收账款”,或者直接输入“1122”,或者单击参照按钮(或按 F2 快捷键),选择资产类“1122 应收账款”。

(3)按回车键,系统弹出“辅助项”对话框,录入或选择客户“信托”、业务员“高兴”、发生日期“2016—01—23”,如图 4—43 所示。

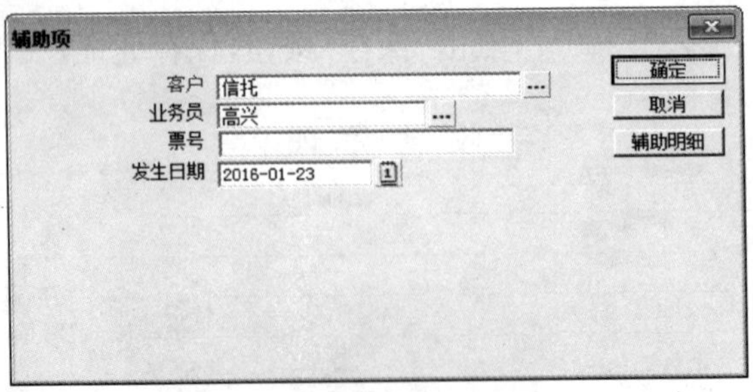

图 4—43 客户往来核算

(4)在“借方金额”栏录入“29250”。

(5)按回车键,自动复制上一行摘要,继续录入科目名称“主营业务收入——B 产品”,或者直接输入“600102”，或者单击参照按钮（或按 F2 快捷键），选择损益类“600102 主营业务收入——B 产品”。

（6）按回车键，系统弹出“辅助项”对话框，录入数量“10”、单价“2500”，点击“确定”，如图 4－44所示，借方金额自动录入“25000”，点击空格，金额由“借方金额”换入“贷方金额”。

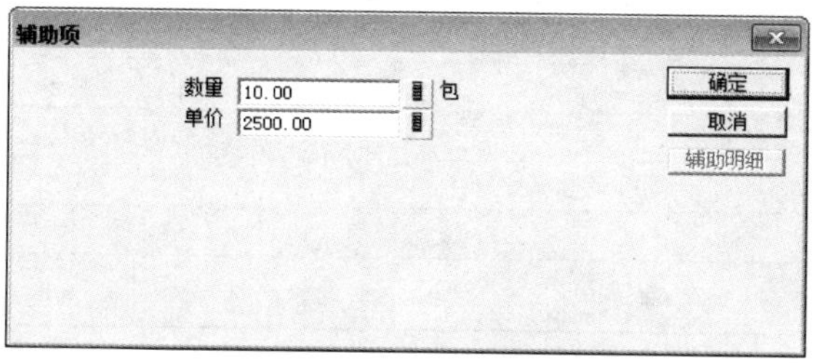

图 4－44 数量核算

（7）按回车键，自动复制上一行摘要，继续录入科目名称“应交税费——应交增值税——销项税额”，或者直接输入“22210105”，或者单击参照按钮（或按 F2 快捷键），选择负债类“22210105 应交税费——应交增值税——销项税额”，在“借方金额栏”录入“4250”。点击“保存”按钮，保存凭证，如图 4－45 所示。

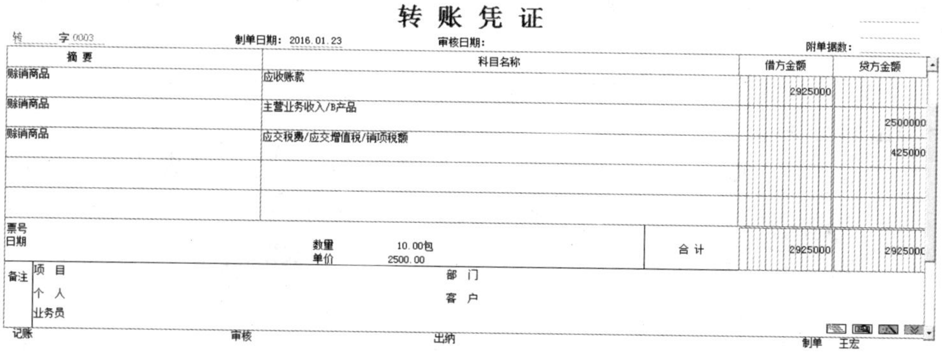

图 4－45 第八笔业务的凭证

（九）第九笔业务操作

依据以上方法处理第九笔业务，如图 4－46 所示。

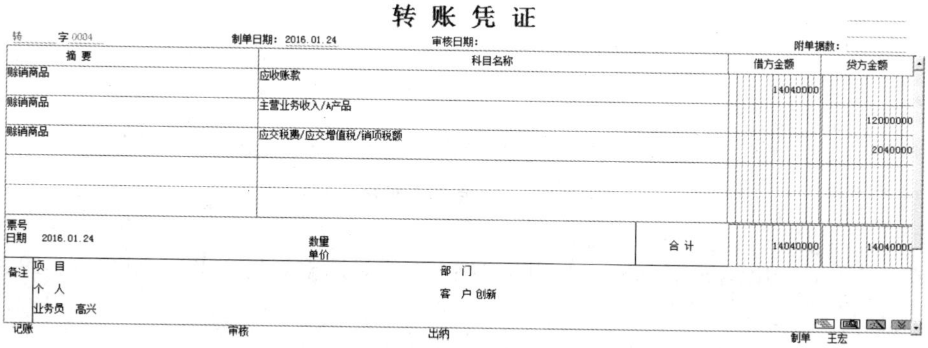

图 4－46 第九笔业务的凭证

(十)第十笔业务操作

依据以上方法处理第十笔业务，如图 4—47 所示。

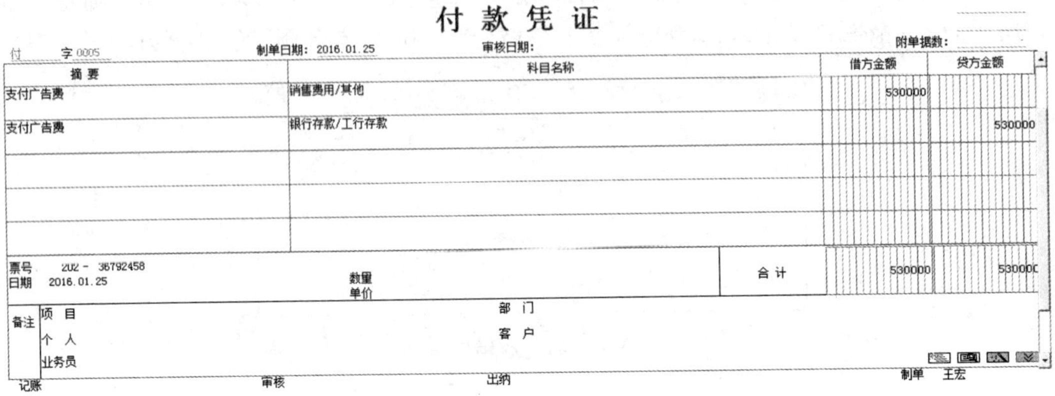

图 4—47 第十笔业务的凭证

注意：

①“销售费用——其他”部门核算，录入部门“销售部”。

②“银行存款——工行存款”辅助项，结算方式选择“转账支票”，或输入结算方式编码“202”，输入支票号“36792458”。

③“票号登记”对话框，录入收款人“黑龙江逸品广告有限公司”，用途“付广告费”。

(十一)出纳签字

(1)点击“重注册”，使用“104 杨天一”的身份登录企业应用平台，如图 4—48 所示。

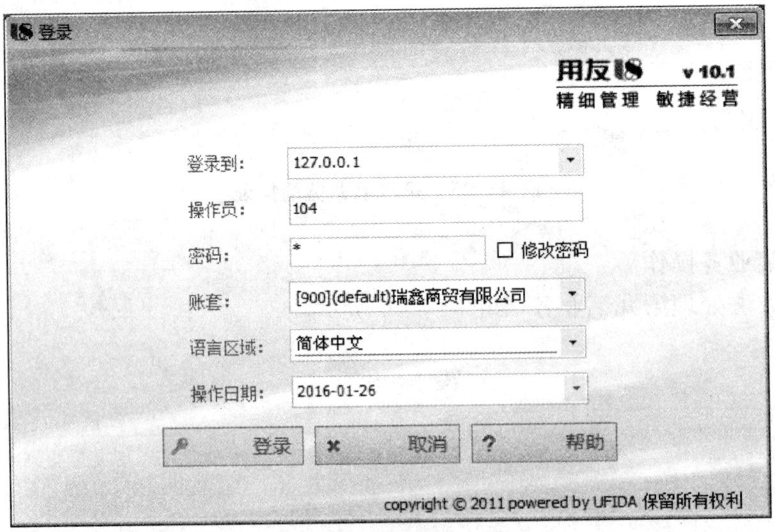

图 4—48 登录企业应用平台

(2)执行“凭证—出纳签字”命令，打开“出纳签字”对话框，注意日期，如图 4—49 所示。

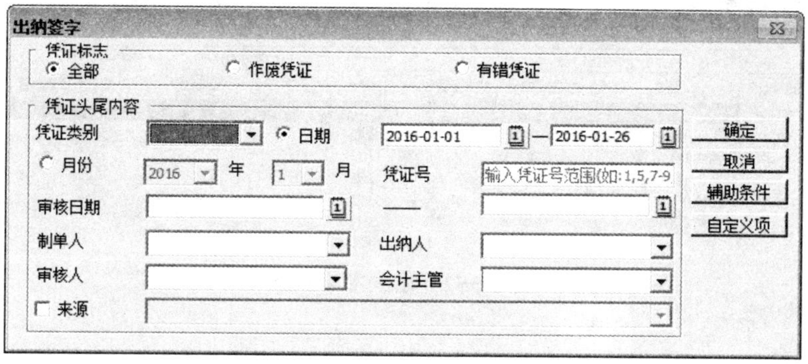

图 4—49 出纳签字

(3)点击“确定”按钮，打开“出纳签字凭证列表窗口”。

(4)双击第一张凭证，点击“签字”按钮，凭证底部“出纳”处自动签上出纳人员姓名，如图4—50所示。

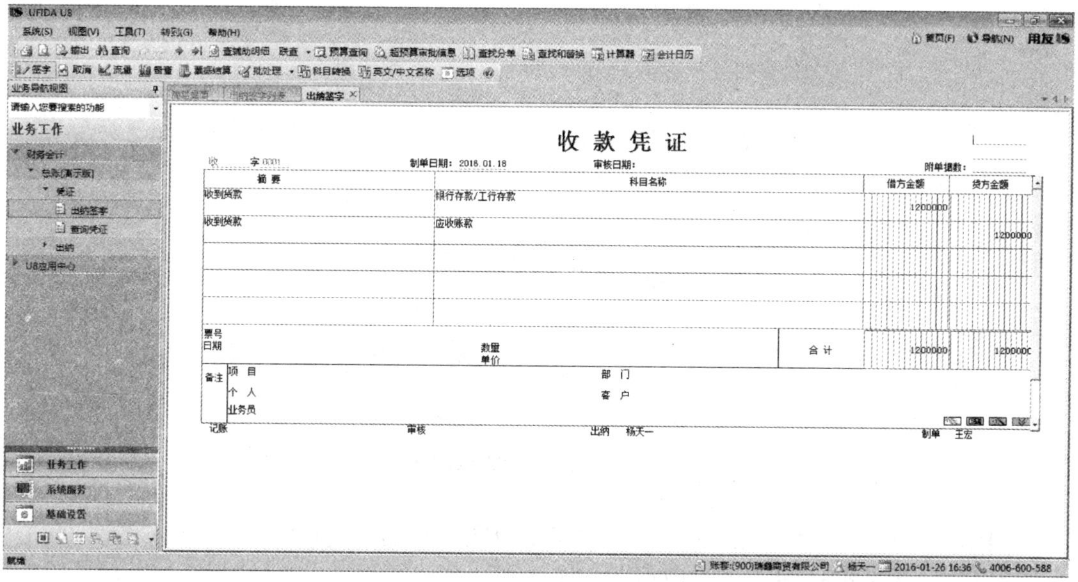

图 4—50 出纳签字成功的凭证

(5)点击“下一张”按钮，再点击“签字”按钮，直到将已经填制的所有收款凭证、付款凭证进行出纳签字。

(6)也可在确定凭证无误时可以使用“批处理”菜单中的“成批出纳签字”功能，以便加快签字速度，如图 4—51 所示。

图 4—51 成批出纳签字成功

(7)退出出纳签字,在出纳签字列表显示已签字 6 张,未签字 0 张,如图 4—52 所示。

凭证共 6张　已签字 6张　未签字 0张　凭证号排序　制单日期排序

制单日期	凭证编号	摘要	借方金额合计	贷方金额合计	制单人	签字人	系统名	备注	审核日期	年度
2016-01-18	收 - 0001	收到货款	12,000.00	12,000.00	王宏	杨天一				2016
2016-01-02	付 - 0001	从工行提取现金	2,000.00	2,000.00	王宏	杨天一				2016
2016-01-03	付 - 0002	报销差旅费	3,727.00	3,727.00	王宏	杨天一				2016
2016-01-10	付 - 0003	报销业务招待费	880.00	880.00	王宏	杨天一				2016
2016-01-13	付 - 0004	采购材料	35,100.00	35,100.00	王宏	杨天一				2016
2016-01-25	付 - 0005	支付广告费	5,300.00	5,300.00	王宏	杨天一				2016

图 4—52　出纳签字列表

注意:

①出纳签字既可以在凭证审核前进行,也可以在凭证审核后进行。

②凭证一经签字,就不能被修改、删除,只有取消签字后才可以修改或删除,取消签字只能由出纳自己进行。

(十二)审核凭证

(1)点击"重注册",使用"106 胡群"的身份登录企业应用平台,如图 4—53 所示。

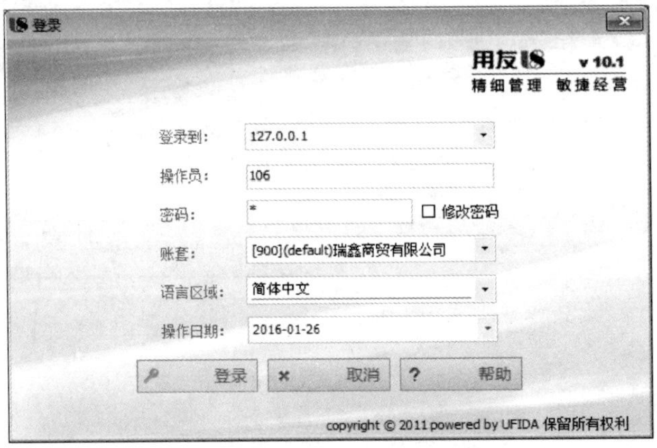

图 4—53　登录企业应用平台

(2)执行"凭证—审核凭证"命令,打开"凭证审核"对话框,注意日期,确认无误,点击"确定"按钮,打开"凭证审核凭证列表窗口",如图 4—54 所示。

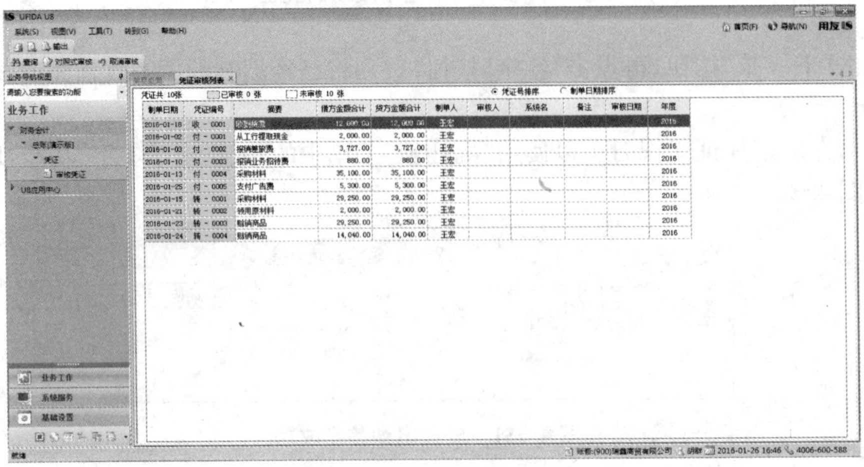

图 4—54　凭证审核列表

注意：

①凭证审核记账凭证是否与原始凭证相符，会计分录是否正确。审核人员任务错误或有异议的凭证，应由制单人进行修改后再进行审核。

②凭证审核的操作权限应首先在“系统管理”的权限中进行赋权，其次还要注意在总账系统中的选项中是否选中“凭证审核控制到操作员”复选框，如果设置了该选项，则应继续设置审核的明细权限，即“数据权限”中的“用户”权限。只有在“数据权限”中设置了某一用户有权审核另一用户所填制的凭证的权限，该用户才真正拥有了审核凭证的权限。

③若不设置“数据权限”，也可将数据权限控制设置中的“用户”取消勾选，防止与在总账系统中的选项“凭证审核控制到操作员”发生冲突，如图4—55所示。

图4—55　数据权限控制设置

(3)双击第一张凭证，点击“审核”按钮，凭证底部“审核”处自动签上审核人姓名并自动翻页至下一张凭证，依次审核全部凭证，如图4—56所示。

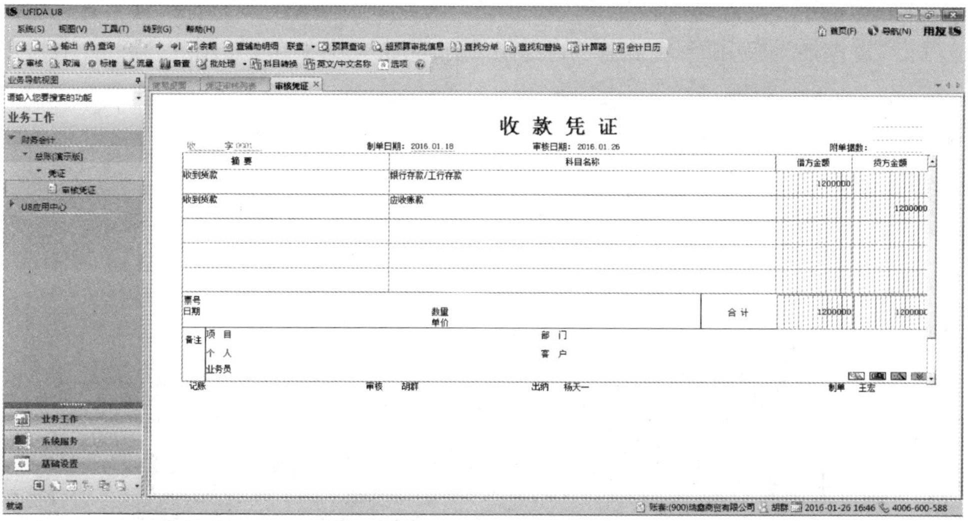

图4—56　审核成功的凭证

(4)也可在确定凭证无误时可以使用“批处理”菜单中的“成批审核凭证”功能，以便加快审核速度，如图 4—57 所示。

图 4—57　成批审核凭证成功

(5)退出审核凭证，在审核凭证列表显示已审核 10 张，未审核 0 张，如图 4—58 所示。

凭证共 10张　已审核 10 张　未审核 0 张　凭证号排序　制单日期排序

制单日期	凭证编号	摘要	借方金额合计	贷方金额合计	制单人	审核人	系统名	备注	审核日期	年度
2016-01-18	收 - 0001	收到货款	12,000.00	12,000.00	王宏	胡群			2016-01-26	2016
2016-01-02	付 - 0001	从工行提取现金	2,000.00	2,000.00	王宏	胡群			2016-01-26	2016
2016-01-03	付 - 0002	报销差旅费	3,727.00	3,727.00	王宏	胡群			2016-01-26	2016
2016-01-10	付 - 0003	报销业务招待费	880.00	880.00	王宏	胡群			2016-01-26	2016
2016-01-13	付 - 0004	采购材料	35,100.00	35,100.00	王宏	胡群			2016-01-26	2016
2016-01-25	付 - 0005	支付广告费	5,300.00	5,300.00	王宏	胡群			2016-01-26	2016
2016-01-15	转 - 0001	采购材料	29,250.00	29,250.00	王宏	胡群			2016-01-26	2016
2016-01-21	转 - 0002	领用原材料	2,000.00	2,000.00	王宏	胡群			2016-01-26	2016
2016-01-23	转 - 0003	赊销商品	29,250.00	29,250.00	王宏	胡群			2016-01-26	2016
2016-01-24	转 - 0004	赊销商品	14,040.00	14,040.00	王宏	胡群			2016-01-26	2016

图 4—58　审核凭证列表

注意：

①系统要求审核人员与制单人不能为同一个人，因此在审核前必须确保当前操作员不是制单人。

②在审核凭证的功能中，还可以对有错误的凭证进行“标错”。标错凭证不能被审核，必须取消标错后才能审核。

③凭证一经审核签字，就不能被修改或删除，只有取消签字后才可以修改或删除。取消审核签字只能由审核人自己进行。

(十三)主管签字

(1)点击“重注册”，使用“101 张洋”的身份登录企业应用平台，如图 4—59 所示。

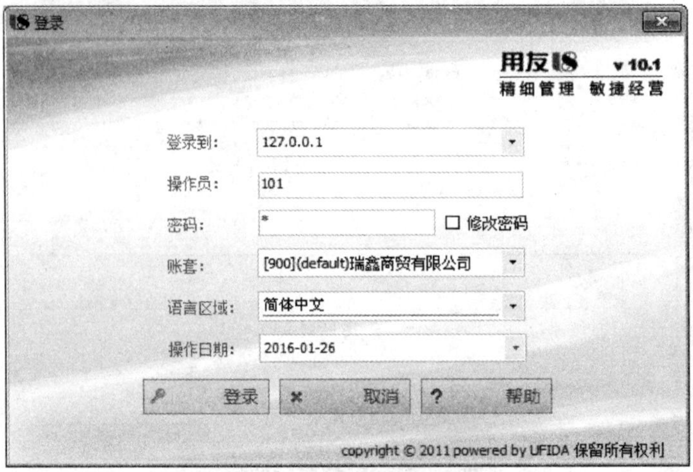

图 4—59　登录企业应用平台

(2)执行“凭证—主管签字”命令，打开“主管签字”对话框，注意日期，确认无误后，点击“确定”按钮，打开“主管签字列表”窗口。

(3)双击第一张凭证，点击“签字”按钮，凭证右上方处会显示红色的主管印章，如图 4—60 所示。

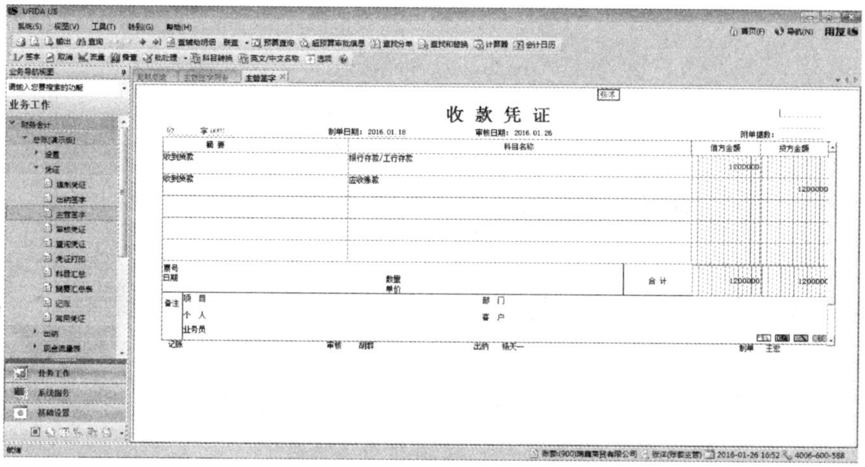

图 4—60　主管签字成功的凭证

(4)对所有的凭证进行主管签字后，点击“退出”按钮。

注意：

①如在“总账—选项”中设置“凭证必须经由主管签字”，则凭证在记账前“主管签字”不能省略。

②在确认一批凭证无错误时可以使用“成批主管签字”功能，以便加快主管签字速度。

(十四)凭证记账

(1)点击“凭证—记账”，打开“记账”对话框，选择“2016.01 月份凭证”，选择记账范围，点击“全选”按钮，如图 4—61 所示。

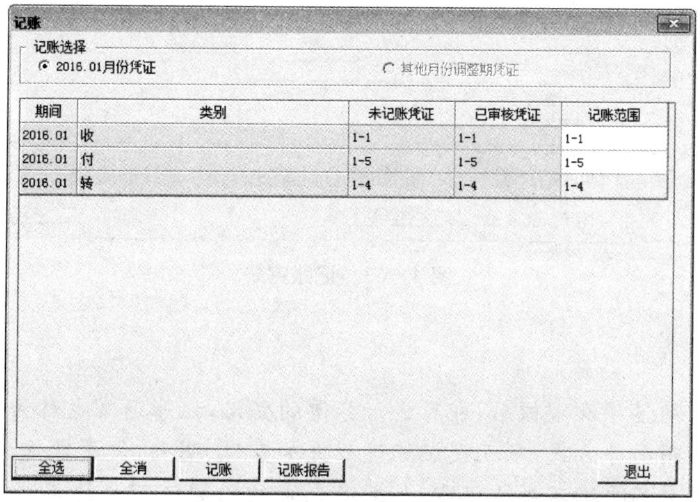

图 4—61　记账范围选择

(2)点击“确定”按钮，弹出“期初试算平衡表”窗口，如图 4—62 所示。

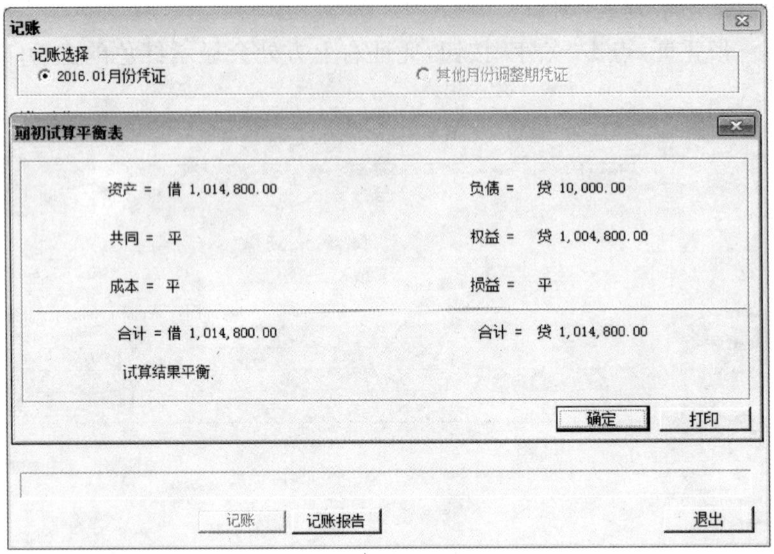

图 4—62　期初试算平衡表

(3)点击“确定”按钮，系统自动进行记账，记账完成后，弹出“记账完毕!”提示框，如图 4—63所示。

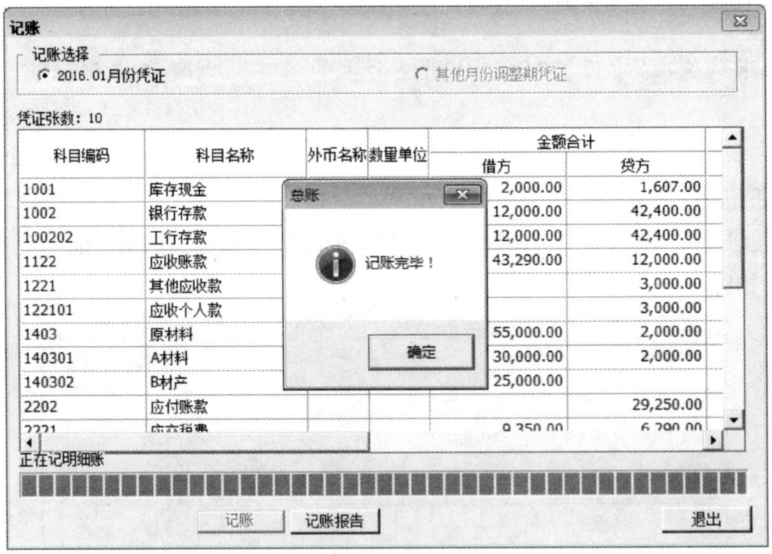

图 4—63　记账完毕

注意:

①凭证经过出纳签字及审核后，即可进行账簿的登记，记账通常也称为登记或过账。系统提供的登记功能采用向导方式，从而使记账过程更加直观、明确，便于操作。

②期初余额试算不平衡不允许记账；如果有未审核的凭证不允许记账；上月末记账，本月不能记账。

③如果不输入记账范围，系统默认所有凭证。记账范围应小于或等于已审核范围。

④一个月可以多次记账。

(十五)取消 1 月 23 日的业务处理

方法一：冲销凭证。

(1)点击“重注册”，使用“102 王宏”的身份登录企业应用平台。

(2)点击“总账—凭证—查询凭证”，进入凭证查询窗口，如图 4—64 所示。

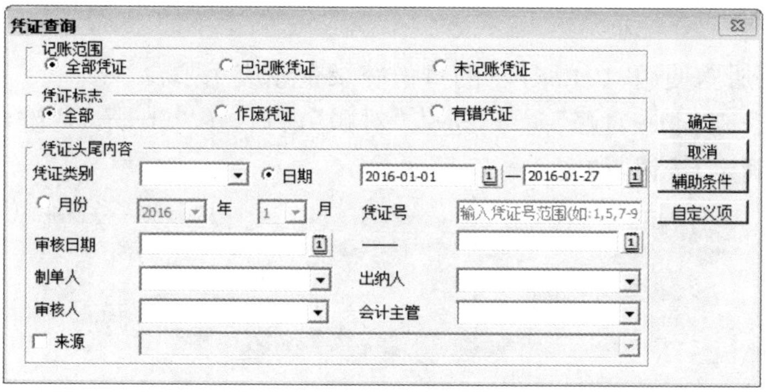

图 4—64 凭证查询

(3)点击“确定”按钮，查看已记账要修改的凭证为“转—0003”号，如图 4—65 所示。

凭证共 10张　已审核 10 张　未审核 0 张　凭证号排序　制单日期排序

制单日期	凭证编号	摘要	借方金额合计	贷方金额合计	制单人	审核人	系统名	备注	审核日期	年度
2016-01-18	收 - 0001	收到货款	12,000.00	12,000.00	王宏	胡群			2016-01-31	2016
2016-01-02	付 - 0001	从工行提取现金	2,000.00	2,000.00	王宏	胡群			2016-01-31	2016
2016-01-03	付 - 0002	报销差旅费	3,727.00	3,727.00	王宏	胡群			2016-01-31	2016
2016-01-10	付 - 0003	报销业务招待费	880.00	880.00	王宏	胡群			2016-01-31	2016
2016-01-13	付 - 0004	采购材料	35,100.00	35,100.00	王宏	胡群			2016-01-31	2016
2016-01-25	付 - 0005	支付广告费	5,300.00	5,300.00	王宏	胡群			2016-01-31	2016
2016-01-15	转 - 0001	采购材料	29,250.00	29,250.00	王宏	胡群			2016-01-31	2016
2016-01-21	转 - 0002	领用原材料	2,000.00	2,000.00	王宏	胡群			2016-01-31	2016
2016-01-23	转 - 0003	赊销商品	29,250.00	29,250.00	王宏	胡群			2016-01-31	2016
2016-01-24	转 - 0004	赊销商品	14,040.00	14,040.00	王宏	胡群			2016-01-31	2016
		合计	133,547.00	133,547.00						

图 4—65 查询凭证窗口

(4)双击“转—0003”号凭证，在“查询凭证”界面，点击“冲销凭证”，点击“保存”按钮，如图 4—66 所示。

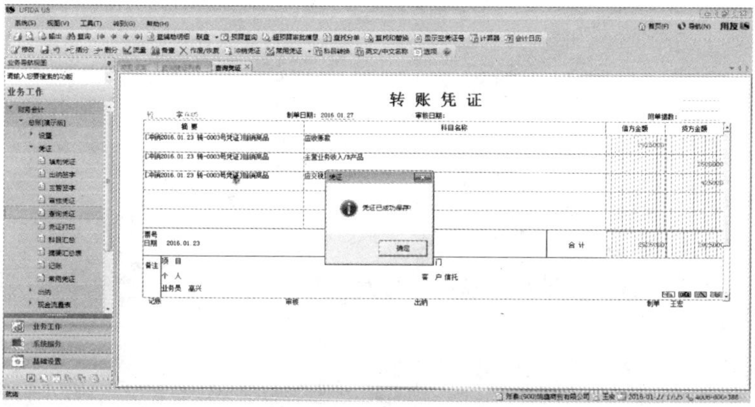

图 4—66 红字冲销凭证

(5)保存成功后，对该张凭证使用相应人员进行审核、主管签字、记账操作。

注意：

①冲销凭证是针对已记账凭证由系统自动生产与冲销凭证内容一样的一张红字凭证。

②制作红字冲销凭证是将错误凭证冲销。

③冲销凭证和新填制的正确凭证仍需要审核、签字和记账。

方法二：取消记账，取消主管签字，取消审核，在“填制凭证”界面作废并删除该张凭证(无痕迹删除凭证)。

(1)点击“重注册”，使用“101 张洋”的身份登录企业应用平台。

(2)点击“总账—期末—对账”命令，进入“对账”窗口，按“Ctrl＋H”键，激活“恢复记账前状态功能”，点击“确定”按钮，如图 4－67 所示。

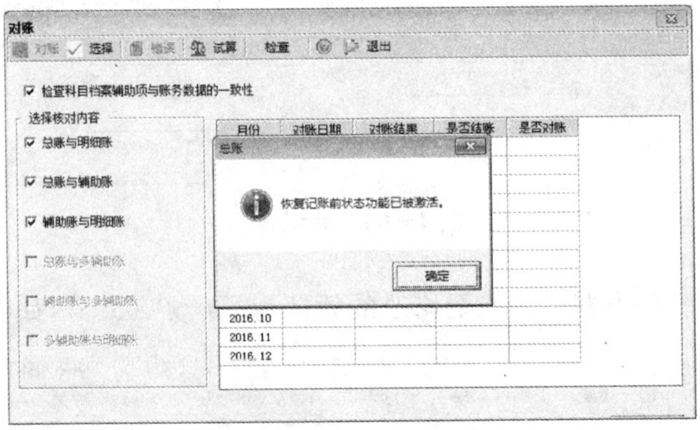

图 4－67　取消记账

(3)点击“总账—凭证”，点击“恢复记账前状态”，点击“选择凭证范围恢复记账”，在转账凭证恢复记账范围栏填“3”，即恢复“转－0003”号凭证，点击“确定”按钮，输入口令“1”，再次点击“确定”按钮，恢复记账完毕，如图 4－68 所示。

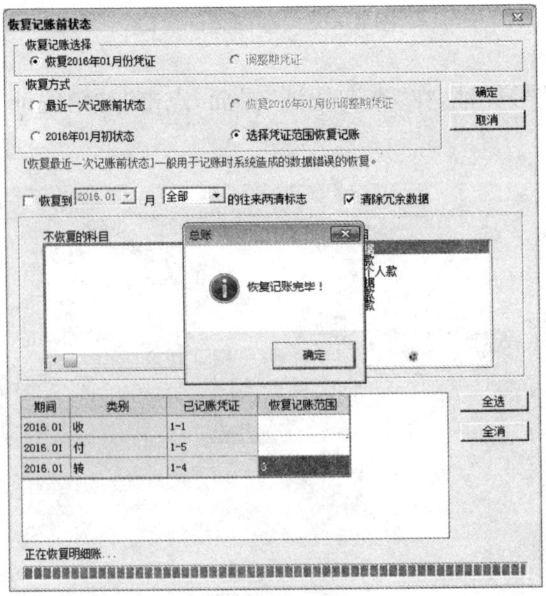

图 4－68　恢复记账前状态

(4)点击“总账—凭证”，点击“主管签字”，注意日期，确认无误后，点击“确定”按钮，进入“主管签字列表”，双击“转—0003”号凭证，在“主管签字”界面，点击“取消签字”，退出，返回“主管签字列表”，显示未签字1张，如图4—69所示。

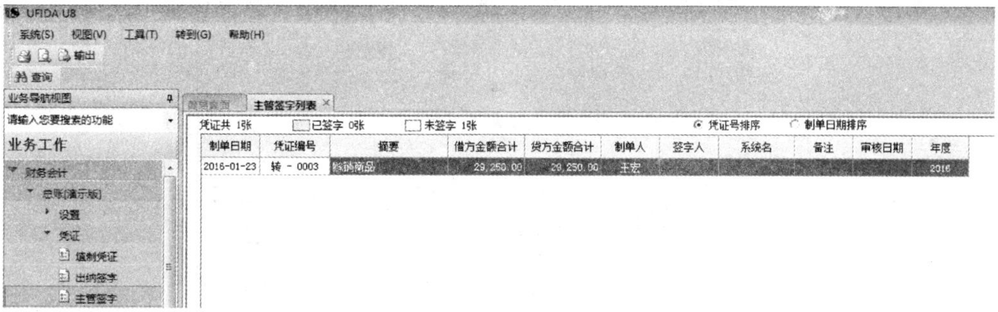

图4—69 主管签字列表

(5)点击“重注册”，使用“106 胡群”的身份登录企业应用平台。

(6)点击“总账—凭证”，点击“审核凭证”，注意日期，确认无误后，点击“确定”按钮，进入“凭证审核列表”，选中“转—0003”号凭证，点击“取消审核”，或者双击“转—0003”号凭证，再在“审核凭证”界面，点击“取消审核”，退出，返回“凭证审核列表”，显示未审核1张，如图4—70所示。

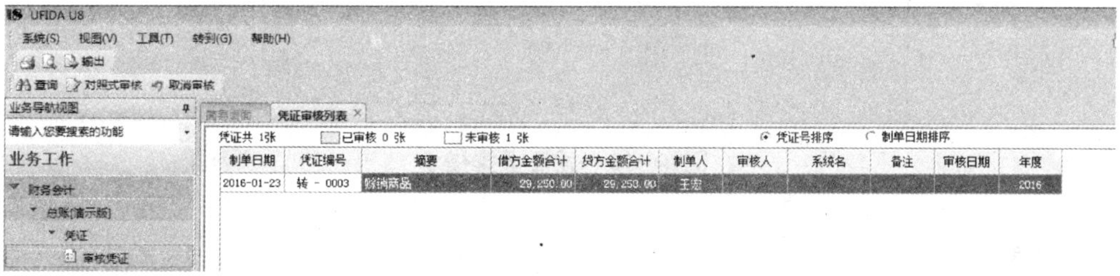

图4—70 凭证审核列表

(7)点击“重注册”，使用“102 王宏”的身份登录企业应用平台。

(8)点击“总账—凭证”，点击“填制凭证”，找到“转—0003”号凭证，点击“作废—恢复”，凭证左上角出现作废章，如图4—71所示。

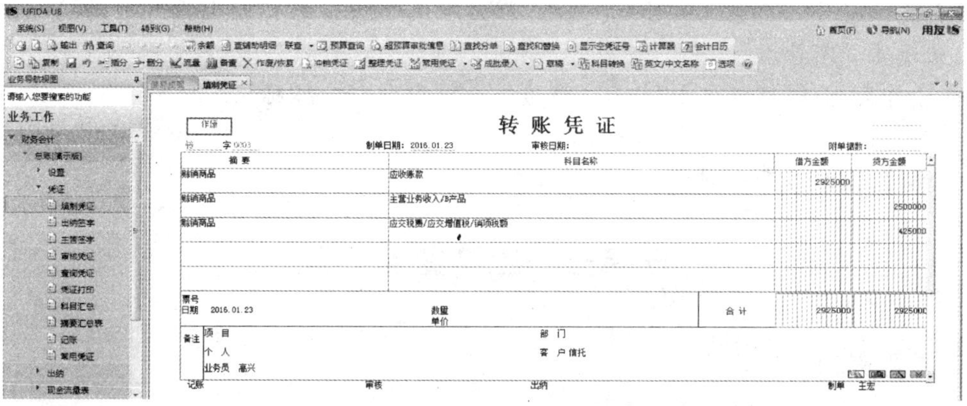

图4—71 作废凭证

(9)点击“整理凭证”,凭证期间选择“2016.01”,点击“确定”按钮,弹出“作废凭证表”,在删除处双击出现“Y”,或者点击“全选”按钮,如图4—72所示。

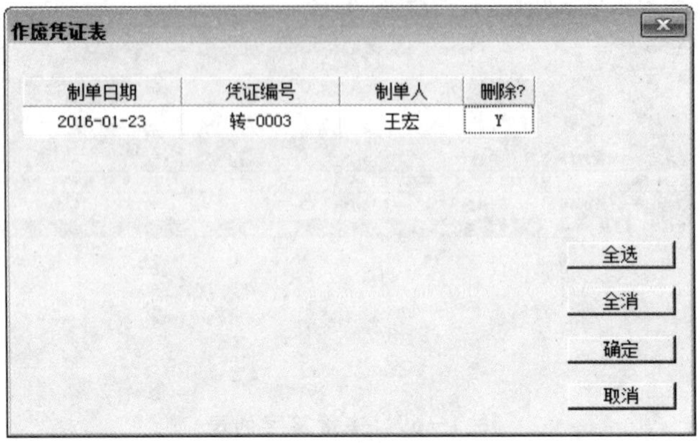

图4—72　作废凭证表

(10)点击“确定”按钮,提示“按凭证号重排”,点击“是”按钮,如图4—73所示。凭证重新排号,无痕迹删除凭证。

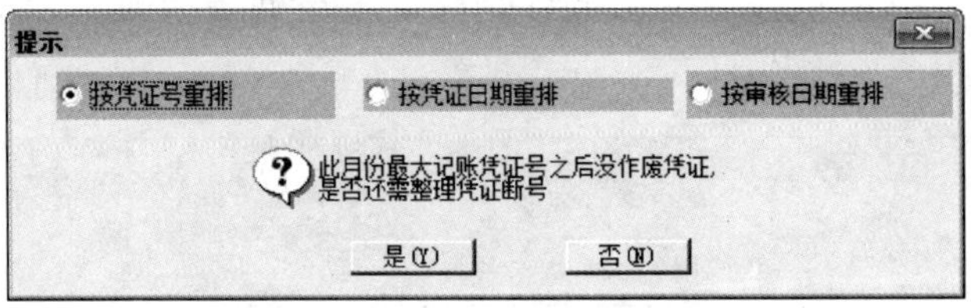

图4—73　凭证重排提示

注意:

①如果存在作废凭证之后日期的凭证已审核记账,则不能无痕迹删除,只有将作废凭证之后日期的凭证都取消记账、取消主管签字、取消审核后才可以无痕迹删除该张凭证。

②未审核签字的凭证可以直接删除,已审核或出纳签字的凭证,必须在取消签字以后才能删除。

③如果在对作废凭证进行整理时,选择了不整理断号,但在总账系统的选项设置中选中了“自动填补凭证断号”及“系统编号”复选框,那么在填制凭证时可以由系统自动填补断号;否则,将会出现凭证断号。

④对于作废凭证,可以单击“作废—恢复”命令,取消“作废”标记。

⑤作废凭证不能修改、不能审核,但参与记账,而且不对作废凭证做数据处理,相当于一张空凭证。账簿查询时,查不到作废凭证的数据。

任务三　出纳业务处理

一、任务资料

1. 查询1月份现金日记账。

2. 查询1月份银行存款日记账。

3. 查询1月2日资金日报表。

4. 填写支票登记簿，1月28日，办公室李华领用现金支票，票号为36595658，金额为300元。

5. 银行对账。

银行对账期初数据：企业银行存款日记账余额为384 660.91元，银行对账单期初余额为386 400.91元，有企业已付而银行未付的未达账项（2015年12月25日用转账支票支付电费，票号36792435，凭证号：付字第20号）1 740元。

2016年1月银行对账单如表4—2所示。

表4—2　　2016年1月银行对账单

日期	结算方式	票号	借方金额(元)	贷方金额(元)	余额(元)
2016.1.2	现金支票	36595657		2 000	384 400.91
2016.1.13	转账支票	36792457		35 100	349 300.91
2016.1.18	银行汇票		12 000		361 300.91
2016.1.25	转账支票	36792458		5 300	356 000.91

二、任务要求

出纳员进行业务操作。

三、任务操作指导

（一）查询1月份现金日记账

（1）以出纳“104 杨天一”的身份进入“总账”，选择“出纳”，点击“现金日记账”。

（2）在科目框中选择“1001 库存现金”，在“按月查”中选择“2016.01”，点击“确认”按钮，如图4—74所示。

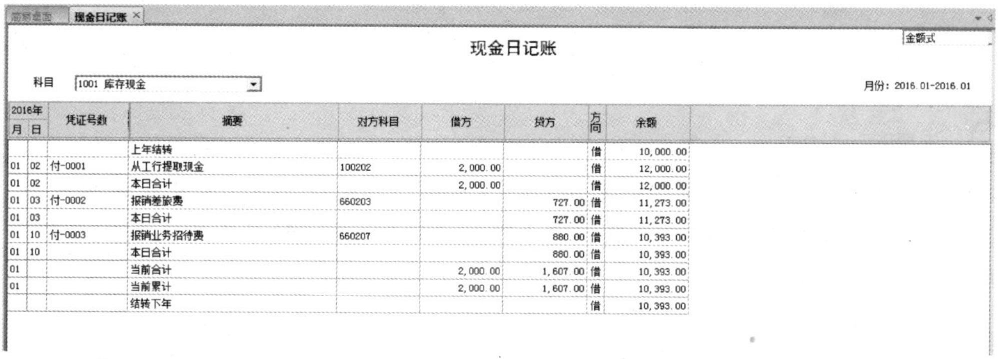

现金日记账

金额式

科目 1001 库存现金　　月份：2016.01-2016.01

2016年 月	日	凭证号数	摘要	对方科目	借方	贷方	方向	余额
			上年结转				借	10,000.00
01	02	付-0001	从工行提取现金	100202	2,000.00		借	12,000.00
01	02		本日合计		2,000.00		借	12,000.00
01	03	付-0002	报销差旅费	660203		727.00	借	11,273.00
01	03		本日合计			727.00	借	11,273.00
01	10	付-0003	报销业务招待费	660207		880.00	借	10,393.00
01	10		本日合计			880.00	借	10,393.00
01			当前合计		2,000.00	1,607.00	借	10,393.00
01			当前累计		2,000.00	1,607.00	借	10,393.00
			结转下年				借	10,393.00

图4—74　查询现金日记账

（3）双击某一行或选择某一行后点击“凭证”可以查看相对应的凭证，点击“总账”，可以查看该科目的三栏式总账。

(二)查询1月份银行存款日记账

以出纳“104 杨天一”的身份进入“总账”，选择“出纳”，点击“银行日记账”，其他同现金日记账。

(三)查询1月份资金日报表

(1)点击“总账—出纳—资金日报”，进入“资金日报表查询条件”对话框。

(2)输入日期“2016－01－02”，选择“包含未记账凭证”和“有余额无发生也显示”复选框，点击“确认”按钮。如图4—75所示，屏幕显示查询条件下的资金日报表。

简易桌面 资金日报表

资金日报表

科目编码	科目名称	币种	今日共借	今日共贷	方向	今日余额	借方笔数	贷方笔数
1001	库存现金		2,000.00		借	12,000.00	1	
1002	银行存款			2,000.00	借	469,260.91		1
合计			2,000.00	2,000.00	借	481,260.91	1	1

图4—75　资金日报表

(四)支票登记簿

(1)点击“总账—出纳—支票登记簿”命令，银行科目选择“工行存款(100202)”，点击“确定”按钮。

(2)在“支票登记簿”界面，点击“增加”按钮，输入领用日期“2016.01.28”，领用部门“办公室”，领用人“李华”，支票号“36595658”，预计金额“300”，点击“保存”按钮，然后点击“退出”按钮，如图4—76所示。

简易桌面 支票登记簿

支票登记簿

科目：工行存款(100202)　　支票张数：4(其中：已报3 未报

领用日期	领用部门	领用人	支票号	预计金额	用途	收款人	对方科目	付款银行名称	银行账号
2016.01.02	财务部		36595657	2,000.00	备用金				
2016.01.13			36792457	35,100.00	付材料款	上海红光有限责任公司			
2016.01.25			36792458	5,300.00	付广告费	黑龙江逸品广告有限...			
2016.01.28	办公室	李华	36595658	300.00					

图4—76　支票登记簿

注意：

①有在结算方式中设置选择票据控制功能这一项的才能在此选择登记银行科目。

②领用日期和支票号必须输入，其他内容可输可不输，报销日期不能在领用日期之前，已报销的支票可成批删除。

(五)银行对账

银行对账是企业出纳人员的最基本工作之一。企业的结算业务大部分要通过银行进行结算，但由于企业与银行的账务处理和入账时间不一致，往往会发生双方账面不一致的情况，即所谓“未达账项”。为了能够准确掌握银行存款的实际余额，了解实际可以运用的货币数额，防止记账发生差错，企业必须定期将银行存款日记账与银行出具的对账单进行核对，并编制银行存款余额调节表。

1. 录入银行对账期初数据

为了保证银行对账的正确性，在使用“银行对账”功能进行对账之前，必须在开始对账的月初先将日记账、银行对账单未达项输入系统。使用账务处理系统处理日常业务后，系统将自动形成银行日记账的未达账项。

第一次使用银行对账功能前，系统要求录入日记账及对账单未达账项，在开始使用银行对账之后不再使用。在录入完单位日记账、银行对账单期初未达账项后，不要随意调整启用日期，尤其是向前调整，这样可能会造成启用日期后的期初数不能再参与对账。

(1)点击“总账—出纳—银行对账—银行对账期初录入”，在弹出“银行科目选择”对话框中选择“工行存款(100202)”，点击“确定”按钮，进入“银行对账期初”窗口。

(2)在单位日记账“调整前余额”栏输入“384660.91”，在银行对账单“调整前余额”栏输入“386400.91”，如图4—77所示。

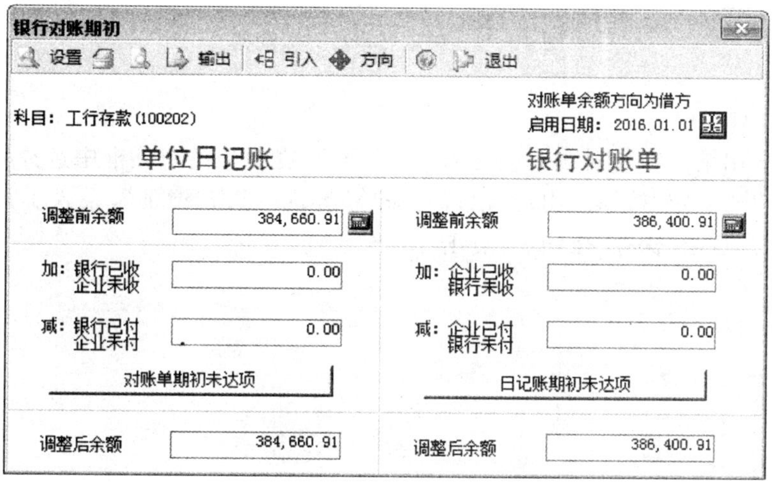

图4—77　银行对账期初

(3)点击进入“日记账期初未达项”，点击“增加”按钮，输入日期“2015.12.25”，结算方式“202”，票号“36792435”，贷方金额“1740”，点击“保存”按钮，如图4—78所示。点击“退出”按钮，回到上一步，再点击“退出”按钮。调整完未达账项后，如图4—79所示。

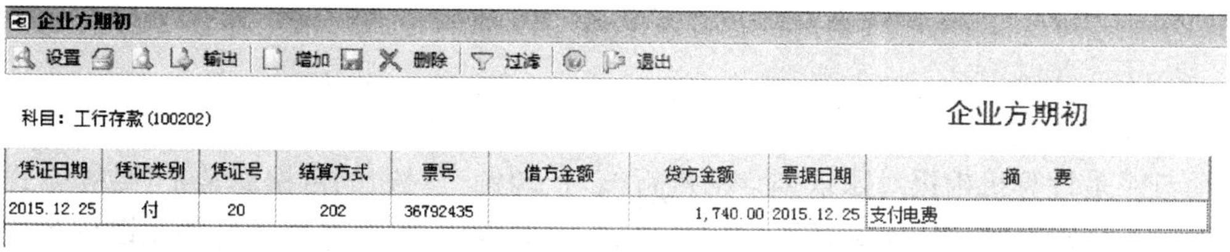

图4—78　银行方期初

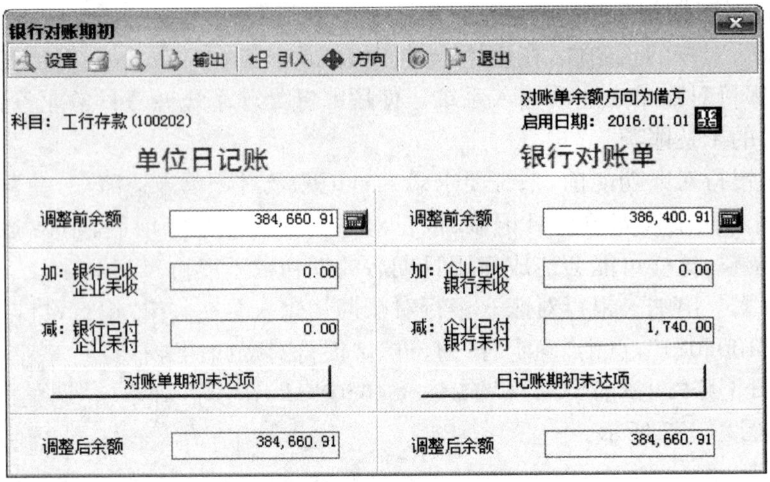

图 4—79　调整后银行对账期初

2. 输入银行对账单

点击“总账—出纳—银行对账—银行对账单”命令，在弹出的对话框中选择科目“工行存款(100202)”后，点击“确定”按钮。出现“银行对账单”界面，点击“增加”，录入 1 月对账单资料，如图 4—80 所示。点击“保存”按钮后，点击“退出”。

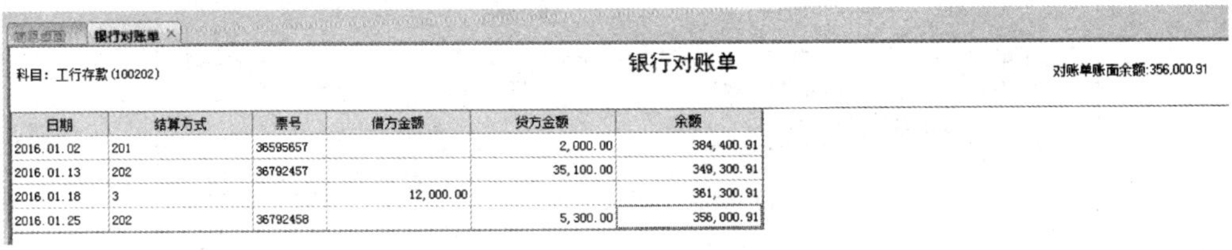

银行对账单

科目：工行存款(100202)　　对账单账面余额:356,000.91

日期	结算方式	票号	借方金额	贷方金额	余额
2016.01.02	201	36595657		2,000.00	384,400.91
2016.01.13	202	36792457		35,100.00	349,300.91
2016.01.18	3		12,000.00		361,300.91
2016.01.25	202	36792458		5,300.00	356,000.91

图 4—80　录入的对账单

注意：

①要实现计算机自动进行银行对账，在每月月末对账前，必须将银行开出的银行对账单输入计算机，存入“对账单文件”。

②若企业在多家银行开户，则对账单应与其对应账号所对应的银行存款下的末级科目一致。

3. 自动对账

自动对账是计算机根据对账依据自动进行核对、勾销。对账的依据通常是“结算方式＋结算号＋方向＋金额”或“方向＋金额”。对于已核对上的银行业务，系统将自动在银行存款日记账和银行对账单双方写上两清标志“○”，并视为已达账项，对于在两清栏未写上两清符号的记录，系统则视其为未达账项。

(1)点击“总账—出纳—银行对账—银行对账”命令，在弹出的对话框中选择“工行存款(100202)”，点击“确定”按钮，进入“银行对账”窗口，如图 4—81 所示。

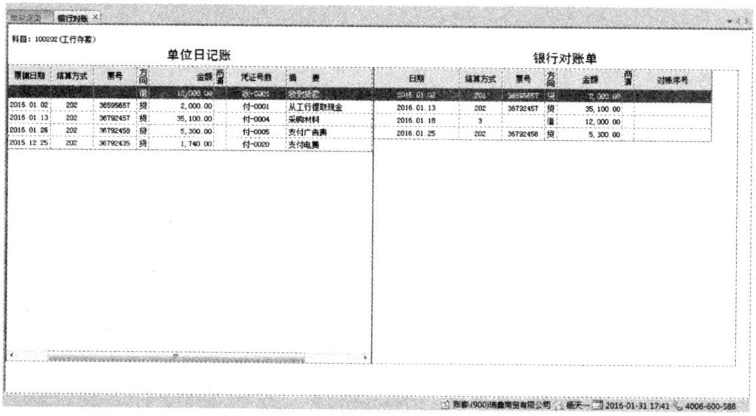

图 4—81 银行对账

(2)再点击“对账”，屏幕显示“自动对账”条件对话框，如图 4—82 所示。输入截止日期“2016—01—31”，默认系统提供的对账条件，并确定日期相差 30 天之内，点击“确定”按钮。对账结果如图 4—83 所示。

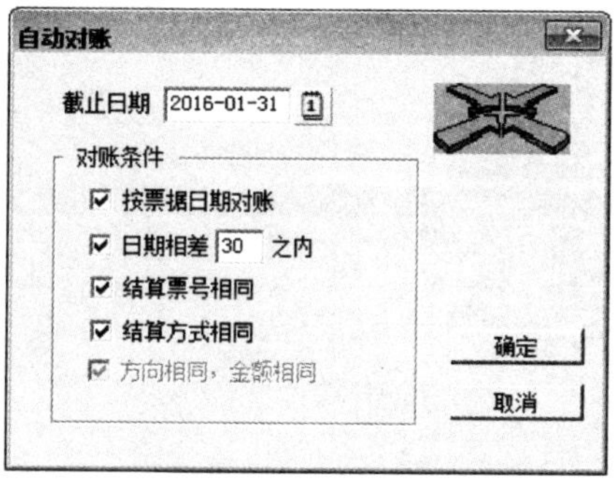

图 4—82 自动对账

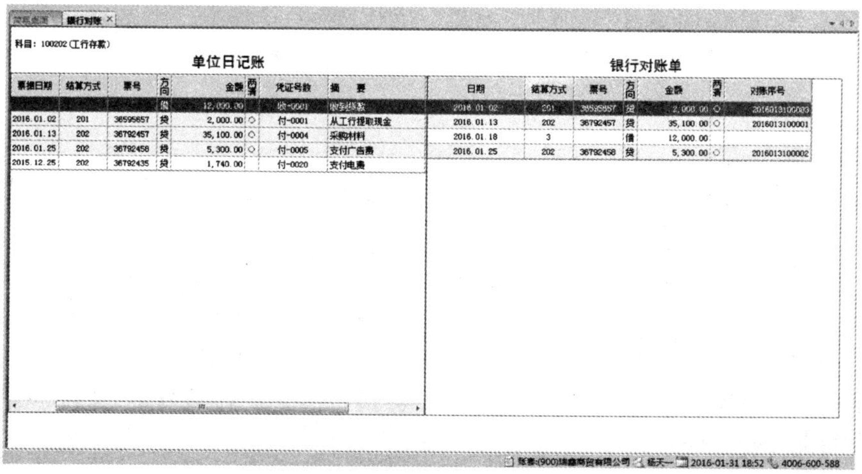

图 4—83 银行对账结果

注意：

①自动对账需要将对账的资料全部录入完毕后，方可进行银行对账。银行对账一般采用自动对账与手工对账相结合的方式。

②为了能够尽最大可能地发挥“自动对账”功能的作用，可首先依据“票号＋方向＋金额”方式进行自动对账，然后再依据“方向＋金额”方式进行自动对账。对账条件中的方向、金额相同是必选条件。

③对账截止日期可输入可不输入，对于已达账项，系统自动在银行存款日记账和银行对账单双方的“两清”栏打上圆圈标志。

4. 手工对账

手工对账是对自动对账的补充。采用自动对账后，由于系统中的银行未达账项是通过凭证处理自动形成的，其间有人工输入过程，可能存在不规范输入的情况，造成一些特殊的已达账项尚未勾对出来而被视作未达账项。为了保证对账更彻底准确，可通过手工对账进行调整勾销。手工对账两清的记录标记“Y”，如图 4－84 所示。对于一些应勾对而未勾对的账项，可以分别双击“两清”栏，直接用手工进行调整，调整完毕点击“保存”按钮。对账完毕，点击“检查”按钮，检查结果平衡，先点击“确认”按钮，后点击“退出”按钮。

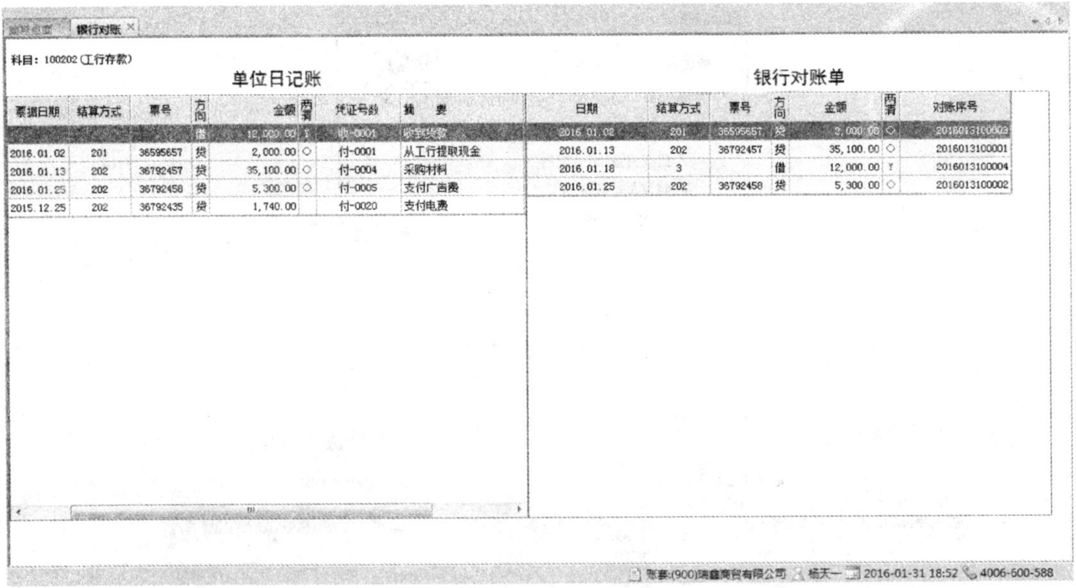

图 4－84　手工对账

5. 输出余额调节表

对账完成后，计算机自动整理汇总未达账和已达账，生成银行存款余额调节表。此余额调节表为截止到对账截止日期的余额调节表，若无对账截止日期，则为最新余额调节表。点击“总账—出纳—银行对账—余额调节表查询”，进入“银行存款余额调节表”窗口，点击“查看”按钮，得调整后的银行存款余额调节表，如图 4－85 所示。

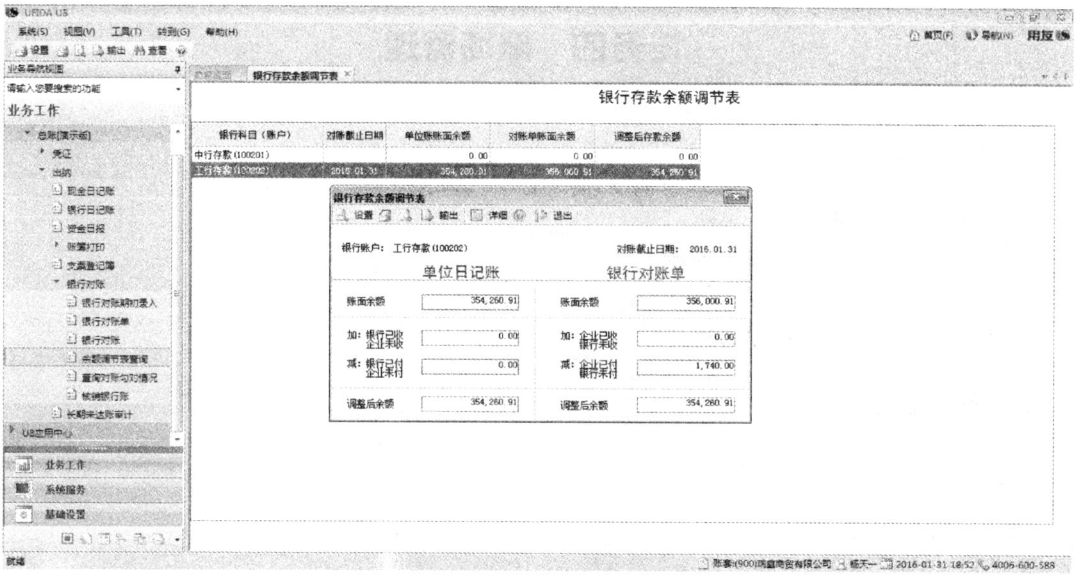

图 4—85　银行存款余额调节表

6. 查询对账单或日记账的勾对情况

通过银行存款余额调节表，已了解对账的结果。通过查询功能，还可以了解经过对账后对账单上勾对的明细情况，从而进一步查询对账结果。

(1)点击“总账—出纳—银行对账—查询对账勾对情况”命令，在“科目”中选择“工行存款(100202)”后，点击“确定”按钮。

(2)点击“银行对账单”选项卡，显示银行对账结果，点击“单位日记账”选项卡，显示对账结果，查询后点击“退出”按钮。

7. 核销已达账

核销用于对账的银行日记账和银行对账单的已达账项，核销后的已达账消失，不能被恢复。核销不影响银行日记账的查询和打印。在确信银行对账正确前，不要核销已达账项；否则，若对账不正确，将造成以后对账的错误。

(1)点击“总账—出纳—银行对账—核销银行账”命令。

(2)选择“工行存款(100202)”后，点击“确定”按钮，屏幕提示：“您是否确实要进行银行账核销？”如图 4—86 所示，点击“是”按钮，屏幕提示：“银行账核销完毕！”然后，点击“确定”按钮。

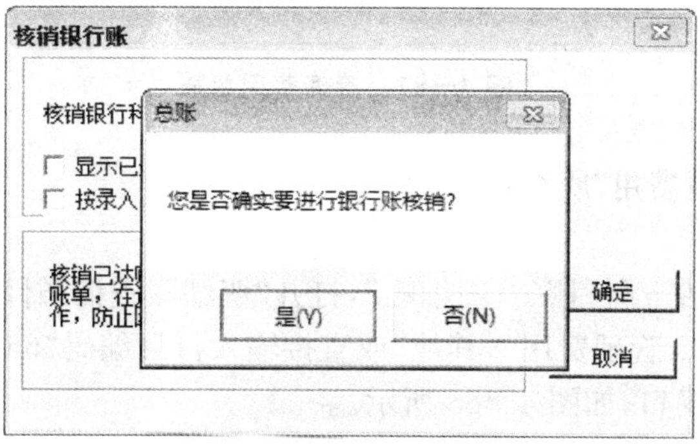

图 4—86　核销银行账

任务四　账簿管理

一、任务资料

1. 查询“6602 管理费用”总账。
2. 查询“6602 管理费用”明细账。
3. 查询余额表。
4. 查询“6602 管理费用”多栏账。

二、任务要求

操作员 101 张洋负责账簿查询。

三、任务操作指导

(一)查询“6602 管理费用”总账

(1)点击“总账—账表—科目账—总账”,打开“总账查询条件”对话框。

(2)选择科目“6602 管理费用”或直接输入科目编码“6602”,点击“确定”按钮,进入“管理费用总账”窗口,如图 4—87 所示。

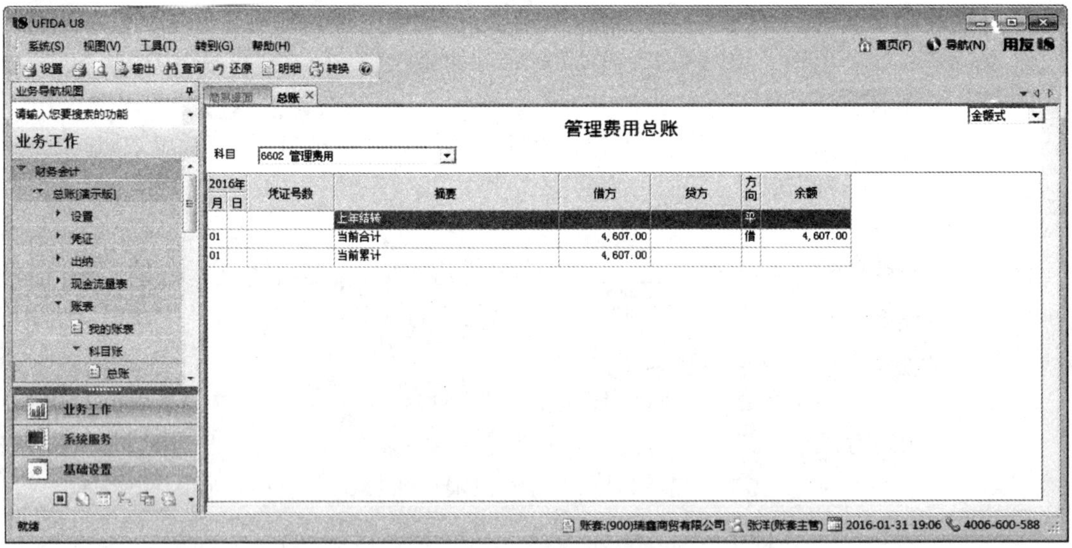

图 4—87　管理费用总账

(二)查询“6602 管理费用”明细账

方法一:

(1)点击“总账—账表—科目账—明细账”,打开“明细账查询条件”对话框。

(2)选择科目“660205 管理费用—其他”或直接输入科目编码“660205”,点击“确定”按钮,进入“管理费用明细账”窗口,如图 4—88 所示。

方法二：

(1)点击“总账—账表—科目账—总账”，打开“总账查询条件”对话框。

(2)选择科目“6602 管理费用”或直接输入科目编码“6602”，点击“确定”按钮，进入“管理费用总账”窗口，如图 4—87 所示。

(3)双击“当前合计”，进入“管理费用明细账”，如图 4—88 所示。

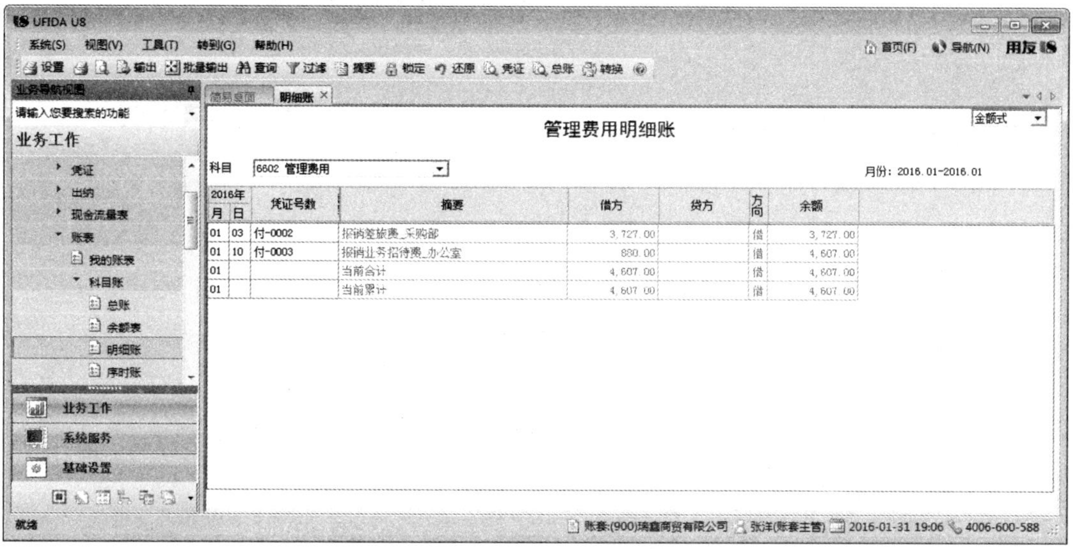

图 4—88 管理费用明细账

(三)查询余额表

(1)点击“总账—账表—科目账—余额表”，打开“发生额及余额表查询”对话框。

(2)点击“确定”按钮，进入“发生额及余额表”窗口，如图 4—89 所示。

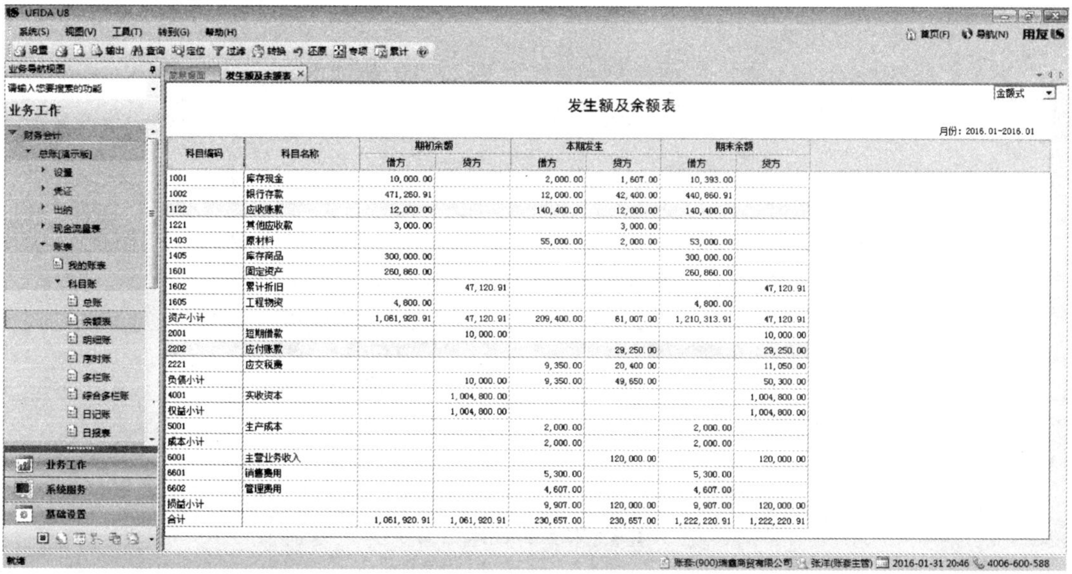

图 4—89 发生额及余额表

(3)双击“1122 应收账款”或选中“1122 应收账款”并点击“专项”按钮，打开余额表信息，如图 4—90 所示。

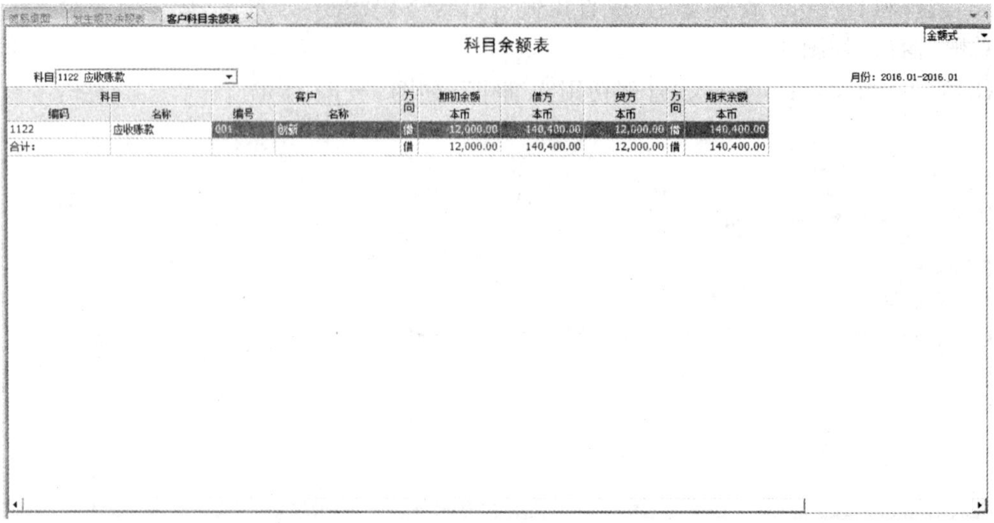

图 4—90　应收账款余额表

(4)点击“退出”按钮退出。

(四)查询“6602 管理费用”多栏账

在总账系统中，普通多栏账由系统将要分析科目的下级科目自动生成多栏账，自定义多栏账的栏目内容可以由用户定义，具体操作步骤如下：

(1)点击“总账—账表—科目账—多栏账”，进入“多栏账”窗口。

(2)点击“增加”按钮，屏幕显示“多栏账定义”窗口。

(3)在“核算科目”中选择“6602 管理费用”，点击“自动编制”按钮，如图 4—91 所示。

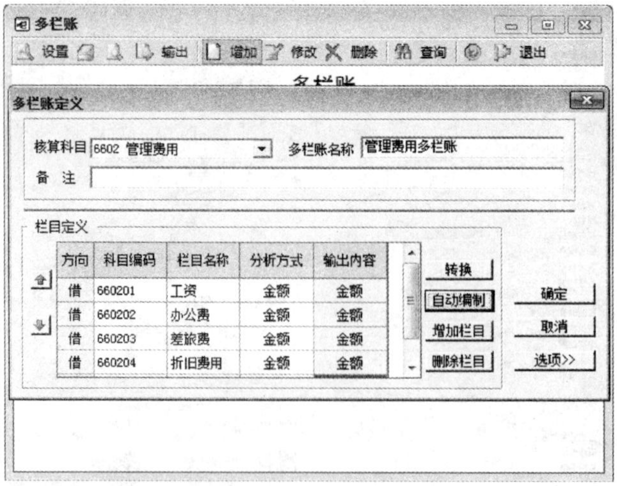

图 4—91　多栏账定义

(4)选择分析方式、输出内容均为“金额”，点击“选项”打开格式选项窗口，点击“确定”按钮。

(5)点击“查询”，选择“6602 管理费用”，点击“确定”按钮，如图 4－92 所示。

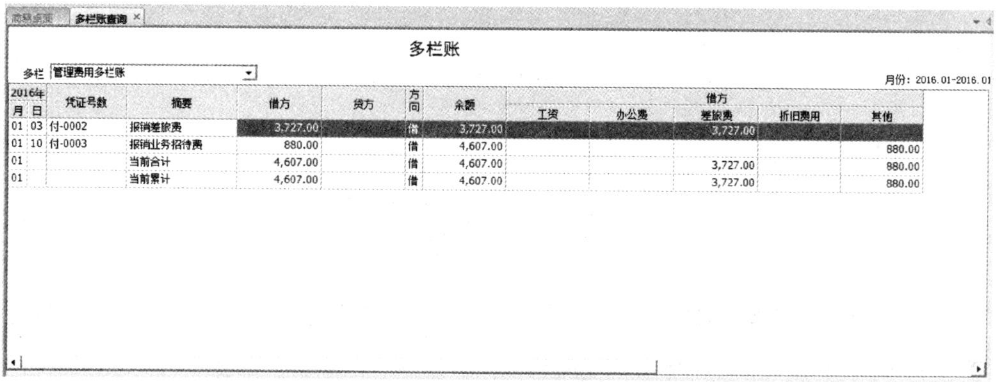

2016年 月	日	凭证号数	摘要	借方	贷方	方向	余额	借方 工资	办公费	差旅费	折旧费用	其他
01	03	付-0002	报销差旅费	3,727.00		借	3,727.00			3,727.00		
01	10	付-0003	报销业务招待费	880.00		借	4,607.00					880.00
01			当前合计	4,607.00		借	4,607.00			3,727.00		880.00
01			当前累计	4,607.00		借	4,607.00			3,727.00		880.00

图 4－92　多栏账

(6)在“科目账”中还可以查询序时账、综合多栏账、日记账、日报表。

任务五　期末业务处理

一、任务资料

1.1 月 24 日进行短期借款利息的计提(要求:按短期借款期末余额的 0.3%计提短期借款利息)。

2.1 月 24 日进行应交税费的结转(要求:将“应交税费——应交增值税——销项税额”贷方发生额转入“应交税费——应交增值税——未交增值税”中)。

3.1 月 31 日进行 A 产品销售成本结转(要求:对应 A 产品“主营业务收入”结转“主营业务成本”)。

4.1 月 31 日进行期间损益结转(要求:将本月“期间损益”转入“本年利润”)。

5.1 月 31 日进行计提所得税(要求:按“本年利润”的 25%计提所得税)。

6.1 月 31 日进行对账和结账。

二、任务要求

操作员 101 张洋进行业务操作。

三、任务操作指导

(一)转账定义

1. 自定义结转:计提短期借款利息

(1)以账套主管“101 张洋”的身份执行“总账—期末—转账定义—自定义转账”命令，进入“自定义转账设置”窗口。

(2)点击“增加”按钮，打开“转账目录”设置对话框。

(3)输入转账序号“1”，转账说明“计提短期借款利息”，选择凭证类别“转账凭证”，如图 4－93所示。点击“确定”按钮，继续定义转账凭证其他信息。

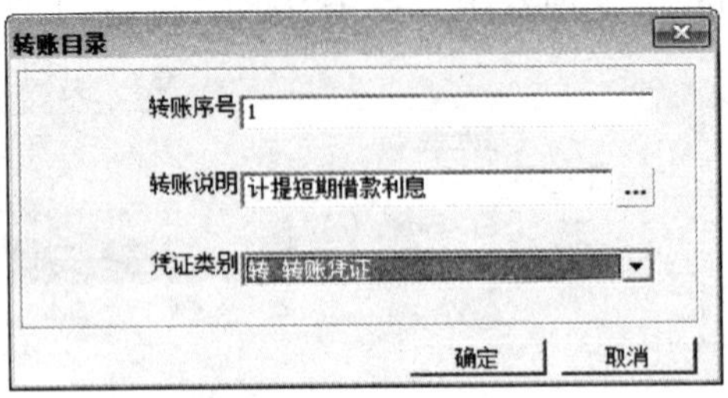

图 4—93 转账目录

(4)点击“增行”,选择科目“660301”,方向“借”,双击金额公式,选择参照按钮,打开“公式向导”对话框。

(5)选择“期末余额 QM( )”,如图 4—94 所示。点击“下一步”按钮,继续设置公式。

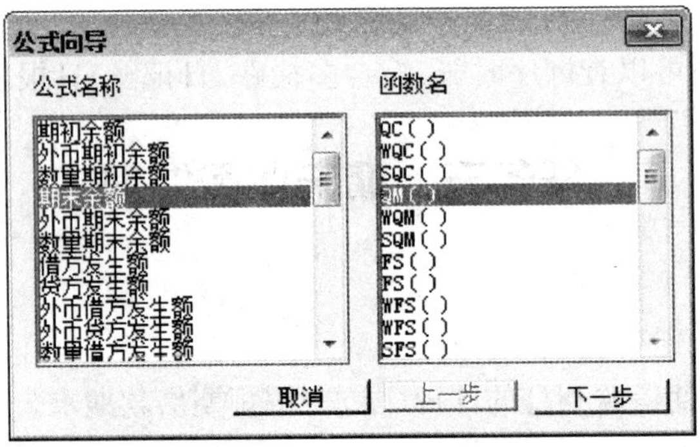

图 4—94 公式向导之一

(6)选择科目“2001”,其他采取系统默认,选择公式向导界面左下角复选框“继续输入公式”,如图 4—95 所示,选择运算符“ * ”,点击“下一步”按钮,选择“常数”,如图 4—96 所示,点击“下一步”按钮,在常数位置上输入利率 0.003,点击“完成”按钮。

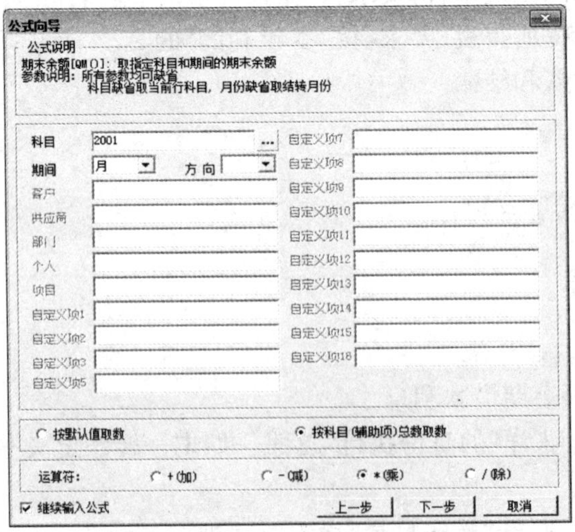

图 4—95 公式向导之二

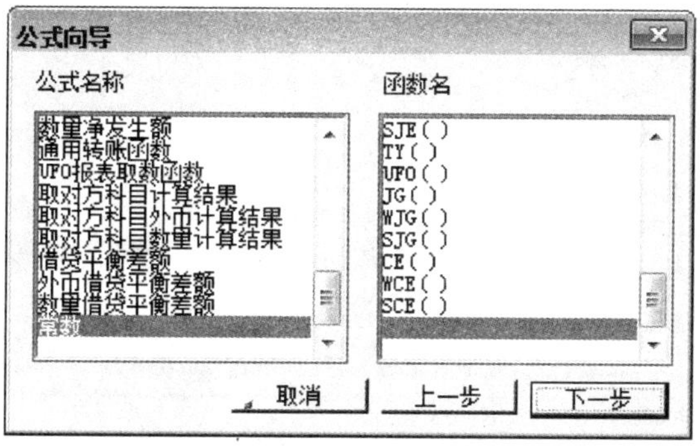

图 4—96 公式向导之三

(7)点击“增行”按钮，继续录入分录贷方的信息，选择科目“2231”，方向“贷”，打开“公式向导”对话框，选择“取对方科目计算结果 JG( )”点击“下一步”按钮，点击“完成”按钮，或在“2231”金额公式中直接输入“JG( )”，设置成功，如图 4—97 所示。

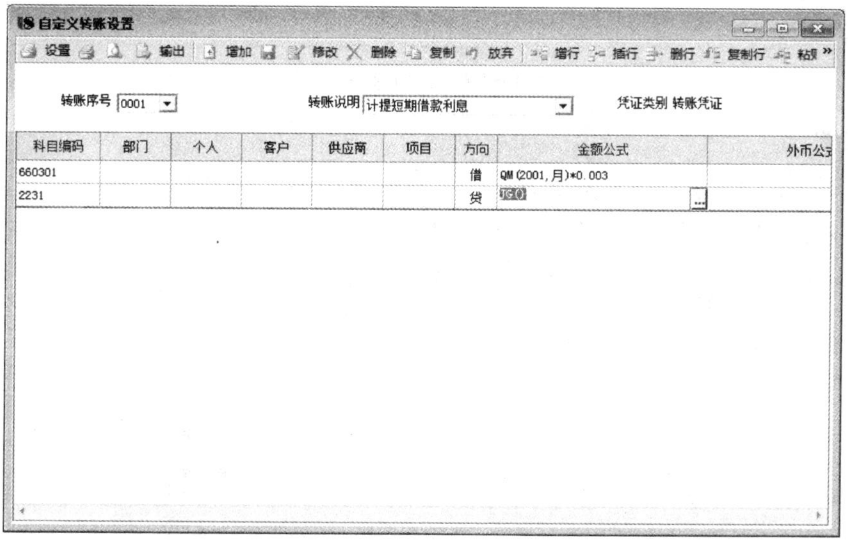

图 4—97 自定义转账设置成功

注意：

①账序号是该张凭证的代号，不是凭证号。

②输入金额公式有两种方法：一是直接选择计算公式，二是用“公式向导”录入公式。

2. 对应结转：结转销项税额

对应结转就是对两个科目进行一一对应结转。对应结转的科目可为非末级科目，但其下级科目的科目结构必须一致(相同明细科目)，如有辅助核算，则两处科目的辅助账类也必须一一对应，对应结转只结转期末余额。

(1)执行“总账—期末—转账定义—对应结转”命令。

(2)输入转账编号“0002”，选择凭证类别为“转账凭证”，输入摘要“结转销项税额”，在“转出科目编码”中选择“22210102”，转出科目名称为“销项税额”，点击“增行”按钮，输入转入科目编码“22210103”、转入科目名称“未交增值税”、结转系数“1”，点击“保存”按钮，如图 4—98 所示。

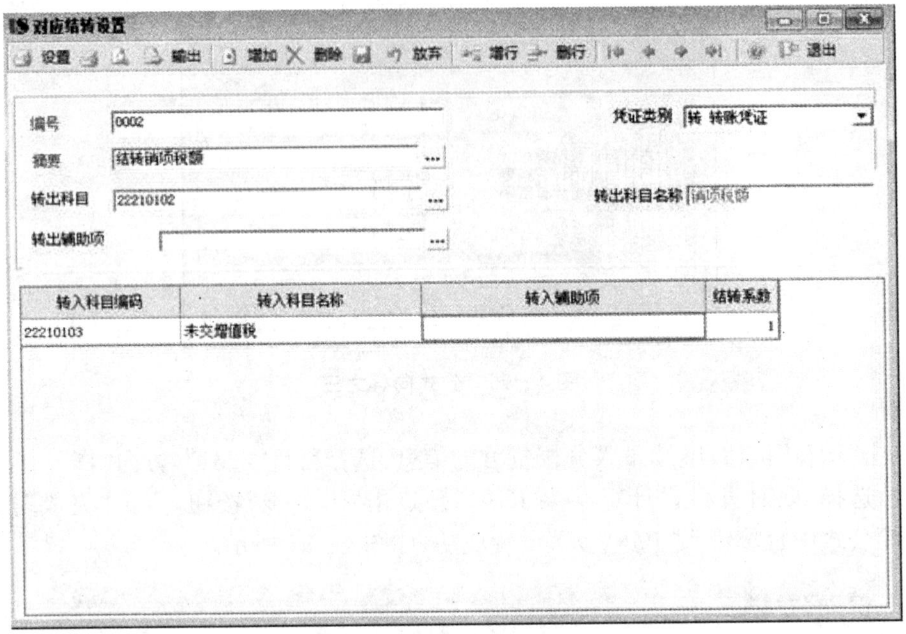

图 4—98　对应结转设置

注意：

①系统中若没有“22210103 应交税费——应交增值税——未交增值税”科目，则可直接在科目参照界面，点击“编辑”按钮，如图 4—99 所示。

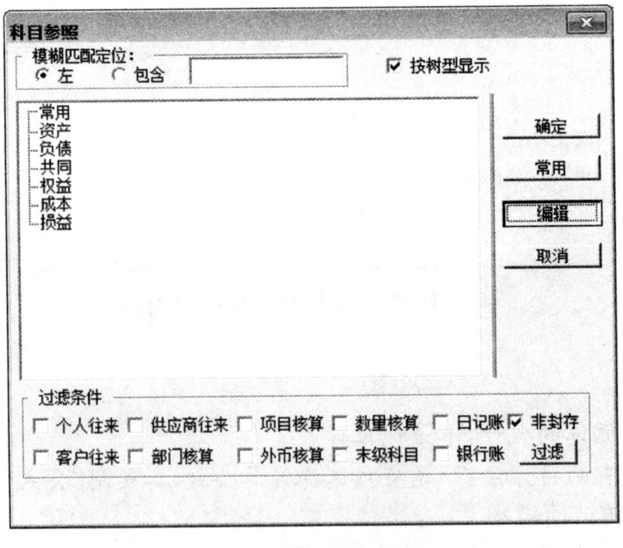

图 4—99　科目参照

②新增会计科目，输入科目编码“22210103”、科目名称“未交增值税”，点击“确定”按钮，如图 4—100 所示。

③一张凭证可定义多行，转出科目及辅助项必须一致，转入科目及辅助项可不同。如果同一张凭证转入科目有多个，并且同一凭证的结转系数之和为 1，则最后一笔结转金额为转出科目余额减当前凭证已转出的余额。

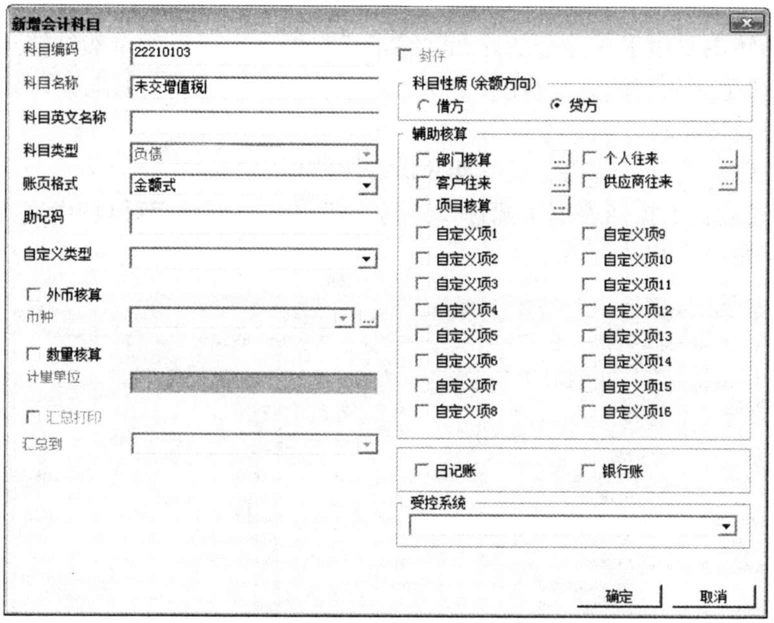

图 4—100　新增会计科目

3. 销售成本结转

销售成本结转是将月末商品(或产成品)销售数量乘以库存商品(或产成品)的平均单价计算各类商品销售成本并进行结转。

(1)执行“总账—期末—转账定义—销售成本结转”命令。

(2)选择凭证类别为“转账凭证”,输入库存商品科目“140501”,输入商品销售收入科目“600101”,输入商品销售成本科目“640101”,选择“按商品销售(贷方)数量结转(结转金额=商品销售贷方数量合计*库存单价)”,点击“确定”按钮,如图4—101所示。

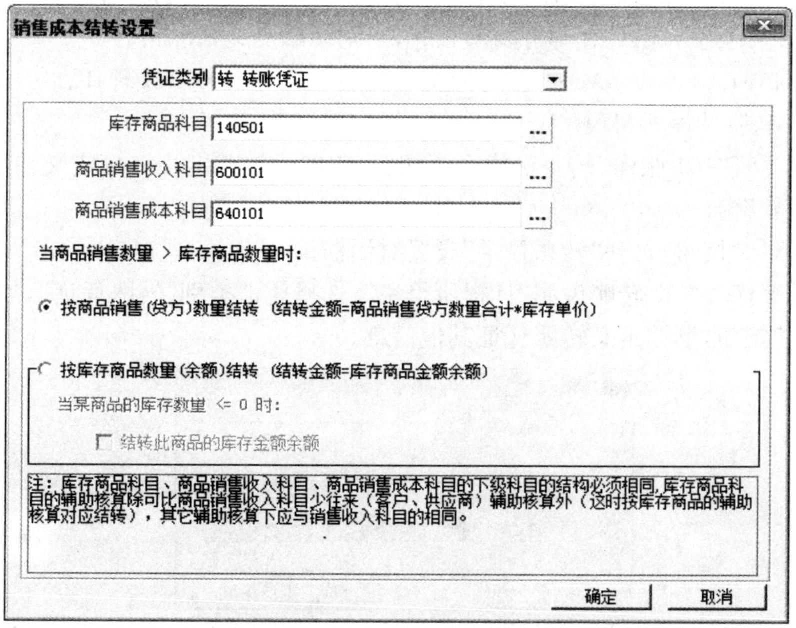

图 4—101　销售成本结转设置

4. 期间损益结转

期间损益结转主要用于在一个会计期间终了后将损益类科目的余额结转到本年利润科目中，从而及时反映企业利润的盈亏情况，主要是对于管理费用、销售费用、财务费用、销售收入、营业外收支等科目的结转。

(1)执行"总账—期末—转账定义—期间损益"命令。

(2)在"凭证类别"下拉列表框中选择"转账凭证"，在"本年利润科目"中选择"4103 本年利润"，点击"确定"按钮，如图 4—102 所示。

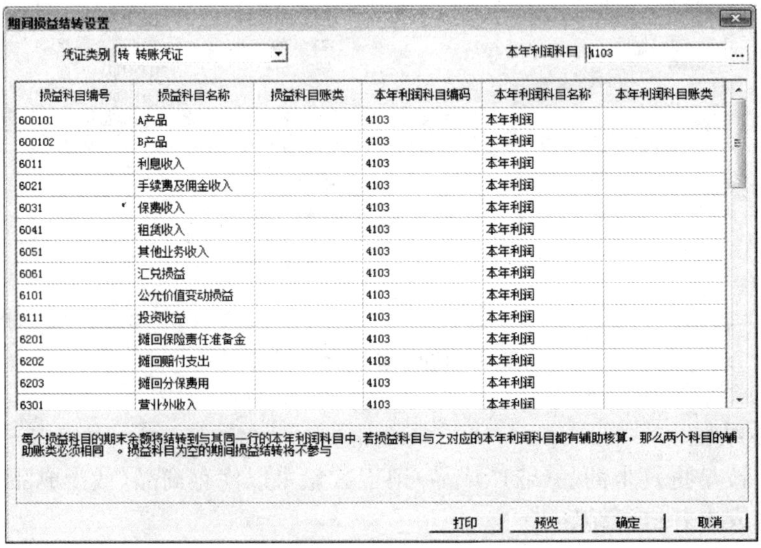

图 4—102 期间损益结转

注意：

①多个损益类科目的期末余额将结转到与其同一行的本年利润科目中。

②损益科目与本年利润科目都有辅助核算，则辅助账类必须相同。

③本年利润科目必须为末级科目，且为本年利润入账科目的下级科目。

5. 自定义结转：计提所得税

(1)以账套主管"101 张洋"的身份执行"总账—期末—转账定义—自定义转账"命令，进入"自定义转账设置"窗口。

(2)点击"增加"按钮，打开"转账目录"设置对话框。

(3)输入转账序号"2"、转账说明"计提所得税"、选择凭证类别"转账凭证"，如图 4—103 所示。点击"确定"按钮，继续定义转账凭证其他信息。

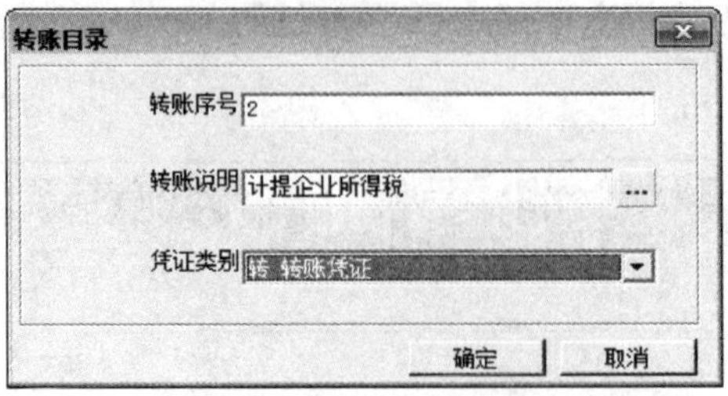

图 4—103 转账目录

(4)点击“增行”按钮，选择科目“6801”，方向“借”，双击金额公式，选择参照按钮，打开“公式向导”对话框。

(5)选择“净发生额 JE( )”，如图 4—104 所示。点击“下一步”按钮，继续设置公式。

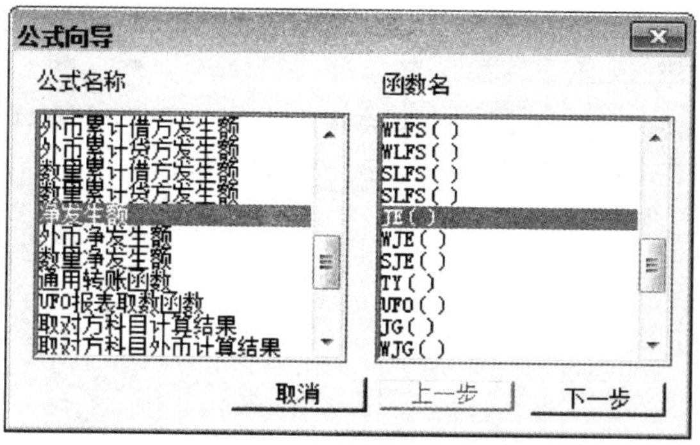

图 4—104　公式向导之四

(6)选择科目“4103”，其他采取系统默认，选择公式向导界面左下角复选框“继续输入公式”，如图 4—105 所示，选择运算符“ * ”，点击“下一步”按钮，选择“常数”，点击“下一步”按钮，在常数位置上输入利率 0.25，如图 4—106 所示，点击“完成”按钮。

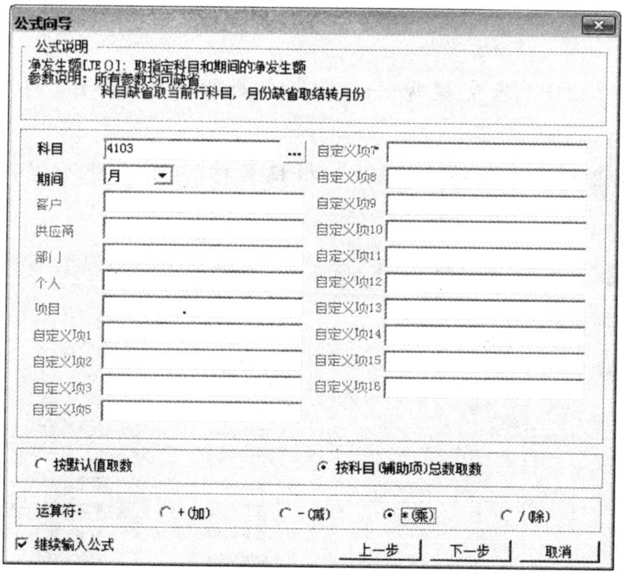

图 4—105　公式向导之五

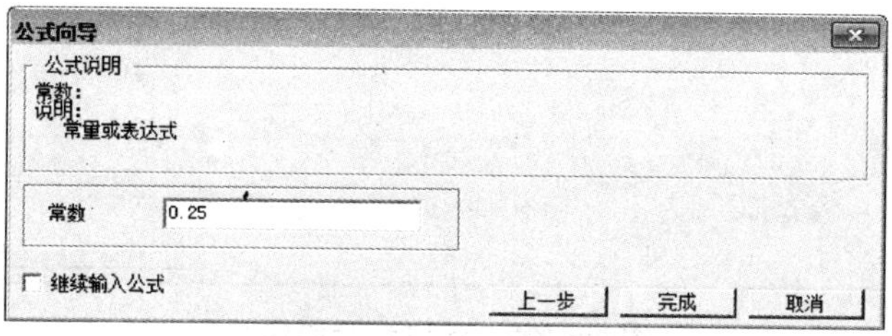

图 4—106　公式向导之六

(7)点击“增行”按钮,继续录入分录贷方的信息,选择科目“222102”,方向“贷”,打开“公式向导”对话框,选择“取对方科目计算结果 JG( )”点击“下一步”按钮,点击“完成”按钮,或在“222102”金额公式中直接输入“JG( )”,设置成功,如图 4—107 所示。

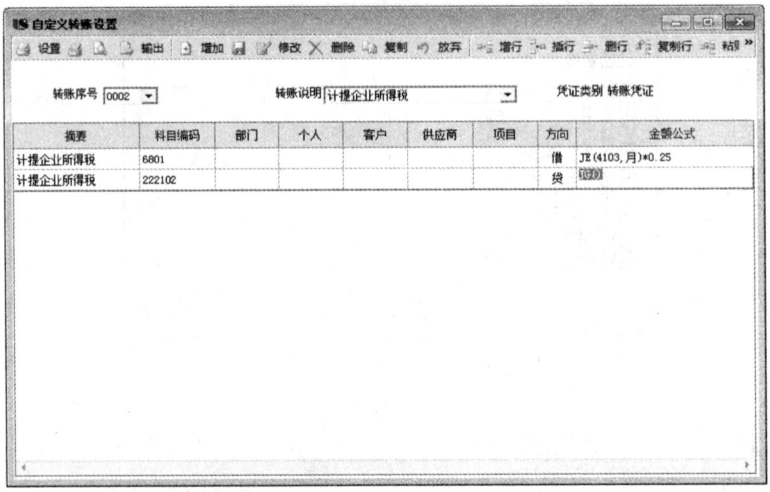

图 4—107　自定义转账设置成功

注意:

①系统中若没有“222102 应交税费——应交企业所得税”科目,则可直接在科目参照界面,点击“编辑”按钮。

②新增会计科目,输入科目编码“222102”、科目名称“应交企业所得税”,点击“确定”按钮,如图 4—108 所示。

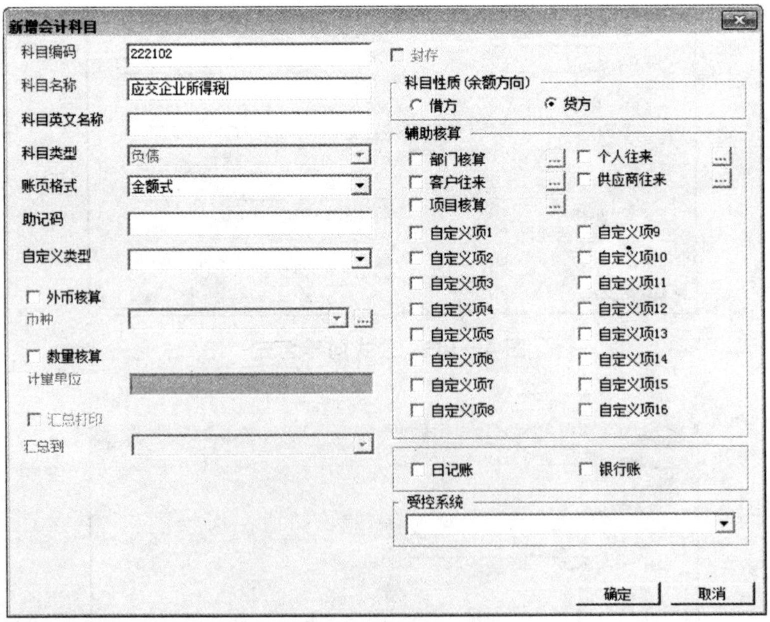

图 4—108　新增会计科目

(二)转账生成

1. 自定义转账生成计提短期借款利息

(1)执行"总账—期末—转账生成"命令,点击"自定义转账"按钮。

(2)如图 4—109 所示,选择结转月份"2016.01",选中编号 0001,双击该行"是否结转",点击"确定"按钮。

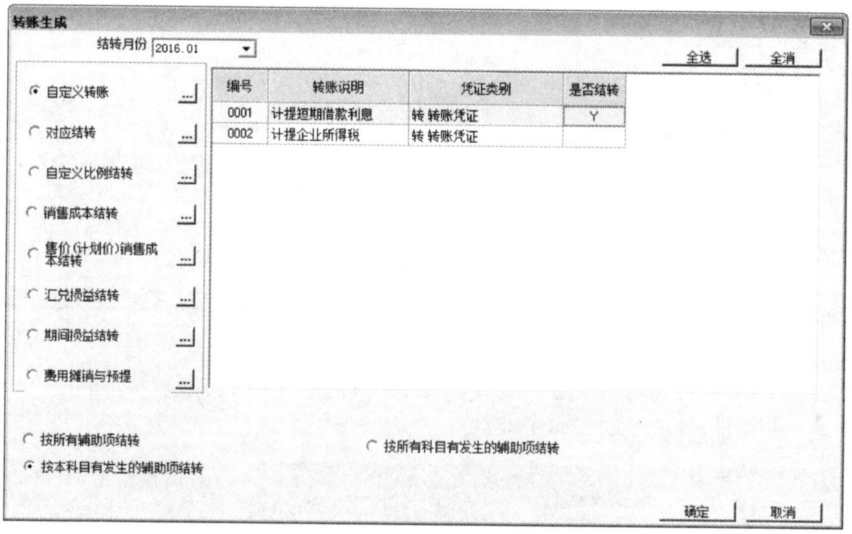

图 4—109 自定义转账之一

(3)如图 4—110 所示,生成转账凭证,点击"保存"按钮。

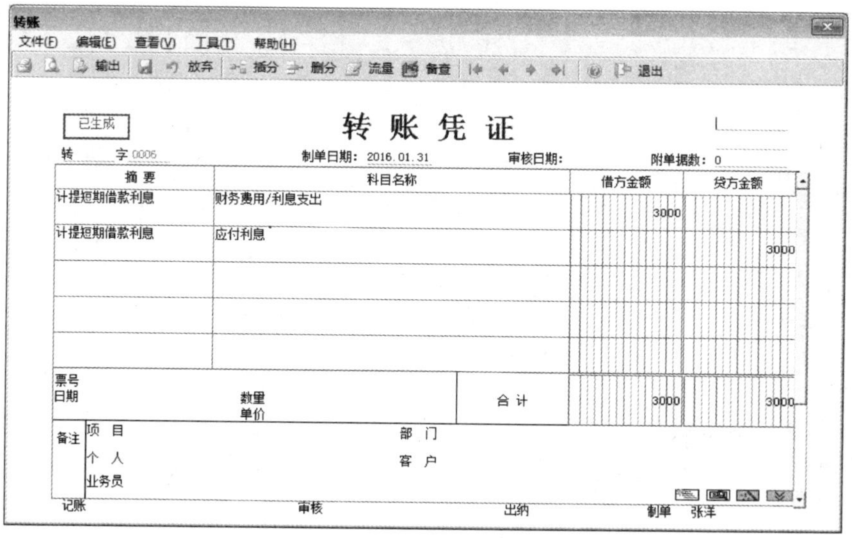

图 4—110 自定义转账生成凭证之一

2. 对应结转生成

(1)执行"总账—期末—转账生成"命令,选择"对应结转"按钮。

(2)如图 4—111 所示,选择要生成的对应转账分录,双击该行"是否结转",或者点击"全选"按钮,点击"确定"按钮。

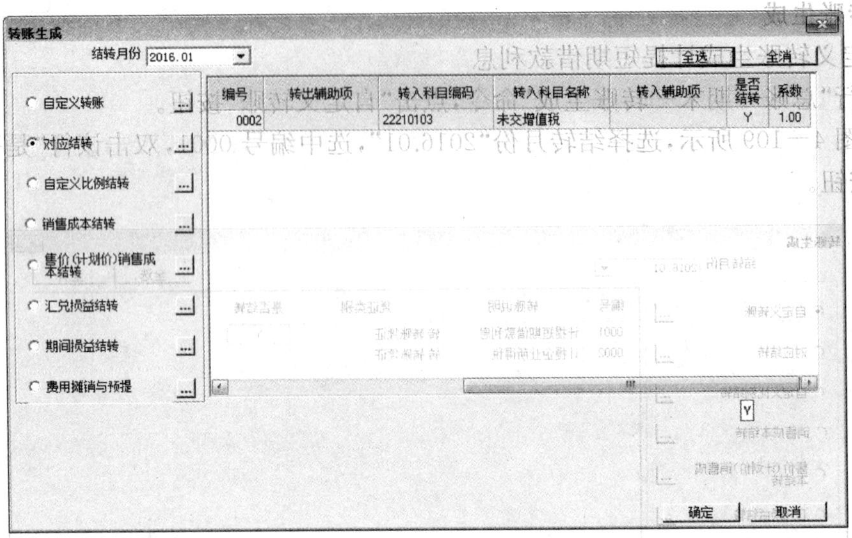

图 4—111 对应结转

(3)如图 4—112 所示,生成记账凭证。

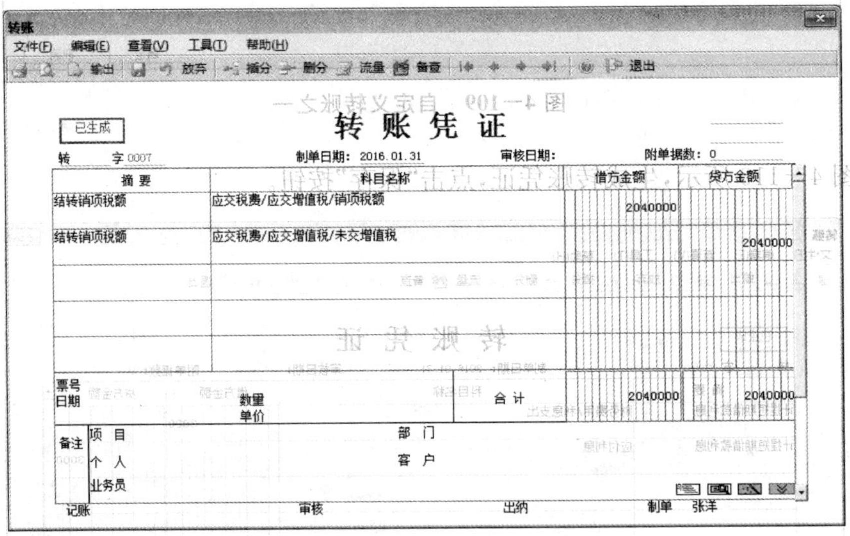

图 4—112 对应结转生成凭证

3. 销售成本结转生成

(1)执行"总账—期末—转账生成"命令,选择"销售成本结转"按钮,如图 4—113 所示。

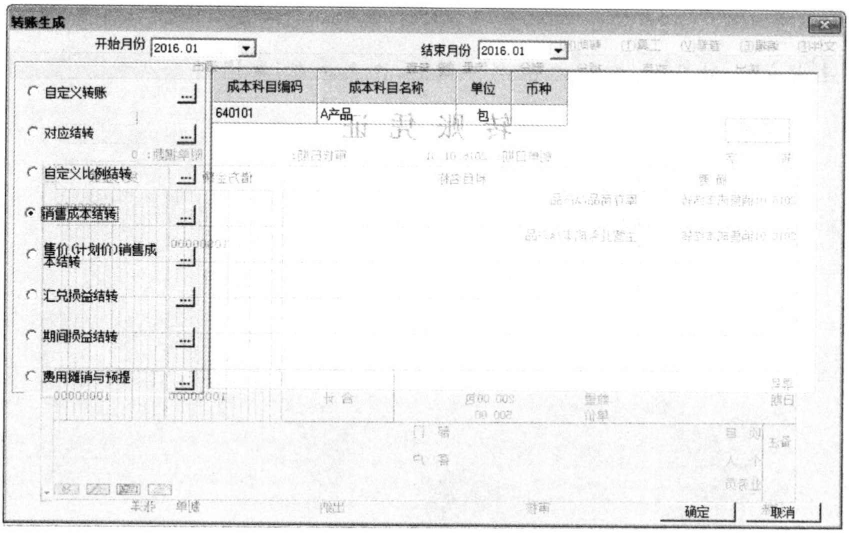

图 4－113　销售成本结转

(2)如图 4－114 所示，在销售成本结转一览表中，双击该行“是否结转”，点击“确定”按钮。

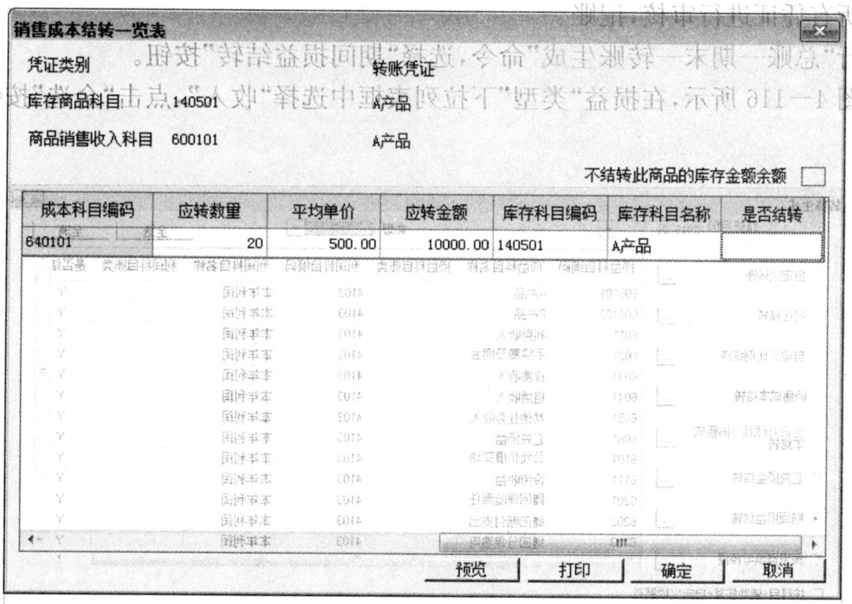

图 4－114　销售成本结转一览表

(3)如图 4－115 所示，生成转账凭证，点击“保存”按钮。

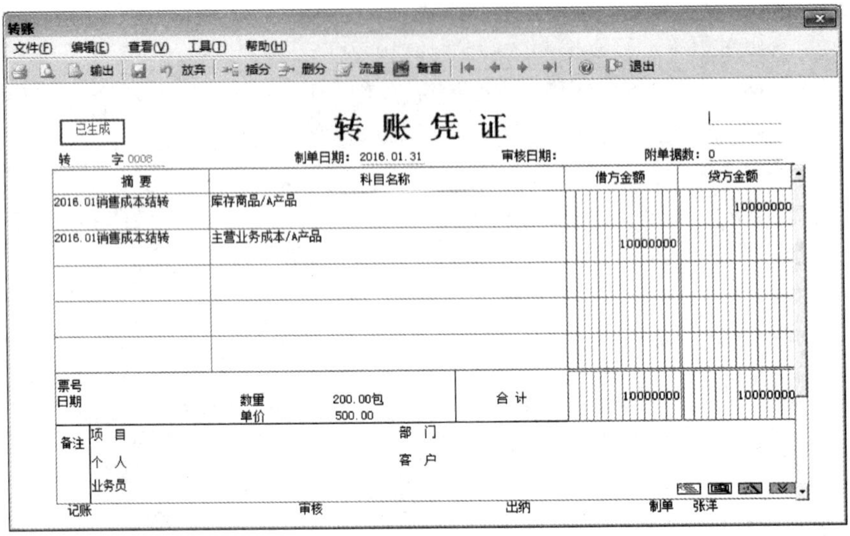

图 4—115　销售成本结转生成凭证

4. 期间损益结转生成

(1)将所有凭证进行审核，记账。

(2)执行“总账—期末—转账生成”命令，选择“期间损益结转”按钮。

(3)如图 4—116 所示，在损益“类型”下拉列表框中选择“收入”，点击“全选”按钮，点击“确定”按钮。

图 4—116　期间损益结转生成之一

(4)如图 4—117 所示，生成转账凭证。

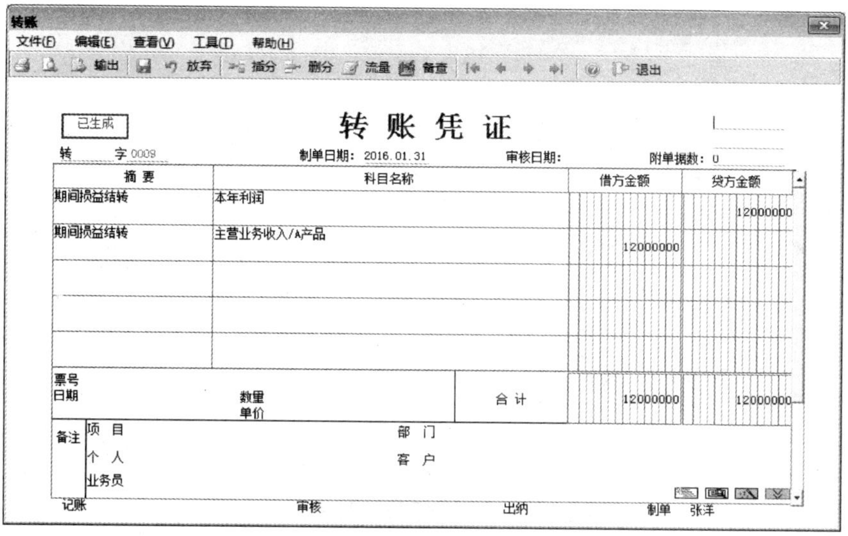

图 4—117 期间损益转账凭证之一

（5）如图 4—118 所示，在损益“类型”下拉列表框中选择“支出”，点击“全选”按钮，点击“确定”按钮。

图 4—118 期间损益结转生成之二

（6）如图 4—119 所示，生成转账凭证。

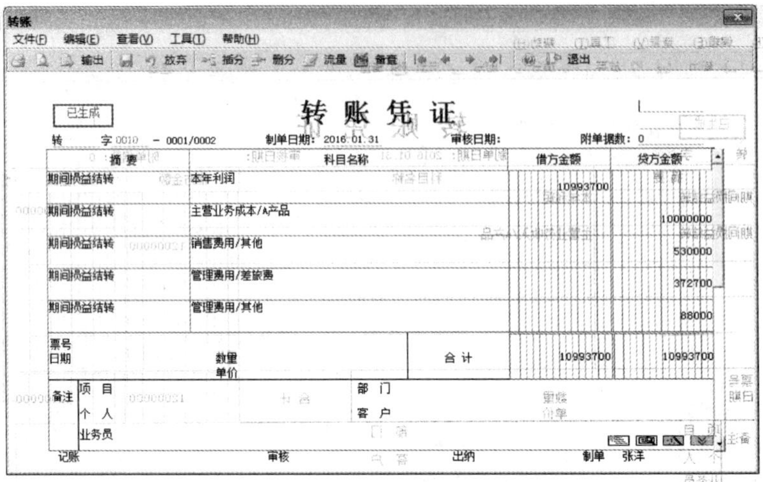

图 4－119　期间损益转账凭证之二

注意：

①期间损益结转既可按科目分别结转，也可以按损益类型结转，还可以按全部结转，结转方式视实际情况而定。生成期间损益结转凭证之前，应先将所有未记账凭证审核记账；否则，生成的凭证数据可能有误。

②选择结转凭证时有三种方法：一是在“是否结转”处双击鼠标打上“√”，表示该结转凭证将执行结转；二是点击“全选”或“全消”，选择要结转的凭证；三是点击“损益类型”，选择相应的结转类型，如收入。

③转账生成凭证后，同样需要对凭证进行审核和记账。

5. 自定义转账生成计提所得税

(1)将所有凭证进行审核，记账。

(2)执行“总账—期末—转账生成”命令，选择“自定义转账”按钮。

(3)如图 4－120 所示，选择结转月份“2016.01”，选中编号 0002，双击该行“是否结转”，点击“确定”按钮。

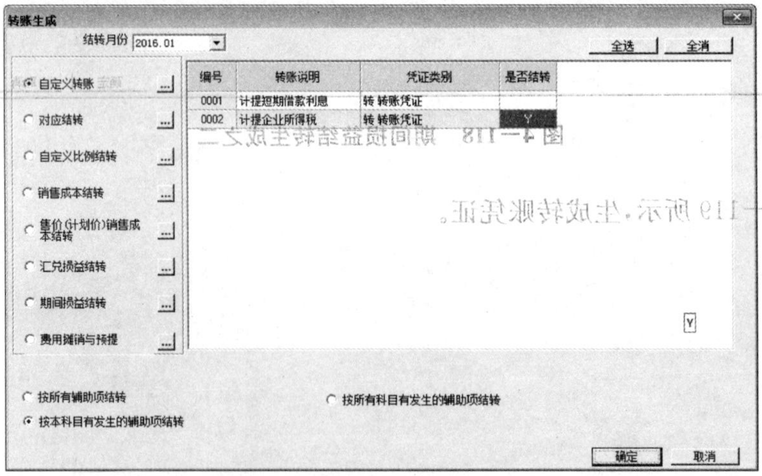

图 4－120　自定义转账之二

(4)如图 4—121 所示，生成转账凭证，点击“保存”按钮。

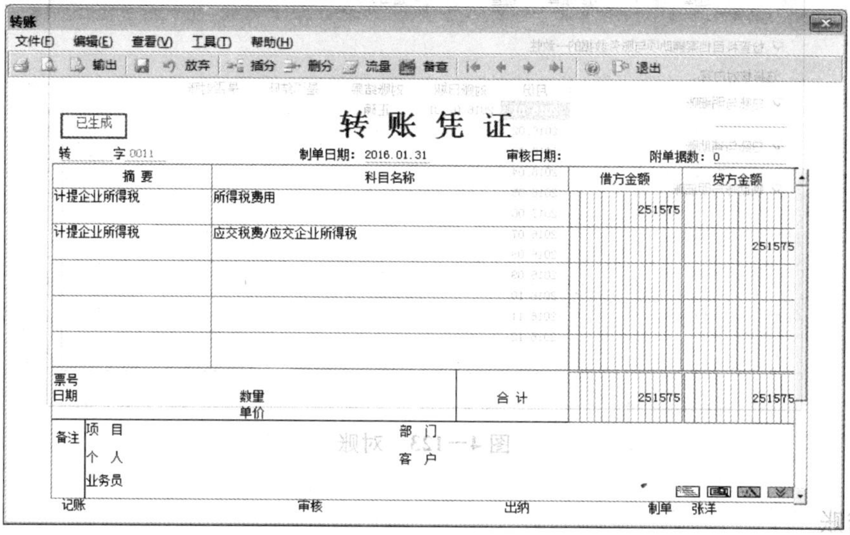
转账

文件(F) 编辑(E) 查看(V) 工具(T) 帮助(H)

输出 放弃 插分 删分 流量 备查 退出

已生成

转 账 凭 证

转 字 0011 制单日期：2016.01.31 审核日期： 附单据数：0

摘要	科目名称	借方金额	贷方金额
计提企业所得税	所得税费用	251575	
计提企业所得税	应交税费/应交企业所得税		251575
票号 日期	数量 单价 合计	251575	251575

备注 项目 部门 个人 客户 业务员

记账 审核 出纳 制单 张洋

图 4—121 自定义转账生成凭证之二

(5)对该张凭证进行审核，记账。

注意：

①计提企业所得税后，所得税费用也要进行期间损益结转，转账生成如图 4—122 所示。

②对所得税费用结转生成的凭证进行审核，记账。

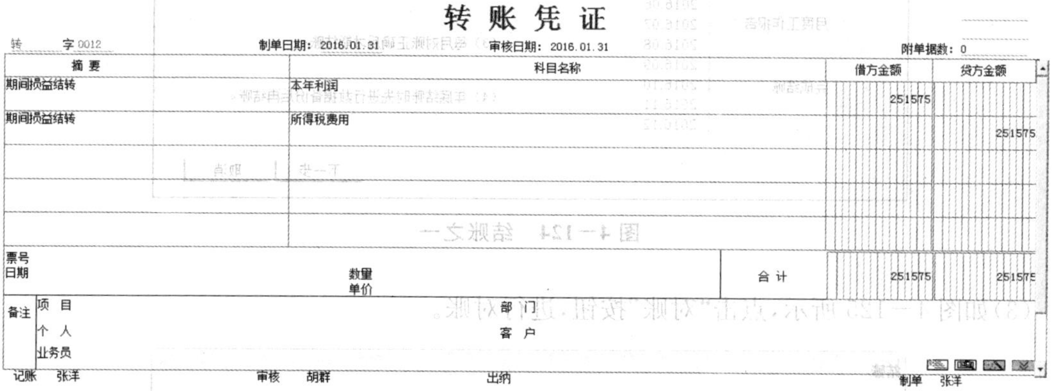
转 账 凭 证

转 字 0012 制单日期：2016.01.31 审核日期：2016.01.31 附单据数：0

摘要	科目名称	借方金额	贷方金额
期间损益结转	本年利润	251575	
期间损益结转	所得税费用		251575
票号 日期	数量 单价 合计	251575	251575

备注 项目 部门 个人 客户 业务员

记账 张洋 审核 胡群 出纳 制单 张洋

图 4—122 所得税费用结转生成

(三)对账

(1)执行“总账—期末—对账”命令。

(2)用光标选中要进行对账的月份“2016.01”，点击“选择”按钮，再点击“对账”按钮，计算机开始自动对账，如图 4—123 所示。

图 4—123　对账

(四)结账

(1)执行"总账—期末—结账"命令。

(2)如图 4—124 所示,在结账向导中,点击要结账的月份"2016.01",点击"下一步"按钮。

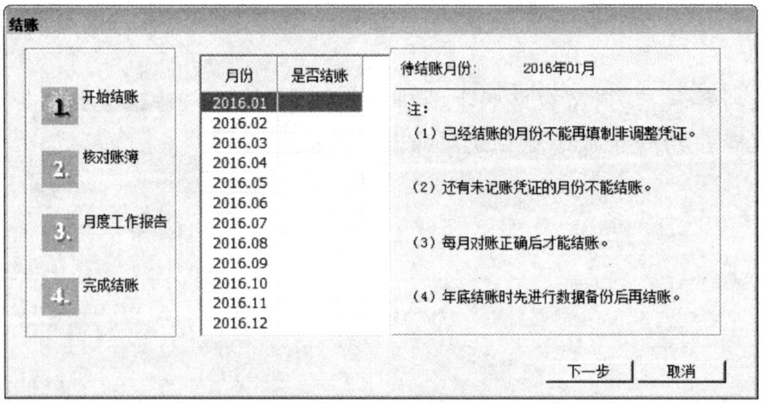

图 4—124　结账之一

(3)如图 4—125 所示,点击"对账"按钮,进行对账。

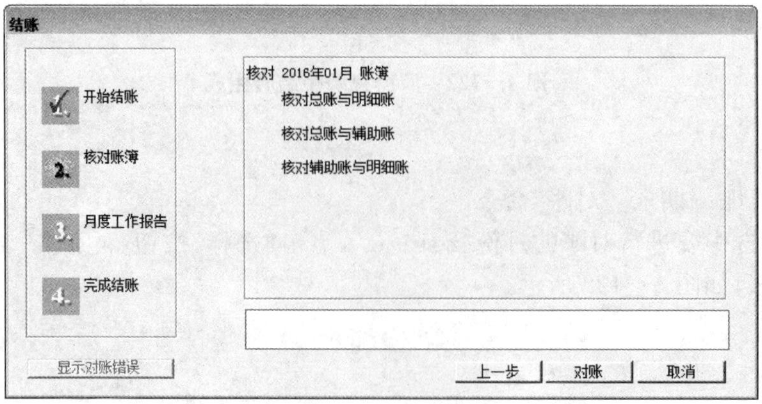

图 4—125　结账之二

（4）如图 4－126 所示，对账完毕后，点击“下一步”按钮。

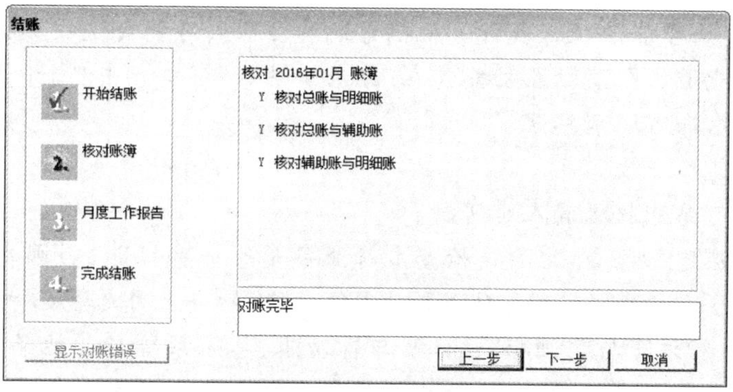

图 4－126　结账之三

（5）如图 4－127 所示，显示“月度工作报告”（如果想打印，可以点击“打印月度工作报告”按钮），点击“下一步”按钮。

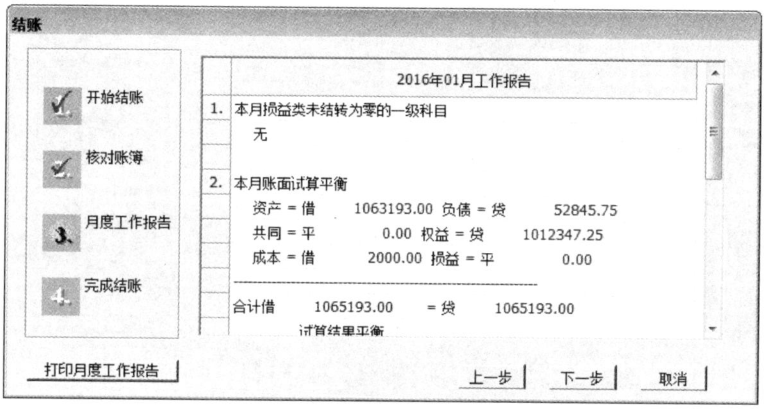

图 4－127　月度工作报告

（6）如图 4－128 所示，点击“结账”按钮，如果符合结账的要求，系统进行结账，否则系统不进行结账。进入结账，如果提示“未通过检查不能结账”时，可点击“上一步”按钮，查看月度工作报告，仔细查找原因。

图 4－128　结账

注意：

①在结完账后，由于非法操作或计算机病毒或其他原因可能会造成数据被破坏，这时可以使用“取消结账”功能键。取消结账功能需在“期末—结账”窗口点击“Ctrl＋Shift＋F6”键激活此功能，输入口令后，即可取消结账。

②结账每月只能结一次。

③结账只能由有结账权限的人员进行。

④在结账之前应进行检查，主要是检查本月业务是否全部记账，否则本月不能结账；检查月末结转凭证是否全部生成并记账，否则本月不能结账；检查上月是否已结账，若上月未结账，则本月不能结账；核对总账与明细账、主体账与辅助账、总账系统与其他子系统数据是否已一致，如果不一致，则总分类账不能结账；检查损益类账户是否全部结转完毕，如果未全部结转完毕，则本月不能结账；如果与其他子系统联合使用，还要检查其他子系统是否结账，如果未全部结账，则本月不能结账。结账前，还要进行数据备份，结账后，不能再输入该月的凭证，应终止本月账户的记账工作，计算本月各账户发生额合计和本月各账户期末余额并将余额结转到下月月初。

项目五

薪资管理

职业能力目标

了解工资管理系统的任务特点，熟悉工资管理系统的业务流程和数据流程；了解工资管理系统的主要功能，掌握工资管理系统的操作，进行工资处理；能够在通用会计软件中，为企业、行政、事业及科研单位建立多套工资管理，可按不同单位要求设置工资管理项目并定义工资计算公式；输入、修改工资数据和资料；选择工资发放形式，方便工资发放；自动计算所得税；自动进行工资数据的计算和汇总；可根据需要进行职员工资的维护；掌握进行工资分析的能力，能制作各种类型的工资表。

学习成果

建立工资管理账套，完成工资系统初始化；设置工资项目并定义工资计算公式、输入、修改工资数据和资料；对工资费用进行分配和有关费用的计提和分配；统计、分析和个人所得税的核算；制作各种类型的工资表。

任务一　职工薪资管理初始设置

一、任务资料

薪资会计第一次使用工资管理系统时，需要进行系统初始化，建立工资账套，设置基础信息，建立工资类别，进行工资类别的初始设置等，具体资料如下：

1. 本企业需要建立的工资账套

工资类别个数：多个；核算计件工资；核算币种：人民币（RMB）；要求代扣个人所得税；不进行扣零处理；启用日期：2016 年 1 月。

2. 人员附加信息设置：性别、学历、技术职称、年龄

3. 工资项目设置

表 5－1　　工资项目设置

项目名称	类型	长度	小数位数	增减项
基本工资	数字	8	2	增项
岗位工资	数字	8	2	增项
奖金工资	数字	8	2	增项
交补	数字	8	2	增项
应发合计	数字	10	2	增项
事假天数	数字	8	2	其他
事假扣款	数字	8	2	减项
病假天数	数字	8	2	其他
病假扣款	数字	8	2	减项
养老保险金	数字	8	2	减项
扣款合计	数字	10	2	减项
代扣税	数字	10	2	减项
实发合计	数字	10	2	增项

4. 工资类别

正式人员　部门选择:所有部门

临时人员　部门选择:生产部

5. 人员档案(正式人员)

表 5－2　　人员档案(正式人员)

人员编码	人员姓名	部门名称	人员类别	账号	中方人员	是否计税	核算计件工资
101	张洋	财务部	管理人员	20130010001	是	是	否
102	王宏	财务部	管理人员	20130010002	是	是	否
103	郭小小	财务部	管理人员	20130010003	是	是	否
104	杨天一	财务部	管理人员	20130010004	是	是	否
105	刘向阳	财务部	管理人员	20130010005	是	是	否
106	胡群	财务部	管理人员	20130010006	是	是	否
201	李华	办公室	管理人员	20130010007	是	是	否
301	王鹏	经理室	管理人员	20130010008	是	是	否
401	刘斌	采购部	经营人员	20130010009	是	是	否
501	高兴	销售部	经营人员	20130010010	是	是	否
601	张岩	生产一部	车间管理人员	20130010011	是	是	否
602	张文	生产一部	生产工人	20130010012	是	是	否
603	杨浩	生产一部	生产工人	20130010013	是	是	否
604	于波	生产二部	车间管理人员	20130010014	是	是	否

续表

人员编码	人员姓名	部门名称	人员类别	账号	中方人员	是否计税	核算计件工资
605	陈芳	生产二部	生产工人	20130010015	是	是	否
606	高强	生产二部	生产工人	20130010016	是	是	否

6. 人员档案(临时人员)

表 5—3　　人员档案(临时人员)

人员编号	人员姓名	部门名称	人员类别	账号	中方人员	是否计税	核算计件工资
511	刘强	生产一部	生产工人	20130010041	是	是	否
512	王庆	生产二部	生产工人	20130010042	是	是	否

注:以上所有人员的代发银行均为中国工商银行。

7. 正式人员工资项目计算公式

表 5—4　　正式人员工资项目计算公式

工资项目	定义公式
岗位工资	生产一部 800 元,生产二部 600 元,其他部门 900 元
奖金	生产一部的生产工人 1 000 元,其他人员 800 元
事假扣除	请一天事假扣款 30 元
病假扣款	<10 每天 30 元,≥10 天,工人扣基本工资 80%,其他人扣基本工资 50%
养老保险金	基本工资×0.06
交补	企业管理人员和车间管理人员 800 元,其他人员 400 元

二、任务要求

新用户操作时,选择多工资类别进行核算管理的企业,首次启用工资管理系统时应按下列步骤操作:

(1)安装工资管理系统,设置工资账套参数(选择多个工资类别)。

(2)设置所涉及的部门、所有工资项目、人员类别、银行名称和账号长度。

(3)建立第一个工资类别,选择所管理的部门,录入人员档案。

(4)选择第一个工资类别所涉及的工资项目并设置工资公式,录入工资数据。

(5)建立第二个工资类别并选择所管理的部门。

(6)录入人员档案或从第一个人员类别中复制人员档案。

(7)选择第二个工资类别所涉的工资项目并设置工资公式,录入工资数据。

三、任务操作指导

(一)在企业应用平台中启用薪资管理系统

(1)执行“开始—程序—用友 ERP-101—企业应用平台”命令,打开“注册【企业应用平台】”

对话框。

(2)输入操作员“301”;在“账套”下拉列表框中选择“900 北方联盛有限公司”,更改“操作日期”为“2016 年 1 月 1 日”,单击“确定”按钮,进入“企业应用平台”。

(3)执行“基础信息—基本信息—系统启用”命令,打开“系统启用”对话框,选中“WA 薪资管理”复选框,弹出“日历”对话框,选择工资系统启用日期“2016 年 1 月 1 日”,单击“确定”按钮。系统弹出“确实要启用当前系统吗?”信息提示对话框,单击“是”按钮返回,如图 5—1 和图 5—2 所示。

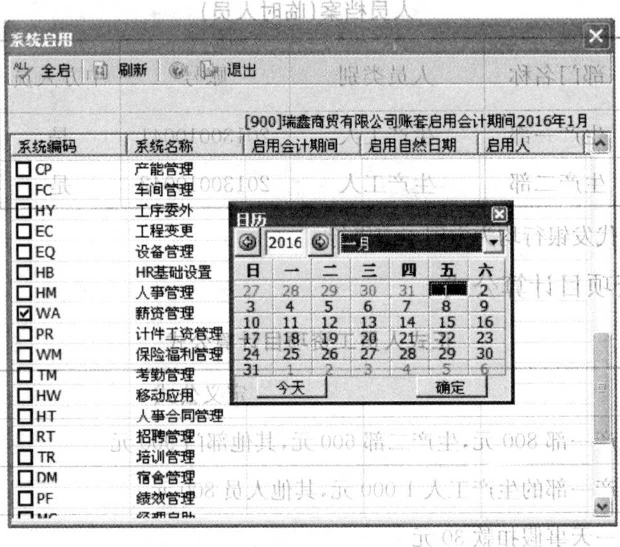

图 5—1 “系统启用”窗口之一

图 5—2 “系统启用”窗口之二

(二)建立工资账套

第一次使用工资管理系统时,需要进行系统初始化,建立工资账套,设置基础信息,建立工资类别,进行工资类别的初始设置等。

(1)在企业应用平台中，单击“人力资源”中的“薪资管理”选项，打开“建立工资套”对话框。

(2)在建账第一步“参数设置”中，选择本账套所需处理的工资类别个数“多个”，币别名称为“人民币”，选中“是否核算计件工资”复选框，如图5－3、图5－4所示。单击“下一步”按钮。

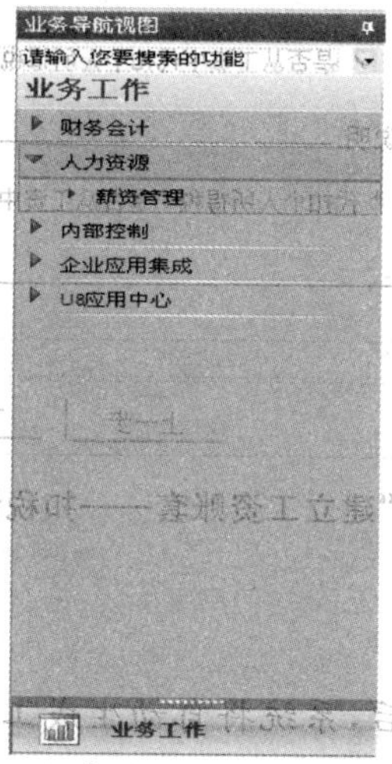

图5－3 “建立工资账套——参数设置”窗口之一

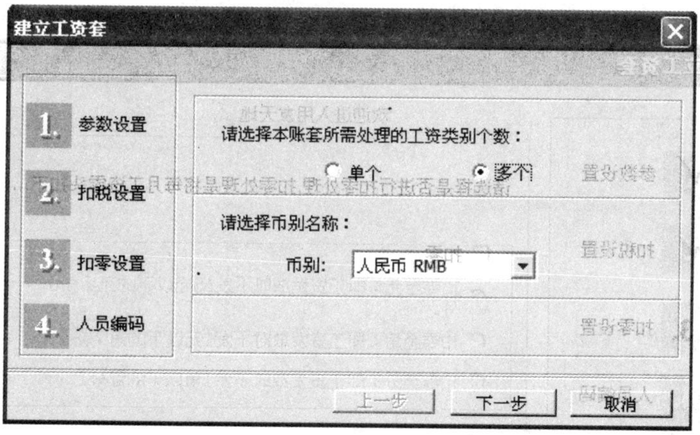

图5－4 “建立工资账套——参数设置”窗口之二

注意：

①本例中对正式人员和临时人员分别进行核算，所以工资类别应选择“多个”。

②计件工资是按计件单价支付劳动报酬的一种形式。由于对计时工资和计件工资的核算方法不同，因此，在薪资管理系统中对于企业是否存在计件工资特别设置了确认选项。选中该项，系统自动在工资项目设置中显示“计件工资”项目；在人员档案中“核算计件工资”项目可选；在“设置”菜单中显示“计件工资标准设置”和“计件工资方案设置”命令；在“业务处理”菜单中显示“计件工资统计”命令。

(3)在建账第二步“扣税设置”中，选中“是否从工资中代扣个人所得税”复选框，如图5－5所示。单击“下一步”按钮。

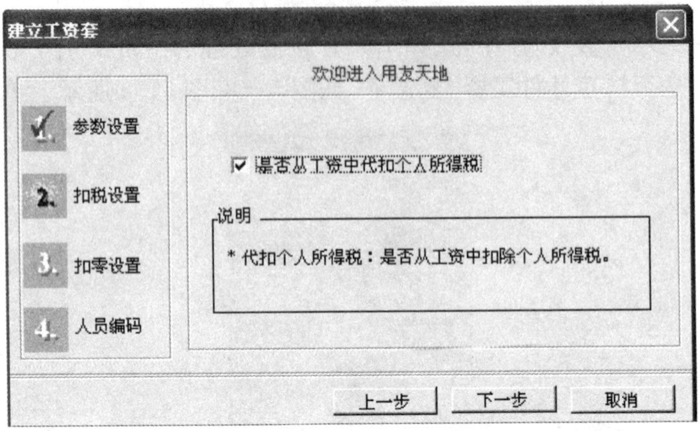

图 5—5 “建立工资账套——扣税设置”窗口

注意：

选择从工资中代扣个人所得税后，系统将自动生成工资项目“代扣税”，并自动进行代扣税金的计算。

(4)在建账第三步“扣零设置”中，不进行扣零处理，如图 5—6 所示，直接单击“下一步”按钮。

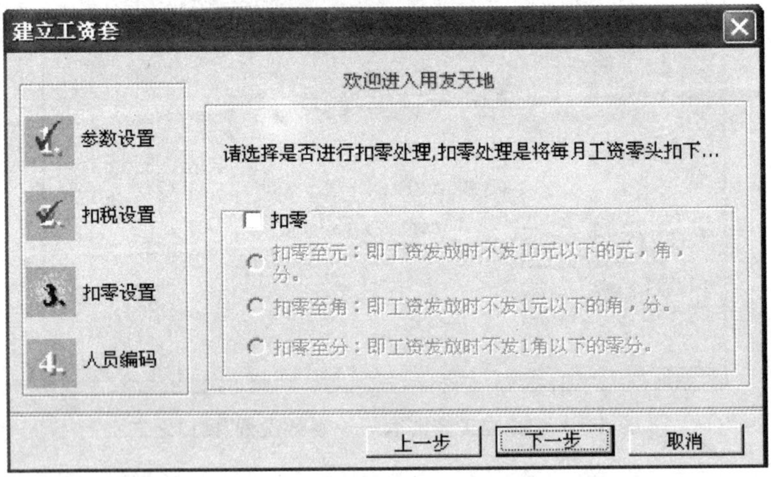

图 5—6 “建立工资账套——扣零设置”窗口

注意：

①扣零处理是指每次发放工资时零头扣下，积累取整，于下次工资发放时补上，系统在计算工资时将依据扣零类型(扣零至元、扣零至角、扣零至分)进行扣零计算。

②用户一旦选择了“扣零处理”，系统自动在固定工资项目中增加“本月扣零”和“上月扣零”两个项目，扣零的计算公式将由系统自动定义，无须设置。

(5)在建账第四步“人员编码”中，系统要求人员编码同公共平台的人员编码保持一致，如图 5—7 所示。单击“完成”按钮，结束工资建账过程。

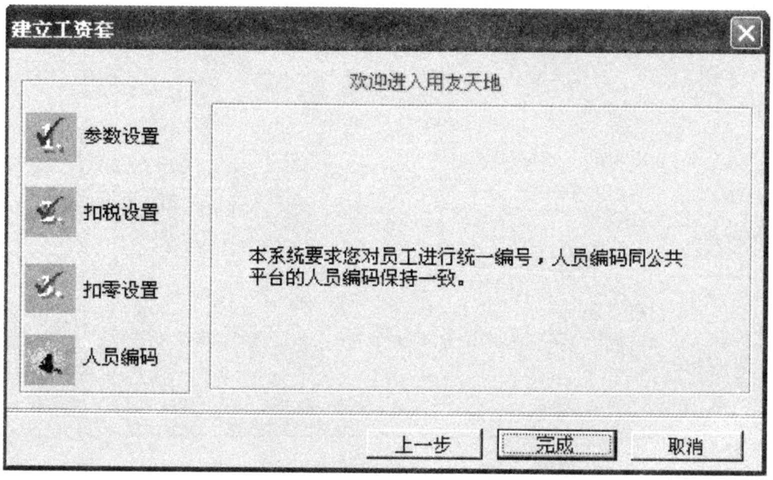

图 5—7 “建立工资账套——人员编码”窗口

注意：

建账完毕后，部分建账参数可以在“设置—选项”中修改。

(三)建立工资类别

1. 建立正式人员工资类别

(1)执行“工资类别—新建工资类别”命令，打开“新建工资类别”对话框。在文本框中输入第一个工资类别“正式人员”，单击“下一步”按钮，如图 5—8、图 5—9 所示。

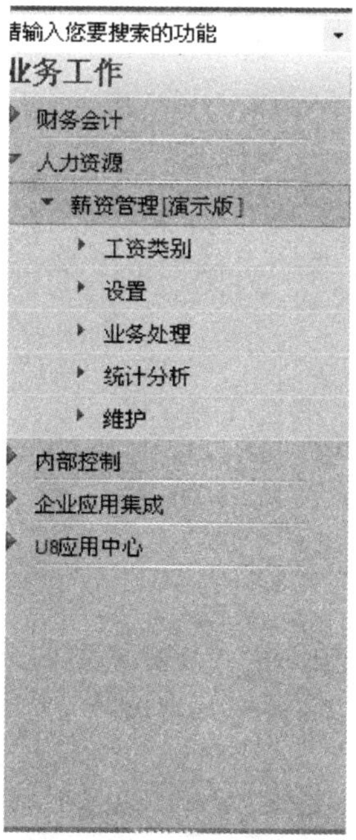

图 5—8 “新建工资类别”窗口之一

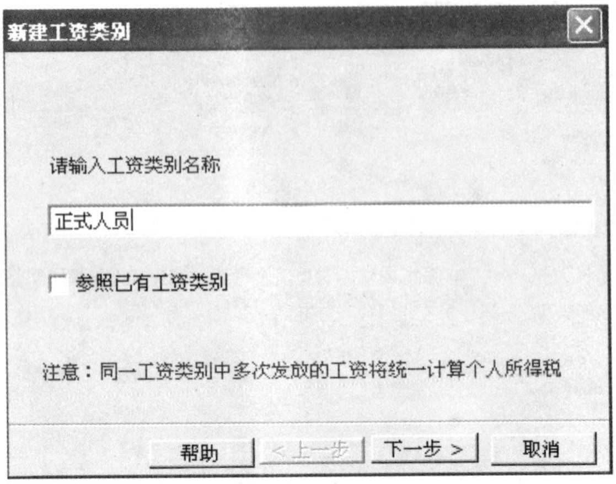

图 5—9 “新建工资类别”窗口之二

(2)单击“选定全部部门”按钮，如图 5—10 所示。

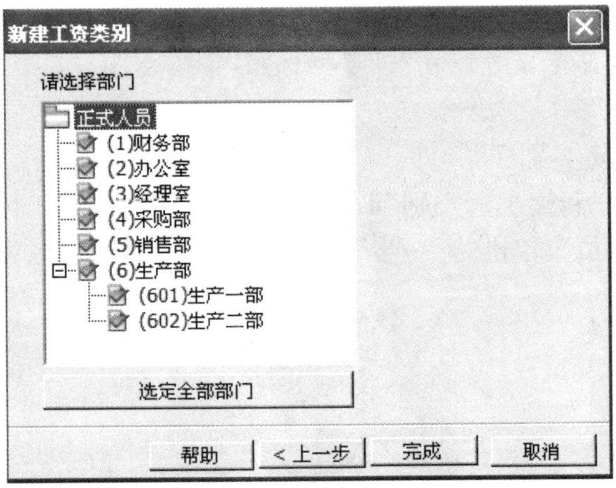

图 5—10 “新建工资类别——部门选择”窗口

(3)单击“完成”按钮，系统弹出“是否以 2016—01—01 为当前工资类别的启用日期?”信息提示对话框，单击“是”按钮，返回薪资管理系统，如图 5—11 所示。

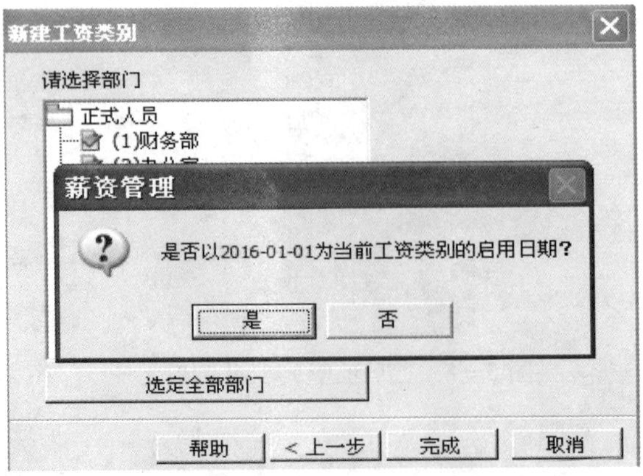

图 5—11 “新建工资类别——正式人员启用日期”窗口

(4)执行“工资类别—关闭工资类别”命令,关闭“正式人员”工资类别。

2. 建立临时人员工资类别

(1)执行“工资类别—新建工资类别”命令,打开“新建工资类别”对话框。在文本框中输入第二个工资类别“临时人员”,单击“下一步”按钮。单击鼠标,选取生产部及其下级部门,如图5—12所示。

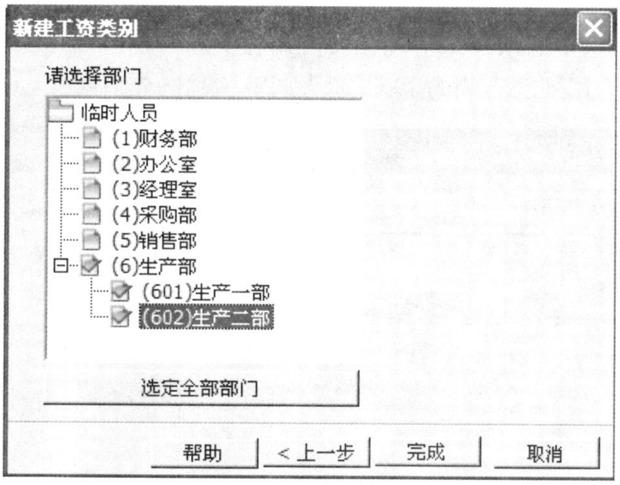

图 5—12 “工资类别——临时人员”窗口

(2)单击“完成”按钮,系统弹出“是否以2016—01—01为当前工资类别的启用日期?”信息提示对话框,单击“是”按钮,返回薪资管理系统,如图5—13所示。

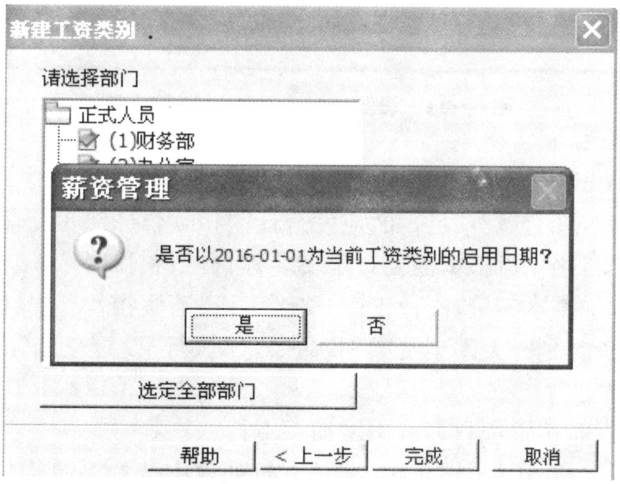

图 5—13 “新建工资类别——临时人员工资类别启用日期”窗口

(3)执行“工资类别—关闭工资类别”命令,关闭“临时人员”工资类别。

注意:

①人员类别名称可以随时修改。

②已经使用的人员类别不允许删除。

③人员类别只剩一个时不允许删除。

(四)基本设置

1. 人员附加信息设置

为便于对人员进行管理、丰富人员档案内容,就需要设置人员附加信息。例如,某公司要增加性别、学历、技术职称、年龄、出生年月、职务等信息,具体操作步骤如下:

(1)执行“设置—人员附加信息设置”命令,打开“人员附加信息设置”对话框。

(2)在“信息名称”文本框中输入人员附加信息项目的名称,或者从下拉列表中选择项目,如选择“性别”,输入或选中的项目则出现在项目列表中。

(3)设置完成后,利用列表右侧的上、下箭头调整项目的先后顺序,如图 5-14 所示。

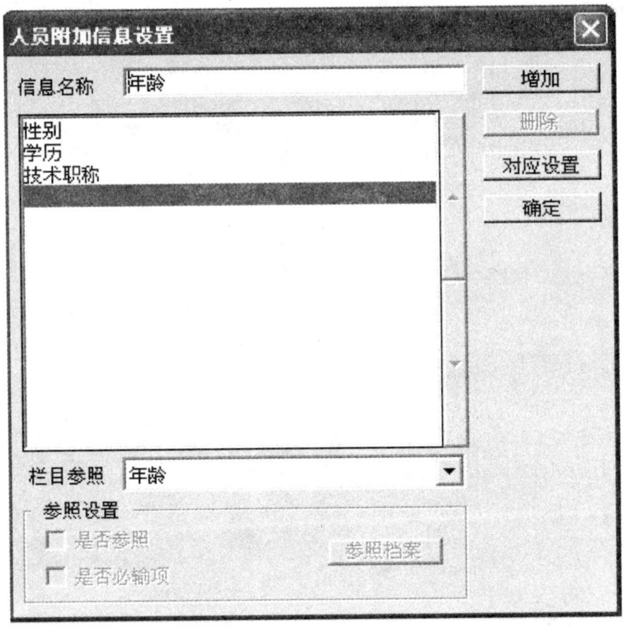

图 5-14 设置——人员附加信息设置

2. 工资项目设置(不针对具体工资类别)

系统提供了一些固定的工资项目,如“应发合计”“扣款合计”“实发合计”,这三项不能删除和重命名,其他工资项目用户可根据需要自定义名称、类型和长度。

例如,某公司要增加基本工资、岗位工资、奖金工资、请假扣款等,具体操作步骤如下:

(1)首先执行“工资类别—关闭工资类别”命令,再执行“设置—工资项目设置”命令,打开“工资项目设置”对话框。

(2)单击“增加”按钮,工资项目列表中增加一空行。

(3)输入工资项目名称:可以从“名称参照”下拉列表中选择系统提供的常用工资项目;如果“名称参照”下拉列表中不存在需要新增的工资项目名称,也可以直接输入。如增加“基本工资”时,可单击“名称参照”下拉列表,从下拉列表中选择并双击“基本工资”选项。

(4)双击“类型”栏,单击下拉列表框,从下拉列表中选择“数字”选项。

(5)“长度”“小数”栏均按给定的资料进行设置。

(6)双击“增减项”栏,单击下拉列表框,从下拉列表中选择“增项”选项。

(7)同理,单击“增加”按钮,增加“奖金工资”“交补”项目,并且均为“增项”。

(8)增加“请假天数”,设置为“其他”项;增加“请假扣除”“养老保险金”,设置为“减项”。设置结果如图 5－15～图 5－19 所示。

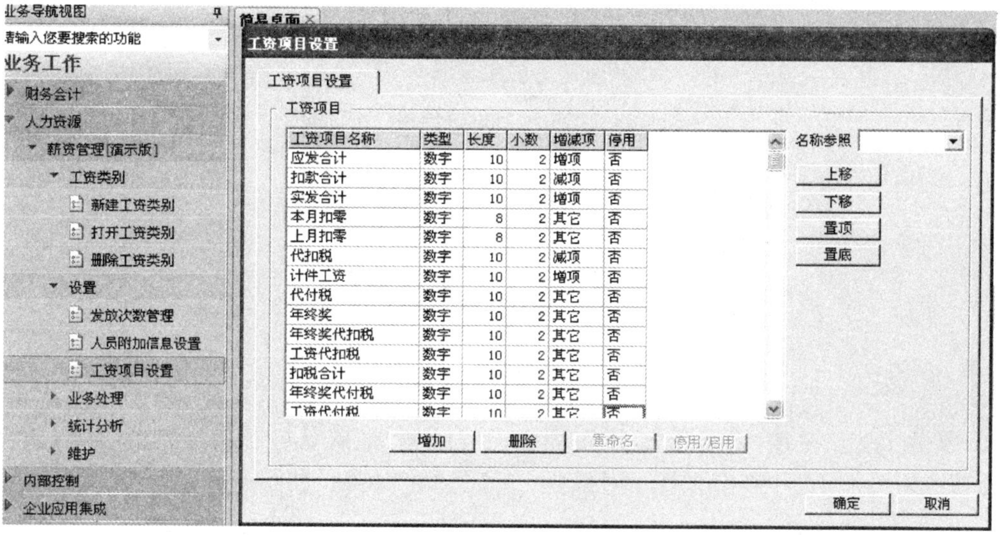

图 5－15 “工资项目设置结果”窗口之一

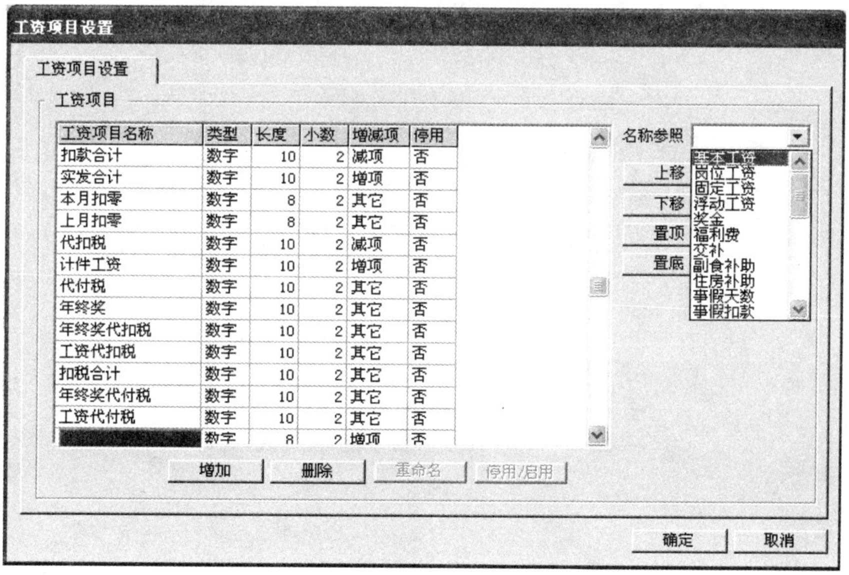

图 5－16 “工资项目设置结果”窗口之二

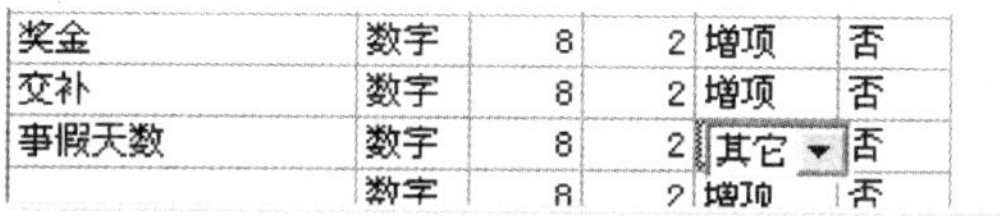

图 5－17 “工资项目设置结果”窗口之三

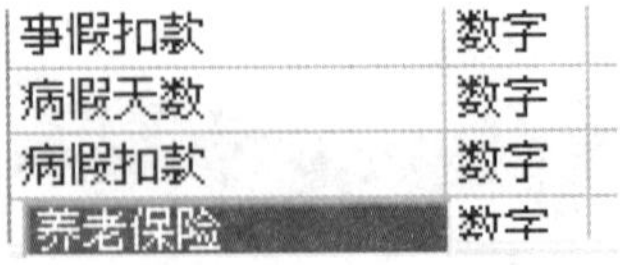

事假扣款	数字
病假天数	数字
病假扣款	数字
养老保险	数字

图 5—18 “工资项目设置结果”窗口之四

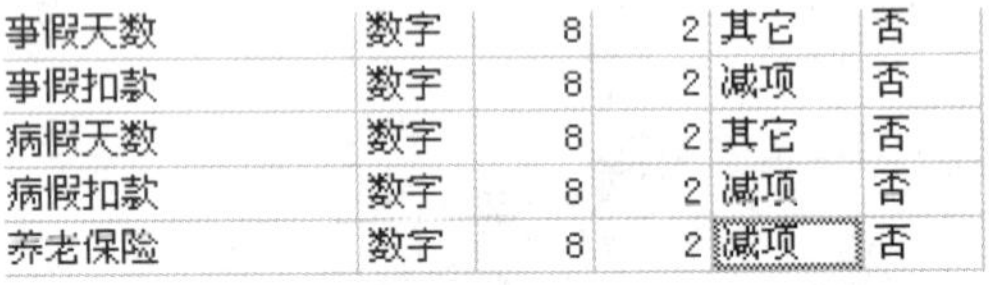

事假天数	数字	8	2	其它	否
事假扣款	数字	8	2	减项	否
病假天数	数字	8	2	其它	否
病假扣款	数字	8	2	减项	否
养老保险	数字	8	2	减项	否

图 5—19 “工资项目设置结果”窗口之五

(9)单击“确定”按钮,系统弹出“工资项目已经改变,请确认各工资类别的公式是否正确。否则计算结果可能不正确”信息提示对话框,单击“确定”按钮,如图 5—20 所示。

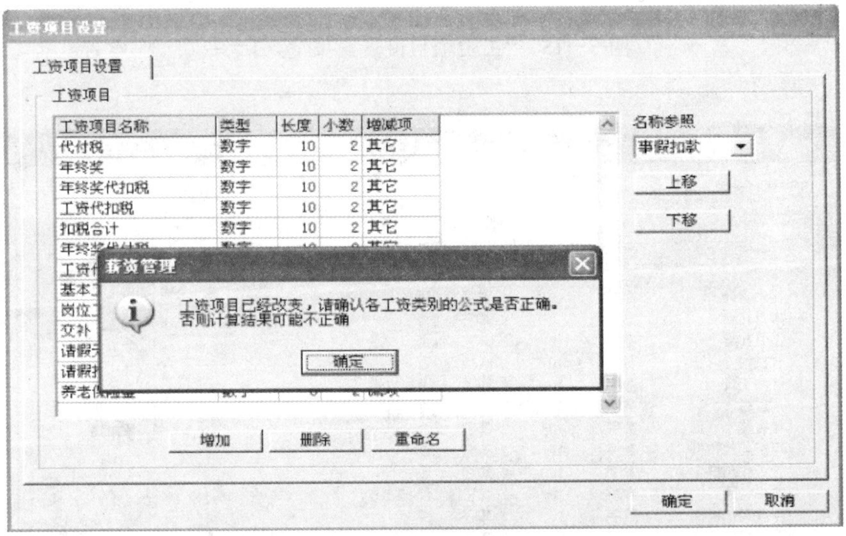

图 5—20 “工资项目设置”窗口之六

注意:

①工资项目名称必须唯一。

②已使用的工资项目不可删除,不能修改或删除数据类型系统提供的固定工资项目。

(五)正式人员工资项目设置

1. 打开工资类别

执行“工资类别—打开工资类别”命令,打开“打开工资类别”对话框。选择“001 正式人员”工资类别,单击“确定”按钮,如图 5—21 所示。

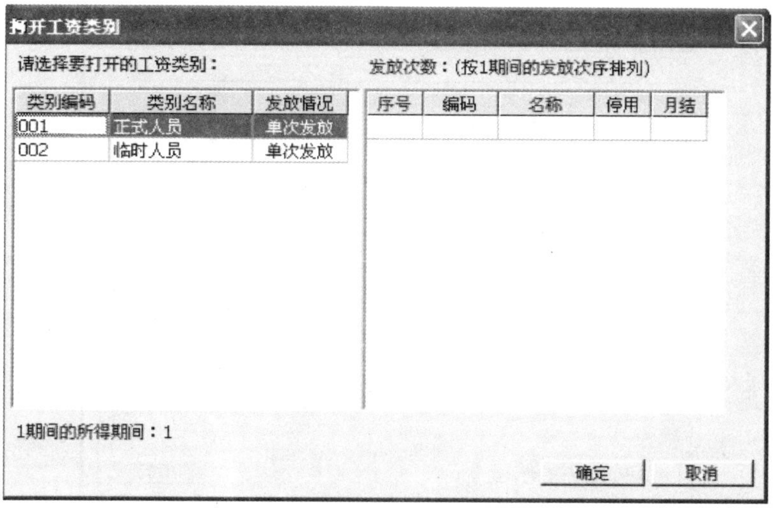

图 5－21 “工资类别——选择正式人员”窗口

2. 设置人员档案

(1)执行“设置—人员档案”命令,进入“人员档案”窗口。

(2)单击工具栏上的“批增”按钮,打开“人员批量增加”对话框。

(3)在左侧的“人员类别”中选择“企业管理人员”“经营人员”“车间管理人员”“生产工人”,在右侧就会显示这些人员类别下的所有人员信息,如图 5－22、图 5－23 所示。

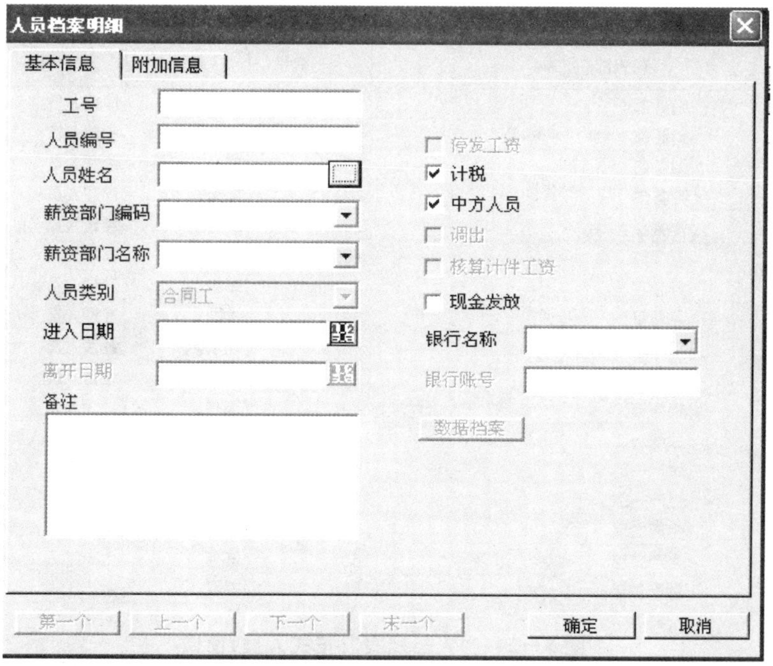

图 5－22 “正式人员批量增加结果”窗口之一

行政部门	工号	人员编码	人员名称	人员类别
财务部		101	张洋	管理人员
财务部		102	王宏	管理人员
财务部		103	郭小小	管理人员
财务部		104	杨天一	管理人员
财务部		105	刘向阳	管理人员
财务部		106	胡群	管理人员
办公室		201	李华	管理人员
经理室		301	王鹏	管理人员
采购部		401	刘斌	经营人员
销售部		501	高兴	经营人员
生产一部		601	张岩	车间管理人员
生产一部		602	张文	生产工人
生产一部		603	杨浩	生产工人
生产二部		604	于波	车间管理人员

图 5—23 “正式人员批量增加结果”窗口之二

选择完成后，单击“确定”按钮，则进入人员档案窗口，如图 5—24 所示。

选择	薪资部门名称	工号	人员编号	人员姓名	人员类别
	财务部		101	张洋	管理人员
	财务部		102	王宏	管理人员
	财务部		103	郭小小	管理人员
	财务部		104	杨天一	管理人员
	财务部		105	刘向阳	管理人员
	财务部		106	胡群	管理人员
	办公室		201	李华	管理人员
	经理室		301	王鹏	管理人员
	采购部		401	刘斌	经营人员
	采购部		402	刘钢明	经营人员
	销售部		501	高兴	经营人员
	生产一部		601	张岩	车间管理人员
	生产一部		602	张文	生产工人
	生产一部		603	杨浩	生产工人
	生产二部		604	于波	车间管理人员
	生产二部		605	陈芳	生产工人
	生产二部		606	高强	生产工人

图 5—24 “人员档案”(正式人员)窗口

(4)人员档案明细设置，右键“单击”某一人员信息，选择“修改”，则进入人员档案明细窗口，如图 5—25～图 5—27 所示。例如，人员姓名：张洋；工资代发银行：中国工商银行；银行账号：20130010001。修改完成后，单击“确定”按钮。

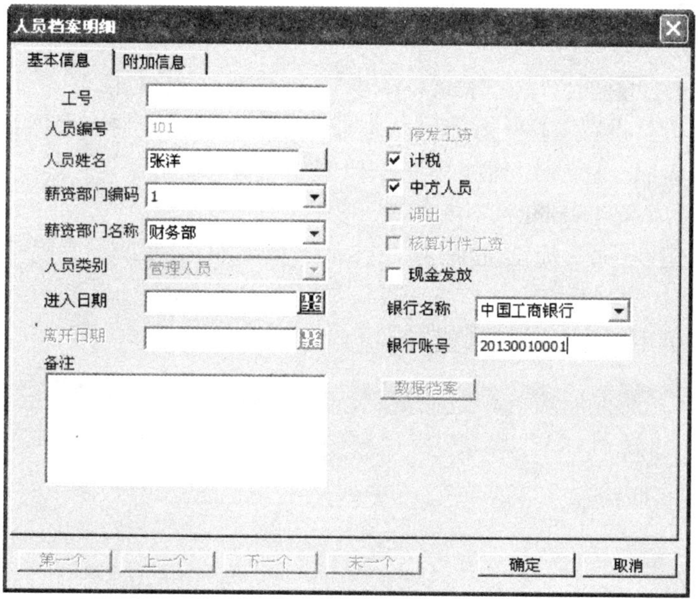

图 5－25 “人员档案明细”窗口之一

选择	薪资部门名称	工号	人员编号	人员姓名	人员类别	账号	中方人员	是否计税	工资停发	核算计件工资	现金发放	进入日期
	财务部		101	张洋	管理人员	20130010001	是	是	否	否	否	
	财务部		102	王宏	管理人员		是	是	否	否	否	
	财务部		103	郭小小	管理人员		是	是	否	否	否	
	财务部		104	杨天一	管理人员		是	是	否	否	否	
	财务部		105	刘向阳	管理人员		是	是	否	否	否	
	财务部		106	胡群	管理人员		是	是	否	否	否	
	办公室		201	李华	管理人员		是	是	否	否	否	
	经理室		301	王鹏	管理人员		是	是	否	否	否	
	采购部		401	刘斌	经营人员		是	是	否	否	否	
	销售部		501	高兴	经营人员		是	是	否	否	否	
	生产一部		601	张岩	车间管理人员		是	是	否	否	否	
	生产一部		602	张文	生产工人		是	是	否	否	否	
	生产一部		603	杨浩	生产工人		是	是	否	否	否	
	生产二部		604	于波	车间管理人员		是	是	否	否	否	
	生产二部		605	陈芳	生产工人		是	是	否	否	否	
	生产二部		606	高强	生产工人		是	是	否	否	否	

图 5－26 “人员档案明细”窗口之二

选择	薪资部门名称	工号	人员编号	人员姓名	人员类别	账号	中方人员	是否计税	工资停发	核算计件工资	现金发放
	财务部		101	张洋	管理人员	20130010001	是	是	否	否	否
	财务部		102	王宏	管理人员	20130010002	是	是	否	否	否
	财务部		103	郭小小	管理人员	20130010003	是	是	否	否	否
	财务部		104	杨天一	管理人员	20130010004	是	是	否	否	否
	财务部		105	刘向阳	管理人员	20130010005	是	是	否	否	否
	财务部		106	胡群	管理人员	20130010006	是	是	否	否	否
	办公室		201	李华	管理人员	20130010007	是	是	否	否	否
	经理室		301	王鹏	管理人员	20130010008	是	是	否	否	否
	采购部		401	刘斌	经营人员	20130010009	是	是	否	否	否
	销售部		501	高兴	经营人员	20130010010	是	是	否	否	否
	生产一部		601	张岩	车间管理人员	20130010011	是	是	否	否	否
	生产一部		602	张文	生产工人	20130010012	是	是	否	否	否
	生产一部		603	杨浩	生产工人	20130010013	是	是	否	否	否
	生产二部		604	于波	车间管理人员	20130010014	是	是	否	否	否
	生产二部		605	陈芳	生产工人	20130010015	是	是	否	否	否
	生产二部		606	高强	生产工人	20130010016	是	是	否	否	否

图 5－27 “人员档案明细”窗口之三

(5)依上述方法修改所有人员明细档案后,单击工具栏上的“退出”按钮。

3. 工资项目的选择

(1)执行“设置—工资项目设置”命令,打开“工资项目设置”对话框。

(2)打开“工资项目设置”选项卡,单击“增加”按钮,工资项目列表中增加一空行。

(3)单击“名称参照”下拉列表框,从下拉列表中选择“基本工资”选项,工资项目名称、类型、长度、小数、增减项都自动带出,不能修改。

单击“增加”按钮,增加其他工资项目。

(4)所有项目增加完成后,单击“工资项目设置”窗口右侧的“上移”和“下移”按钮,按照企业资料所给顺序调整工资项目的排列位置。调整结果如图 5—28～图 5—30 所示。

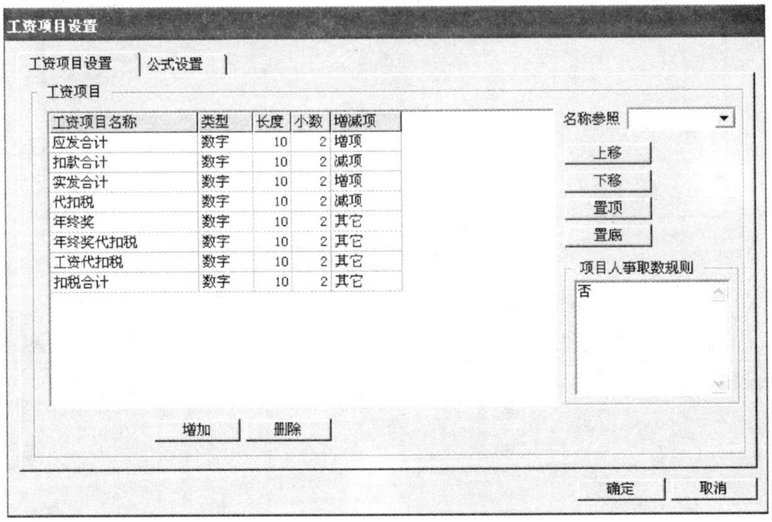

图 5—28　正式人员工资项目设置结果窗口之一

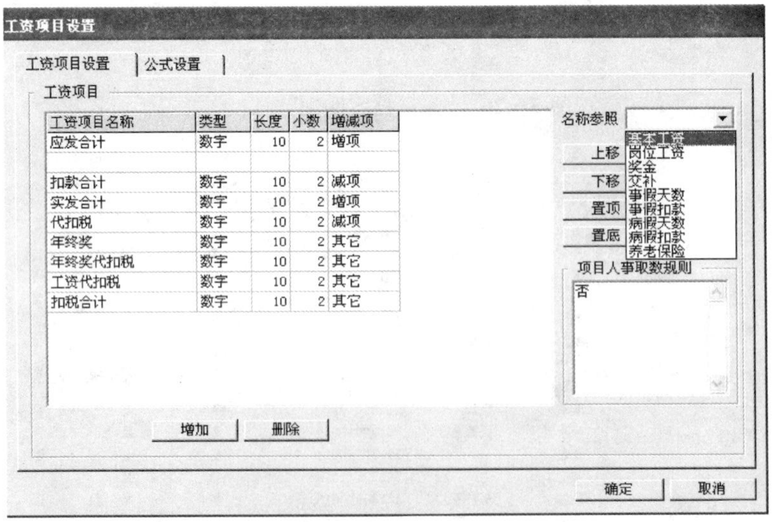

图 5—29　正式人员工资项目设置结果窗口之二

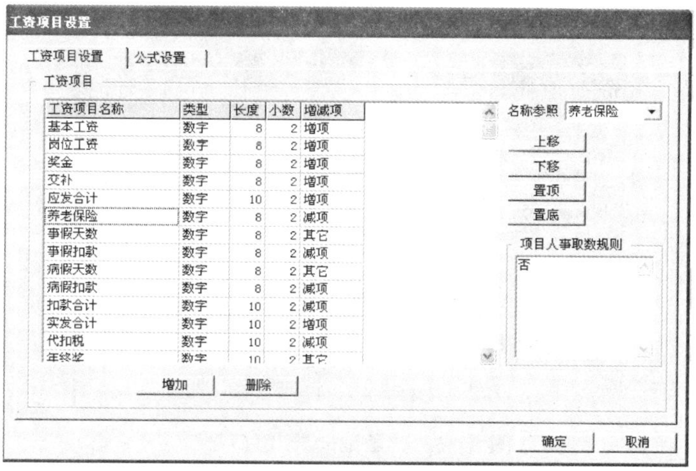

图 5—30　正式人员工资项目设置结果窗口之三

注意：

①工资项目不能重复选择。没有选择的工资项目不允许在计算公式中出现。

②能删除已输入数据的工资项目和已设置计算公式的工资项目。

(六)正式人员工资计算公式设置

1. 设置公式

岗位工资=iff(部门="生产一部",800,iff(部门="生产二部",600,900))

(1)在“工资项目设置”对话框中打开“公式设置”选项卡。

(2)单击“增加”按钮,在工资项目列表中增加一空行,单击该行,在下拉列表中选择“岗位工资”选项。

(3)单击“公式定义”文本框,再单击“函数公式向导输入”按钮,打开“函数向导——步骤之1”对话框,选择 iff 函数,如图 5—31 所示。

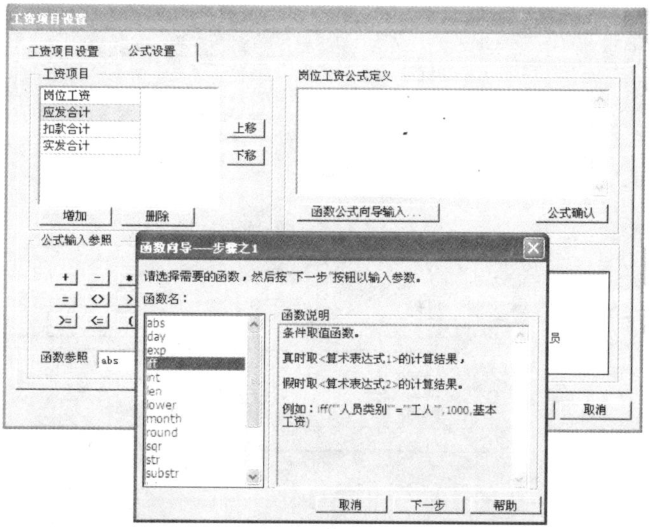

图 5—31　“函数向导”窗口之一

(4)单击“逻辑表达式”参照按钮，打开“参照”对话框，如图 5－32～图 5－34 所示。

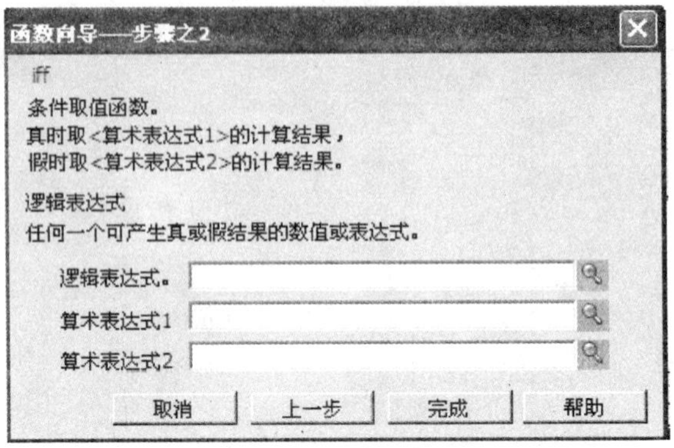

图 5－32 “函数向导”窗口之二

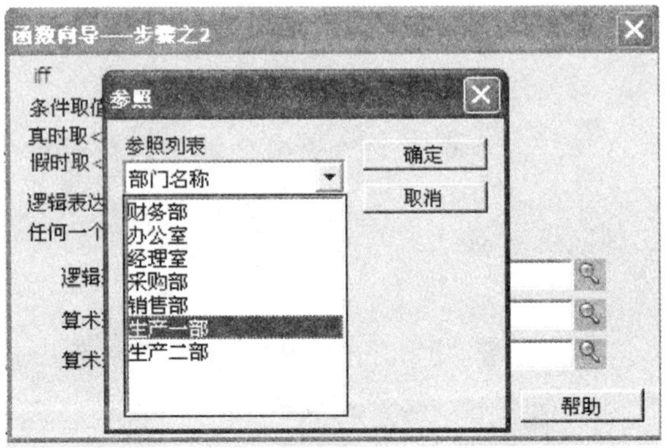

图 5－33 “函数向导”窗口之三

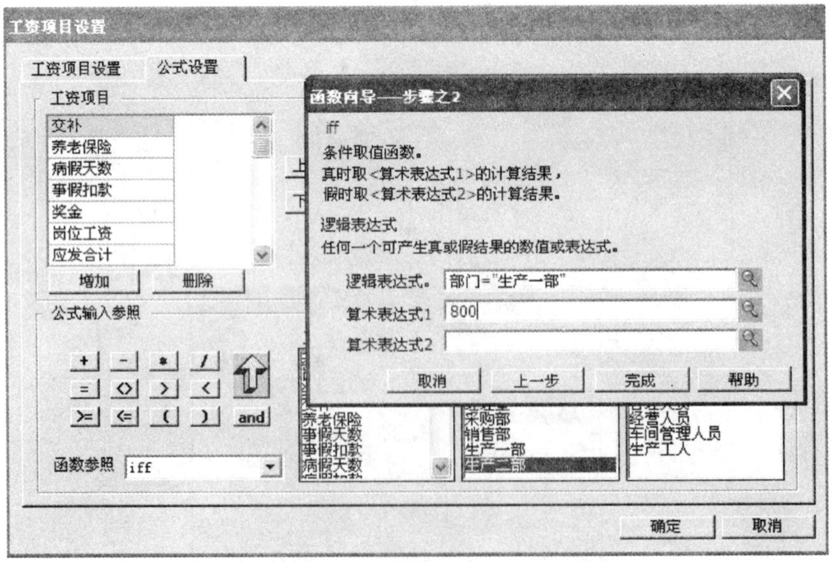

图 5－34 “函数向导”窗口之四

(5)在“算术表达式 1”后的文本框中输入 800，点击“完成”按钮。在公式栏中输入 iff(部门="生产二部",600,900)，如图 5—35、图 5—36 所示。

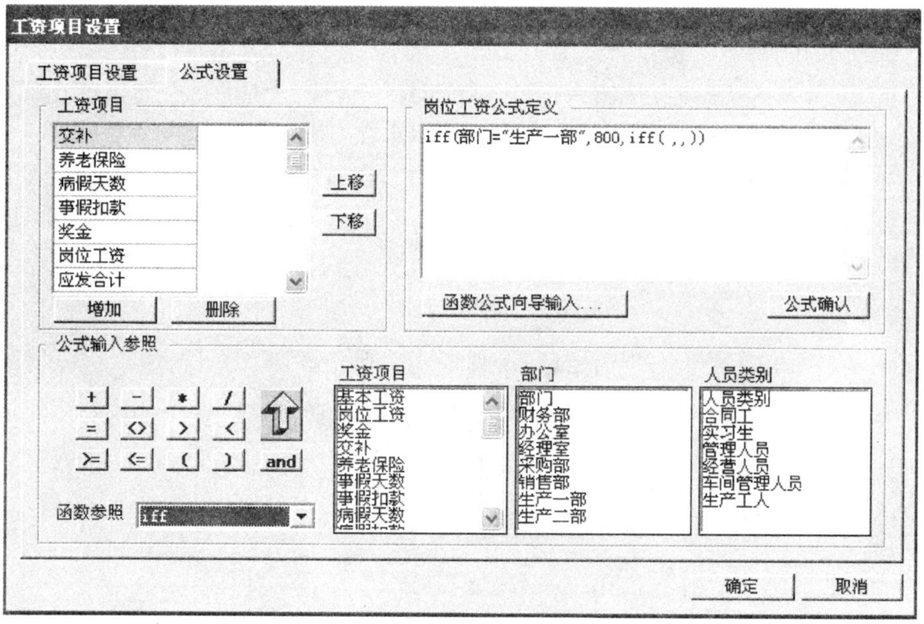

图 5—35　岗位工资公式设置结果窗口之一

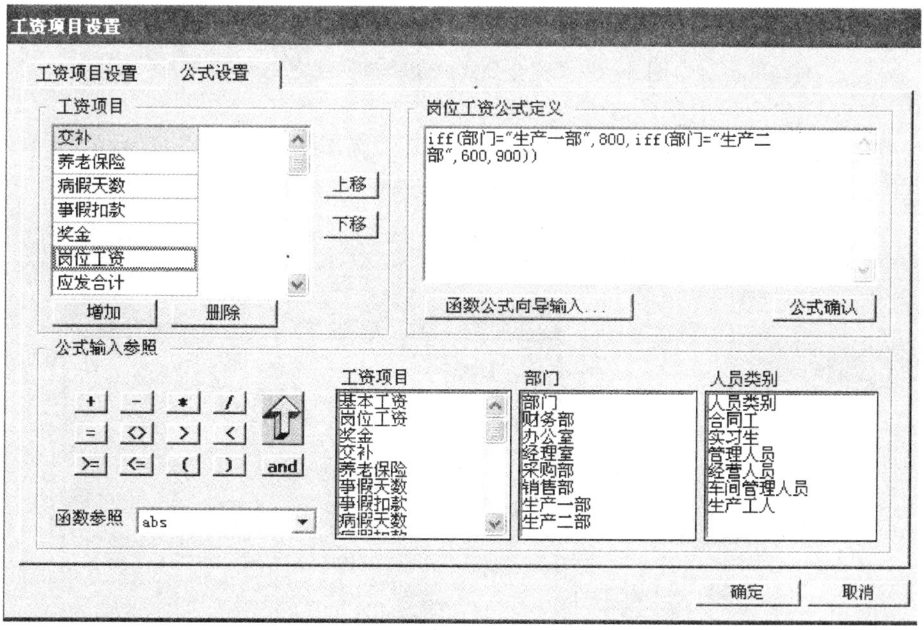

图 5—36　岗位工资公式设置结果窗口之二

2. 奖金

生产一部的生产工人 1 000 元，其他人员 800 元。

(1)在“工资项目设置”对话框中打开“公式设置”选项卡。

(2)单击"增加"按钮,在工资项目列表中增加一空行,单击该行,在下拉列表中选择"奖金"选项。

(3)单击"公式定义"文本框,再单击"函数公式向导输入"按钮,打开"函数向导——步骤之1"对话框,选择 IFF 函数。

(4)单击"逻辑表达式"参照按钮,打开"参照"对话框,从"参照"下拉列表中选择"部门"选项,从下拉列表中选择"生产一部",单击"确定"按钮。在"逻辑表达式"文本框中的公式后单击鼠标,输入"and"后,再次单击"逻辑表达式"参照按钮,出现"参照"对话框,从"参照"下拉列表中选择"人员类别"选项,从下面的列表中选择"生产工人",单击"确定"按钮,返回"函数向导——步骤之2"对话框。

注意:

在"and"前后应有英文状态下的空格,如图 5—37 所示。

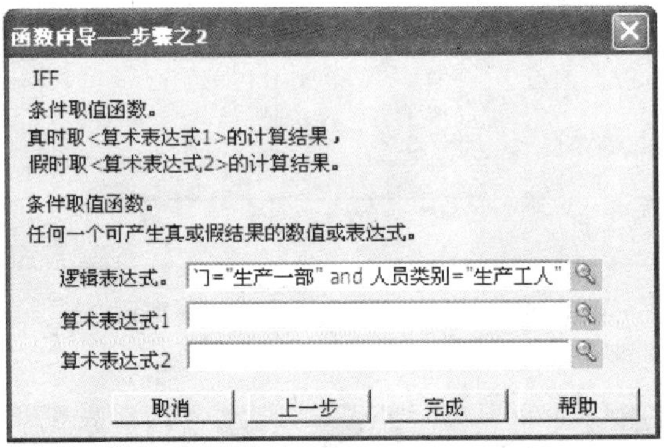

图 5—37 奖金公式的逻辑表达式之一

(5)在"算术表达式 1"后的文本框中输入 1 000,在"数学表达式 2"后的文本框中输入 800,单击"完成"按钮。再单击"公式确认"按钮,如图 5—38、图 5—39 所示。

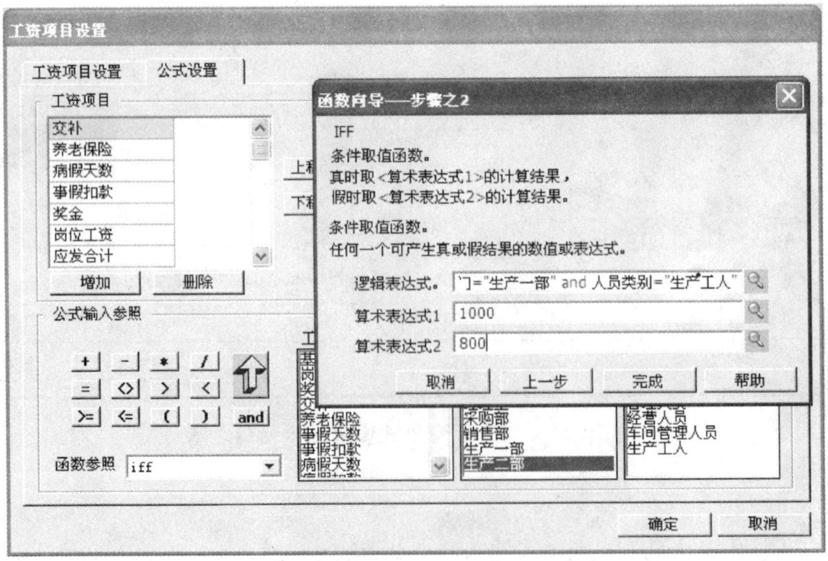

图 5—38 奖金公式的逻辑表达式之二

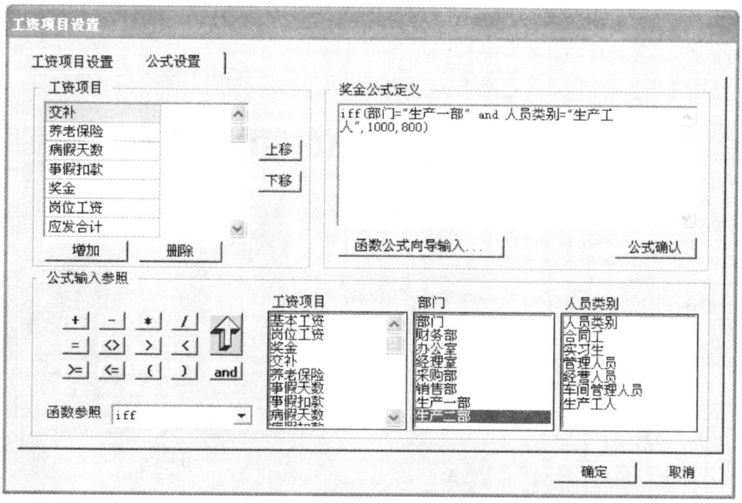

图 5—39 奖金公式设置结果

3. 事假扣款

请一天事假扣款 30 元。

(1)在“工资项目设置”对话框中打开“公式设置”选项卡。

(2)单击“增加”按钮，在工资项目列表中增加一空行，单击该行，在下拉列表中选择“事假扣款”选项。

(3)单击“事假扣款公式定义”文本框，单击工资项目列表中的“事假天数”。

(4)单击运算符“ * ”，在“ * ”后输入数字 30，单击“公式确认”按钮，结果如图 5—40 所示。

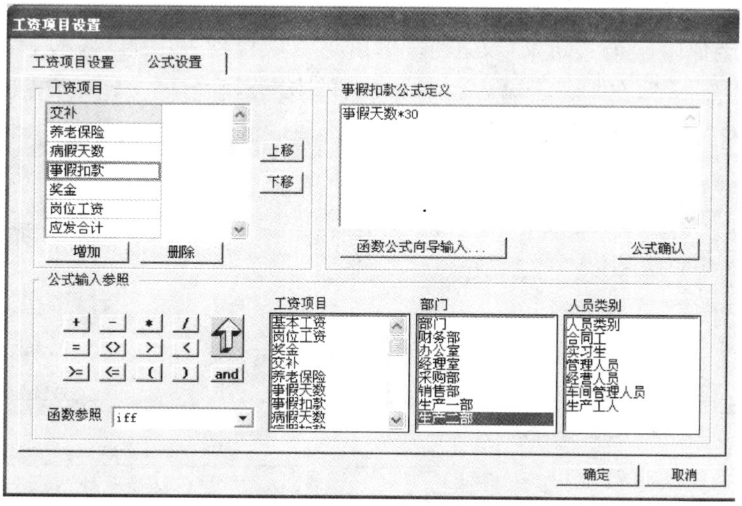

图 5—40 事假扣款公式设置结果

4. 病假扣款

小于 10 天，每天扣 30 元。不小于 10 天，工人扣基本工资的 80%，其他人员扣基本工资的 50%。

(1)在“工资项目设置”对话框中打开“公式设置”选项卡。

(2)单击“增加”按钮，在工资项目列表中增加一空行，单击该行，在下拉列表中选择“病假扣款”选项。

(3)单击“病假扣款公式定义”文本框，直接输入公式，如图 5－41 所示。

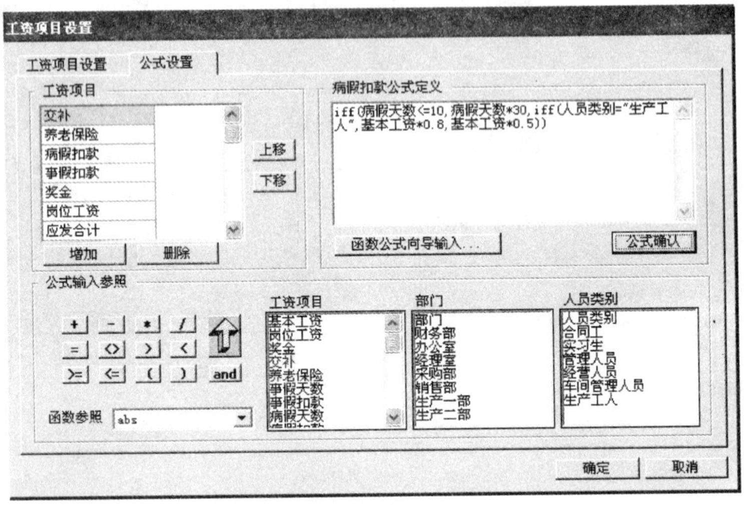

图 5－41　病假扣款公式设置结果

5. 设置公式

养老保险金＝基本工资×0.06

(1)在“工资项目设置”对话框中打开“公式设置”选项卡。

(2)单击“增加”按钮，在工资项目列表中增加一空行，单击该行，在下拉列表中选择“养老保险金”选项。

(3)单击“养老保险金公式定义”文本框，单击工资项目列表中的“基本工资”。

(4)单击运算符“＊”，在“＊”后输入数字 0.06，单击“公式确认”按钮，结果如图 5－42 所示。

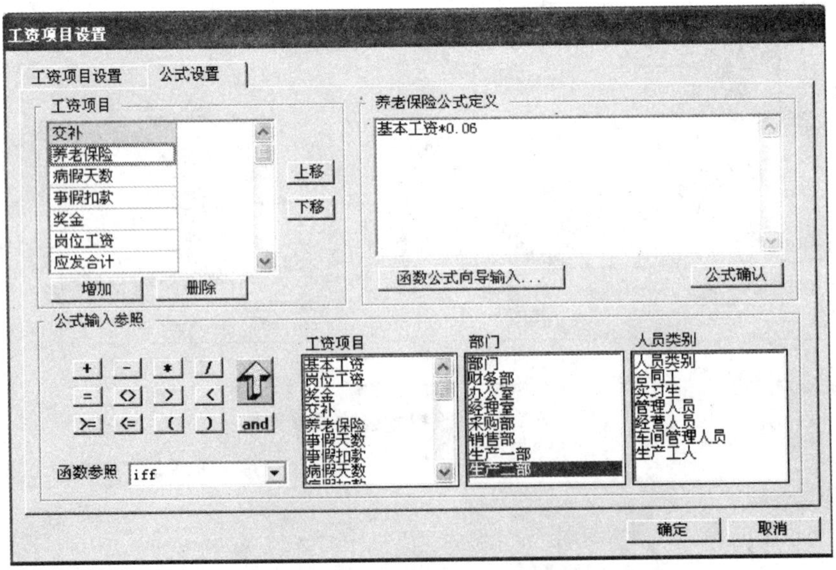

图 5－42　养老保险金公式设置结果

6. 设置公式

交补＝iff(人员类别＝"企业管理人员"or 人员类别＝"车间管理人员",800,400)

(1)单击"增加"按钮,在工资项目列表中增加一空行,单击该行,在下拉列表框中选择"交补"选项。

(2)单击"公式定义"文本框,再单击"函数公式向导输入"按钮,打开"函数向导——步骤之1"对话框,如图 5－43 所示。

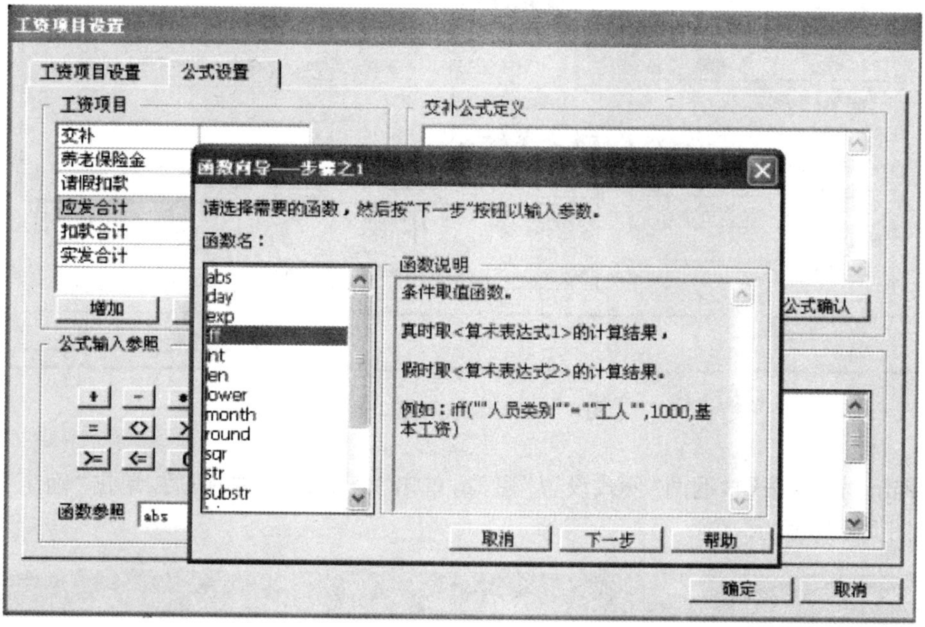

图 5－43 函数向导 1 窗口

(3)从"函数名"列表中选择 iff,单击"下一步"按钮,打开"函数向导——步骤之 2"对话框。

(4)单击"逻辑表达式"参照按钮,打开"参照"对话框,从"参照"下拉列表中选择"人员类别"选项,从下面的列表中选择"企业管理人员",单击"确定"按钮。

(5)在"逻辑表达式"文本框中的公式后单击鼠标,输入"or"后,再次单击"逻辑表达式"参照按钮,出现"参照"对话框,从"参照"下拉列表中选择"人员类别"选项,从下面的列表中选择"车间管理人员",单击"确定"按钮,返回"函数向导——步骤之 2"对话框。

注意:

在"or"前后应有空格。

(6)在"算术表达式 1"后的文本框中输入"800",在"数学表达式 2"后的文本框中输入"400",如图 5－44 所示。

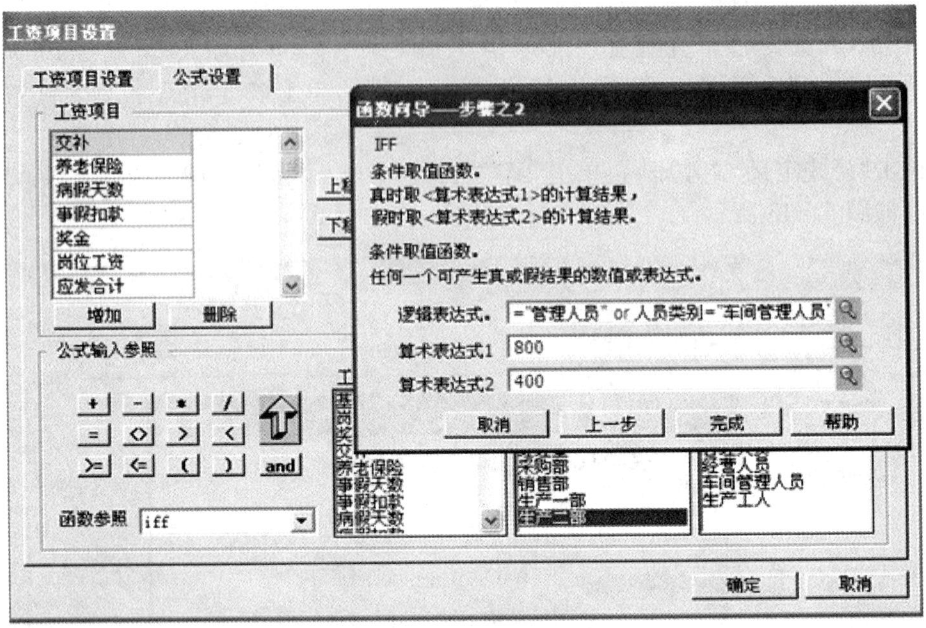

图 5－44　函数向导 2 窗口

(7)单击“完成”按钮，返回“公式设置”窗口，单击“公式确认”按钮后，单击“确定”按钮，公式结果如图 5－45 所示。

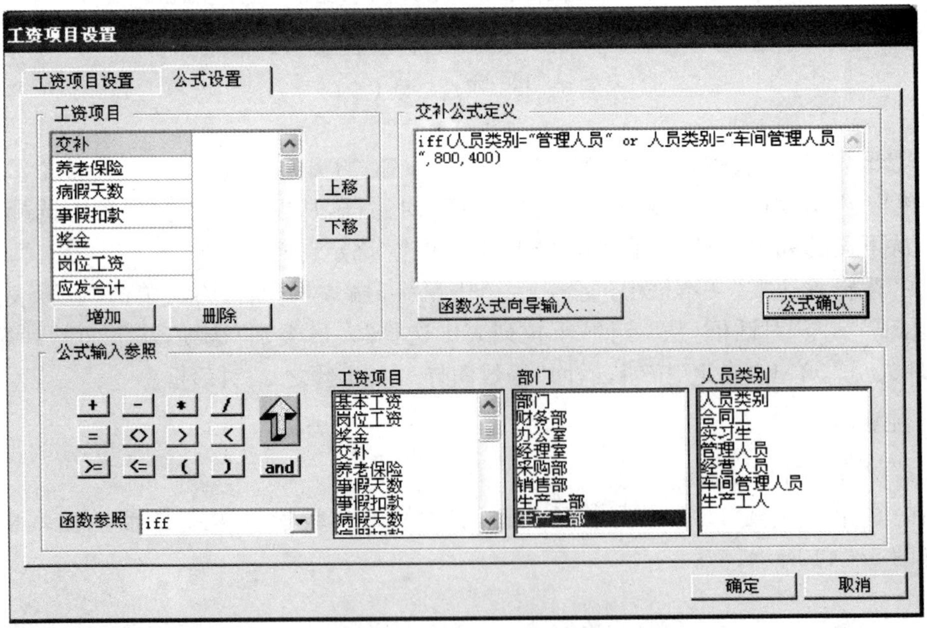

图 5－45　交补公式设置结果

(七)设置所得税纳税基数

(1)执行“设置—选项”命令，选择“扣税设置”编辑按钮，如图 5－46 所示。

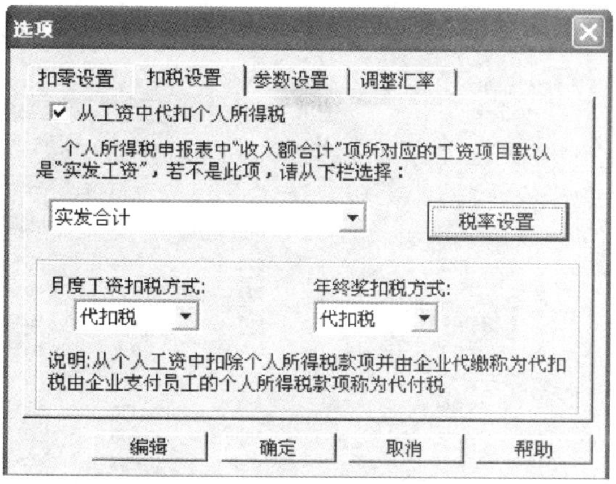

图 5—46　栏目选择窗口之一

(2)单击"税率设置"按钮，打开"个人所得税申报——税率表"栏目选择对话框，修改所得税纳税基数为 3 500 元，如图 5—47 所示。单击"确定"按钮。

图 5—47　栏目选择窗口之二

(3)在"选项—扣税设置"窗口中，单击"确定"按钮。

(八)临时人员工资设置

1. 打开工资类别

(1)执行"工资类别—打开工资类别"命令，打开"打开工资类别"对话框。

(2)选择"002 临时人员"工资类别，单击"确定"按钮。

2. 人员档案设置

(1)临时人员的档案与正式人员的档案增加方法相同，执行"基础设置—基础档案—人员档案—增加—刘强"命令。以此类推。

(2)执行"业务工作—人力资源—设置—人员档案"命令，进入"人员档案"窗口。

(3)单击工具栏上的"批增"按钮，打开"人员批量增加"对话框。

(4)在左侧的"人员类别"中选择"生产工人"，在右侧就会显示这些人员类别下的所有人员信息，如图 5—48 所示。

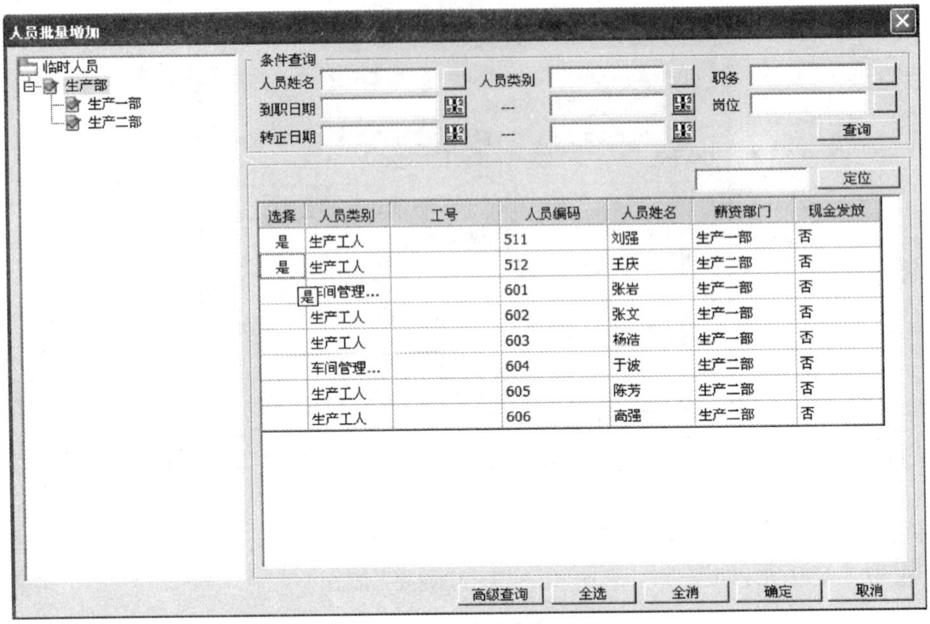

图 5－48　临时人员批量增加结果

(5)选择完成后，单击“确定”按钮，则进入临时人员档案窗口，临时人员档案明细设置与正式人员档案明细设置方法相同，如图 5－49 所示。

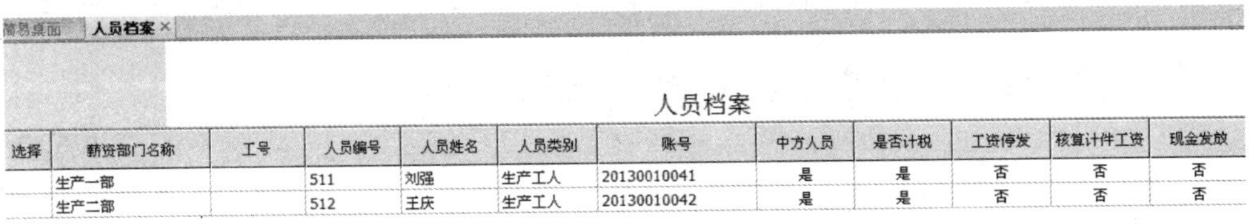

图 5－49　“人员档案(临时人员)”窗口

3. 工资项目设置

(1)执行“设置—工资项目设置”命令，打开“工资项目设置”对话框。

(2)打开“工资项目设置”选项卡，单击“增加”按钮，工资项目列表中增加一空行。

(3)单击“名称参照”下拉列表框，从下拉列表中选择“基本工资”选项，工资项目名称、类型、长度、小数、增减项都自动带出，不能修改。

(4)单击“增加”按钮，增加其他工资项目。

(5)所有项目增加完成后，单击“工资项目设置”窗口右侧的“上移”和“下移”按钮，按照资料所给顺序调整工资项目的排列位置，如图 5－50 所示。

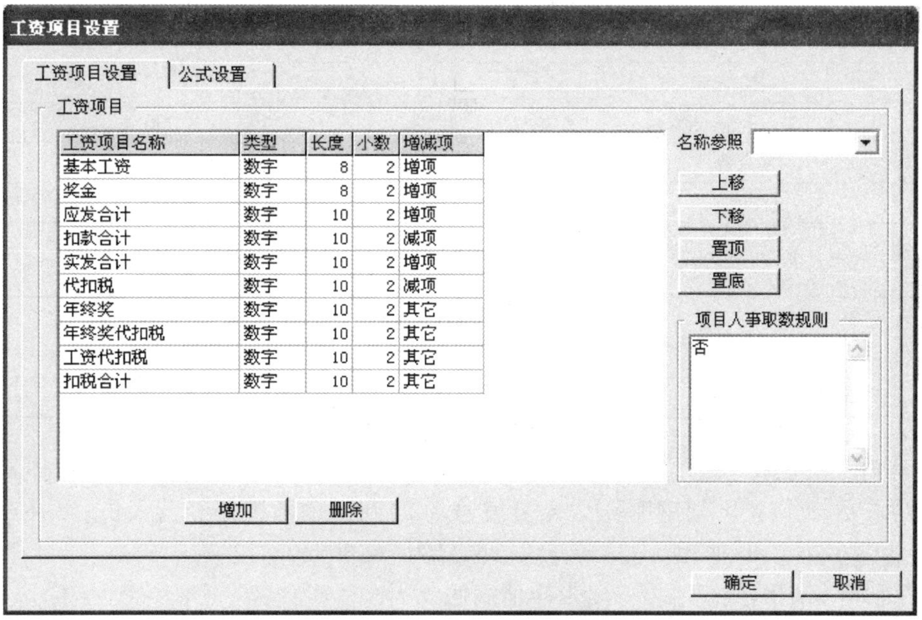

图 5—50 临时人员工资项目

任务二 职工薪资计算与分配

一、任务资料

前面工作完成后，第一次使用工资系统时，必须将所有人员的工资数据录入计算机，平时如每月发生工资变动，也在此进行，具体资料如下：

1.1 月初人员工资情况

表 5—5 正式人员工资情况

姓 名	基本工资
张洋	4 000
王宏	3 000
郭小小	2 500
杨天一	2 500
刘向阳	2 500
胡群	3 000
李华	4 500
王鹏	3 000
刘斌	2 800
高兴	3 000
张岩	2 000
张文	2 000

续表

姓　名	基本工资
杨浩	2 000
于波	2 000
陈芳	2 000
高强	1 500

表 5—6　　临时人员工资情况

姓　名	基本工资	奖　金
刘　强	1 500	1 000
王　庆	1 500	1 000

2. 1 月份工资变动情况

(1)因需要，决定招聘刘钢明(男，人员编号 302)到采购部担任经营人员，以补充力量，其基本工资为 3 200 元，其他无，代发工资银行账号为 20130010017。

(2)考勤情况：李华请事假 2 天，张洋请病假 5 天。

(3)因去年销售部推广产品业绩较好，每人增加基本工资 300 元。

3. 工资分摊

(1)正式人员工资费用分配的转账分录如表 5—7 所示。

表 5—7　　正式人员的工资费用分配转账分录

工资分摊		薪酬(100%)		职工福利(14%)		工会经费(2%)	
部门	类别	借方	贷方	借方	贷方	借方	贷方
经理室 财务部 办公室	企业管理人员	660201	221101	660201	221102	660201	221102
采购部	经营人员	660201	221101	660201	221102	660201	221102
销售部	经营人员	660101	221101	660101	221102	660101	221102
生产一部	车间管理人员	510101	221101	510101	221102	510101	221102
	生产工人	50010102	221101	50010102	221102	50010102	221102
生产二部	车间管理人员	510101	221101	510101	221102	510101	221102
	生产工人	50010202	221101	50010202	221102	50010202	221102

注：生产一部生成 A 产品，生产二部生产 B 产品。

(2)临时人员工资费用分配的转账分录如表 5—8 所示。

表 5—8　　临时人员的工资费用分配转账分录

工资分摊		薪酬(100%)	
部　门	类　别	借　方	贷　方
生产一部	生产工人	50010102	221101
生产二部	生产工人	50010202	221101

4. 银行代发

公司通过银行代发工资，要求输出银行代发文件。

5. 月末处理

公司月末对正式人员和临时人员进行月末处理。

6. 反结账处理

二、任务要求

录入基本工资，工资分摊设置及生成凭证，银行代发，期末处理。

三、任务操作指导

（一）工资数据管理

工资数据管理包括初次使用工资管理系统时的工资数据录入和每月工资数据的更新。

1. 人员变动

（1）执行“设置—人员档案”命令，进入“人员档案”窗口。

（2）单击“增加”按钮，输入新增人员“刘钢明”的详细档案资料。

（3）单击“确认”按钮，返回人员档案窗口，单击工具栏上的“退出”按钮。

2. 输入正式人员基本工资数据

（1）单击“业务处理—工资变动”命令，进入“工资变动”窗口。

（2）在相应的位置上输入工资的基本数据。例如，姓名：张洋；基本工资：4 000 元。按照同样的方法输入其他人员的工资数据，如图 5—51 所示。

简易桌面 工资变动 ×

过滤器　　定位器

选择	工号	人员编号	姓名	部门	人员类别	基本工资
		101	张洋	财务部	管理人员	4,000.00
		102	王宏	财务部	管理人员	3,000.00
		103	郭小小	财务部	管理人员	2,500.00
		104	杨天一	财务部	管理人员	2,500.00
		105	刘向阳	财务部	管理人员	2,500.00
		106	胡群	财务部	管理人员	3,000.00
		201	李华	办公室	管理人员	4,500.00
		301	王鹏	经理室	管理人员	3,000.00
		401	刘斌	采购部	经营人员	2,800.00
		402	刘钢明	采购部	经营人员	3,200.00
		501	高兴	销售部	经营人员	3,000.00
		601	张岩	生产一部	车间管理人员	2,000.00
		602	张文	生产一部	生产工人	2,000.00
		603	杨浩	生产一部	生产工人	2,000.00
		604	于波	生产二部	车间管理人员	2,000.00
		605	陈芳	生产二部	生产工人	2,000.00
		606	高强	生产二部	生产工人	1,500.00
合计						45,500.00

图 5—51　基本工资

注意：这里只需输入没有进行公式设定的项目。

3. 输入正式人员工资变动数据

(1)输入考勤情况:李华请事假 2 天,张洋请病假 5 天(如图 5—52 所示)。

选择	工号	人员编号	姓名	部门	人员类别	岗位工资	奖金	交补	应发合计	养老保险	事假天数	事假扣款	病假天数	病假扣款
		101	张洋	财务部	管理人员								5.00	
		102	王宏	财务部	管理人员									
		103	郭小小	财务部	管理人员									
		104	杨天一	财务部	管理人员									
		105	刘向阳	财务部	管理人员									
		106	胡群	财务部	管理人员									
		201	李华	办公室	管理人员						2.00			
		301	王鹏	经理室	管理人员									
		401	刘斌	采购部	经营人员									
		501	高兴	销售部	经营人员									
		601	张岩	生产一部	车间管理人员									
		602	张文	生产一部	生产工人									
		603	杨洁	生产一部	生产工人									
		604	于波	生产二部	车间管理人员									
		605	陈芳	生产二部	生产工人									
		606	高强	生产二部	生产工人									
合计						0.00	0.00	0.00	0.00	0.00	2.00	0.00	5.00	0.0

图 5—52　录入请假天数

(2)单击工具栏上的“替换”按钮,选择“工资项目”下拉列表框中的“基本工资”,在“替换成”文本框中,输入“基本工资+300”,并将替换条件设置为“部门=销售部”。

(3)单击“确定”按钮,系统会弹出提示信息:“数据替换后将不可恢复,是否继续?”单击“是”按钮,返回工资变动窗口,如图 5—53～图 5—58 所示。

Y		501	高兴	销售部	经营人员	3,000.00	900.00	800.00	400.00	5,100.00	180.00

图 5—53　基本工资替换

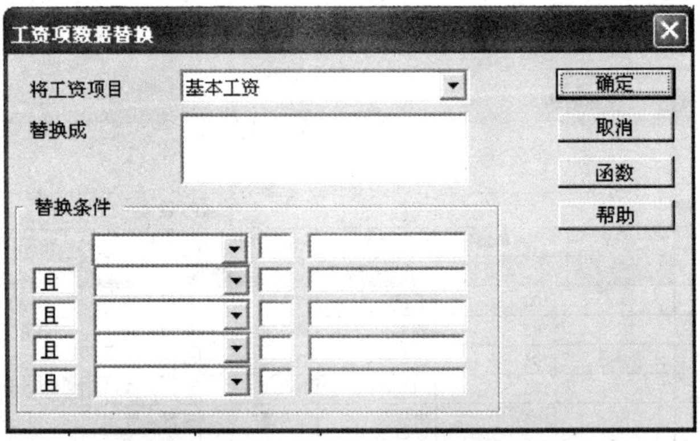

图 5—54　基本工资替换窗口之一

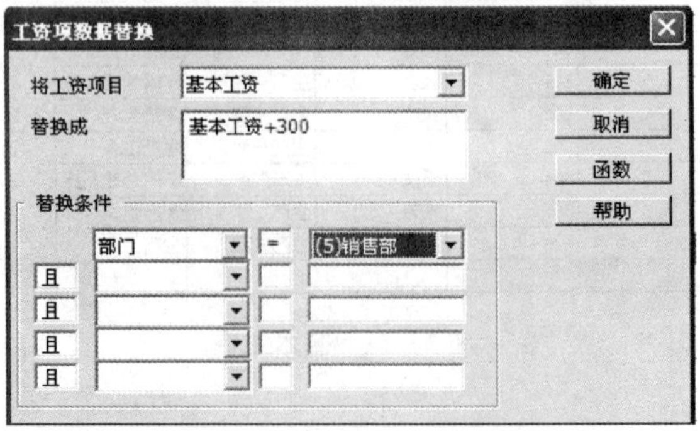

图 5—55　基本工资替换窗口之二

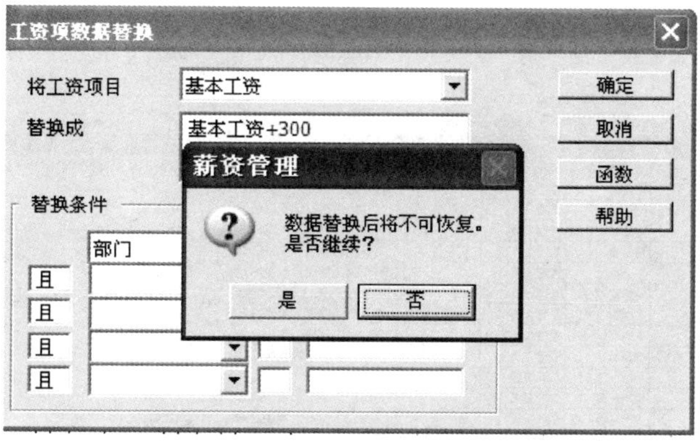

图 5—56　基本工资替换窗口之三

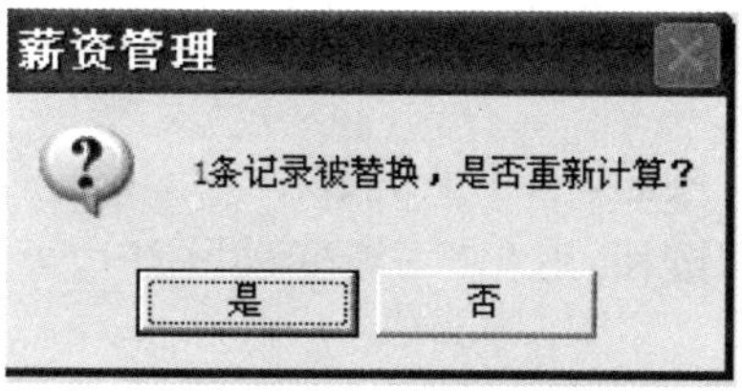

图 5—57　基本工资替换窗口之四

图 5—58　基本工资替换窗口之五

注意：只能替换没有公式设置的工资项目。

4. 数据计算与汇总

(1)在“工资变动”窗口中，单击工具栏上的“计算”按钮，计算工资数据，如图 5—59、图 5—60所示。

工资变动

过滤器 所有项目　　定位器

选择	工号	人员编号	姓名	部门	人员类别	基本工资	岗位工资	奖金	交补	应发合计	养老保险	事假天数	事假扣款
		101	张洋	财务部	管理人员	4,000.00	900.00	800.00	800.00	6,500.00	240.00		
		102	王宏	财务部	管理人员	3,000.00	900.00	800.00	800.00	5,500.00	180.00		
		103	郭小小	财务部	管理人员	2,500.00	900.00	800.00	800.00	5,000.00	150.00		
		104	杨天一	财务部	管理人员	2,500.00	900.00	800.00	800.00	5,000.00	150.00		
		105	刘向阳	财务部	管理人员	2,500.00	900.00	800.00	800.00	5,000.00	150.00		
		106	胡群	财务部	管理人员	3,000.00	900.00	800.00	800.00	5,500.00	180.00		
		201	李华	办公室	管理人员	4,500.00	900.00	800.00	800.00	7,000.00	270.00	2.00	60.00
		301	王鹏	经理室	管理人员	3,000.00	900.00	800.00	800.00	5,500.00	180.00		
		401	刘斌	采购部	经营人员	2,800.00	900.00	800.00	400.00	4,900.00	168.00		
		402	刘钢明	采购部	经营人员	3,200.00	900.00	800.00	400.00	5,300.00	192.00		
		501	高兴	销售部	经营人员	3,200.00	900.00	800.00	400.00	5,300.00	192.00		
		601	张岩	生产一部	车间管理人员	2,000.00	800.00	800.00	800.00	4,400.00	120.00		
		602	张文	生产一部	生产工人	2,000.00	800.00	1,000.00	400.00	4,200.00	120.00		
		603	杨浩	生产一部	生产工人	2,000.00	800.00	1,000.00	400.00	4,200.00	120.00		
		604	于波	生产二部	车间管理人员	2,000.00	600.00	800.00	800.00	4,200.00	120.00		
		605	陈芳	生产二部	生产工人	2,000.00	600.00	800.00	400.00	3,800.00	120.00		
		606	高强	生产二部	生产工人	1,500.00	600.00	800.00	400.00	3,300.00	90.00		
合计						45,700.00	14,100.00	14,000.00	10,800.00	84,600.00	2,742.00	2.00	60.00

图 5—59　工资变动结果窗口之一

选择	工号	人员编号	姓名	部门	人员类别	病假扣款	扣款合计	实发合计	代扣税	年终奖	年终奖代扣税	工资代扣税	扣税合计
		101	张洋	财务部	管理人员	150.00	546.00	5,954.00	156.00			156.00	156.00
		102	王宏	财务部	管理人员		257.00	5,243.00	77.00			77.00	77.00
		103	郭小小	财务部	管理人员		190.50	4,809.50	40.50			40.50	40.50
		104	杨天一	财务部	管理人员		190.50	4,809.50	40.50			40.50	40.50
		105	刘向阳	财务部	管理人员		190.50	4,809.50	40.50			40.50	40.50
		106	胡群	财务部	管理人员		257.00	5,243.00	77.00			77.00	77.00
		201	李华	办公室	管理人员		542.00	6,458.00	212.00			212.00	212.00
		301	王鹏	经理室	管理人员		257.00	5,243.00	77.00			77.00	77.00
		401	刘斌	采购部	经营人员		204.96	4,695.04	36.96			36.96	36.96
		402	刘钢明	采购部	经营人员		247.80	5,052.20	55.80			55.80	55.80
		501	高兴	销售部	经营人员		247.80	5,052.20	55.80			55.80	55.80
		601	张岩	生产一部	车间管理人员		143.40	4,256.60	23.40			23.40	23.40
		602	张文	生产一部	生产工人		137.40	4,062.60	17.40			17.40	17.40
		603	杨浩	生产一部	生产工人		137.40	4,062.60	17.40			17.40	17.40
		604	于波	生产二部	车间管理人员		137.40	4,062.60	17.40			17.40	17.40
		605	陈芳	生产二部	生产工人		125.40	3,674.60	5.40			5.40	5.40
		606	高强	生产二部	生产工人		90.00	3,210.00					
合计						150.00	3,902.06	80,697.94	950.06			950.06	950.06

图 5－60 工资变动结果窗口之二

(2)单击工具栏上的“汇总”按钮，汇总工资数据。

(3)单击工具栏上的“退出”按钮，退出“工资变动”窗口。

5. 查看个人所得税

执行“业务处理—扣缴所得税”命令，打开“栏目选择”对话框。点击“确认”按钮，进入“个人所得税扣缴申报表”窗口，如图 5－61～图 5－63 所示。

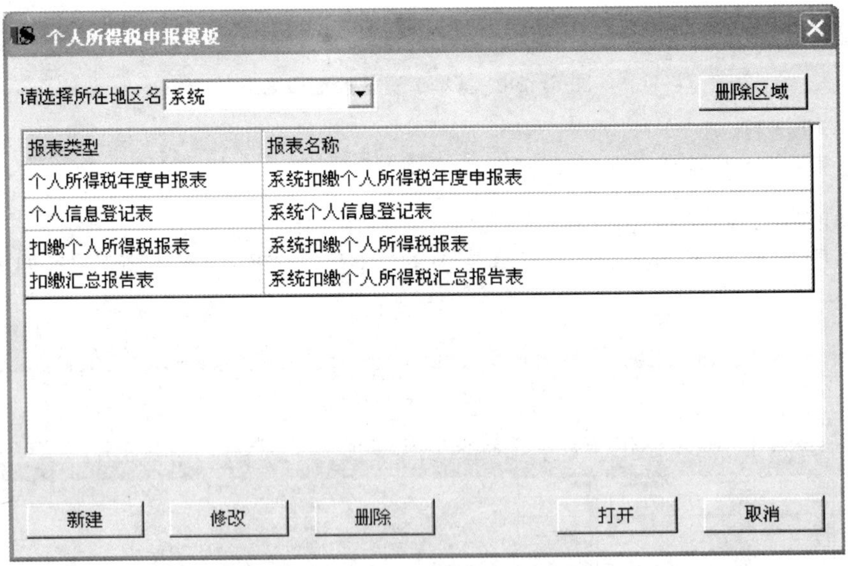

图 5－61 个人所得税申报模板之一

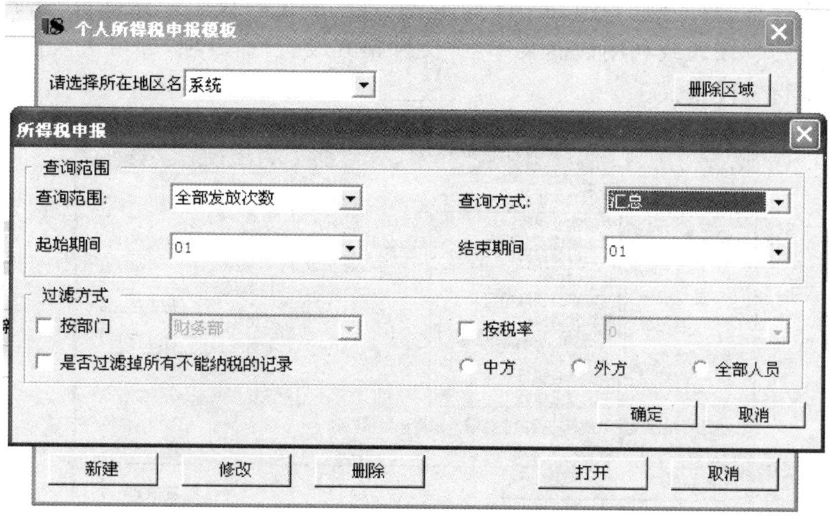

图 5－62　个人所得税申报模板之二

所得税申报

输出 税率 栏目 内容 邮件 过滤 定位 退出

系统扣缴个人所得税年度申报表

2016年1月 -- 2016年1月

姓名	证件号码	所得项目	所属期间...	所属期间...	收入额	减费用额	应纳税所...	税率	速算扣除数	应纳税额	已扣缴税款
张洋		工资	20160101	20161231			2610.00	10	105.00	156.00	156.00
王宏		工资	20160101	20161231			1820.00	10	105.00	77.00	77.00
郭小小		工资	20160101	20161231			1350.00	3	0.00	40.50	40.50
杨天一		工资	20160101	20161231			1350.00	3	0.00	40.50	40.50
刘向阳		工资	20160101	20161231			1350.00	3	0.00	40.50	40.50
胡群		工资	20160101	20161231			1820.00	10	105.00	77.00	77.00
李华		工资	20160101	20161231			3170.00	10	105.00	212.00	212.00
王鹏		工资	20160101	20161231			1820.00	10	105.00	77.00	77.00
刘斌		工资	20160101	20161231			1232.00	3	0.00	36.96	36.96
刘钢明		工资	20160101	20161231			1608.00	10	105.00	55.80	55.80
高兴		工资	20160101	20161231			1608.00	10	105.00	55.80	55.80
张岩		工资	20160101	20161231			780.00	3	0.00	23.40	23.40
张文		工资	20160101	20161231			580.00	3	0.00	17.40	17.40
杨浩		工资	20160101	20161231			580.00	3	0.00	17.40	17.40
于波		工资	20160101	20161231			580.00	3	0.00	17.40	17.40
陈芳		工资	20160101	20161231			180.00	3	0.00	5.40	5.40
高强		工资	20160101	20161231			0.00	0	0.00	0.00	0.00
合计							22438.00		735.00	950.06	950.06

图 5－63　个人所得税申报表

(二)银行代发

银行代发业务处理是指每月末单位应向银行提供银行给定文件格式的软盘。这样做既减轻了财务部门发放工资的繁重工作量,又有效地避免了财务去银行提取大笔款项所承担的风险,同时还提高了对员工个人工资的保密程度。

1. 银行文件格式设置

银行文件格式设置是根据银行的要求,设置提供给银行的数据中所包含的项目,以及项目的数据类型、长度和取值范围等,具体操作步骤如下:

(1)在“业务处理”菜单中,选择“银行代发”,第一次进入银行代发功能时,系统自动显示

“银行文件格式设置”对话框，如图 5－64 所示，可以立即进行设置。这样，以后再进入该功能时，只要单击“格式”按钮或利用快捷菜单下“文件格式设置”命令项，即可进入代发文件格式设置功能，设置银行文件格式。

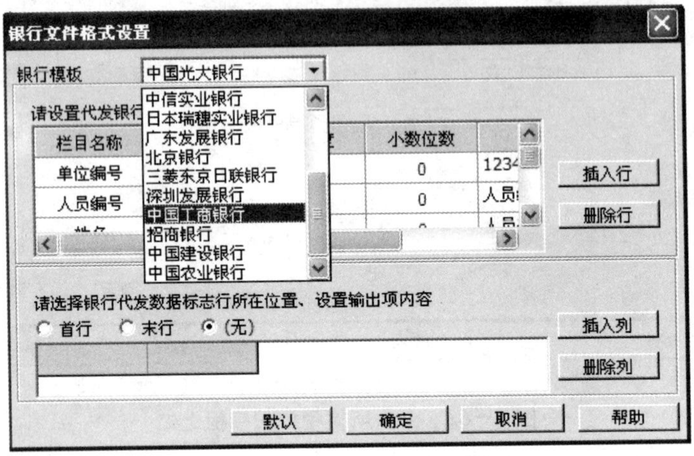

图 5－64　银行文件格式设置

(2)查询、修改银行代发格式。

(3)单击“插入行”或“删除行”按钮，可以增加或删除代发项目。

(4)选择银行代发数据标志行所在位置。如果选择有标志行在首行或末行输出则需设置输出内容，可利用插入列、删除列按钮增加或删除输出内容。

(5)进行确认之后，系统将设置进行保存，并生成银行代发一览表，如图 5－65 所示。

简易桌面　银行代发

银行代发一览表

名称：中国工商银行

单位编号	人员编号	姓名	账号	金额	录入日期
1234934325	101	张洋	20130010001	5954.00	20161014
1234934325	102	王宏	20130010002	5243.00	20161014
1234934325	103	郭小小	20130010003	4809.50	20161014
1234934325	104	杨天一	20130010004	4809.50	20161014
1234934325	105	刘向阳	20130010005	4809.50	20161014
1234934325	106	胡群	20130010006	5243.00	20161014
1234934325	201	李华	20130010007	6458.00	20161014
1234934325	301	王鹏	20130010008	5243.00	20161014
1234934325	401	刘斌	20130010009	4695.04	20161014
1234934325	402	刘钢明	20130010017	5052.20	20161014
1234934325	501	高兴	20130010010	5052.20	20161014
1234934325	601	张岩	20130010011	4256.60	20161014
1234934325	602	张文	20130010012	4062.60	20161014
1234934325	603	杨浩	20130010013	4062.60	20161014
1234934325	604	于波	20130010014	4062.60	20161014
1234934325	605	陈芳	20130010015	3674.60	20161014
1234934325	606	高强	20130010016	3210.00	20161014
合计				80,697.94	

图 5－65　银行代发一览表

注意：

①新增栏目的数据来源只能通过选择录入，不能手工输入。如果栏目顺序需要调整，则用鼠标拖动欲调整的栏目到相应位置即可。

②在银行代发数据标志行，可以通过单击每列右侧的选择按钮来进行某些标准的设置，也可以手工录入特殊的数据，但只能设置一行，不能设置多行。如果需要设置多行，请用记事本打开磁盘文件，手工进行增加。

2. 银行代发输出格式设置

银行代发磁盘输出格式设置是根据银行的要求，设置向银行提供的数据以何种文件形式存放在磁盘中，且在文件中各数据项目如何存放和区分，具体操作步骤如下：

(1)选择“银行代发”，单击“方式”按钮，打开“文件方式设置”对话框，在“常规”选项卡中选择文件类型“TXT”，如图 5—66 所示。

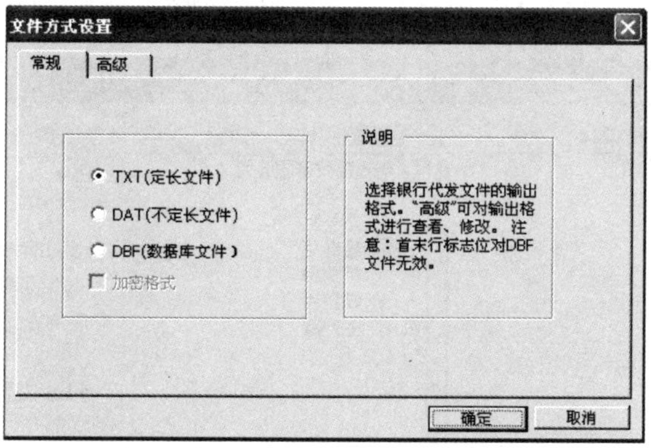

图 5—66　文件方式设置

(2)单击“确认”按钮，系统记录下生成磁盘文件的格式设置，返回银行代发主界面。

3. 磁盘输出

按用户已设置好的格式和设定的文件名，将数据输出到指定的磁盘。

在银行代发界面，单击“传输”按钮，输入文件名称、选择磁盘和选择存储路径后，单击“保存”按钮即可，如图 5—67 所示。

图 5—67　传输设置

(三)工资分摊

工资分摊是指对当月的工资费用进行工资总额的计算、分配及各种经费的计提,编制自动转账凭证,传递给账务核算系统,以供登账之用。

业务处理流程为:打开某工资类别→选择部门和日期→确定基数→定义分摊类型→工资费用分摊→设置会计科目。

例如,某公司月末按用途进行工资费用的分配,福利费、工会经费计提比例分别为14%、2%,具体业务操作步骤如下:

1. 正式人员工资分摊类型设置

(1)执行"业务处理—工资分摊"命令,打开"工资分摊"对话框,如图5—68所示。

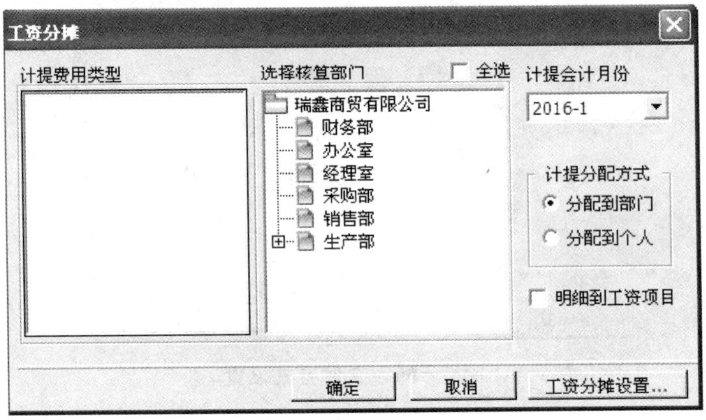

图5—68 工资分摊

(2)单击"工资分摊设置"按钮,打开"分摊类型设置"对话框。

(3)单击"增加"按钮,打开"分摊计提比例设置"对话框,如图5—69所示。

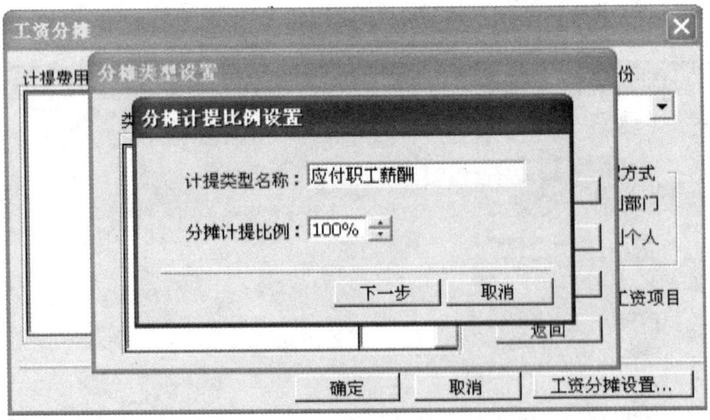

图5—69 分摊计提比例设置

(4)输入计提类型名称"应付职工薪酬"、分摊比例"100%",单击"下一步"按钮,打开"分摊构成设置"对话框。

(5)按资料内容进行设置。结果如图5—70～图5—73所示。设置完毕后,单击"完成"按钮返回"分摊类型设置"对话框。

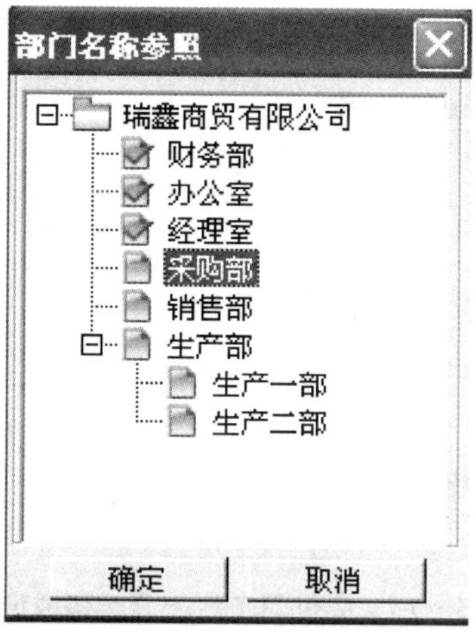

图 5—70 部门的选择

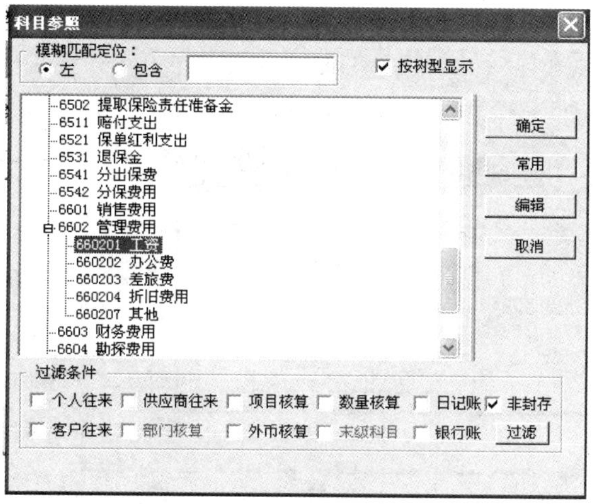

图 5—71 科目设置窗口之一

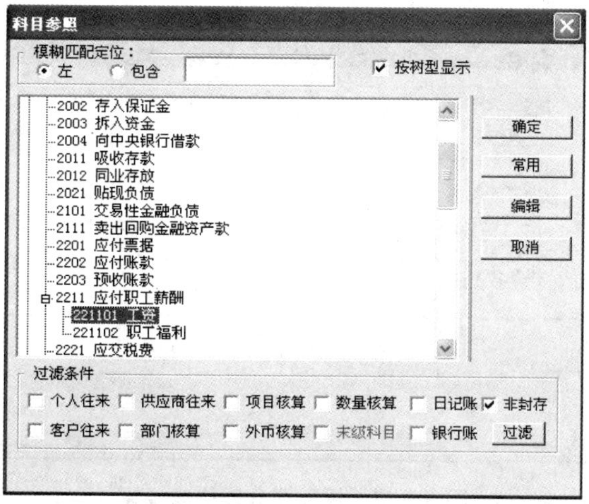

图 5—72 科目设置窗口之二

分摊构成设置

部门名称	人员类别	工资项目	借方科目	借方项目大类	借方项目	贷方科目	贷方项目大类
财务部,办公室,...	管理人员	应发合计	660201			221101	
销售部	经营人员	应发合计	660101			221101	
采购部	经营人员	应发合计	660201			221101	
生产一部,生产...	车间管理人员	应发合计	510101			221101	
生产一部	生产工人	应发合计	50010102			221101	
生产二部	生产工人	应发合计	50010202			221101	

图 5—73　应付职工薪酬分摊构成设置

(6)用同样的方法设置应付福利费、工会经费分摊计提项目,分摊结果如图 5—74～图 5—78所示。

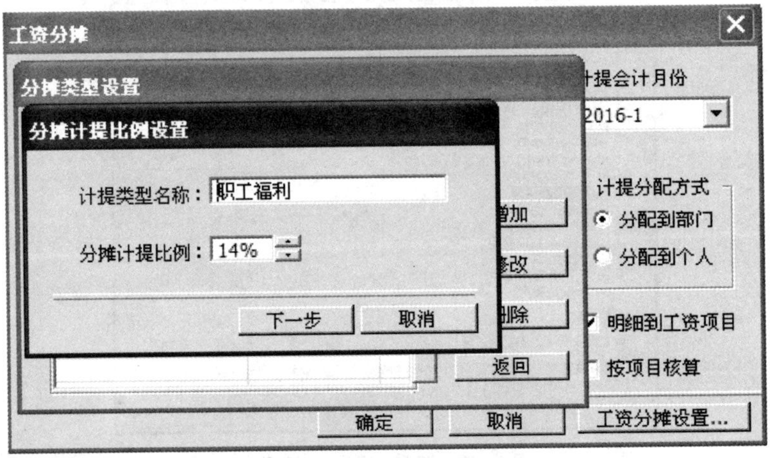

图 5—74　分摊职工福利费比例

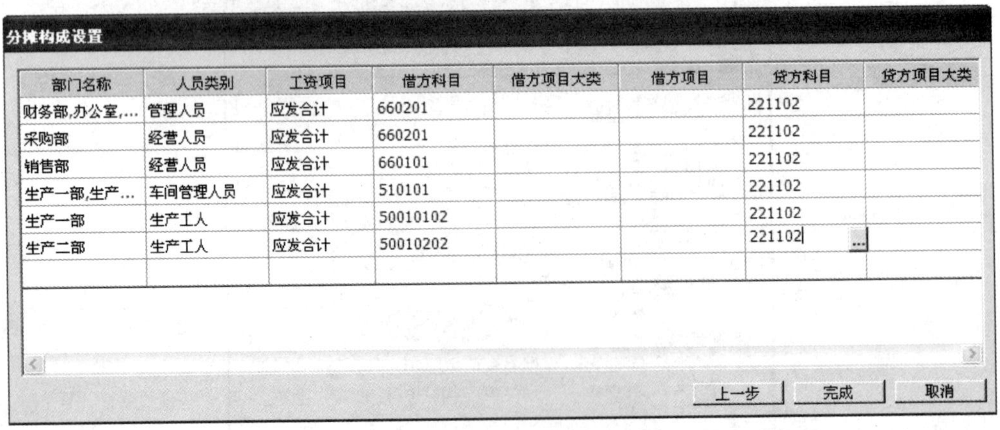

分摊构成设置

部门名称	人员类别	工资项目	借方科目	借方项目大类	借方项目	贷方科目	贷方项目大类
财务部,办公室,...	管理人员	应发合计	660201			221102	
采购部	经营人员	应发合计	660201			221102	
销售部	经营人员	应发合计	660101			221102	
生产一部,生产...	车间管理人员	应发合计	510101			221102	
生产一部	生产工人	应发合计	50010102			221102	
生产二部	生产工人	应发合计	50010202			221102	

图 5—75　福利费分摊构成设置

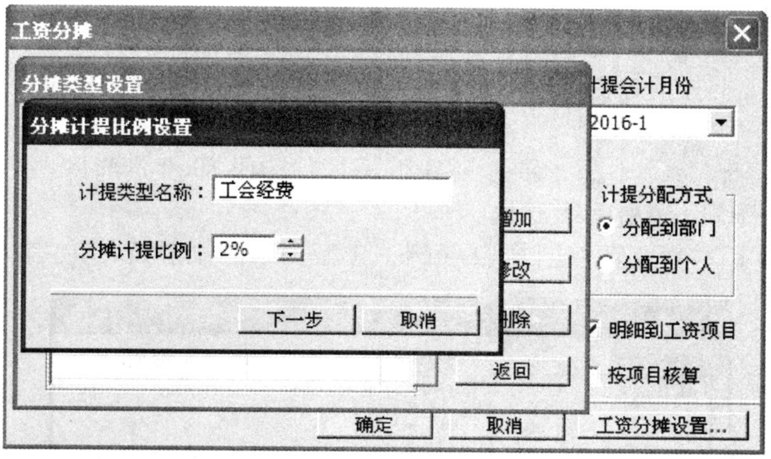

图 5—76 工会经费比例设置

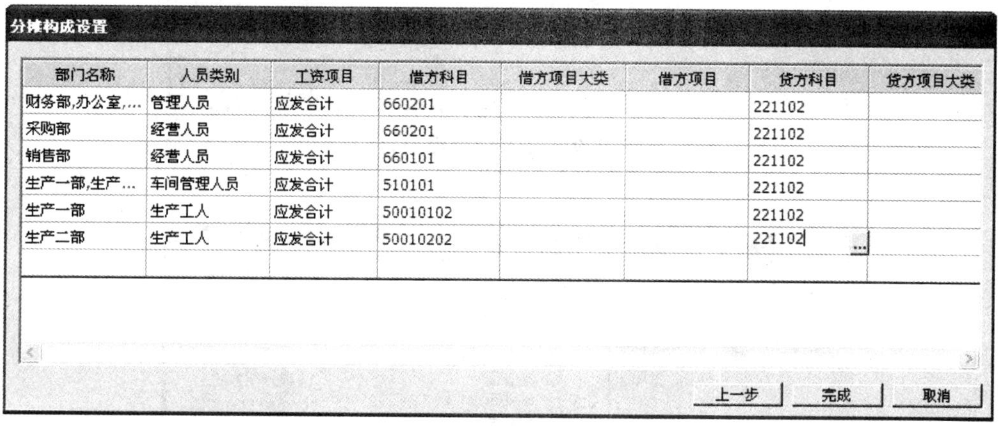

图 5—77 工会经费分摊构成设置

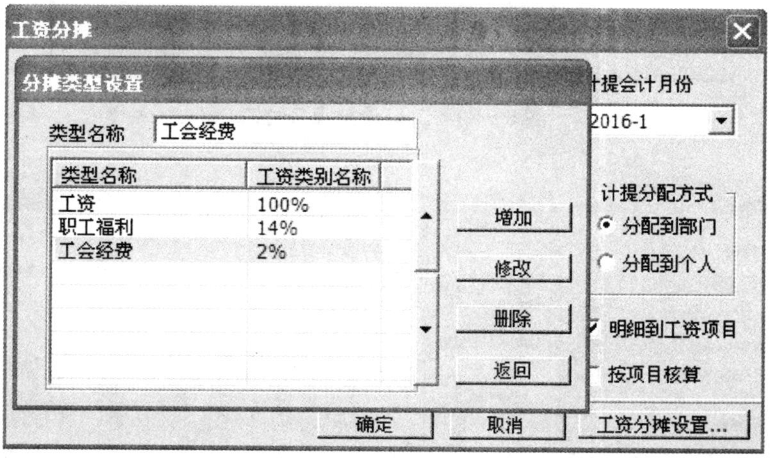

图 5—78 分摊类型设置

2. 正式人员分摊工资费用

(1)执行“业务处理—工资分摊”命令，打开“工资分摊”对话框。

(2)选择需要分摊的计提费用类型，本例选择“应付职工薪酬”，确定计提会计月份为“201601”。

(3)选择核算部门：经理室、办公室、财务部、采购部、销售部、生产部。

(4)选中“明细到工资项目”复选框。

(5)单击“确定”按钮，打开“应付职工薪酬一览表”对话框，如图5—79～图5—81所示。

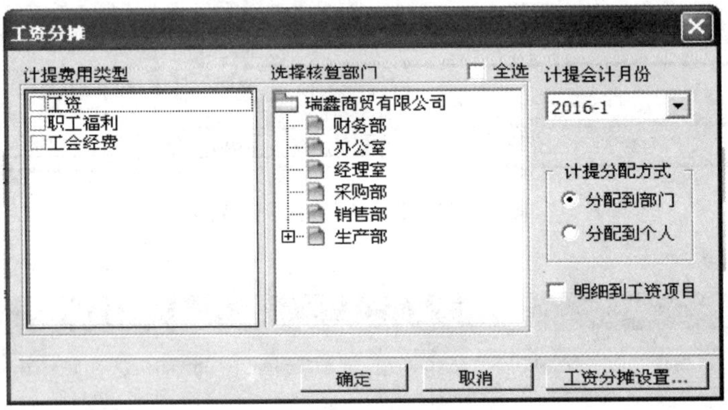

图5—79　工资分摊窗口之一

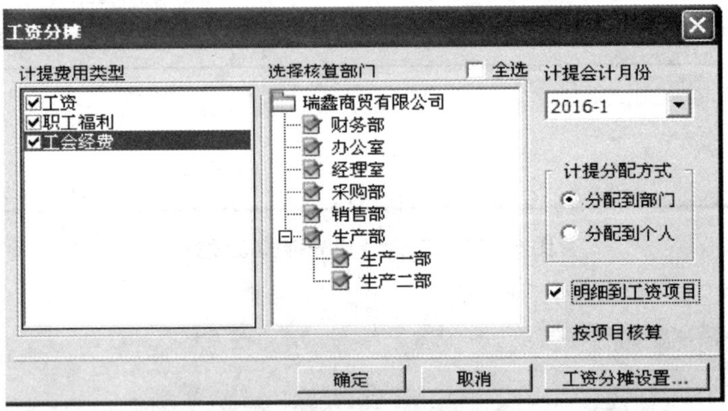

图5—80　工资分摊窗口之二

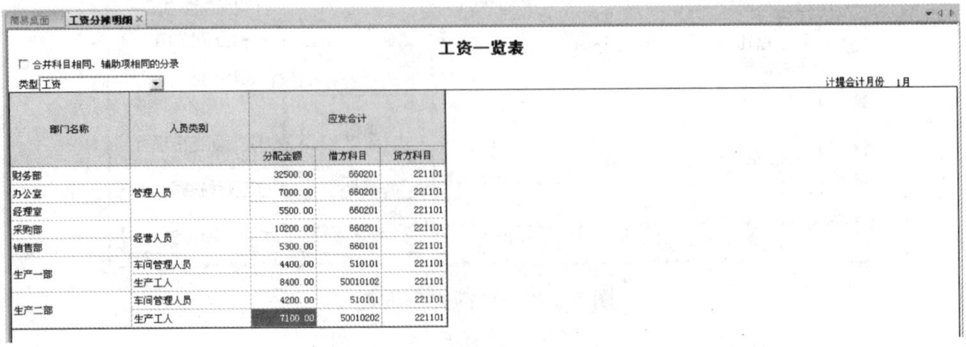

部门名称	人员类别	应发合计		
		分配金额	借方科目	贷方科目
财务部	管理人员	32500.00	660201	221101
办公室		7000.00	660201	221101
经理室		5500.00	660201	221101
采购部	经营人员	10200.00	660201	221101
销售部		5300.00	660101	221101
生产一部	车间管理人员	4400.00	510101	221101
	生产工人	8400.00	50010102	221101
生产二部	车间管理人员	4200.00	510101	221101
	生产工人	7100.00	50010202	221101

图5—81　应付职工薪酬一览表

(6)选中“合并科目相同、辅助项相同的分录”复选框，单击工具栏上的“制单”按钮，即可生成凭证。

(7)单击凭证左上角的“字”位置，选择“转账凭证”，单击“保存”按钮，凭证左上角出现“已生成”标志，代表该凭证已传递到总账，如图5－82所示。

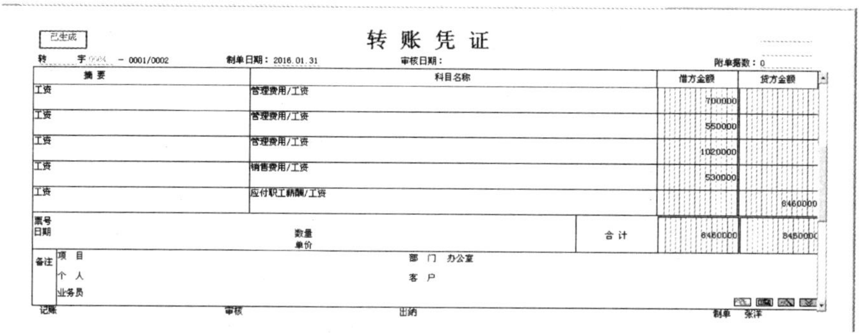

已生成

转 账 凭 证

转 字 － 0001/0002 制单日期：2016.01.31 审核日期： 附单据数：0

摘要	科目名称	借方金额	贷方金额
工资	管理费用/工资	700000	
工资	管理费用/工资	550000	
工资	管理费用/工资	1020000	
工资	销售费用/工资	530000	
工资	应付职工薪酬/工资		8460000
票号 日期	数量 单价 合计	8460000	8460000

备注 项目 部门 办公室 个人 客户 业务员

记账 审核 出纳 制单 张洋

图5－82 生成凭证窗口——应付职工薪酬

(8)单击工具栏上的“退出”按钮，返回。

(9)用同样的方法对“应付福利费”“工会经费”进行分摊处理，处理结果如图5－83～图5－86所示。

职工福利一览表

☑ 合并科目相同、辅助项相同的分录

类型 职工福利

部门名称	人员类别	应发合计				
		计提基数	计提比例	计提金额	借方科目	贷方科目
财务部	管理人员	32500.00	14.00%	4550.00	660201	221102
办公室		7000.00	14.00%	980.00	660201	221102
经理室		5500.00	14.00%	770.00	660201	221102
采购部	经营人员	10200.00	14.00%	1428.00	660201	221102
销售部		5300.00	14.00%	742.00	660101	221102
生产一部	车间管理人员	4400.00	14.00%	616.00	510101	221102
	生产工人	8400.00	14.00%	1176.00	50010102	221102
生产二部	车间管理人员	4200.00	14.00%	588.00	510101	221102
	生产工人	7100.00	14.00%	994.00	50010202	221102

图5－83 职工福利费一览表

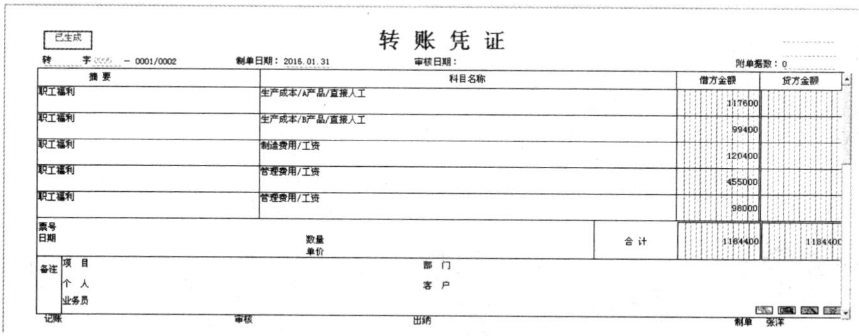

已生成

转 账 凭 证

转 字 － 0001/0002 制单日期：2016.01.31 审核日期： 附单据数：0

摘要	科目名称	借方金额	贷方金额
职工福利	生产成本/A产品/直接人工	117600	
职工福利	生产成本/B产品/直接人工	99400	
职工福利	制造费用/工资	120400	
职工福利	管理费用/工资	455000	
职工福利	管理费用/工资	98000	
票号 日期	数量 单价 合计	1184400	1184400

备注 项目 部门 个人 客户 业务员

记账 审核 出纳 制单 张洋

图5－84 生成凭证窗口——职工福利费

简易桌面 | 工资分摊明细

☑ 合并科目相同、辅助项相同的分录

类型 工会经费

工会经费一览表

部门名称	人员类别	应发合计				
		计提基数	计提比例	计提金额	借方科目	贷方科目
财务部	管理人员	32500.00	2.00%	650.00	660201	221102
办公室		7000.00	2.00%	140.00	660201	221102
经理室		5500.00	2.00%	110.00	660201	221102
采购部	经营人员	10200.00	2.00%	204.00	660201	221102
销售部		5300.00	2.00%	106.00	660101	221102
生产一部	车间管理人员	4400.00	2.00%	88.00	510101	221102
	生产工人	8400.00	2.00%	168.00	50010102	221102
生产二部	车间管理人员	4200.00	2.00%	84.00	510101	221102
	生产工人	7100.00	2.00%	142.00	50010202	221102

图 5—85 工会经费一览表

已生成

转 账 凭 证

转 字 0006 - 0001/0002　制单日期：2016.01.31　审核日期：　附单据数：0

摘要	科目名称	借方金额	贷方金额
工会经费	生产成本/A产品/直接人工	16800	
工会经费	生产成本/B产品/直接人工	14200	
工会经费	制造费用/工资	17200	
工会经费	管理费用/工资	65000	
工会经费	管理费用/工资	14000	
票号 日期　数量 单价	合计	169200	169200

备注　项目　部门

个人　客户

业务员

记账　审核　出纳　制单 张洋

图 5—86 生成凭证窗口——工会经费

(四)临时人员工资分摊

进入“临时人员”工资类别，工资变动处理的操作步骤如下：

(1)执行“设置—选项”命令，选择“扣税设置”编辑按钮。

(2)单击“税率设置”按钮，打开“个人所得税申报——税率表栏目选择”对话框，修改所得税纳税基数为 3 500 元。单击“确定”按钮。

(3)在“业务处理—工资变动”中进行工资变动处理，如图 5—87～图 5—91 所示。

工资变动

过滤器 所有项目　☐ 定位器

选择	工号	人员编号	姓名	部门	人员类别	基本工资	奖金	应发合计	扣款合计	实发合计
		511	刘强	生产一部	生产工人	1,500.00	1,000.00	2,500.00		2,500.00
		512	王庆	生产二部	生产工人	1,500.00	1,000.00	2,500.00		2,500.00
合计						3,000.00	2,000.00	5,000.00		5,000.00

图 5—87 临时人员工资

(4)在“业务处理—工资分摊”中进行工资分摊设置及工资分摊处理,如图 5—89 和图 5—90 所示。

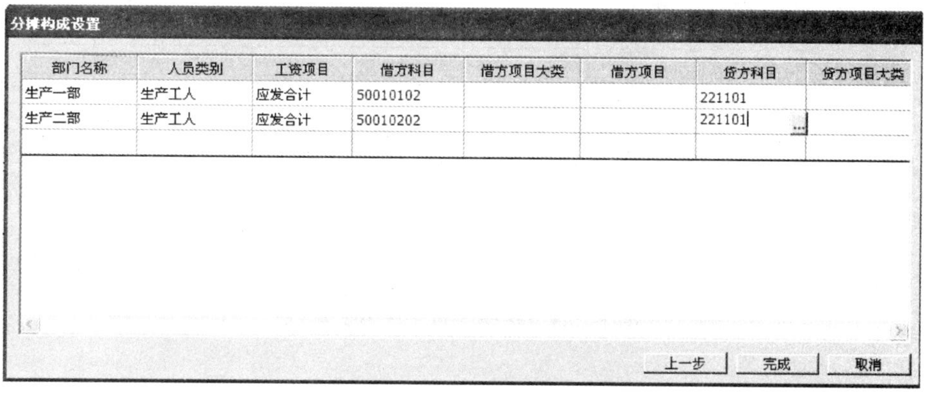

图 5—88　临时人员工资分摊设置

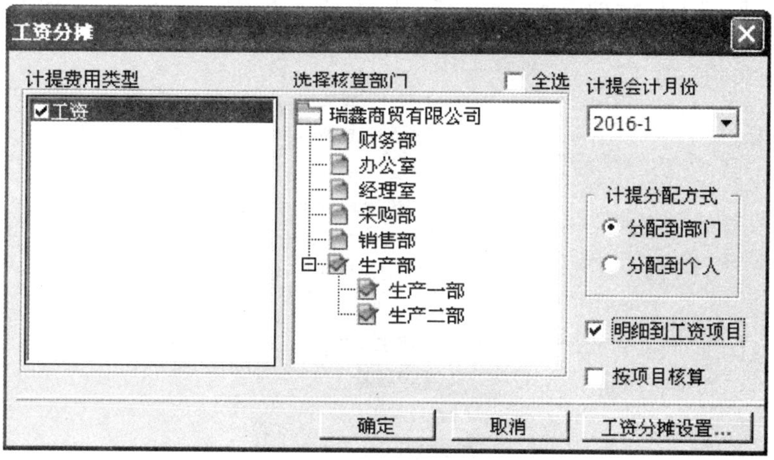

图 5—89　临时人员工资分摊

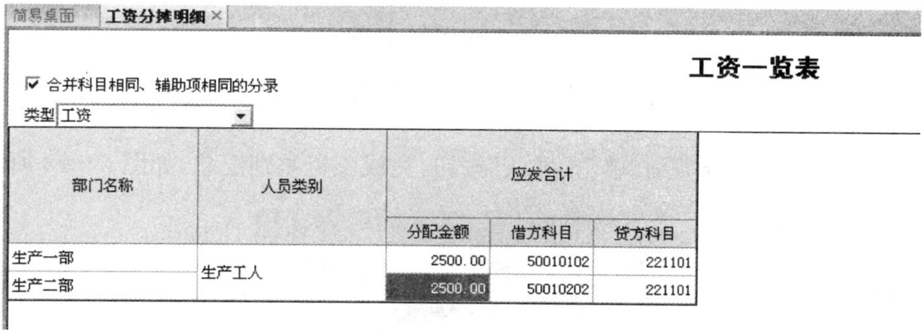

图 5—90　临时人员工资分摊明细

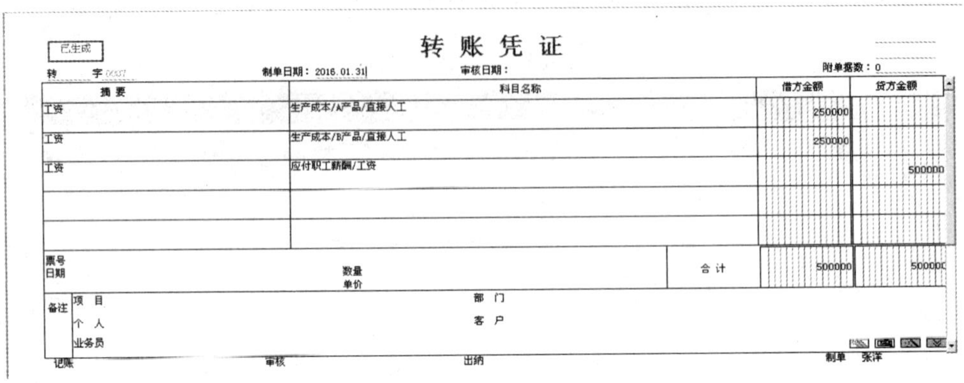

图 5—91　临时人员工资分配凭证

(五)汇总工资类别

(1)执行“工资类别—关闭工资类别”命令。

(2)执行“维护—工资类别汇总”命令，打开“选择工资类别”对话框，如图 5—92 所示。

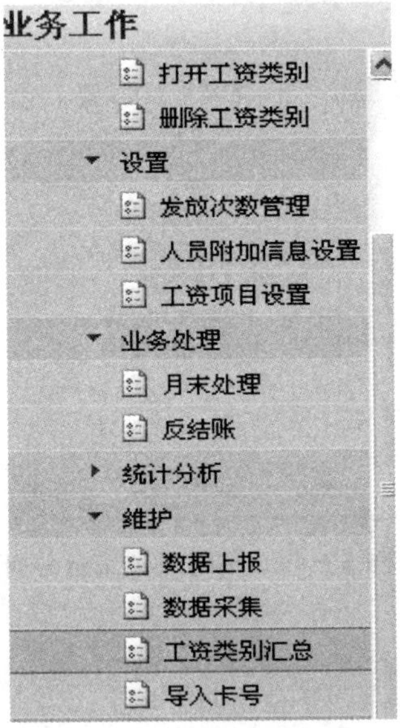

图 5—92　工资类别汇总

(3)选择要汇总的工资类别，单击“确认”按钮，完成工资类别汇总，如图 5—93 所示。

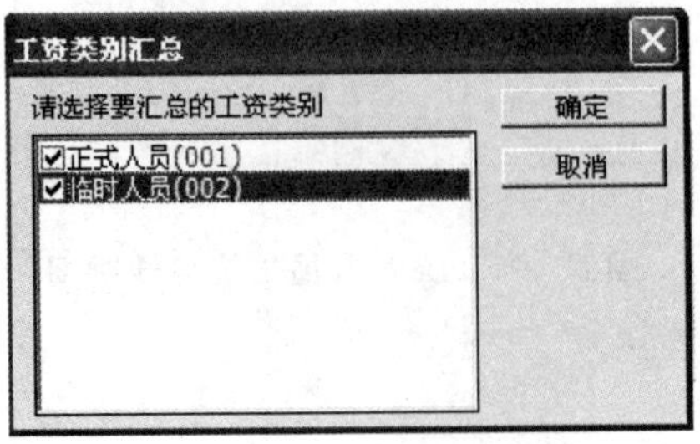

图 5—93　工资类别汇总

(4)执行“工资类别”菜单中的“打开工资类别”命令，打开“选择工资类别”对话框，如图5—94所示。

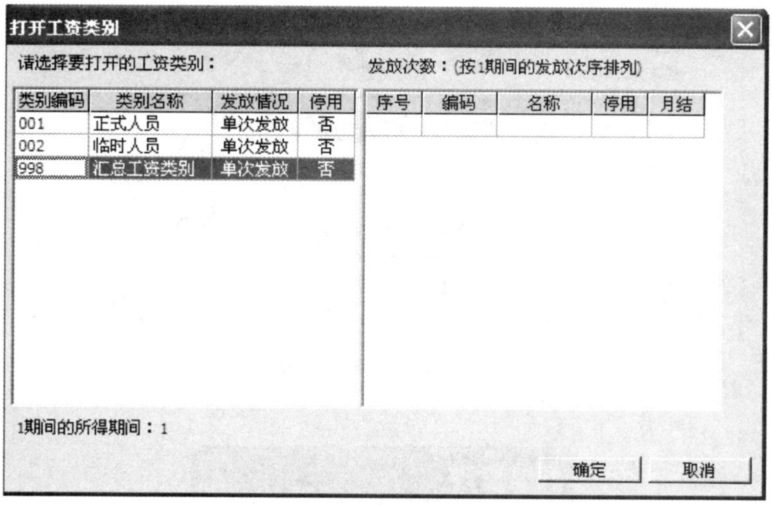

图5—94 打工工资类别窗口

(5)选择“998 汇总工资类别”，单击“确认”按钮，查看工资类别汇总后的各项数据。

注意：

①该功能必须在关闭所有工资类别时才可以使用。所选工资类别中必须有汇总月份的工资数据。

②如果是第一次进行工资类别汇总，需要在汇总工资类别中设置工资项目计算公式。如果每次汇总的工资类别一致，则公式无须重新设置。如果与上一次所选择的工资类别不一致，则须重新设置计算公式。

(六)月末处理

月末结转是将当月数据经过处理后结转至下月。每月工资数据处理完毕后均可进行月末结转。月末结转只有在会计年度的1～11月进行。如果想要处理多个工资类别，则需要打开工资类别，分别进行月末结算。如果本月工资数据未汇总，系统将不允许进行月末结转。进行期末处理后，当月数据将不再允许变动(月末处理功能只有主管人员才能执行)。

(1)在工资管理系统中，单击“业务处理”中的“月末处理”，如图5—95所示。

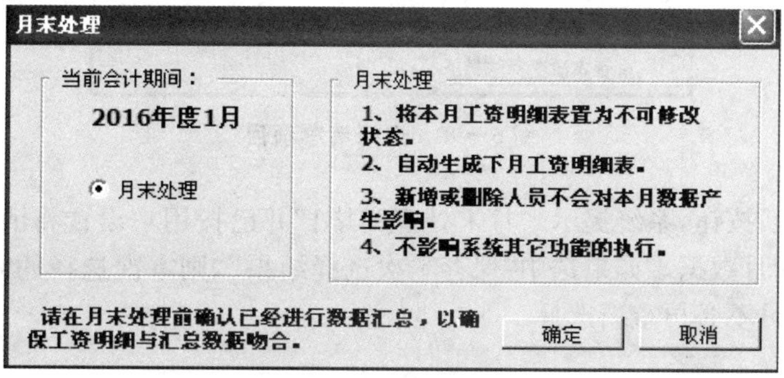

图5—95 月末处理窗口

(2)单击“确认”按钮,弹出系统提示框:“月末处理后,本月工资将不许变动! 继续月末处理吗?”如图 5—96、图 5—97 所示。

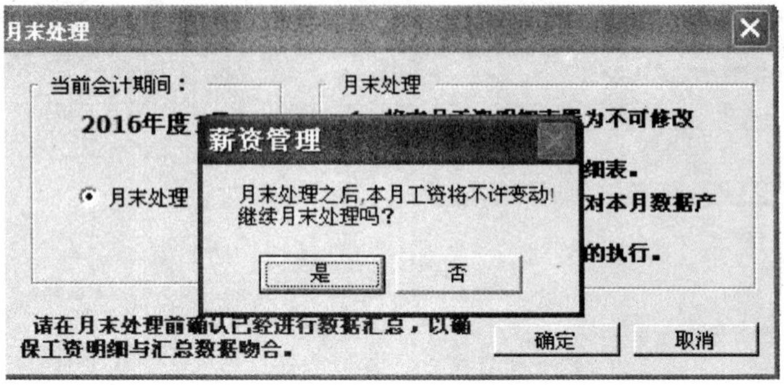

图 5—96　月末处理

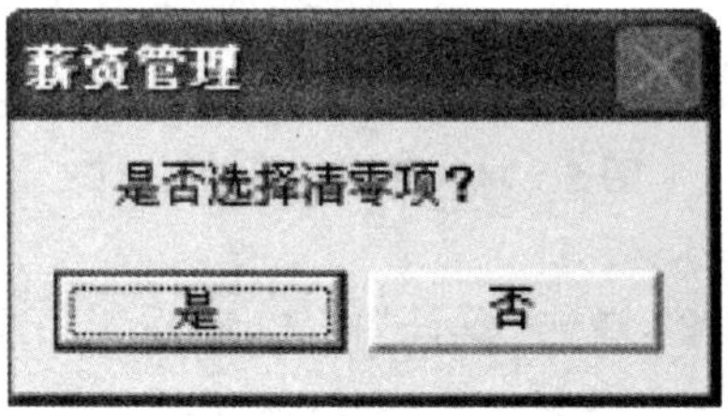

图 5—97　“月末处理”提示

(3)单击“否”按钮,则退回工资管理主界面;单击“是”按钮,则系统继续提示:“是否选择清零项?”

(4)如果单击“否”按钮,则下月项目完全继承当前月数据;如果单击“是”按钮,则打开“选择清零项目”对话框,如图 5—98 所示。

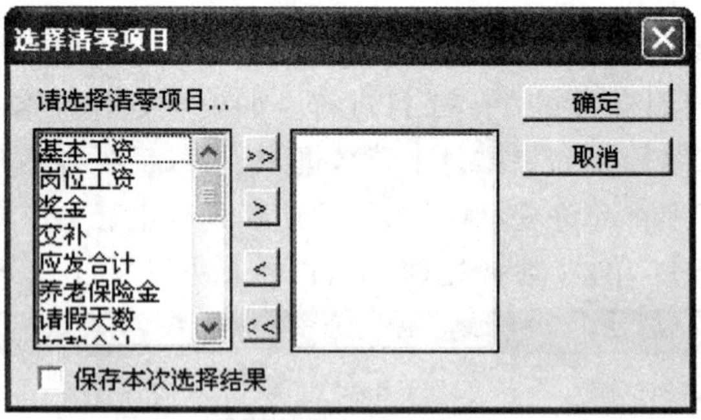

图 5—98　选择清零项目

(5)单击“确认”按钮,系统提示:“月末处理完毕!”并已按用户设置将清零项目数据清空,其他项目继承当前月数据。如果选中“保存本次选择结果”,则本次选择的需清零的工资项系统将予以保存,每月不必再重新选择。

(七)反结账

在工资管理系统中进行结账后,如果发现还有一些业务或其他事项需要在已结账月进行账务处理，此时就需要使用反结账功能取消已结账标志。本功能仅限账套主管执行。

在工资管理系统中，单击“业务处理”中的“反结账”，选择要反结账的工资类别，在列表中选择需要进行反结账操作的账套，然后单击“确定”按钮，系统就会进行反结账处理。

本月工资分摊、计提凭证传输到总账系统，如果总账系统已制单并记账，则需要在做红字冲销凭证后，才能对其进行反结账；如果总账系统未做任何操作，则只需要删除此凭证就可以；如果凭证已经由出纳签字或主管签字，则需要先取消出纳签字或主管签字，并删除该张凭证后，才能对其进行反结账。示例操作如下：

(1)2 月份登录薪资管理。

(2)单击“反结账”，如图 5—99～图 5—101 所示。

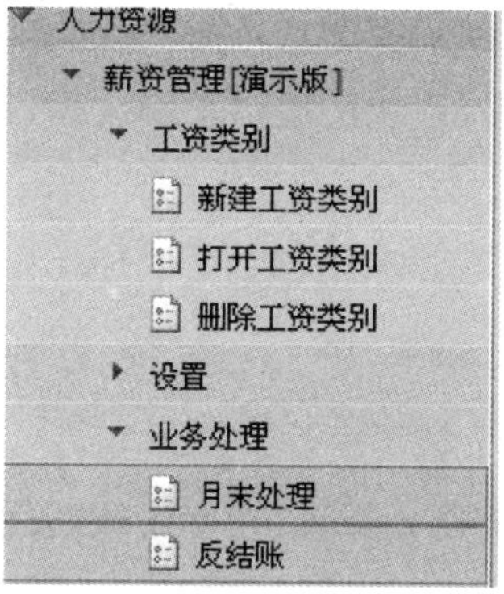

图 5—99　反结账正式人员工资类别

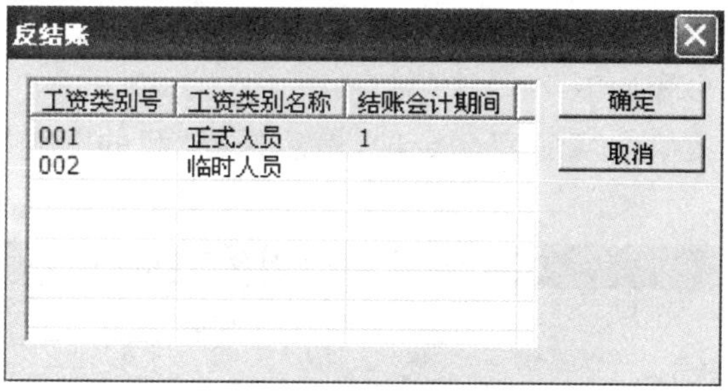

图 5—100　反结账

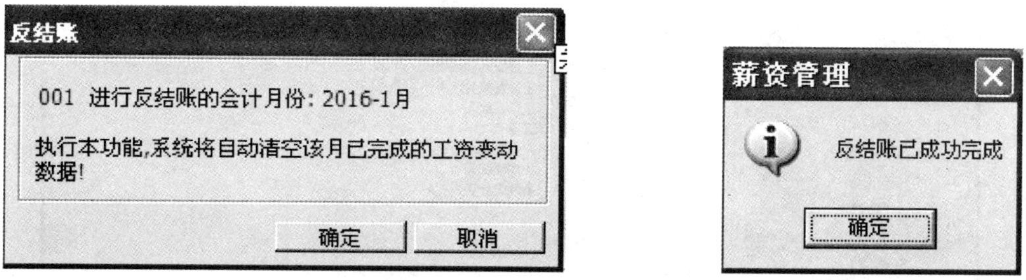

图 5—101　反结账成功

(3)1 月份登录薪资管理对工资业务进行修改。

注意：

有下列情况之一时，系统将不允许进行反结账：

①总账系统已结账。

②本管理系统上月已结账；总工资类别的会计月份二反结账会计月，且包括需反结账的工资类别。

任务三　职工薪资报表的输出

公司在完成工资业务处理后，相关工资报表数据同时生成。系统提供了多种形式的报表反映工资核算的结果，报表的格式是工资项目按照一定的格式由系统设定的，如果认为报表提供的固定格式无法满足自己的意图，系统还提供了修改表、新建表的功能。

一、任务资料

任务一、任务二完成的业务。

二、任务要求

查看我的账表、工资表，以及工资分析表，查询生成的凭证。

三、任务操作指导

（一）我的账表

"我的账表"主要用于对工资管理系统中所有的报表进行管理，包括工资表和工资分析表两种报表类型，具体操作步骤如下：

（1）选择"统计分析"菜单中"账表"命令项，然后选择"我的账表"，进入"账表管理"，如图5－102所示。

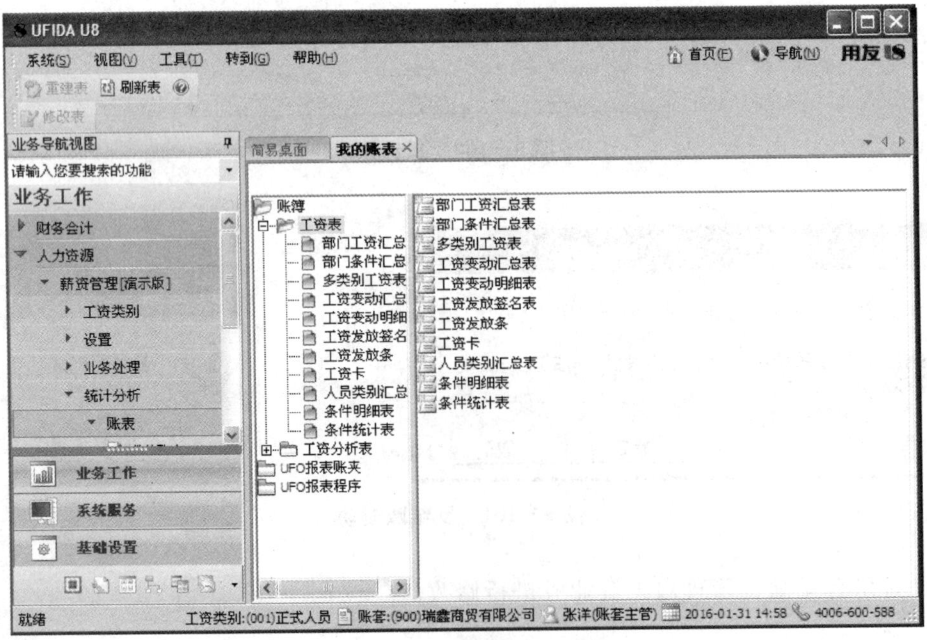

图5－102　账表管理窗口

(2)如果想要修改工资表,则可以首先选中需要修改的账表,然后点击“修改表”,进入“修改表”窗口,如图 5—103 所示。

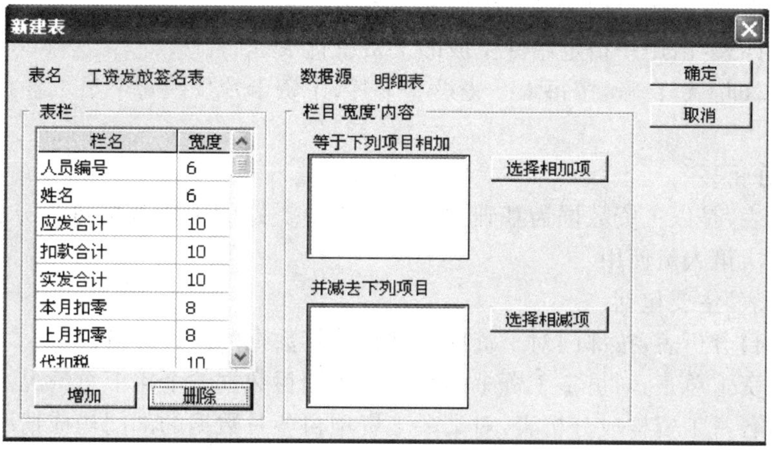

图 5—103　对账表修改进行设置

(3)可以直接修改栏目名称及栏目宽度,也可以增加或删除栏目,并为选中的栏目设置计算公式。

(4)如果还要重建工资表,则可以点击“重建表”,显示重建表选择界面。选择“重新生成系统原始表”,单击“确认”按钮,即可重新生成系统原始表。

(二)工资表

“工资表”用于本月工资的发放和统计,本功能主要完成查询和打印各种工资表的工作。工资表包括工资发放签名表、工资发放条、工资卡、部门工资汇总表、人员类别工资汇总表等由系统提供的原始表。

在工资管理系统中,选择“统计分析”中“账表”命令项,然后选择“工资表”,打开如图5—104所示的“工资表”对话框。选择要查看的表,单击“查看”按钮,在弹出的对话框中输入查询条件,即可得到相应的查询结果。

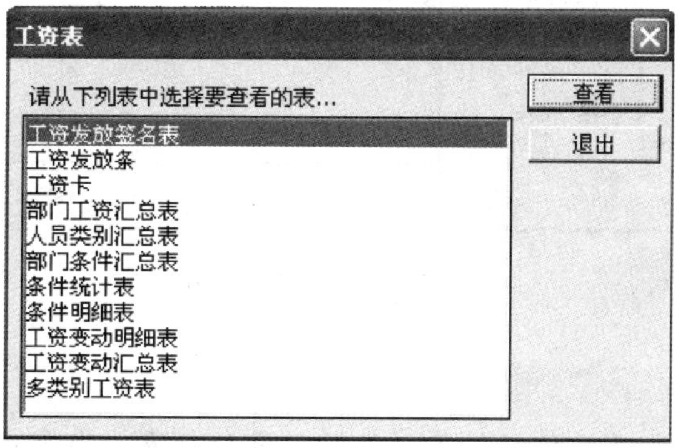

图 5—104　工资表

(1)工资发放签名表,即工资发放清单,一个职工一行。

(2)工资发放条:为发放工资时交给职工的工资项目清单,提供套打功能。

(3)部门工资汇总表:按单位(或各部门)工资汇总的查询表。

(4)人员类别工资汇总表:按人员类别进行工资汇总的查询表。

(5)条件汇总表:由用户指定条件生成的工资汇总表。

(6)条件明细表:由用户指定条件生成的工资发放表。

(7)条件统计表:由用户指定条件生成的工资统计表。

(8)工资卡,即工资台账,按每人一张设立卡片,工资卡片反映每个员工各月的各项工资情况。

(三)工资分析表

"工资分析表"是以工资数据为基础,对部门、人员类别的工资数据进行分析和比较,产生各种分析表,供决策人员使用。

"工资分析表"主要包括:

(1)工资项目分析表:按部门对工资项目进行全年数据的统计分析。

(2)员工工资汇总表:对员工工资中的某一工资项目数据的全年汇总情况。

(3)各部门各月工资构成分析表:对某一工资项目各月数据的部门构成情况进行分析。

(4)工资增长情况:员工工资往年数据的对比分析。

(5)部门工资项目构成分析表:在制定的分析区间对工资项目数据的部门构成情况进行分析。

(6)员工工资项目统计表:在指定的分析区间对员工工资项目数据进行统计分析。

(7)分类统计表:按不同的分类在指定的分析区间统计人员的工资发放情况。

在工资管理系统中,选择"统计分析"中的"账表"命令项,然后选择"工资分析表",如图5—105所示。选择相应的分析表,单击"确认"按钮,输入条件,再单击"确认"按钮,即可进入相应的界面。

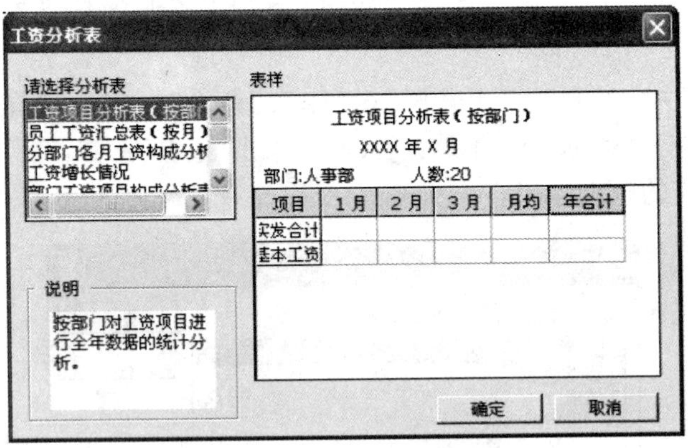

图5—105 工资分析表

注意:

①对于工资项目分析,系统仅提供单一部门项目分析表。用户在分析界面可单击部门下拉框,选择已选中部门中的某一部门,查看该部门的工资项目分析表。

②对于员工工资汇总表,系统仅提供对单一工资项目和单一部门进行的员工工资汇总分析。

③对于分部门各月工资构成分析表,系统提供对单一工资项目进行的工资构成分析。

④在各查询分析界面，可单击“查询”按钮，重新设定分析条件。

(四)凭证查询

工资核算的结果以转账凭证的形式传输到总账系统，在总账系统中可以进行查询、审核、记账等操作，不能修改、删除。工资管理传输到账务系统的凭证，通过凭证查询来修改、删除和冲销等，具体操作步骤如下：

(1)选择执行“命令”中的“凭证查询”命令。

(2)选择输入所要查询的起始月份和终止月份，显示查询期间的凭证列表。

(3)选中一张凭证，单击“删除”可删除标志“未审核”的凭证。实质是在总账中将凭证打上“作废”标记，如果想从数据库中删除，还需在总账中执行凭证整理处理。

(4)单击“凭证”，显示单张凭证界面，如图 5—106 所示。

业务日期	业务类型	业务号	制单人	凭证日期	凭证号
2016-01-31	工资	1	张洋	2016-01-31	转-4
2016-01-31	职工福利	2	张洋	2016-01-31	转-5
2016-01-31	工会经费	3	张洋	2016-01-31	转-6

图 5—106　薪资管理系统生成的凭证表

项 目 六

固定资产管理

职业能力目标

熟悉固定资产管理系统的启动与注册过程，账套参数的设置和基础数据的设置；掌握关于固定资产日常管理的各项操作；熟悉固定资产账表管理的各项功能；能够改变手工固定资产管理系统的数据存储、组织和处理方式，提高数据处理的速度、精度和数据加工的深度，加强对企业固定资产的管理，保证成本计算的准确性和正确性。

学习成果

固定资产初始设置，取得固定资产业务处理，固定资产折旧业务处理，固定资产处置的业务核算，输出相关的报表和账簿。

任务一 固定资产管理系统初始化

一、任务资料

第一次使用该系统时，要根据具体情况进行初始设置，即建立一个适合企业自身特点的固定资产账套。它是使用固定资产管理系统管理资产的基础，初始设置包括建立固定资产子账套、基础设置和原始卡片录入三项内容，具体资料如下：

1. 控制参数(子账套的建立)

表 6－1 参数的设置

控制参数	参数设置
约定与说明	我同意
启用月份	2016 年 1 月
折旧信息	本账套计提折旧 折旧方法：平均年限法(二) 折旧汇总分配周期：1 个月 当(月初已计提月份＝可使用月份－1)时，将剩余折旧全部提足

续表

控制参数	参数设置
编码方式	资产类别编码方式:2112 固定资产编码方式 按"类别编码+序号"自动编码 卡片序号长度为5
财务接口	与财务系统进行对账 对账科目: 固定资产对账科目:1601 固定资产 累计折旧对账科目:1602 累计折旧
补充参数	业务发生后立即制单 月末结账前一定要完成制单登账业务 固定资产缺省入账科目:1601;累计折旧缺省入账科目:1602 减值准备缺省入账科目:1603;增值税进项税缺省入账科目:22210101 固定资产清理缺省入账科目:1606

2. 资产类别

表6—2 **资产类别概况**

编码	类别名称	净残值率	单位	计提属性
01	交通运输设备	4%		正常计提
011	经营用设备	4%		正常计提
012	非经营用设备	4%		正常计提
02	电子设备及其他通信设备	4%		正常计提
021	经营用设备	4%	台	正常计提
022	非经营用设备	4%	台	正常计提

3. 部门及对应折旧科目

表6—3 **部门及对应折旧科目概况**

部　门	对应折旧科目
经理室、办公室、财务部、采购部	管理费用——折旧费
销售部	销售费用——折旧费
生产部	制造费用——折旧费

4. 增减方式的对应入账科目

表6—4 **增减方式的对应入账科目**

增减方式目录	对应入账科目
增减方式	
直接购入	100202,工行存款

续表

增减方式目录	对应入账科目
投资者投入	4001,实收资本
捐赠	6301,营业外收入
盘盈	1901,待处理财产损溢
在建工程转入	1604,在建工程
融资租入	2701,长期应付款
减少方式	
出售	1606,固定资产清理
盘亏	1901,待处理财产损溢
报废	1606,固定资产清理
毁损	1606,固定资产清理

5. 原始卡片

表 6—5　　原始卡片

固定资产名称	类别编号	所在部门	增减方式	使用年限（月）	开始使用日期	原值	累计折旧
轿车	012	经理室	直接购入	72	2014.11.1	200 000.00	41 129.97
笔记本电脑	022	经理室	直接购入	60	2015.11.1	4 360.00	70.94
传真机	022	办公室	直接购入	60	2014.11.1	4 500.00	1 440.00
装订机	021	生产一部	直接购入	60	2014.12.1	26 000.00	2 240.00
装订机	021	生产二部	直接购入	60	2014.12.1	26 000.00	2 240.00
合　计	—	—	—	—	—	260 860.00	47 120.91

注：净残值率均为 4%，使用状况均为“在用”，折旧方法均采用平均年限法(二)。

二、任务要求

根据企业需要在企业应用平台中设置相关信息。

三、任务操作指导

(一)建立固定资产子账套

在新建账套初次使用固定资产系统时，系统会提示：“这是第一次打开此账套，还未进行过初始化，是否进行初始化?”系统初始化是使用固定资产系统管理资产的首要操作，是根据单位的具体情况，建立一个适合自己需要的固定资产子账套的过程。

建立固定资产账套之前要设置的内容主要包括约定及说明、启用月份、折旧信息、编码方式、账务接口和完成设置六个部分。

(1)启动固定资产系统，系统提示“是否进行初始化”时，单击“是”按钮，打开“固定资产初始化向导——约定及说明”对话框，如图 6—1 所示。

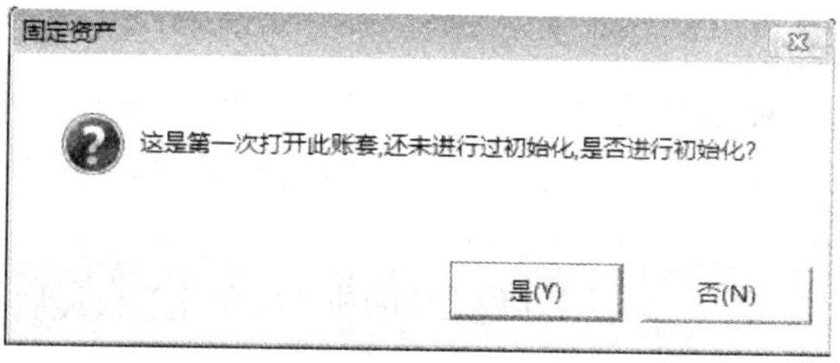

图 6－1 "固定资产初始化"窗口

(2)在"固定资产初始化向导——约定及说明"对话框中,显示固定资产账套的基本信息,如图 6－2 所示。

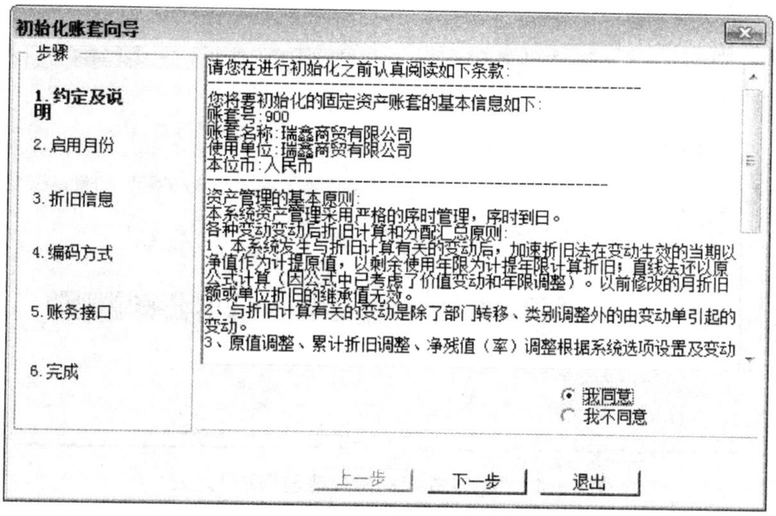

图 6－2 "固定资产初始化账套"窗口之一

(3)单击"下一步"按钮,打开"固定资产初始化向导——启用月份"对话框,如图 6－3 所示。

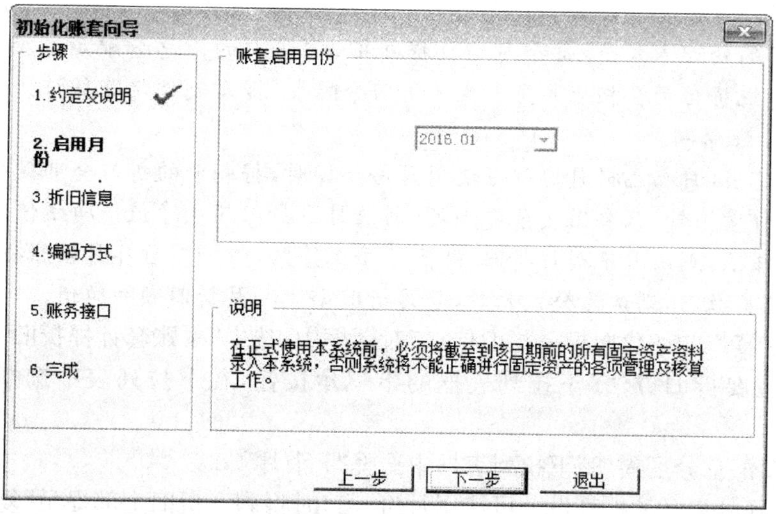

图 6－3 "固定资产初始化账套"窗口之二

注意：

在此界面中可以查看本账套固定资产开始使用的年份和会计期间，但启用日期只能查看不能修改。当确定启用日期后，在该日期前的所有固定资产都将作为期初数据，在启用月份开始计提折旧。

(4)在“固定资初始化向导——启用月份”对话框中，单击“账套启用月份”下拉列表框的下三角按钮，在下拉列表中选择。

(5)单击“下一步”按钮，打开“固定资产初始化向导——折旧信息”对话框，如图 6－4 所示。

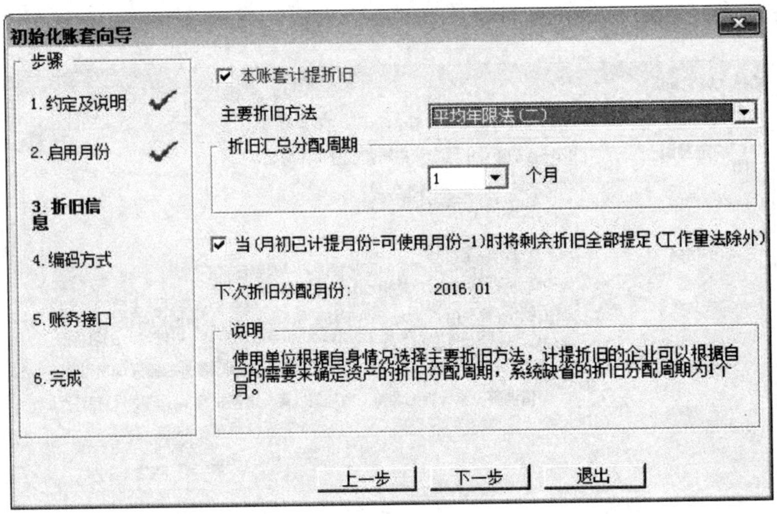

图 6—4 “固定资产初始化账套”窗口之三

注意：

①企业在实际计提折旧时，不一定每个月计提一次，可能因行业和自身情况，每季度、半年或一年计提一次，折旧费用的归集也按照这样的周期进行，如保险行业每三个月计提和汇总分配一次折旧。

②系统设定的处理方式是：每个月均计提折旧，但折旧的汇总分配原则按选择的周期进行，一旦选定，系统将自动在相应的月末生成折旧分配表，提示制作记账凭证。系统提供 1、2、3、4、6、12 几个分配周期。

③如果选中“当(月初已提月份＝可使用月份－1)时，将剩余的折旧全部提足(工作量法除外)”项，则除工作量法外，只要上述条件满足，则该月月折旧额＝净值－净残值，并且不能手工修改；如果不选该项，则该月不提足折旧，并且可手工修改，但如以后各月按照公式计算的月折旧率或折旧额是负数时，则认为公式无效，令月折旧率＝0，月折旧额＝净值－净残值。

(6)在“固定资产初始化向导—折旧信息”对话框中，选中“本账套计提折旧”复选框。

(7)单击“主要折旧方法”下拉列表框的下三角按钮，在下拉列表中选择“平均年限法(二)”。

(8)在“折旧汇总分配周期”下拉列表框中选择“1 个月”。

(9)选中“当(月初已计提月份＝可使用月份－1)时将剩余折旧全部提足”复选框。

(10)单击“下一步”按钮，打开“固定资产初始化向导——编码方式”对话框，如图 6—5 所示。

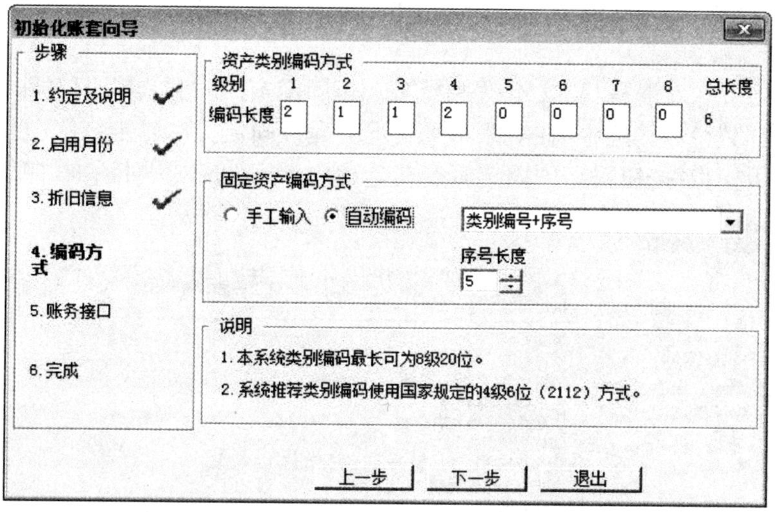

图 6—5 “固定资产初始化账套”窗口之四

(11)在“固定资产初始化向导——编码方式”对话框中，确定资产类别编码长度“2112”。

注意：

①资产类别编码方式设定以后，一旦某一级设置了类别，则该级的长度不能修改，未使用过的各级的长度可修改。

②每一个账套的资产自动编码方式只能选择一种，一经设定，该自动编码方式不得修改。

(12)在“固定资产编码方式”选项区域，选择“自动编码”单选按钮，单击右侧下拉列表框的下三角按钮，选择“类别编号＋部门编号＋序号”，单击“序号长度”框的微调按钮进行选择“5”。

(13)单击“下一步”按钮，打开“固定资产初始化向导——账务接口”对话框，如图 6—6 所示。

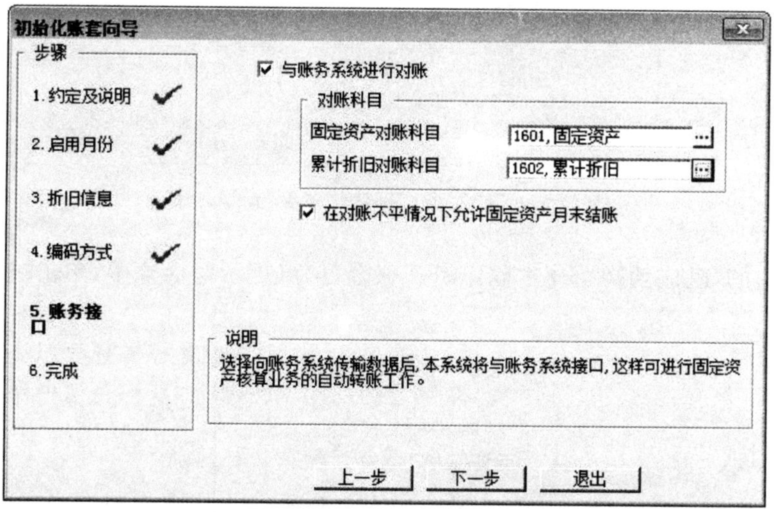

图 6—6 “固定资产初始化账套”窗口之五

(14)在“固定资产初始化向导——账务接口”对话框中，选中“与账务系统进行对账”复选框。

(15)在“固定资产对账科目”文本框选择“1601，固定资产”“累计折旧对账科目”文本框选择“1602，累计折旧”科目。选中“在对账不平情况下允许固定资产月末结账”复选框。

(16)单击“下一步”按钮，打开“固定资产初始化向导——完成”对话框，如图6—7所示。

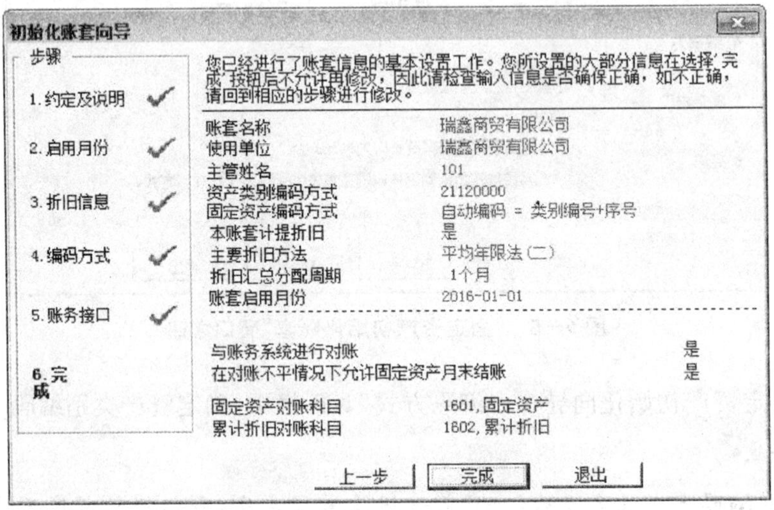

图6—7 “固定资产初始化账套”窗口之六

(17)单击“完成”按钮，完成固定资产账套的初始化设置。

(18)在弹出的“是否确定所设置的信息完全正确并保存对新账套的所有设置”信息提示对话框中，单击“是”按钮，如图6—8所示。

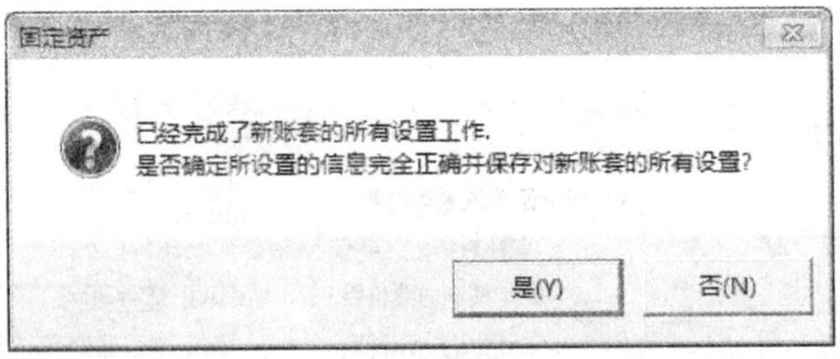

图6—8 “固定资产初始化账套”窗口之七

(19)在弹出的“已成功初始化本固定资产账套”信息提示对话框中，单击“确定”按钮，如图6—9所示。

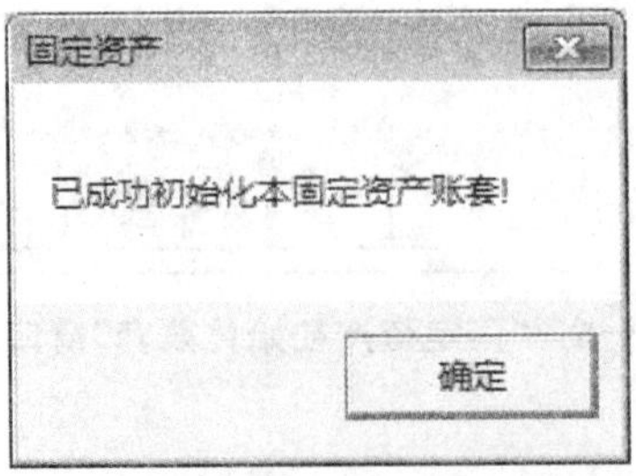

图6—9 “固定资产初始化账套完成”窗口

完成建账之后，当需要对账套中某些参数进行修改时，可在“系统菜单—设置—选项”中进行重新设置，当发现某些设置（例如，本账套是否计提折旧）错误而又不允许修改但必须纠正时，则只能通过“重新初始化”功能实现，但应注意重新初始化将清空对该子账套所做的一切工作。

（二）基础数据设置

在开始记账前，必须将手工记账时采用的信息在账套内进行设置，这些基础设置是使用固定资产系统进行资产管理和核算的基础。系统的各项基础设置中除资产类别和建账期初数据必须由用户设置外，其他各部分都有缺省的内容。

1. 设置选项

选项中包括在账套初始化中设置的参数和其他一些在账套运行中使用的参数或判断，在此只对初始化中没有设置的参数进行说明，账套初始化中可修改的参数可以在这里修改。

（1）执行“设置—选项”命令，进入“选项”窗口，如图6—10所示。

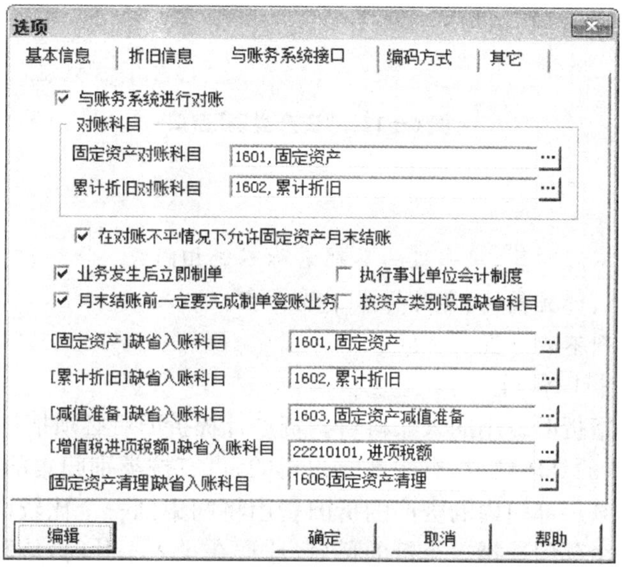

图6—10 “选项”窗口

（2）在“与账务系统接口”窗口中，选择“与账务系统进行对账”复选项。

（3）选择“业务发生后立即制单”。

（4）选择“月末结账前一定要完成制单登账业务”。

（5）在固定资产缺省入账科目选择“1601，固定资产”，在累计折旧缺省入账科目选择“1602，累计折旧”，在减值准备缺省入账科目选择“1603，固定资产减值准备”等。

（6）单击“确定”按钮，退出“选项”窗口。

2. 设置资产类别

固定资产的种类繁多、规格不一，要强化固定资产管理，及时、准确地做好固定资产核算，必须科学地对固定资产进行分类，为核算和统计管理提供依据。企业可根据自身的特点和管理要求，确定一个较为合理的资产分类方法。

（1）执行“设置—资产类别”命令，进入“类别编码表”窗口。

（2）单击“增加”按钮，输入类别名称“交通运输设备”，净残值率“4%”；选择计提属性“正常计提”，折旧方法“平均年限法（二）”，卡片样式“通用样式”，单击“保存”按钮。

（3）同理，完成其他资类别的设置，如图 6－11 所示。

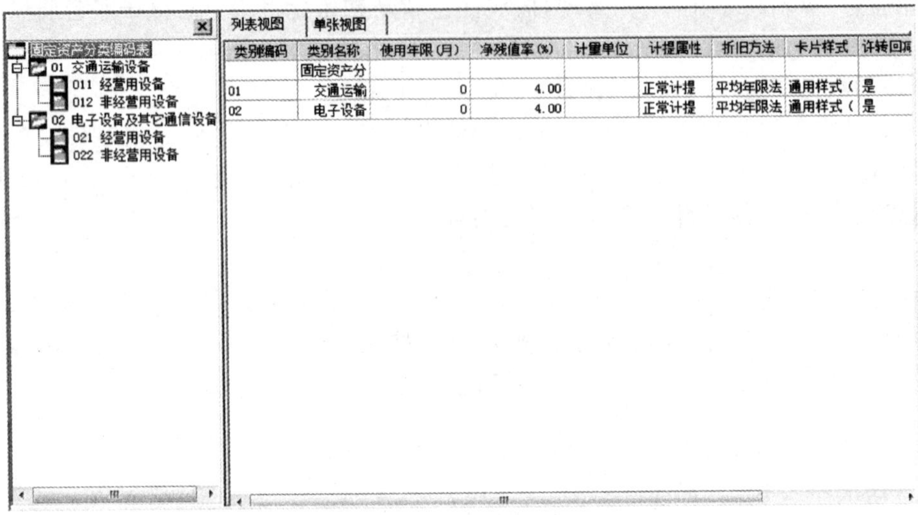

图 6－11 “资产类别”窗口

注意：

①资产类别编码不能重复，同一级的类别名称不能相同。

②类别编码、名称、计提属性、卡片样式不能为空。

③已使用过的类别不能设置新下级。

3. 设置部门对应折旧科目

对应折旧科目是指折旧费用的入账科目。资产计提折旧后必须把折旧数据归入成本或费用科目，根据不同企业的具体情况，有按部门归集的，也有按类别归集的。当按部门归集折旧费用时，一般情况下，某一部门内的资产的折旧费用将归集到一个比较固定的科目，部门折旧科目的设置就是给每个部门选择一个折旧科目，这样在录入卡片时，该科目自动添入卡片中，不必一个一个输入。

因本系统录入卡片时，只能选择明细级部门，所以设置折旧科目也只有给明细级部门设置才有意义。如果对某一上级部门设置了对应的折旧科目，下级部门继承上级部门的设置（设置部门对应的折旧科目时，必须选择末级会计科目）。

（1）执行“设置—部门对应折旧科目”命令，进入“部门编码表”窗口。

（2）选择部门“经理室”，单击“修改”按钮。

（3）选择折旧科目“660204 管理费用——折旧费”，单击“保存”按钮。

（4）同理，完成其他部门折旧科目的设置，如图 6－12 所示。

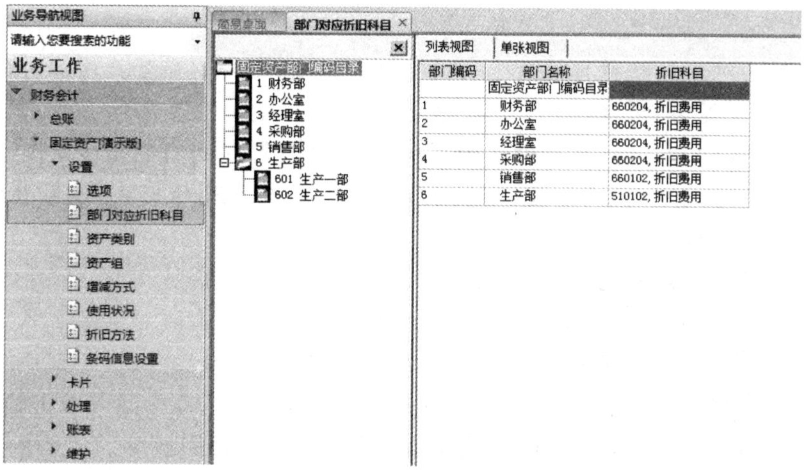

图 6—12 “部门对应折旧科目”窗口

4．设置增减方式的对应科目

增减方式包括增加和减少两类。资产增加或减少方式用以确定资产计价和处理原则，此外，明确资产的增加或减少方式可对固定资产增减的汇总管理做到心中有数。系统内置的增加方式有直接购买、投资者投入、捐赠、盘盈、在建工程转入、融资租入六种；减少方式有出售、盘亏、投资转出、捐赠转出、报废、毁损、融资租出、拆分减少八种。用友 ERP－U8 应用系统中固定资产的增减方式可以设置两级，用户可根据需要自行增加。

（1）执行“设置—增减方式”命令，进入增减方式窗口。

（2）在左边列表框中，单击增加方式“直接购入”，单击“修改”按钮。

（3）输入对应入账科目“100202，工行存款”，单击“保存”按钮。

（4）同理，在减少方式中，输入减少方式名称“毁损”，对应入账科目“1606，固定资产清理”，如图 6－13 所示。

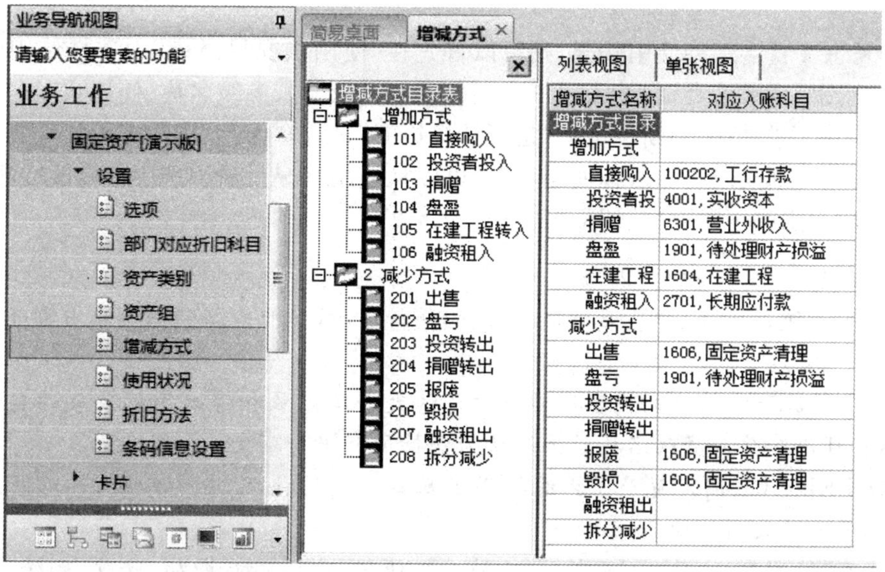

图 6—13 增减方式

注意：

①此处设置的对应入账科目是为了生成凭证时缺省。例如，当资产增加时，以购入方式增加资产，该科目可设置为“银行存款”，以投资者投入时该科目可设置为“实收资本”，该科目在贷方缺省；当资产减少时，该科目可设置为“固定资产清理”，该科目在借方缺省。

②系统缺省的增减方式中“盘盈、盘亏、毁损”不能修改和删除，因为本系统提供的报表中有固定资产盘盈盘亏报告表。

③非明细级增减方式不能删除，已使用的增减方式不能删除。

④生成凭证时，如果入账科目发生了变化，可以即时修改。

5. 使用状况设置

从固定资产核算和管理的角度，需要明确资产的使用状况，一方面可以正确地计算和计提折旧，另一方面便于统计固定资产的使用情况，提高资产的利用效率。主要的使用状况有在用、季节性停用、经营性出租、大修理停用、未使用、不需用，具体操作步骤如下：

(1)在固定资产系统中，执行“设置—使用状况”命令，进入“使用状况”窗口，如图 6—14 所示。

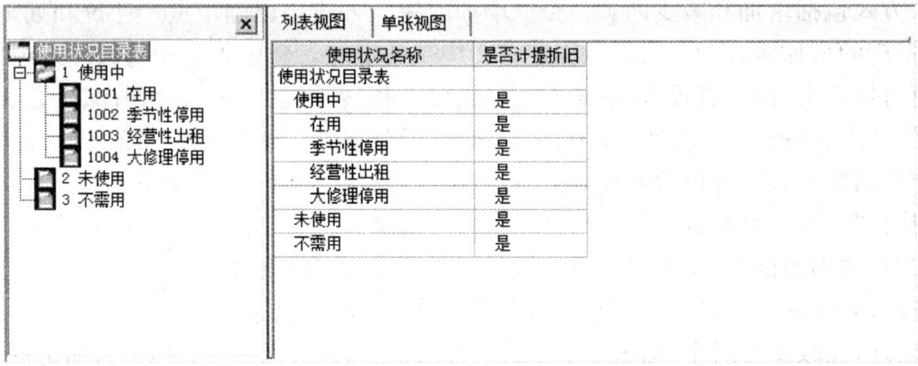

图 6—14 “使用状况”窗口

(2)如果想要新增一种使用状况，则可以首先在“使用状况目录表”中选择使用状况，然后单击“增加”按钮，显示该类别“单张视图”；接着在编辑区输入上级名称、使用状况名称，根据使用状况和本单位实际情况判断该资产“是否计提折旧”，单击“保存”按钮即可。

(3)如果想要修改或删除一种使用状况，可以从使用状况目录中选中要修改或删除的使用状况，然后单击“修改—删除”按钮即可。

注意：

①修改某一使用状况的“是否计提折旧”的判断后，对折旧计算的影响从当期开始，不调整以前的折旧计算。

②“在用”状况下级缺省的内容因涉及卡片的大修理记录和停启用记录表的自动填写，不能删除，名称可以修改。修改名称后系统认为保持原有概念不变。

③用友 ERP—U8 固定资产子系统提供了基本的使用状况，分为两级，不可修改或删除，可以在此基础上定义新的使用状况。

④只能有“使用中、未使用、不需用”三种一级使用状况，不能增加、修改、删除。可以在一级使用状况下增加二级使用状况。

(三)原始卡片录入

在使用固定资产系统进行核算前,除了前面必要的基础工作外,还必须将建账日期以前的数据录入系统中,以保持历史数据的连续性。原始卡片的录入不限制必须在第一个期间结账前,任何时候都可以录入。例如,按某公司所示的原始资料输入固定资产卡片,具体操作步骤如下:

(1)执行"卡片—录入原始卡片"命令,进入"资产类别参照"窗口,如图 6-15 所示。

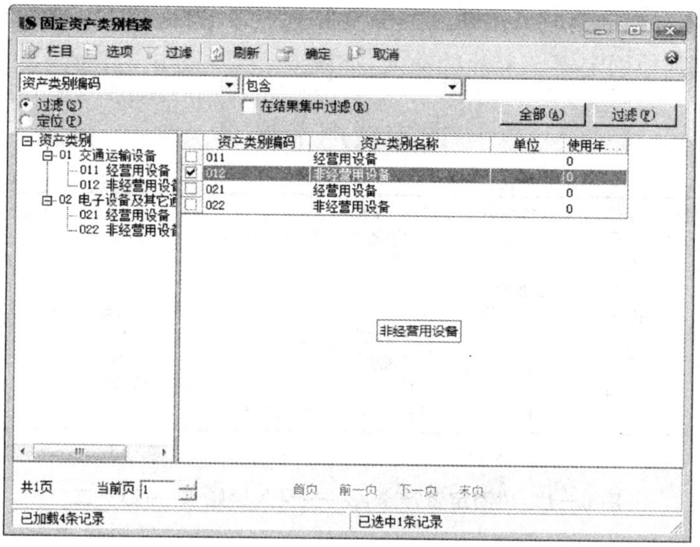

图 6-15 "资产类别参照"窗口

(2)选择固定资产类别"012 非经营用设备",单击"确定"按钮,进入"固定资产卡片录入"窗口。

(3)输入固定资产名称"轿车";双击部门名称选择"经理室",双击增加方式选择"直接购入",双击使用状况,选择"在用";输入开始使用日期"2014-11-01";输入原值"226,490.00";输入累计折旧"57,218.55";输入可使用年限(月)"72";其他信息自动算出,如图 6-16 所示。

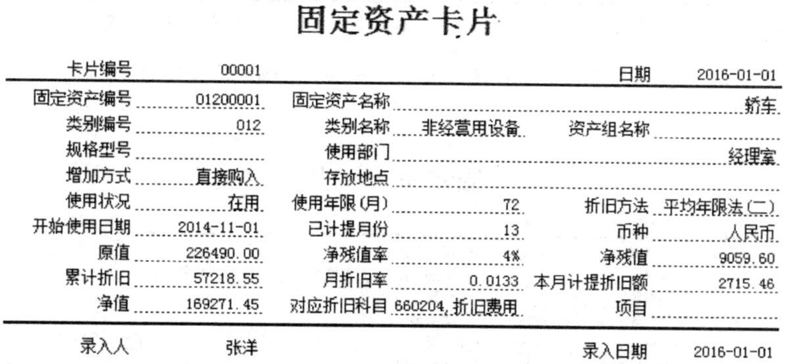

固定资产卡片

卡片编号	00001			日期	2016-01-01
固定资产编号	01200001	固定资产名称			轿车
类别编号	012	类别名称	非经营用设备	资产组名称	
规格型号		使用部门			经理室
增加方式	直接购入	存放地点			
使用状况	在用	使用年限(月)	72	折旧方法	平均年限法(二)
开始使用日期	2014-11-01	已计提月份	13	币种	人民币
原值	226490.00	净残值率	4%	净残值	9059.60
累计折旧	57218.55	月折旧率	0.0133	本月计提折旧额	2715.46
净值	169271.45	对应折旧科目	660204,折旧费用	项目	
录入人	张洋			录入日期	2016-01-01

图 6-16 "固定资产卡片——录入原始卡"窗口之一

(4)单击"保存"按钮,弹出信息提示框显示:"数据成功保存!"单击"确定"按钮。

注意：

①卡片中的固定资产编号根据初始化或选项设置中的编码方式，自动编码或用户手工录入。录入人自动显示为当前操作员，录入日期为当前登录日期。

②在该界面中，除主卡的“固定资产卡片”外，还有若干的附属页签，附属页签上的信息只供参考，既不参与计算，也不进行回溯。

③在录入固定资产数据时，有些卡片项目需要直接手工录入，有些则可以选择。如单击卡片项目出现类似“类别编号”按钮，则单击按钮显示参照界面，选择需要的内容即可。

（5）同理，完成其他固定资产卡片的输入，如图6－17～图6－20所示。

固定资产卡片

卡片编号	00002			日期	2016-01-01
固定资产编号	02200001	固定资产名称			笔记本电脑
类别编号	022	类别名称	非经营用设备	资产组名称	
规格型号		使用部门			经理室
增加方式	直接购入	存放地点			
使用状况	在用	使用年限(月)	60	折旧方法	平均年限法(二)
开始使用日期	2015-11-01	已计提月份	1	币种	人民币
原值	4360.00	净残值率	4%	净残值	174.40
累计折旧	70.94	月折旧率	0.016	本月计提折旧额	69.74
净值	4289.06	对应折旧科目	660204，折旧费用	项目	
录入人	张洋			录入日期	2016-01-01

图6－17 “固定资产卡片——录入原始卡”窗口之二

固定资产卡片

卡片编号	00003			日期	2016-01-01
固定资产编号	02200002	固定资产名称			传真机
类别编号	022	类别名称	非经营用设备	资产组名称	
规格型号		使用部门			经理室
增加方式	直接购入	存放地点			
使用状况	在用	使用年限(月)	60	折旧方法	平均年限法(二)
开始使用日期	2014-11-01	已计提月份	13	币种	人民币
原值	4500.00	净残值率	4%	净残值	180.00
累计折旧	1440.00	月折旧率	0.016	本月计提折旧额	61.28
净值	3060.00	对应折旧科目	660204，折旧费用	项目	
录入人	张洋			录入日期	2016-01-01

图6－18 “固定资产卡片——录入原始卡”窗口之三

固定资产卡片

卡片编号	00004			日期	2016-01-01
固定资产编号	02100001	固定资产名称			装订机
类别编号	021	类别名称	经营用设备	资产组名称	
规格型号		使用部门			生产一部
增加方式	直接购入	存放地点			
使用状况	在用	使用年限(月)	60	折旧方法	平均年限法(二)
开始使用日期	2014-12-01	已计提月份	12	币种	人民币
原值	26000.00	净残值率	4%	净残值	1040.00
累计折旧	2240.00	月折旧率	0.016	本月计提折旧额	473.33
净值	23760.00	对应折旧科目	510102，折旧费用	项目	
录入人	张洋			录入日期	2016-01-01

图6－19 “固定资产卡片——录入原始卡”窗口之四

固定资产卡片

卡片编号	00005			日期	2016-01-01
固定资产编号	02100002	固定资产名称			装订机
类别编号	021	类别名称	经营用设备	资产组名称	
规格型号		使用部门			生产二部
增加方式	直接购入	存放地点			
使用状况	在用	使用年限(月)	60	折旧方法	平均年限法(二)
开始使用日期	2014-12-01	已计提月份	12	币种	人民币
原值	26000.00	净残值率	4%	净残值	1040.00
累计折旧	2240.00	月折旧率	0.016	本月计提折旧额	473.33
净值	23760.00	对应折旧科目	510102，折旧费用	项目	
录入人	张洋			录入日期	2016-01-01

图 6—20 “固定资产卡片——录入原始卡”窗口之五

(6)全部原始卡片录入完成后，可以选择“处理—对账”功能将目前固定资产系统明细与总账系统进行对账，以确保固定资产明细账与总账相符，如图 6—21 所示。

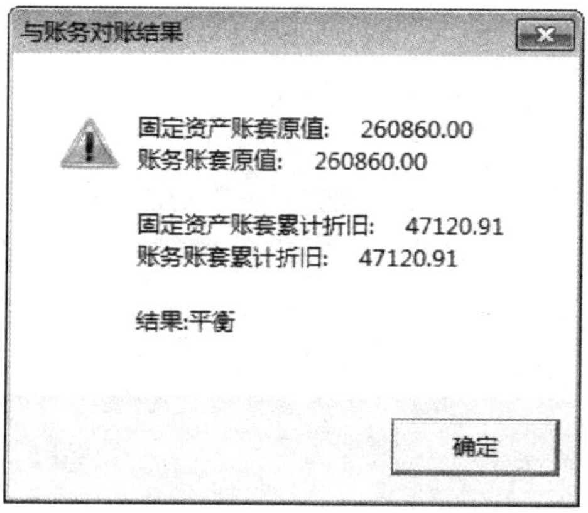

图 6—21 “与账务对账结果”窗口

注意：

①卡片编号：系统根据初始化时定义的编码方案自动设定，不能修改，如果删除一张卡片，而它又不是最后一张时，系统将保留空号。

②已计提月份：系统将根据开始使用日期自动算出，但可以修改，应将使用期间停用等不计提折旧的月份扣除。

③月折旧率、月折旧额：与计算折旧有关的项目录入后，系统会按照输入的内容自动算出并显示在相应项目内，可与手工计算的值比较，核对是否有错误。

任务二 日常业务处理

一、任务资料

本月购进扫描仪一台，接受捐赠一辆小轿车给销售部使用，同时对原有笔记本电脑计提减值准备，并对小轿车进行评估，具体资料如下：

(1)1 月 21 日,财务部购买扫描仪一台,价值 1 500 元,增值税率 17%,净残值率 4%,预计使用年限 5 年,使用转账支票支付,票号 65897456。

(2)1 月 31 日,对笔记本电脑计提减值准备 1 000 元。

(3)1 月 31 日,对轿车进行资产评估,评估结果为原值 300 000 元。

(4)1 月 31 日,计提本月折旧费用。

(5)1 月 31 日,生产部损毁装订机一台。

(6)1 月 31 日,进行固定资产与总账对账工作。

(7)1 月 31 日,查询本月固定资产系统生成的全部凭证。

二、任务要求

根据本月日常业务,在企业应用平台中进行相关操作。

三、任务操作指导

(一)资产增加(业务 1)

"资产增加"操作也称"新卡片录入",与"原始卡片录入"相对应。在系统日常使用过程中,可能会购进或通过其他方式增加企业资产,该部分资产通过"资产增加"操作录入系统。

资产通过原始卡片录入还是通过"资产增加"录入,在于资产的开始使用日期。只有当"开始使用日期的月份=录入的月份"时,才能通过"资产增加"录入,具体操作步骤如下:

(1)执行"卡片—资产增加"命令,进入"资产类别参照"窗口,如图 6—22 所示。

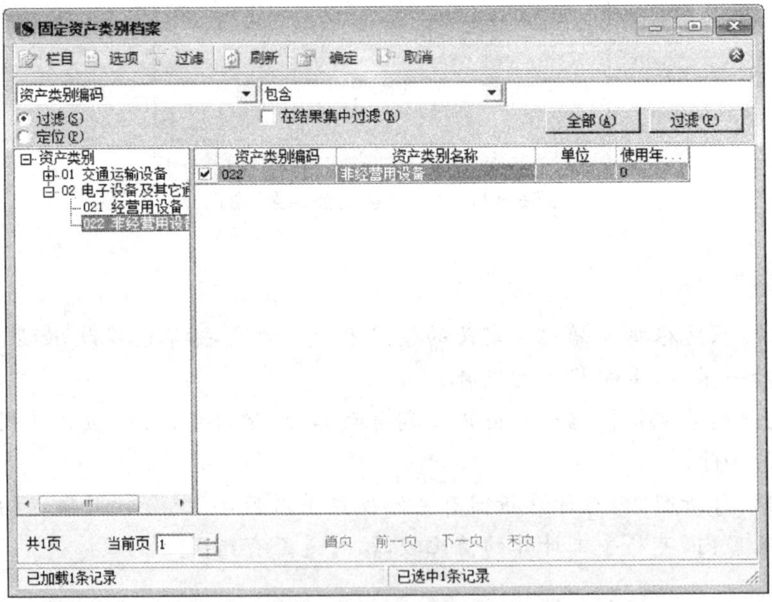

图 6—22 "资产类别参照"窗口

(2)选择资产类别"022 非经营用设备",单击"确定"按钮,进入"固定资产卡片新增"窗口,如图 6—23 所示。

固定资产卡片

卡片编号	00006			日期	2016-01-21
固定资产编号	02200003	固定资产名称	扫描仪		
类别编号	022	类别名称	非经营用设备	资产组名称	
规格型号	爱普生4700	使用部门	财务部		
增加方式	直接购入	存放地点	财务部		
使用状况	在用	使用年限(月)	60	折旧方法	平均年限法(二)
开始使用日期	2016-01-21	已计提月份	0	币种	人民币
原值	1500.00	净残值率	4%	净残值	60.00
累计折旧	0.00	月折旧率	0	本月计提折旧额	0.00
净值	1500.00	对应折旧科目	660204,折旧费用	项目	
录入人	张洋			录入日期	2016-01-21

图 6—23 “固定资产卡片——新增资产”窗口

(3)输入固定资产名称“扫描仪”;双击使用部门选择“财务部”,双击增加方式,选择“直接购入”,双击使用状况,选择“在用”;输入原值“1500”,可使用年限(月)“60”,开始使用日期“2013—01—21”。

(4)单击“保存”按钮,进入“填制凭证”窗口。

(5)选择凭证类别“付账凭证”,修改制单日期、附件数,单击“插分”按钮,输入科目“应交税费—应交增值税—进项税额”及“金额”,单击“保存”按钮,生成凭证,如图 6—24 所示。

已生成

付 款 凭 证

付 字 0001　　制单日期: 2016.01.21　　审核日期:　　附单据数: 0

摘 要	科目名称	借方金额	贷方金额
直接购入资产.	固定资产	150000	
直接购入资产.	应交税费/应交增值税/进项税额	25500	
直接购入资产.	银行存款/工行存款		175500
票号 - 日期	数量 单价	合 计 175500	175500

备注　项 目　　部 门
　　　个 人　　客 户
　　　业务员

记账　　审核　　出纳　　制单 张洋

图 6—24 “生成凭证”窗口

注意:

①固定资产原值一定要输入卡片录入月初的价值,否则会出现计算错误。

②卡片输入完后,也可以不立即制单,月末可以批量制单。

(6)新卡片第一个月不提折旧,累计折旧为空或 0。

(二)资产减值准备(业务 2)

(1)执行“卡片—变动单—计提减值准备”命令,进入“固定资产变动单”窗口,如图 6—25 所示。

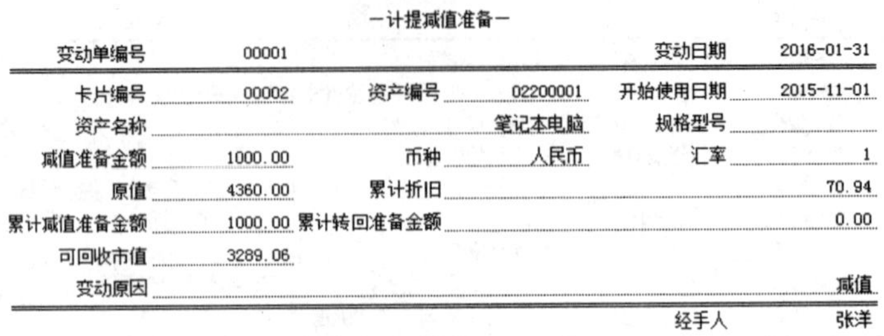

图 6—25 “固定资产变动单”窗口

(2)输入卡片编号“00002”,双击计提减值准备金额“1000”,输入变动原因“减值”。

(3)单击“保存”按钮,进入“填制凭证”窗口。

(4)选择凭证类型“转账凭证”,填写修改其他项目,单击“保存”按钮,如图 6—26 所示。

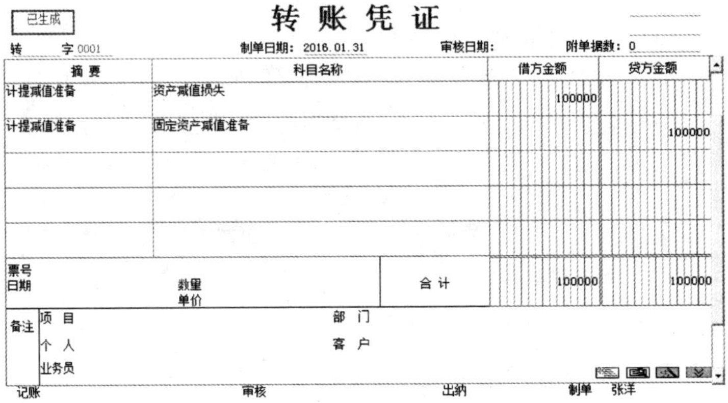

图 6—26 “生成凭证”窗口

(三)资产评估(业务 3)

(1)执行“卡片—资产评估”命令,进入“资产评估管理”窗口。

(2)单击“增加”按钮,打开“评估资产选择”对话框,如图 6—27 所示。

(3)选择要评估的项目“原值”和“累计折旧”,单击“确定”按钮。

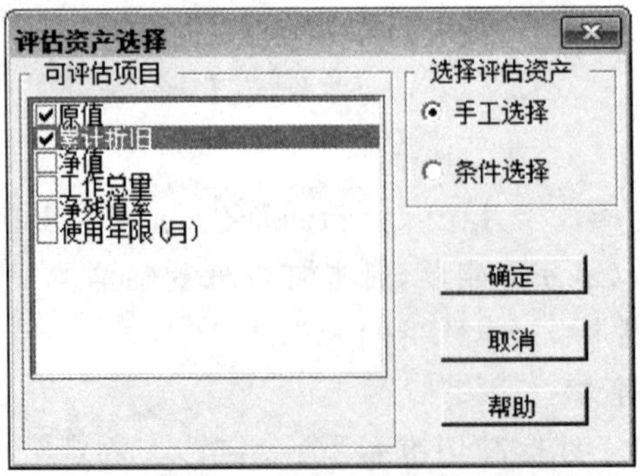

图 6—27 “评估资产选择”窗口

(4)在“资产评估”窗口中选择要评估资产“轿车”的卡片编号，输入评估后数据，如图6—28所示。

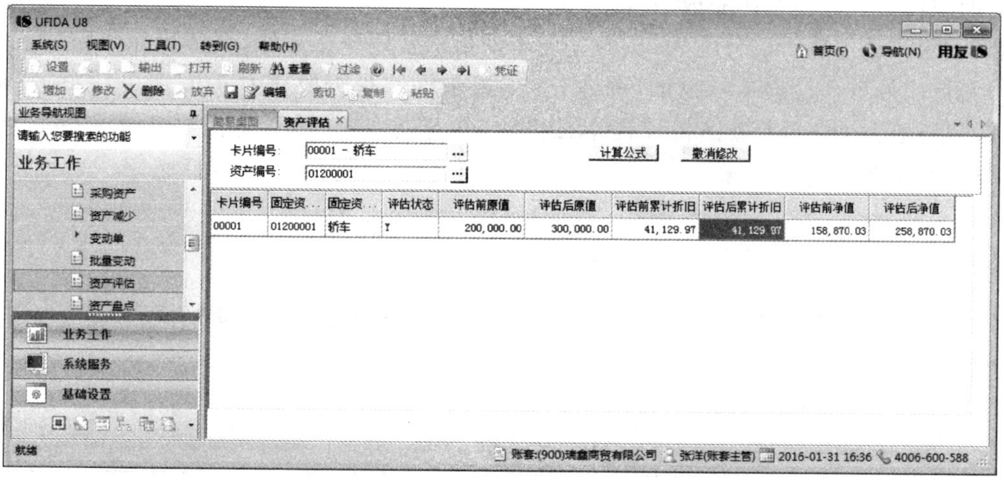

图6—28 “资产评估”窗口

(5)单击“保存”按钮。系统弹出提示：“是否确认要进行资产评估？”单击“是”按钮，弹出填制凭证窗口，如图6—29所示。

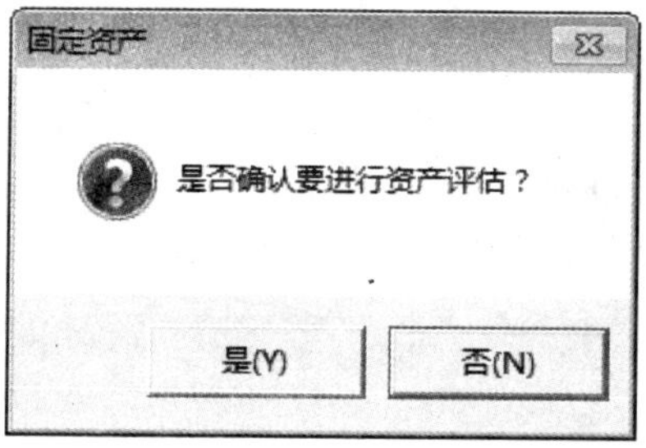

图6—29 “固定资产评估确认”窗口

(6)单击“保存”按钮，如图6—30所示。

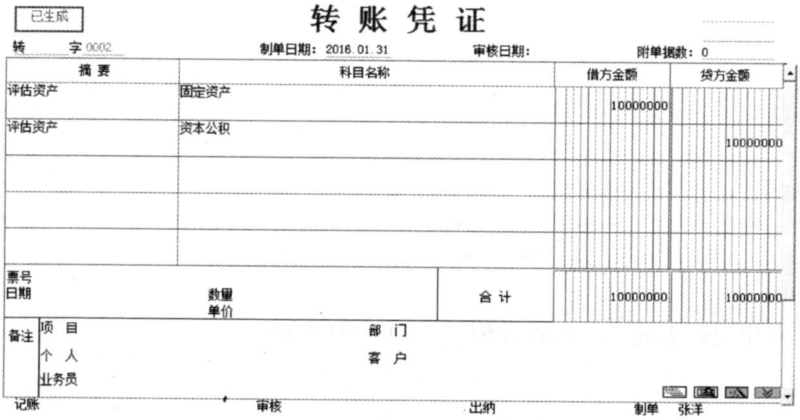

图6—30 “资产评估——凭证”窗口

(四)折旧处理(业务4)

当开始计提折旧时,系统将自动计提所有资产当期折旧额,并将当期的折旧额自动累加到累计折旧项目中。计提工作完成后,需要进行折旧分配,形成折旧费用,系统除了自动生成折旧清单外,同时还生成折旧分配表,从而完成本期折旧费用登账工作,具体操作步骤如下:

(1)执行"处理—计提本月折旧"命令,弹出提示框:"是否要查看折旧清单?"单击"是"按钮。弹出信息提示框:"本操作将计提本月折旧,并花费一定时间,是否要继续?"单击"是"按钮,如图6—31所示。

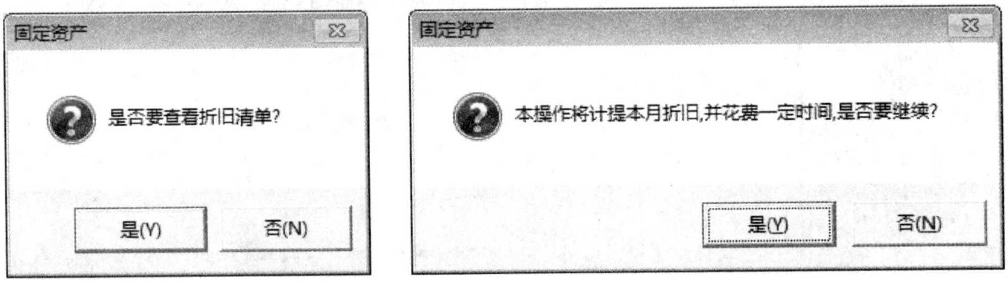

图6—31 计提折旧提示

(2)系统计提折旧完成后进入"折旧清单"窗口,如图6—32所示。

注意:

①折旧清单显示所有应计提折旧的资产所计提折旧数额的列表,单期的折旧清单中列示了资产名称。

②折旧清单显示计提原值、月折旧率、单位折旧、月工作量、月折旧额等信息;全年的折旧清单中同时列出了各资产12个计提期间中月折旧额、本年累计折旧等信息。

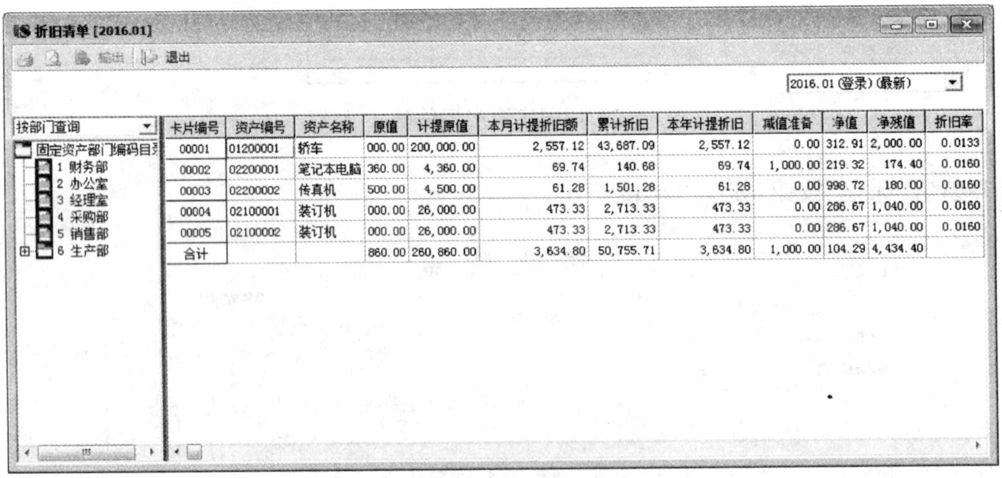

卡片编号	资产编号	资产名称	原值	计提原值	本月计提折旧额	累计折旧	本年计提折旧	减值准备	净值	净残值	折旧率
00001	01200001	轿车	000.00	200,000.00	2,557.12	43,687.09	2,557.12	0.00	312.91	2,000.00	0.0133
00002	02200001	笔记本电脑	360.00	4,360.00	69.74	140.68	69.74	1,000.00	219.32	174.40	0.0160
00003	02200002	传真机	500.00	4,500.00	61.28	1,501.28	61.28	0.00	998.72	180.00	0.0160
00004	02100001	装订机	000.00	26,000.00	473.33	2,713.33	473.33	0.00	286.67	1,040.00	0.0160
00005	02100002	装订机	000.00	26,000.00	473.33	2,713.33	473.33	0.00	286.67	1,040.00	0.0160
合计			860.00	260,860.00	3,634.80	50,755.71	3,634.80	1,000.00	104.29	4,434.40	

图6—32 "折旧清单"窗口

(3)单击"退出"按钮,进入"折旧分配表"窗口,如图6—33所示。

注意:

①折旧分配表是制作记账凭证,把计提折旧额分配到有关成本和费用的依据。

②折旧分配表有两种类型：类别折旧分配表和部门折旧分配表。何时生成折旧分配表根据操作员在初始化或选项中选择的折旧分配总周期确定。如果选定的是一个月，则每期计提折旧后自动生成折旧分配表；如果选定的是3个月，则只有到3的倍数期间，即第3、6、9、12期间计提折旧后才自动生成折旧分配凭证。

③制作记账凭证要在生成折旧分配表后进行。

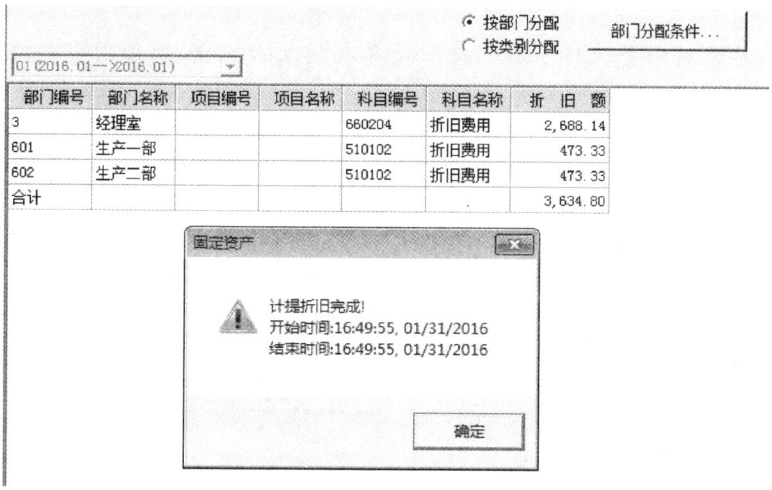

图6—33 “折旧分配表”窗口

（4）单击“凭证”按钮，进入“填制凭证”窗口，选择“记账凭证”，修改其他项目，单击“保存”按钮，计提折旧凭证，如图6—34所示。

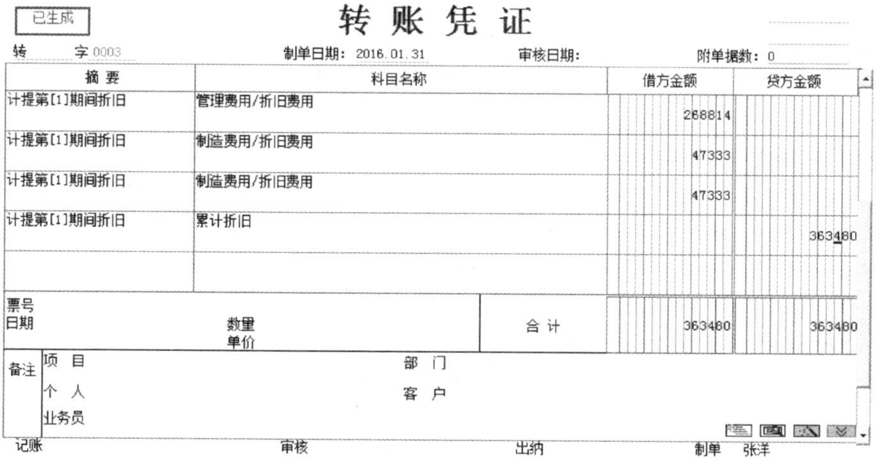

图6—34 “生成凭证”窗口

注意：

①利用折旧分配表制作凭证时，该表中所有缺省的借贷方的数据不允许修改，所有缺省的科目（从卡片得到）不能修改，不能增、删分录。

②系统提供了批量制单功能，在变动单发生时，不制单，通过此功能来完成，批量功能可同

时将一批需要制单业务连续制作凭证传输到账务系统，从而避免多次制单的烦琐。

③凡是应制单业务发生当时没有制单的，该业务自动排列在批量制单表中，表中列示应制单而没有制单的业务发生的日期、类型、原始单据号，缺省的借贷方科目和金额，以及制单选择标志。

④上次计提折旧已通过记账凭证把数据传递到账务系统，故必须删除该凭证才能重新计提折旧。

⑤计提折旧后又对账套进行了影响折旧计算或分配的操作，故必须重新计提折旧。

(五)资产减少(业务5)

(1)执行"卡片—资产减少"命令，进入"资产减少"窗口，如图6—35所示。

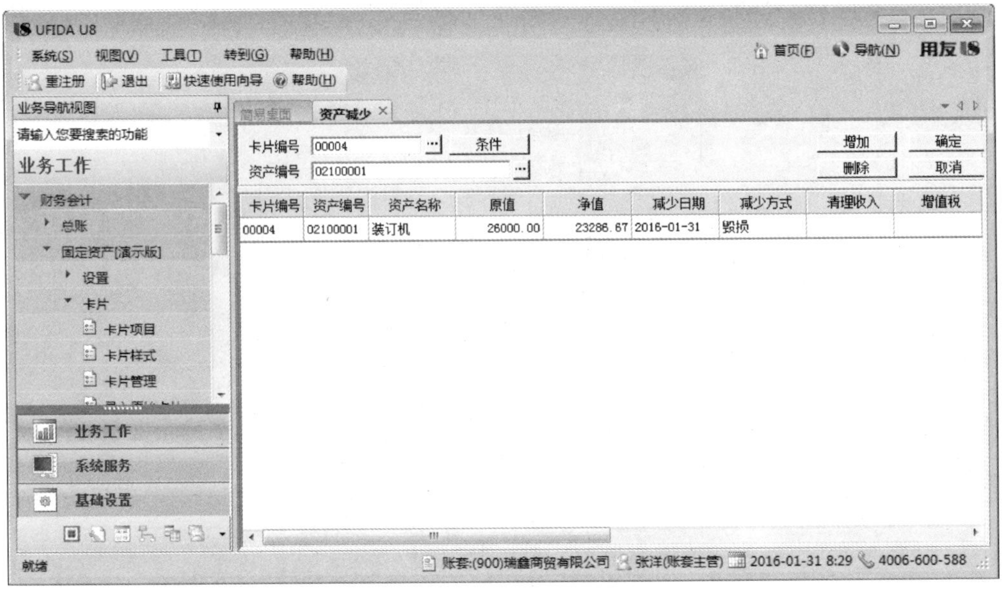

图6—35 "资产减少"窗口

(2)选择卡片编号"00004"，单击"增加"按钮。

(3)选择减少方式"毁损"，单击"确定"按钮，如图6—36所示。

图6—36 "资产减少成功提示"窗口

(4)进入"填制凭证"窗口，选择"转账凭证"，修改其他项目，单击"保存"按钮。原值"26000.00"元，累计折旧"2713.33"元，固定资产清理的金额为"23286.67"元，如图6—37所示。

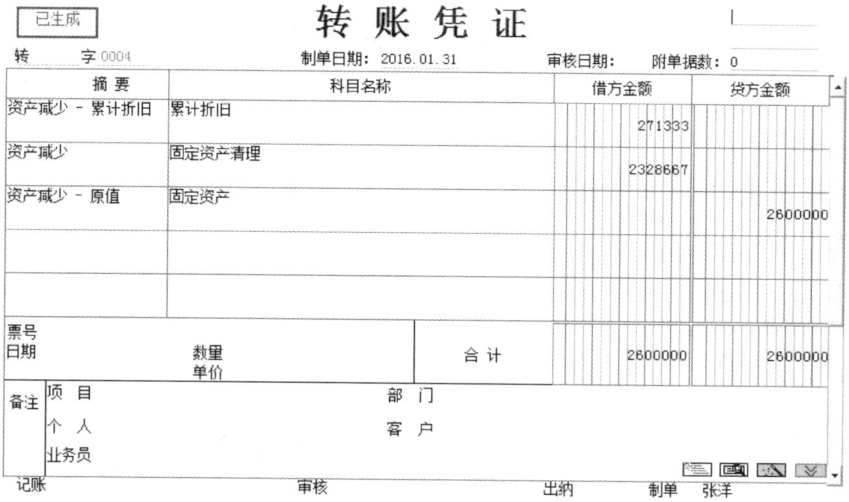

图 6—37 “生成凭证”窗口

注意：本账套需要进行计提折旧后，才能减少资产。

（六）对账（业务 6）

在对账之前，要先在总账系统中对传递过来的凭证进行出纳签字，然后进行审核和记账。当在初始化或选项中选择了与账务系统对账后，才可使用本系统的对账功能。

为保证固定资产系统的资产价值与总账系统中固定资产科目的数值相等，可随时使用对账功能对两个系统进行审查。对账的操作不限制时间，任何时候都可以进行对账。系统在执行月末结账时自动对账一次，并给出对账结果，具体操作步骤如下：

（1）在总账系统中，执行“总账—凭证—出纳签字”“总账—凭证—审核凭证”及“总账—凭证—记账”命令。

（2）在固定资产系统中，执行“处理—对账”命令，弹出“与财务对账结果”提示框。

（3）单击“确定”按钮，如图 6—38 所示。

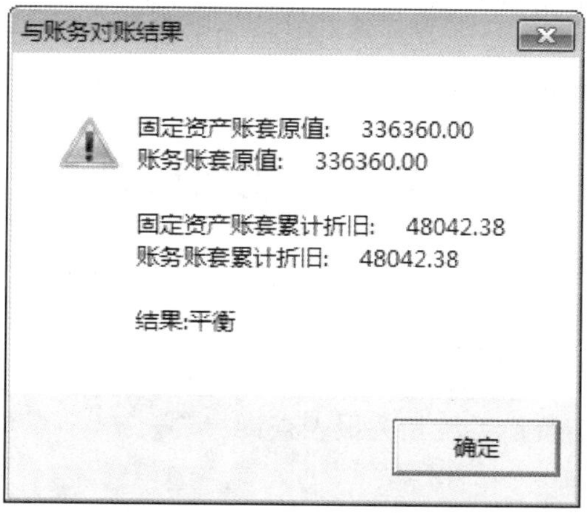

图 6—38 “与账务对账结果”窗口

注意：

①只有总账系统记账完毕，固定资产管理系统期末才能和总账进行对账工作。

②对账平衡，则开始月末结账。

③如果在初始化设置时，选择了“与账务系统对账”功能，对账的操作不限制执行时间，任何时候都可以进行对账。

(七)查询、修改、删除凭证(业务7)

(1)执行“处理—凭证查询”命令进入“凭证查询”窗口，如图6—39所示。

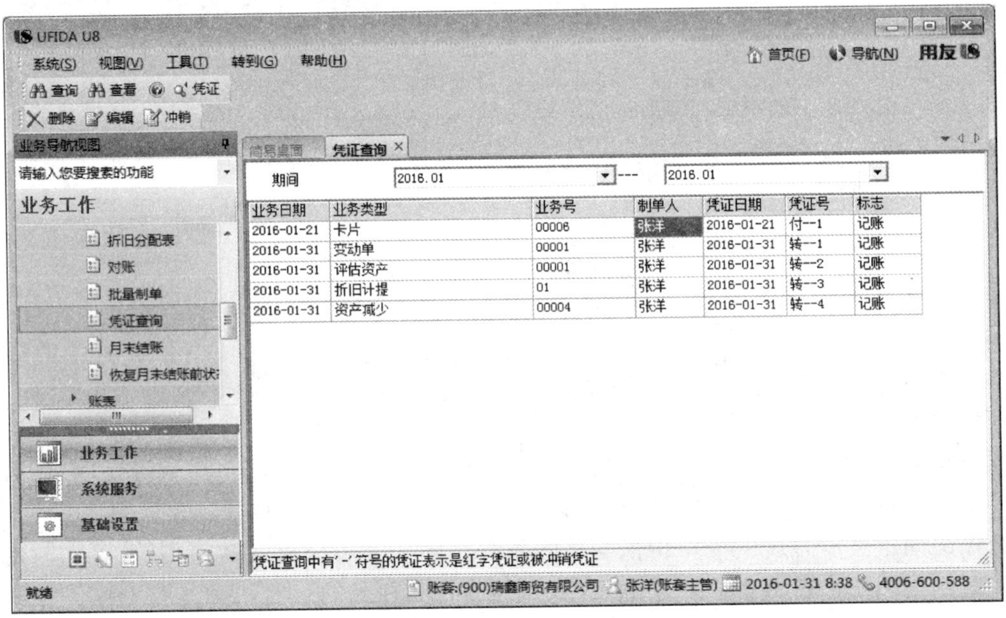

图6—39 “凭证查询”窗口

(2)“选中记录”单击“凭证”按钮，则查到所需凭证。

注意：

在进行凭证修改时，能修改的内容仅限于摘要、用户自行增加的凭证分录、系统缺省分录的折旧科目，而系统缺省分录的金额是与原始单据相关的，不能修改。固定资产系统传递到总账中的凭证，总账无权修改和删除。

任务三 月末处理

一、任务资料

1.1月31日，固定资产系统结账。

2.1月31日，进行固定资产系统相关报表查询。

二、任务要求

根据本月固定资产期末业务，在企业应用平台中进行相关操作。

三、任务操作指导

(一)固定资产系统结账(业务1)

当固定资产系统完成了本月全部制单业务后,可以进行月末结账。月末结账每月进行一次,结账后当期的数据不能修改。12月底结账时系统要求完成本年应制单业务,也就是说,必须保证批量制单表是空的才能结账,具体操作步骤如下:

(1)执行"处理—月末结账"命令,阅读系统提示,系统自动进行一系列的处理,直至结账完成,如图6—40所示。

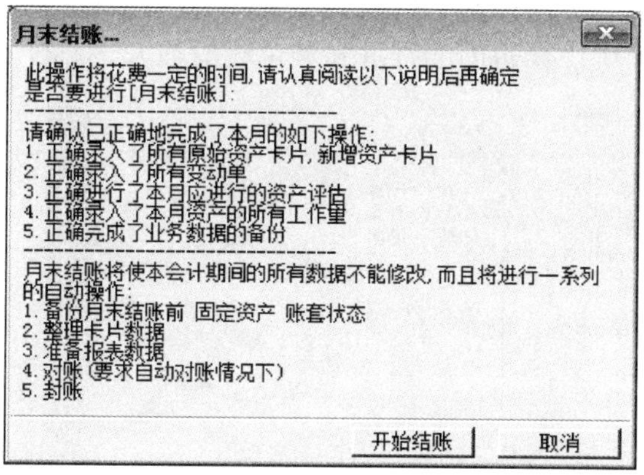

图6—40 "月末结账"窗口

(2)结账完成后,系统会提示系统的可操作日期已转成下一期间的日期,只有以下期间的日期登录,才可对账套进行操作。

至此,用户不能再对此账套本月任何数据进行修改,如果要开始下一会计期间的业务处理,则需要"重新注册"登录系统,如图6—41所示。

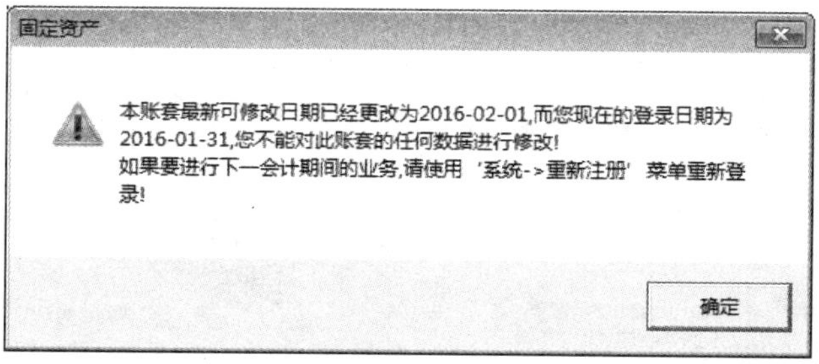

图6—41 "系统重新注册提示"窗口

注意:

如果本期不结账,将不能处理下期的数据;结账前一定要进行数据备份,否则数据会丢失,将造成无法挽回的后果。

反结账又称"恢复月末结账前状态",是本系统提供的一个纠错功能。如果由于某种原因,您在结账后发现结账前的操作有误,而结账后不能修改结账前的数据,则使用此功能恢复到结账前状态去修改错误。

如果结账后发现有未处理的业务或者需要修改的事项,可通过系统提供的"恢复月末结账前状态”功能进行反结账。反结账完成后，系统提示“成功恢复账套月末结账前状态”，单击“确定”按钮返回。

不能跨年度恢复数据，即本系统年末结转后，不能利用本功能恢复年末结转。由于成本系统每月从本系统提取折旧费数据，因此一旦成本系统提取了某期的数据，则该期不能反结账。恢复到某个月月末结账前状态后，本账套内对该结账后所做的所有工作都无痕迹删除（即不可恢复性删除）。

（二）分析表查询（业务 2）

分析表主要通过对固定资产的综合分析，为管理者提供管理和决策依据。系统提供了4种分析表：部门构成分析表、价值结构分析表、类别构成分析表、使用状况分析表。管理者可以通过这些表了解本企业资产计提折旧的程度和剩余价值的大小。

（1）执行“账表—我的账表—分析表”命令，如图 6—42 所示。

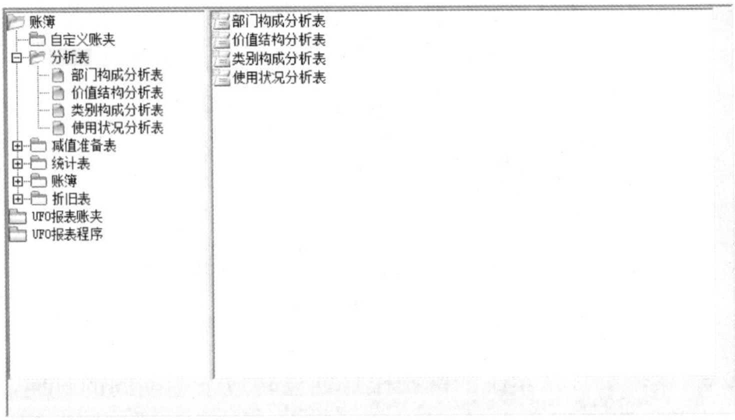

图 6—42 “分析表”窗口

（2）执行“分析表—部门构成分析表”命令，进入部门构成分析表窗口，如图 6—43 所示。

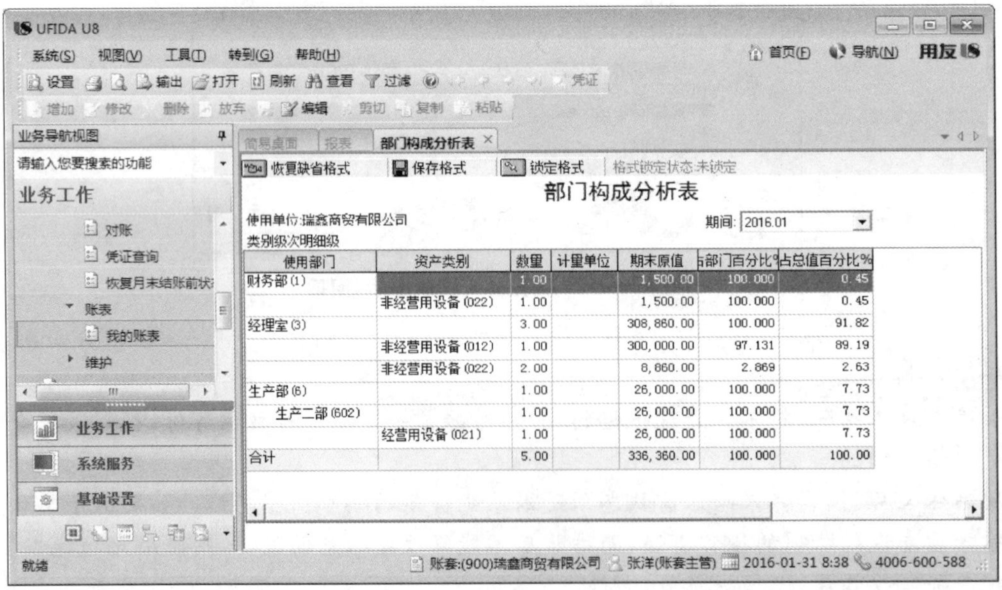

图 6—43 “部门构成分析表”窗口

(三)统计表查询(业务 2)

统计表是出于管理资产的需要,按管理目的统计的数据。

系统提供了 8 种统计表:固定资产原值一览表、固定资产到期提示表、固定资产统计表、评估汇总表、评估变动表、盘盈盘亏报告表、逾龄资产统计表、役龄资产统计表。这些表从不同的侧面对固定资产进行统计分析,使管理者可以全面细致地了解企业对资产的管理、分布情况,为及时掌握资产的价值、数量以及新旧程度等指标提供依据。

其中,固定资产到期提示表是固定资产系统新增的一种统计表,主要用于显示当前期间使用年限已到期的固定资产信息(期间可以选择"1～12",对于未处理的期间也可以提前查看资产的即将到期数据,但折旧数据仅为已计提期间的数据),以及即将到期的资产信息,以丰富查询分析功能,提高产品的管理性能。

与此相对应,在"选项"中增加"是否每次登录系统时显示资产到期提示表"的选项,根据该参数判断是否当用户每次登录固定资产系统时自动显示该表。

(四)账簿查询(业务 2)

系统自动生成的账簿有:(单个固定资产明细账、部门、类别)明细账、固定资产登记簿、固定资产总账。这些账簿以不同方式,及时地反映了资产变化情况,在查询过程中可联查某时期(部门、类别)明细及相应原始凭证,从而获得所需财务信息。

(五)折旧表查询(业务 2)

系统提供了 5 种折旧表:(部门)折旧计提汇总表、固定资产及累计折旧表(一)、(二)、固定资产折旧计算明细表、固定资产折旧清单表。通过该类表可以了解并掌握本企业所有资产本期、本年以至某部门计提折旧及其明细情况。

(1)执行"账表—我的账表—折旧表"命令,如图 6—44 所示。

(2)执行"折旧表—部门折旧计提汇总表"命令,进入"部门折旧计提汇总表"窗口,如图 6—45所示。

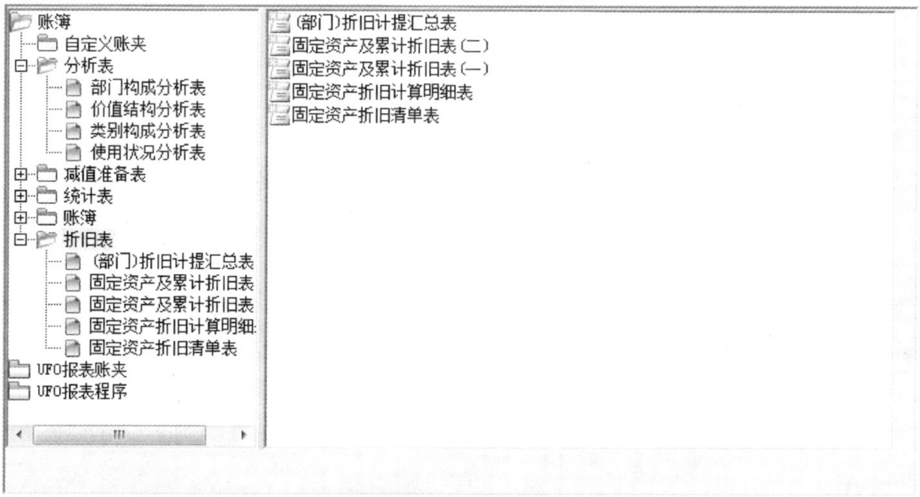

图 6—44 "折旧表"窗口

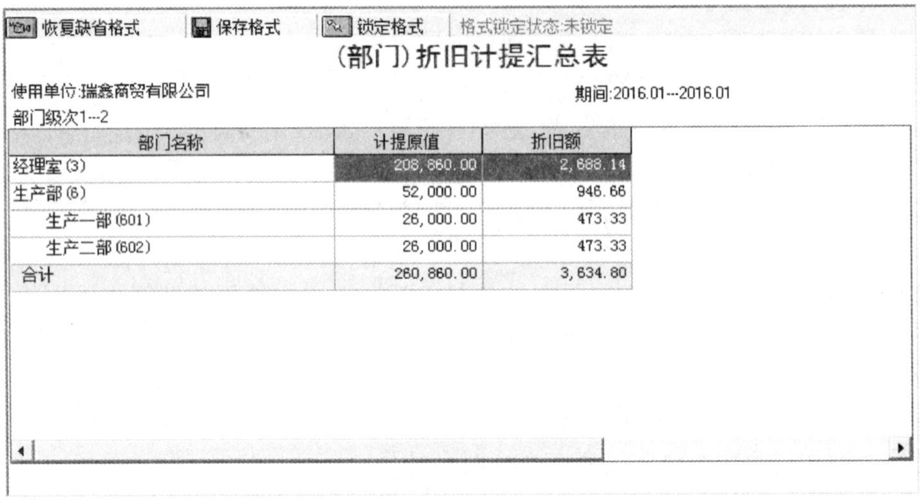

(部门)折旧计提汇总表

使用单位:瑞鑫商贸有限公司　　期间:2016.01---2016.01

部门级次1---2

部门名称	计提原值	折旧额
经理室(3)	208,860.00	2,688.14
生产部(6)	52,000.00	946.66
生产一部(601)	26,000.00	473.33
生产二部(602)	26,000.00	473.33
合计	260,860.00	3,634.80

图 6—45　“部门折旧计提汇总表”窗口

注意:

①部门折旧计提汇总表,反映该账套内各使用部门计提折旧的情况,包括计提原值和计算的折旧额信息。

该表既可以选择某一个月份汇总折旧数据,又可以选择期间段进行查询。如果用户选择期间段数据,如选择 3～4 月,则报表栏目中隐藏“计提原值”列,仅显示按期间段汇总的“折旧额”数据,并且不允许联查明细账。

②固定资产折旧清单,用于查询按资产明细列示的折旧数据及累计折旧数据信息,以完善系统报表查询功能。该报表可以按部门、资产类别查询固定资产的明细折旧数据信息。

③固定资产折旧计算明细表,是按类别设立的,反映资产按类别计算折旧的情况,包括上月计提情况、上月原值变动、本月计提情况。

由于固定资产系统不限制只能在建账当期录入原始卡片(系统使用过程中录入的原始卡片在当月计提折旧),所以在当期或上期录入原始卡片的情况下,上月计提原值加上上月增加原值减去上月减少原值不等于本月计提原值。

当有多个使用部门的资产发生原值变动时,变动的原值在各部门之间按比例分配,分配比例可通过修改使用部门和分配比例改变,按比例变动出现的差额,按分配部门顺序,归最后一个部门。

④固定资产及累计折旧表(一),是按期编制的,反映各类固定资产的原值、累计折旧(包括年初数和期末数)和本年折旧的明细情况(建账当年的年初数是指建账当期的期初数)。

⑤固定资产及累计折旧表(二),即固定资产及累计折旧表(一)的续表,反映本年截至查询期间固定资产的增减情况。本表与表(一)的数值之间是有联系的,它们之间的关系可用公式描述:

固定资产原值期末数合计＝原值年初数合计＋本年增加的原值合计－本年减少的原值合计

固定资产累计折旧期末数合计＝累计折旧年初数合计＋本年折旧额合计＋本年增加累计折旧合计－本年减少累计折旧合计

上述公式不是绝对成立的,如在资产发生原值变动的情况下,表(一)反映该变动,而表(二)不反映。

项目七

应收款管理

职业能力目标

能根据单位具体信息设置参数、设置基础档案、录入期初数据，能录入应收单据、收款单据；能进行票据录入、转账设置；能根据原始凭证准确制单。

学习成果

完成应收款系统初始化设置；完成应收单据、收款单据业务处理；完成承兑汇票的业务处理、完成转账业务处理。

任务一　应收款管理系统初始化

一、任务资料

（一）应收款管理系统的参数

应收款核销方式为“按单据”，单据审核日期依据为“单据日期”，坏账处理方式为“应收余额百分比法”，代垫费用类型为“其他应收单”，应收款核算类型为“详细核算”，受控科目制单依据为“明细到客户”，非受控科目制单方式为“汇总方式”，按信用方式根据单据提前 7 天自动报警。

（二）存货分类

表 7—1　　存货分类

存货分类编码	存货分类名称
1	原材料
2	库存商品
3	应税劳务

(三)计量单位

表 7—2 计量单位

计量单位组	计量单位
无换算组(无换算率)	包
	公斤
	桶
	公里

(四)存货档案

表 7—3 存货档案

存货编码	存货名称	所属分类码	计量单位	税率%	存货属性
001	A 材料	1	公斤	17	外购 生产耗用
002	B 材料	1	公斤	17	外购 生产耗用
003	A 产品	2	包	17	自制 内销
004	B 产品	2	包	17	自制 内销
005	运费	3	公里	7	外购 内销 应税劳务

(五)基本科目

应收科目为“应收账款”,预收科目为“预收账款”,销售收入科目为“主营业务收入”,应交增值税科目为“应交税费——应交增值税——销项税”,销售退回科目为“主营业务收入”,银行承兑科目为“应收票据”,商业承兑科目为“应收票据”,现金折扣科目为“财务费用”,票据利息科目为“财务费用”,票据费用科目为“财务费用”,收支费用科目为“主营业务收入”。

(六)结算方式科目

现金结算方式科目为“库存现金”,现金支票结算方式科目为“100202 工行存款”,转账支票结算方式科目为“100202 工行存款”,银行汇票结算方式科目为“100202 工行存款”,商业承兑汇票结算方式科目为“100202 工行存款”,银行承兑汇票结算方式科目为“100202 工行存款”。

(七)坏账准备

提取比率为“0.5%”,坏账准备期初余额为“0”,坏账准备科目为“坏账准备”,坏账准备对方科目为“资产减值损失”。

(八)账龄区间

账期内账龄区间设置总天数为 10 天、30 天、60 天、90 天。

逾期账龄区间设置总天数分别为 30 天、60 天、90 天和 120 天。

(九)单位编号设置

发票有 2 种:销售专用发票、销售普通发票。编号改为手工改动,重号时重取。

(十)本单位开户银行

本单位开户银行为工行,账号为 00123456789。

(十一)期初余额

存货税率均为17%,开票日期均为2015年,如表7—4所示。

表7—4　　期初余额情况

单据名称	开票日期	票号	客户名称	销售部门	科目编码	货物名称	数量	无税单价(元)	价税合计(元)
销售专用发票	12.12	1111	北京创新公司	销售部	1122	A产品	3	2 000	7 020
销售专用发票	12.16	1112	上海远大公司	销售部	1122	A产品	3	2 000	7 020
销售专用发票	12.22	1113	东北学邦公司	销售部	1121	B产品	2	500	1 170
其他应收单	12.28	0001	上海远大公司	销售部	1122	运费			500
预收款单(银行汇票)	12.28	2001	上海远大公司	销售部	2203				30 000

二、任务要求

完成应收款管理初始化设置。

三、任务操作指导

(一)设置系统参数

(1)在用友ERP-U8V10.1企业应用平台中,打开"业务工作"选项卡,执行"财务会计—应收款管理—设置—选项"命令,打开"账套参数设置"对话框。

(2)执行"编辑"命令,单击"坏账处理方式"栏的下三角按钮,选择"应收余额百分比法",如图7—1所示。

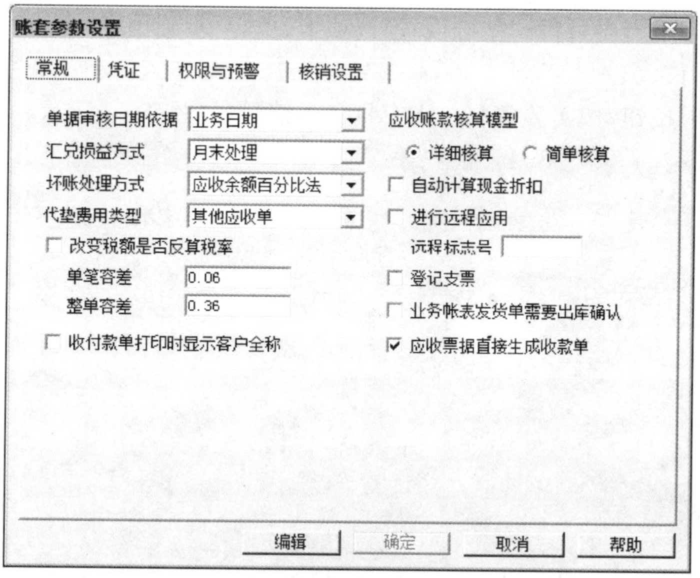

图7—1　选择坏账处理方式

(3)打开“权限与预警”选项卡。单据报警选择“信用方式”,在提前天数栏选择提前天数“7”,如图 7—2 所示。

(4)单击“确定”按钮。

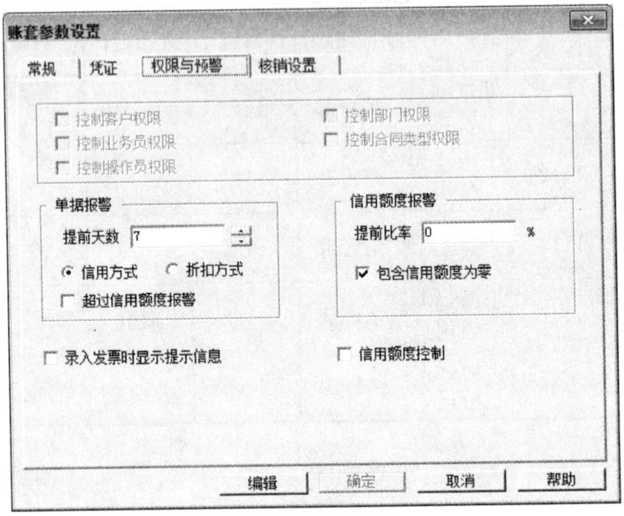

图 7—2　设置权限与预警

注意:

①在账套使用过程中可以随时修改账套参数。

②如果选择单据日期为审核日期,则月末结账时单据必须全部审核。

③如果当年已经计提过坏账准备,则坏账处理方式不能修改,只能在下一年度修改。

④关于应收账款核算模型,在系统启用时或者还没有进行任何业务处理的情况下才允许从简单核算改为详细核算;从详细核算改为简单核算随时可随时进行。

(二)设置存货分类

(1)在企业应用平台中,打开“基础设置”选项卡,执行“基础档案—存货—存货分类”命令,打开“存货分类”窗口。

(2)单击“增加”按钮,按实验资料录入存货分类情况,如图 7—3 所示。

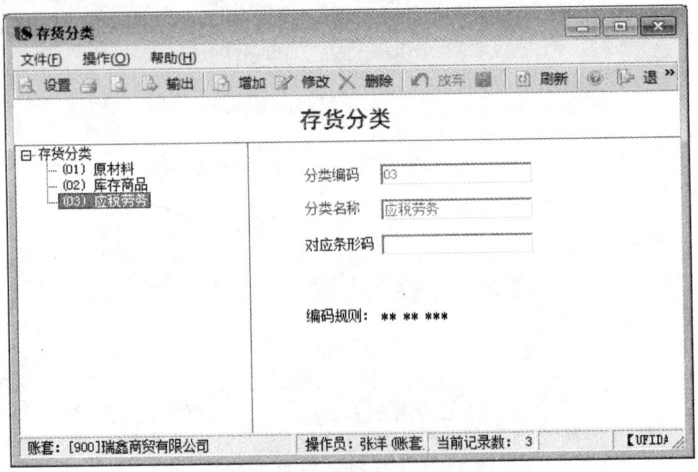

图 7—3　录入存货分类

（三）设置计量单位

（1）在企业应用平台中，打开“基础设置”选项卡，执行“基础档案—存货—计量单位”命令，打开“计量单位”窗口。

（2）单击“分组”按钮，打开“计量单位组”窗口。

（3）单击“增加”按钮，录入计量单位组名称“基本计量单位”，单击“计量单位组类别”栏的下三角按钮，选择“无换算率”，如图7—4所示。

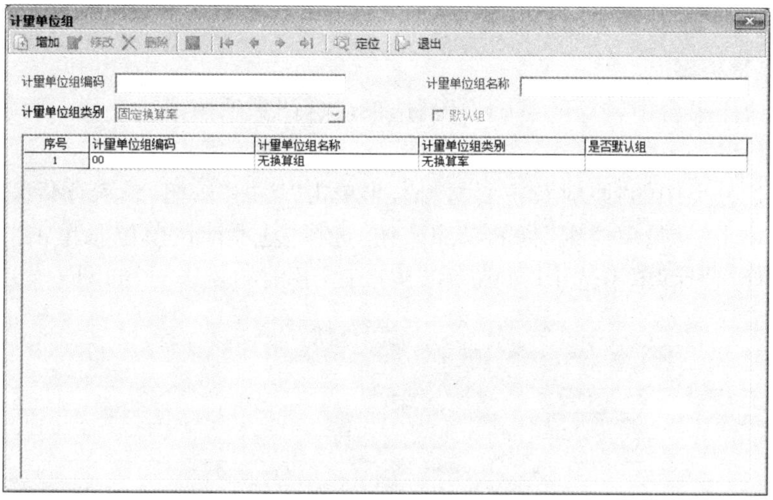

图7—4　设置计量单位组

（4）单击“保存”按钮，再单击“退出”按钮。

（5）单击“单位”按钮，进入“计量单位设置”窗口。

（6）单击“增加”按钮，录入计量单位编码“1”，计量单位名称“包”，单击“保存”按钮。

（7）继续录入其他的计量单位内容，录入完成所有的计量单位之后单击“退出”按钮，如图7—5所示。

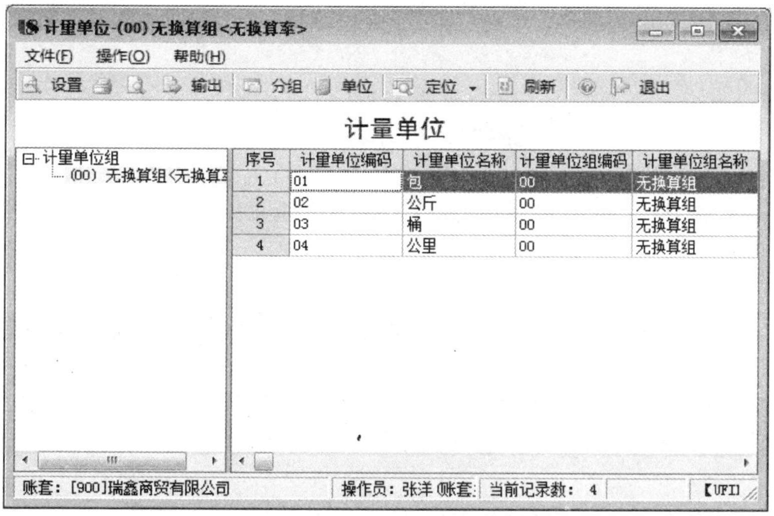

图7—5　录入计量单位

注意：

①在设置存货档案之前必须先到企业应用平台的基础档案中设置计量单位，否则存货档案中没有备选的计量单位，存货档案不能保存。

②在设置计量单位时必须先设置计量单位分组，再设置各个计量单位组中的计量单位。

③计量单位组分为无换算率、固定换算率和浮动换算率 3 种类型。如果需要换算，一般将财务计价单位作为主计量单位。

④计量单位可以根据需要随时增加。

(四)设置存货档案

(1)在企业应用平台中，打开“基础设置”选项，执行“基础档案—存货—存货档案”命令，打开“存货档案”对话框。

(2)单击存货分类中的“原料及主要材料”，再单击“增加”按钮，录入存货编码“001”和存货名称“A 材料”，单击“计量单位组”栏的参照按钮，选择“基本计量单位”，单击“主计量单位”栏的参照按钮，选择“公斤”单击选中“外购”和“生产耗用”前的复选框，如图 7—6 所示。

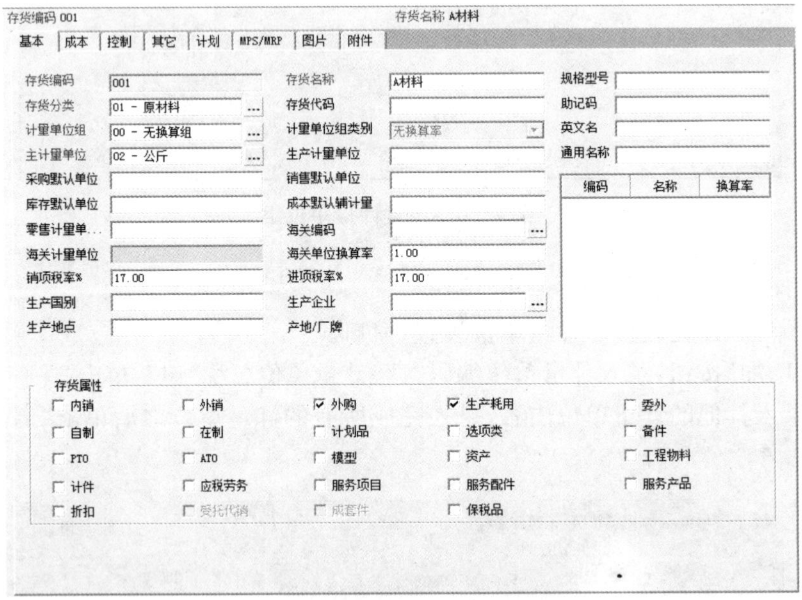

图 7—6　增加存货档案

(3)单击“保存”按钮，以此方法继续录入其他存货档案。录入完成后，如图 7—7 所示。

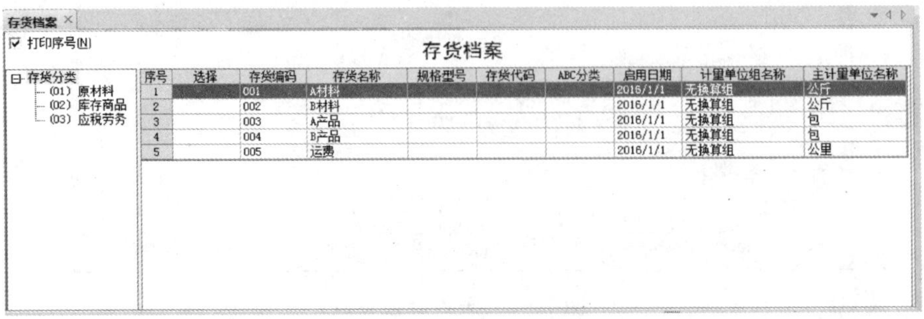

图 7—7　存货档案列表

注意：

①存货档案在企业应用平台中录入。如果只启用财务系统并且不在应收、应付系统填制发票则不需要设置存货档案。

②在录入存货档案时，如果存货类别不符合要求应重新进行选择。

③在录入存货档案时，如果直接列示的计量单位不符合要求，应先将不符合要求的计量单位删除，再单击参照按钮就可以在计量单位表中重新选择计量单位。

④存货档案中的存货属性必须选择正确，否则，在填制相应单据时就不会在存货列表中出现。

⑤存货档案中的有关成本资料可以在填制单据时列示，如果不录入成本资料，在单据中就能自动列出存货的成本资料。

（五）设置基本科目

（1）在应收款管理系统中，执行“设置—初始设置”命令，打开“初始设置”对话框。

（2）执行“设置科目—基本科目设置”命令，录入或选择应收科目“1122”及其他的基本科目，如图7—8所示。

图7—8　基本科目设置

（3）单击“退出”按钮。

注意：

①在基本科目设置中所设置的应收科目“应收账款”、预收科目“预收账款”及“应收票据”，应在总账系统中设置其辅助核算内容为“客户往来”，并且其受控系统为“应收系统”；否则，在这里不能被选中。

②只有在这里设置了基本科目，在生成凭证时才能直接生成凭证中的会计科目，否则凭证中将没有会计科目，相应的会计科目只能手工再录入。

③如果应收科目、预收科目按不同的客户或客户分类分别设置，则可在“控制科目设置”中设置，在此可以不设置。

④如果针对不同的存货分别设置销售收入核算科目，则在此不用设置，可以在“产品科目设置”中进行设置。

(六)结算方式科目

(1)在应收款管理系统中,执行"设置—初始设置—结算方式科目设置"命令进入"结算方式科目设置"窗口。

(2)单击"结算方式"栏的下三角按钮,选择"现金结算",单击币种栏,选择"人民币",在"科目"栏录入或选择"1001",回车。以此方法继续录入其他的结算方式科目,如图 7—9 所示。

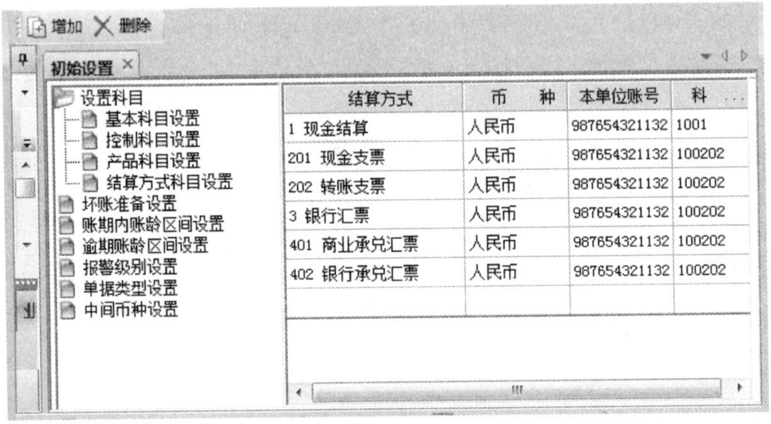

图 7—9　设置结算方式

(3)单击"退出"按钮。

注意:

①结算方式科目设置是针对已经设置的结算方式设置相应的结算科目,即在收款或付款时只要告诉系统结算时使用的结算方式,就可以由系统自动生成该种结算方式所使用的会计科目。

②如果在此不设置结算方式科目,则在收款或付款时可以手工输入不同结算方式对应的会计科目。

(七)设置坏账准备

(1)在应收款管理系统中,执行"设置—初始设置—坏账准备设置"命令,打开"坏账准备设置"窗口,录入提取比率"0.5",坏账准备期初余额"0",坏账准备科目"1231",坏账准备对方科目"6701",如图 7—10 所示。

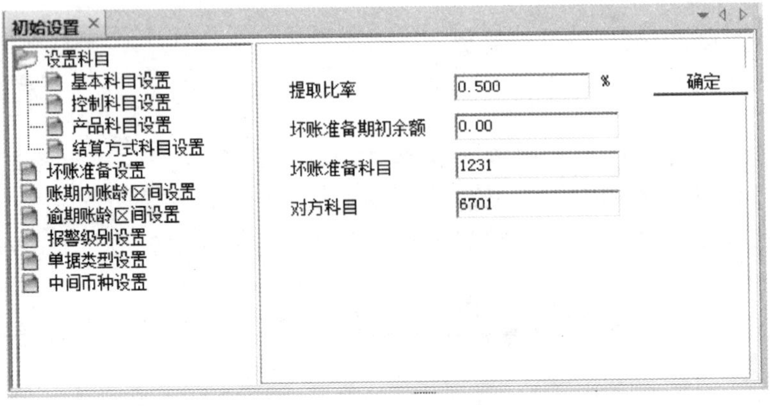

图 7—10　坏账准备设置

(2)单击“确定”按钮,弹出“存储完毕”信息提示对话框,单击“确定”按钮。

注意:

①如果在选项中并未选中坏账处理的方式为“应收余额百分比法”,则在此处就不能录入“应收余额百分比法”所需要的初始设置,即此处的初始设置是与选项中所选择的坏账处理方式相对应的。

②坏账准备的期初余额应与总账系统中所录入的坏账准备的期初余额相一致,但是,系统没有坏账准备期初余额的自动对账功能,只能人工核对坏账准备的期初余额,如果在借方,则用“—”号表示。如果没有期初余额,应将期初余额录入“0”;否则,系统将不予确认。

③坏账准备期初余额被确认后,只要进行了坏账准备的日常业务处理就不允许再删改。下一年度使用本系统时,可以修改提取比率、区间和科目。

④如果在系统选项中默认坏账处理方式为直接转销,则不用进行坏账准备设置。

(八)设置账龄区间

(1)应收款管理系统中,执行“设置—初始设置—账期内账龄区间设置”命令,打开“账期内账龄区间设置”窗口。

(2)在“总天数”栏录入“10”,回车,再在“总天数”栏录入“30”后回车。以此方法继续录入其他总天数,如图7—11所示。

图7—11 账龄区间设置

(3)同样方法录入“逾期账龄区间设置”。

(4)单击“退出”按钮。

注意:

①序号由系统自动生成,不能修改和删除。总天数直接输入截至该区间的账龄总天数。

②最后一个区间不能修改和删除。

(九)单据编号设置

(1)在企业应用平台中,执行“基础设置—单据设置—单据编号设置”命令,进入“单据编号设置”窗口。

(2)单击左侧“单据类型”窗口中的“销售管理—销售专用发票”,打开“单据编号设置—销售专用发票”窗口。

(3)在“单据编号设置—销售专用发票”窗口中,单击“修改”按钮,选中“手工改动,重号时自动重取”前的复选框,如图7—12所示。

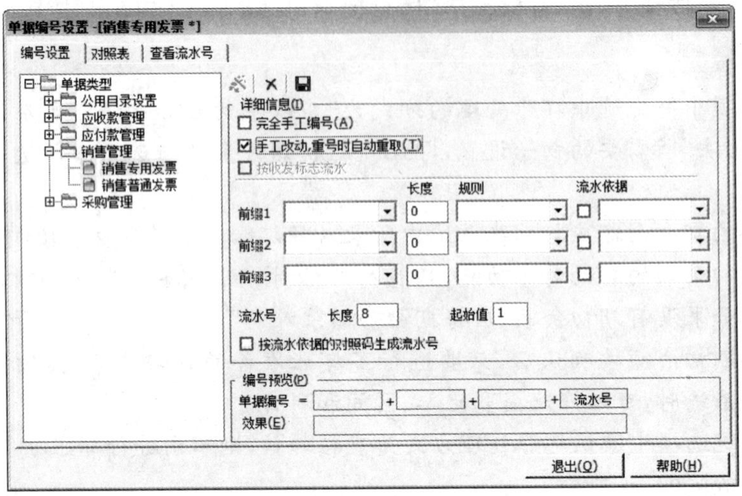

图 7—12　单据编号设置

(4)单击“保存”按钮,单击“退出”按钮退出。

(5)同理,设置对应收款系统“其他应收单”“收款单”,编号允许手工修改。

注意:

①如果不在“单据编号设置”中设置“手工改动,重号时自动重取”,则在填制单据时,其编号由系统自动生成而不允许手工修改。

②在单据编号设置中还可以设置“完全手工编号”及“按收发标志流水”等。

(十)设置开户银行

(1)在企业应用平台中,打开“基础设置”选项卡,执行“基础档案—收付结算—本单位开户银行”命令,进入“本单位开户银行”窗口。

(2)单击“增加”按钮,打开“增加本单位开户银行”对话框。

(3)在“增加本单位开户银行”对话框的“编码”栏录入“1”,在“银行账号”栏录入“987654321132”,在“币种”栏选择“人民币”,在“开户银行”栏录入“工商银行学府支行”,在“所属银行编码”栏中选择“中国工商银行”,如图 7—13 所示。

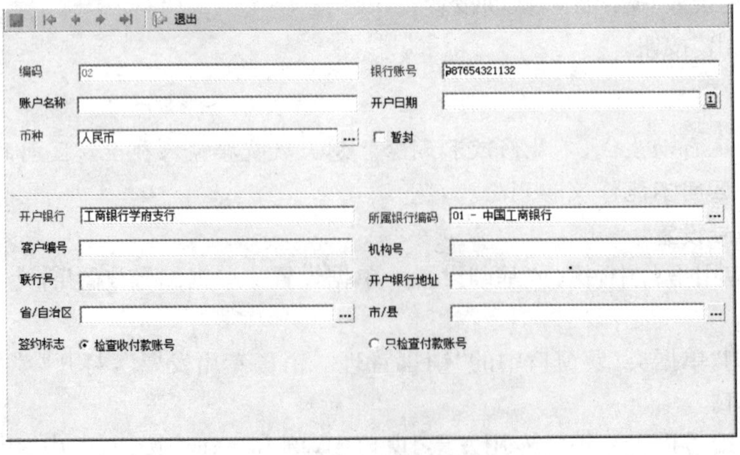

图 7—13　设置开户银行

(4)单击“保存”按钮,再单击“退出”按钮退出。

注意:

①银行账号必须为12位。

②如果不设置开户银行,在填制销售发票时不能保存。

(十一)录入期初销售发票

(1)在应收款管理系统中,执行“设置—期初余额”命令,进入“期初余额—查询”窗口。

(2)单击“确定”按钮,进入“期初余额明细表”窗口。

(3)单击“增加”按钮,打开“单据类别”对话框。

(4)选择单据名称为“销售发票”,单据类型为“销售专用发票”,然后单击“确定”按钮,进入“销售专用发票”窗口。

(5)修改开票日期为“2015-12-12”,录入发票号“1111”,单击“客户名称”栏的参照按钮,选择“创新公司”,系统自动带出客户相关信息;在“税率”栏录入“17”,在“科目”栏录入“1122”,或单击“科目”栏参照按钮,选择“1122 应收账款”,在“货物编号”栏录入“003”,或单击“货物编号”栏的参照按钮,选择“A 产品”,在“数量”栏录入“3”,在“无税单价”栏录入“2000”。如图7-14所示。

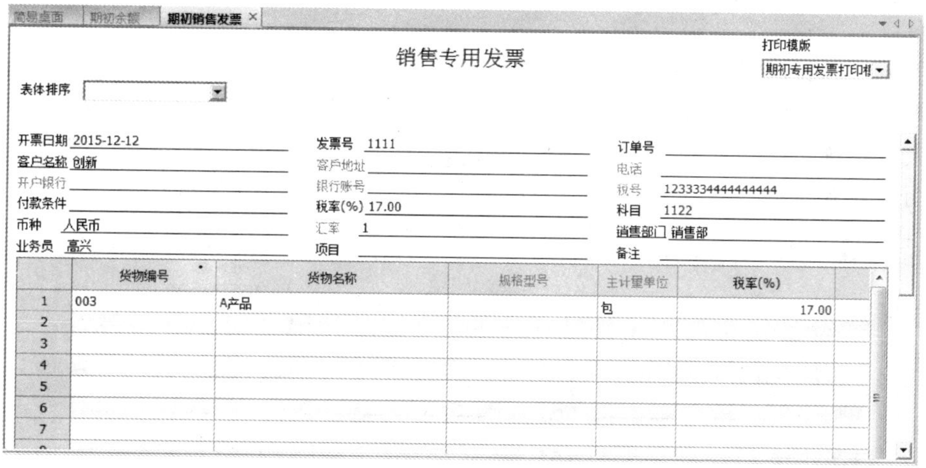

图7-14 录入销售专用发票

(6)单击“保存”按钮。以此方法继续录入第二张和第三张销售专用发票。

注意:

①在初次使用应收款系统时,应将启用应收款系统时未处理完的所有客户的应收账款、预收账款、应收票据等数据录入本系统。当进入第二年度时,系统自动将上年度未处理完的单据转为下一年度的期初余额。在下一年度的第一会计期间里可以进行期初余额的调整。

②如果退出了录入期初余额的单据,在“期初余额明细表”窗口中并没有看到新录入的期初余额,应单击“刷新”按钮,就可以列示所有的期初余额的内容。

③在录入期初余额时一定要注意期初余额的会计科目,比如第三张销售发票的会计科目为“1121”,即应收票据。应收款系统的期初余额应与总账进行对账,如果科目错误将会导致对账错误。

④如果并未设置允许修改销售专用发票的编号,则在填制销售专用发票时不允许修改销

售专用发票的编号。其他单据的编号也一样，系统默认的状态为不允许修改。

(十二)录入期初其他应收单

(1)在应收款管理系统中，执行“设置—期初余额”命令，打开“期初余额查询”窗口。

(2)单击“确定”按钮，打开“期初余额明细表”窗口。

(3)单击“增加”按钮，打开“单据类别”窗口。

(4)单击“单据名称”栏的下三角按钮，选择“应收单”，如图 7—15 所示。

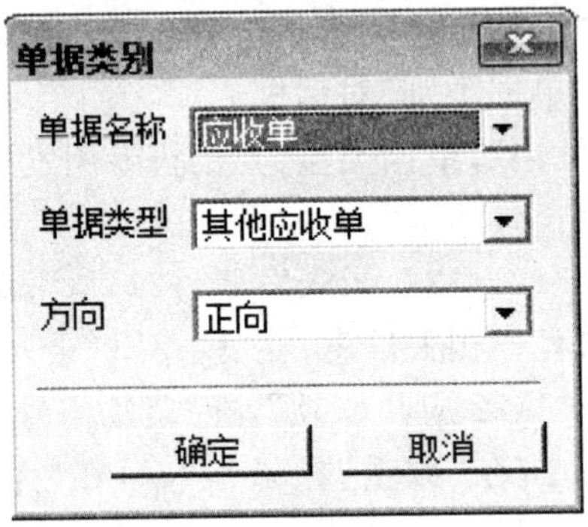

图 7—15　选择应收单

(5)单击“确定”按钮，打开“应收单”窗口。

(6)修改单据日期为“2015—12—28”，单击“客户”的参照按钮，选择“上海远大公司”，简称“上海远大”，系统自动带出相关信息，在“本币金额”栏录入“500”，在“摘要”栏录入“代垫运费”。如图 7—16 所示。

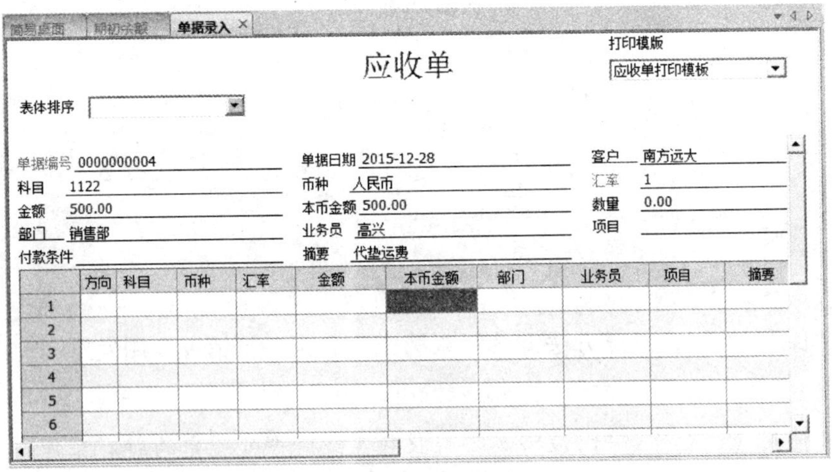

图 7—16　录入应收单

(7)单击“保存”按钮。

注意：

①在录入应收单时只需录入表格上半部分的内容，表格下半部分的内容由系统自动生成。

②应收单中的会计科目必须录入正确，否则将无法与总账进行对账。

(十三)录入预收款单

(1)在“期初余额明细表”中,单击“增加”按钮,打开“单据类别”窗口。

(2)单击“单据名称”栏的下三角按钮,选择“预收款”,如图 7—17 所示。

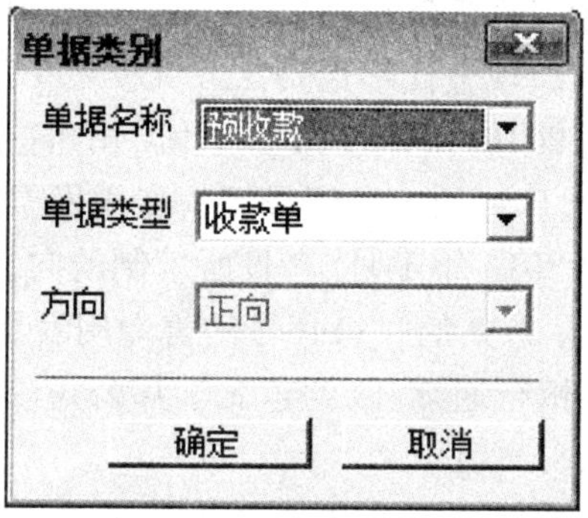

图 7—17 选择单据

(3)单击“确定”按钮,打开“收款单”窗口。

(4)修改日期为“2015—12—26”,单击“客户”栏参照按钮,选择“上海远大公司”,单击“结算方式”栏的参照按钮,选择“银行汇票”,在“金额”栏录入“30000”,在“摘要”栏录入“预收货款”。在收款单下半部分中的“科目”栏录入“2203”,或单击“科目”栏的参照按钮,选择“2203 预收账款”,如图 7—18 所示。

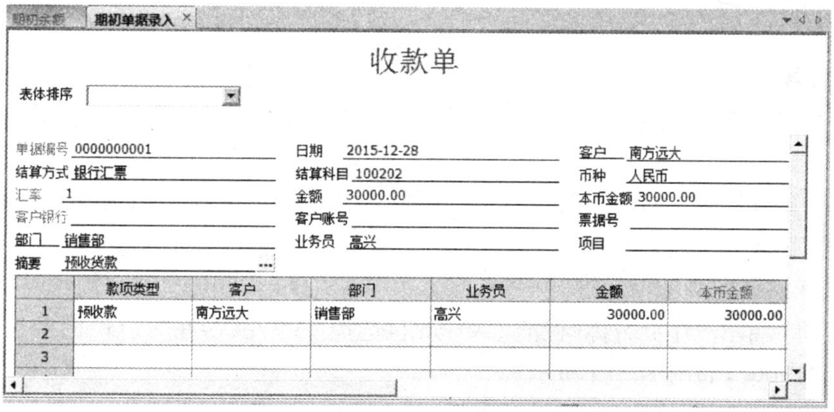

图 7—18 录入期初预收款

(5)单击“保存”按钮,单击“退出”按钮退出。

任务二 单据处理

一、任务资料

1. 2016 年 1 月 15 日,向北京创新公司销售 A 产品 2 包,无税单价为 1 900 元,增值税率为 17%(销售专用发票号码:1114)。

2. 2016 年 1 月 15 日,向上海远大公司销售 A 产品 5 包,无税单价为 1 980 元,增值税率为 17%(销售专用发票号码:1115)。

3. 2016 年 1 月 16 日,向东北学邦公司销售 B 产品 2 包,无税单价为 510 元,增值税率为 17%(销售专用发票号码:1116)。以转账支票代垫运费 120 元。

4. 2016 年 1 月 16 日,向北京创新公司销售 B 产品 1 包,无税单价为 520 元,增值税率为 17%(销售专用发票号码:1117)。现金代垫运费 120 元。

5. 2016 年 1 月 18 日,发现 2016 年 1 月 16 日所填制的向东北学邦公司销售 B 产品 2 包,无税单价为 510 元,增值税率为 17%的“1116”号销售专用发票中的无税单价应为 512 元。

6. 2016 年 1 月 18 日,发现 2016 年 1 月 15 日所填制的向北京创新公司销售 A 产品 2 包,无税单价为1 900元,增值税率为 17%的“1114”号销售专用发票填制错误,应删除。

7. 2016 年 1 月 22 日,收到银行通知,收到东北学邦公司以转账支票方式支付购买 B 产品 2 包,货税款及代垫运费款 1 318.08 元。

8. 2016 年 1 月 22 日,收到北京创新公司交来转账支票一张,支付销售 B 产品 1 包的货税款 608.4 元。

9. 2016 年 1 月 23 日,发现 2016 年 1 月 22 日所填制的收到东北学邦公司销售 B 产品 2 包的货税款 1 318.08 元应为 1 500 元。

二、任务要求

完成销售发票录入、收款单据录入,审核制单。

三、任务操作指导

(一)填制第 1 笔业务的销售专用发票

(1)在应收款管理系统中,执行“应收单据处理—应收单据录入”命令,打开“单据类别”窗口。

(2)确认“单据名称”栏为“销售发票”,“单据类型”栏为“销售专用发票”后单击“确定”按钮,打开“销售发票”窗口。

(3)修改开票日期为“2016—01—15”,录入发票号“1114”,单击“客户简称”栏的参照按钮,选择“创新公司”,单击“存货名称”栏的参照按钮,选择“A 产品”,在“数量”栏录入“2”,在“无税单价”栏录入“1900”,如图 7—19 所示。

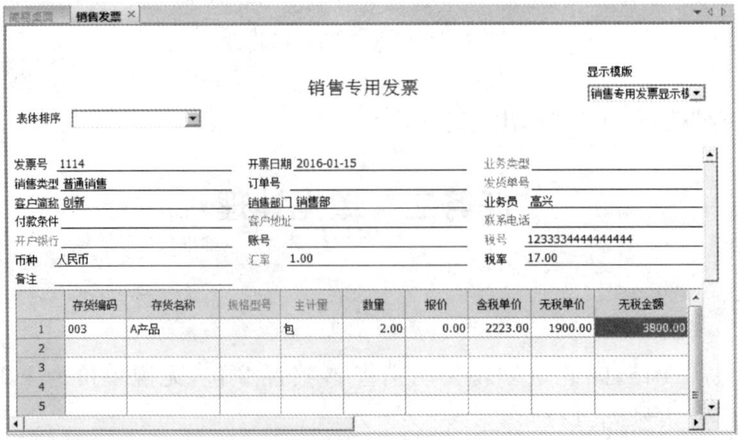

图 7—19 录入销售专用发票

(4)单击“保存”按钮,再单击“增加”按钮,继续录入第三笔和第三笔业务的销售专用发票。

注意:

①销售发票与应收单是应收款管理系统日常核算的单据。如果应收款系统与销售系统集成使用,销售发票和代垫费用在销售管理系统中录入,在应收系统中可以对这些单据进行查询、核销、制单等操作。此时应收系统需要录入的只限于应收单。

②如果没有使用销售系统,则所有发票和应收单均需在应收系统中录入。

③在不启用供应链的情况下,在应收款系统中只能对销售业务的资金流进行会计核算,即可以进行应收款、已收款以及收入实现情况的核算,而其物流的核算,即存货出库成本的核算还需在总账系统中手工进行结算。

④已审核的单据不能修改或删除,已生成凭证或进行过核销的单据在单据界面不再显示。

⑤在录入销售发票后可以直接进行审核,在直接审核后系统会提示“是否立即制单”,此时可以直接制单。如果录入销售发票后不直接审核可以在审核功能中审核,再到制单功能中制单。

⑥已审核的单据在未进行其他处理之前取消审核后再修改。

(二)填制第3笔业务的应收单

(1)在应收款管理系统中,执行“应收单据处理—应收单据录入”命令,打开“单据类别”窗口,单击“单据名称”栏的下三角按钮,选择“应收单”,单击“确定”按钮,打开“应收单”窗口。

(2)修改单据日期为“2016—01—16”,单击“客户”栏的参照按钮,选择“学邦公司”,在“本币金额”栏录入“120”,在“摘要”栏录入“代垫运费”,如图7—20所示。

图7—20 填写应收单

(3)单击“保存”按钮,单击“退出”按钮,继续录入第4笔业务的增值税专用发票及其他应收单。

注意:

①在填制应收单时,只需录入上半部分的内容,下半部分的内容除对方科目外均由系统自动生成。下半部分的对方科目如果不录入可以在生成凭证后再手工录入。

②应收单和销售发票一样可以在保存后直接审核,也可以在“应收单据审核”功能中审核。如果直接审核,系统会问是否制单;如果在审核功能中审核,则只能到制单功能中制单。

③如果同时使用销售系统，在应收款系统中只能录入应收单而不能录入销售发票。

(三)修改销售专用发票

(1)在应收款管理系统中，执行“应收单据处理—应收单据录入”命令，打开“单据类别”窗口。

(2)单击“确定”按钮，打开“销售专用发票”窗口。

(3)单击“放弃”按钮，再单击“上张”按钮，找到“1116”号销售专用发票。

(4)单击“修改”按钮，将无税单价修改为“512”，如图7—21所示。

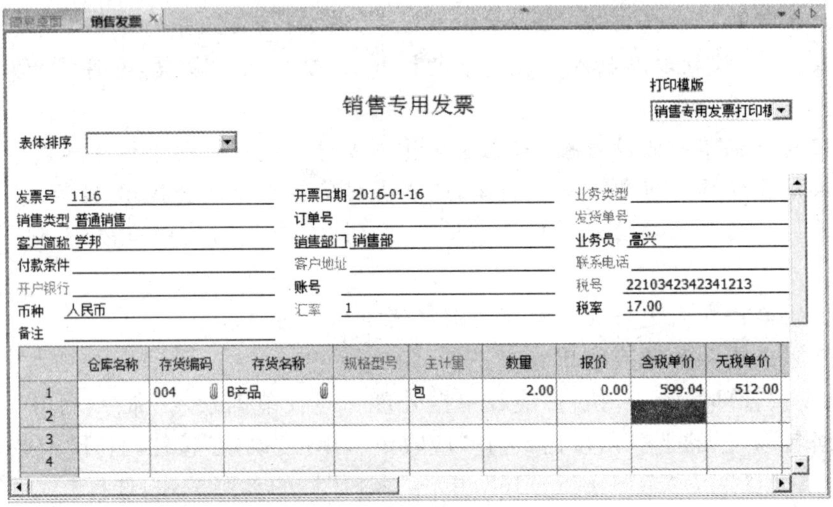

图7—21 修改销售专用发票

(5)单击“保存”按钮，再单击“退出”按钮退出。

注意:

①因为在进入销售专用发票窗口时，系统是处在增加状态，如果想查找某一张销售专用发票，则应放弃当前的增加操作，进入查询状态，否则将不能翻页。

②销售发票被修改后必须保存。保存的销售发票在审核后才能制单。

(四)删除销售专用发票

(1)在应收款管理系统中，执行“应收单据处理—应收单据录入”命令，打开“单据类别”窗口。

(2)单击“确定”按钮，打开“销售专用发票”窗口。

(3)单击“放弃”按钮，再单击“上张”按钮，找到“1114”号销售专用发票。

(4)单击“删除”按钮，系统提示：“单据删除后不能恢复，是否继续?”如图7—22所示。

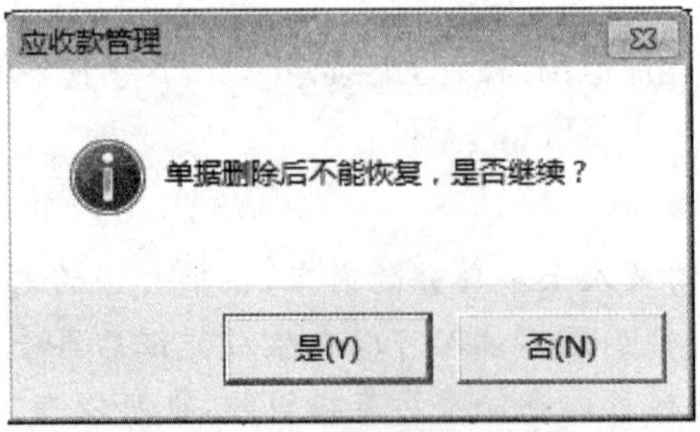

图7—22 单据删除提示信息

(五)审核应收单据

(1)在应收款管理系统中，执行“应收单据处理—应收单据审核”命令，打开“单据过滤条件”窗口。

(2)单击“确定”按钮，打开“应收单据列表”窗口。

(3)在“应收单据列表”窗口中，单击“全选”按钮，如图 7—23 所示。

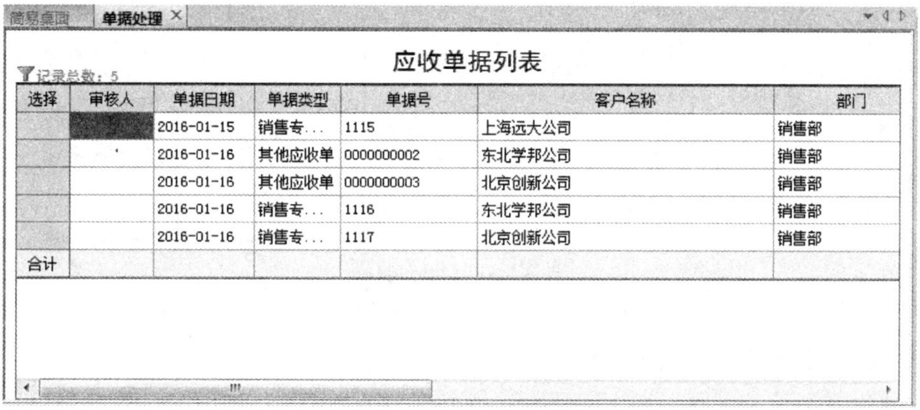

简易桌面 单据处理

应收单据列表

记录总数：5

选择	审核人	单据日期	单据类型	单据号	客户名称	部门
		2016-01-15	销售专...	1115	上海远大公司	销售部
		2016-01-16	其他应收单	0000000002	东北学邦公司	销售部
		2016-01-16	其他应收单	0000000003	北京创新公司	销售部
		2016-01-16	销售专...	1116	东北学邦公司	销售部
		2016-01-16	销售专...	1117	北京创新公司	销售部
合计						

图 7—23 应收单据列表

(4)单击“审核”按钮，系统提示“本次审核成功单据 5 张”。

(5)单击“确定”按钮，再单击“退出”按钮退出。

(六)制单

(1)在应收款管理系统中，执行“制单处理”命令，打开“制单查询”窗口。

(2)在“制单查询”窗口中，单击“应收单制单”和“发票制单”，如图 7—24 所示。

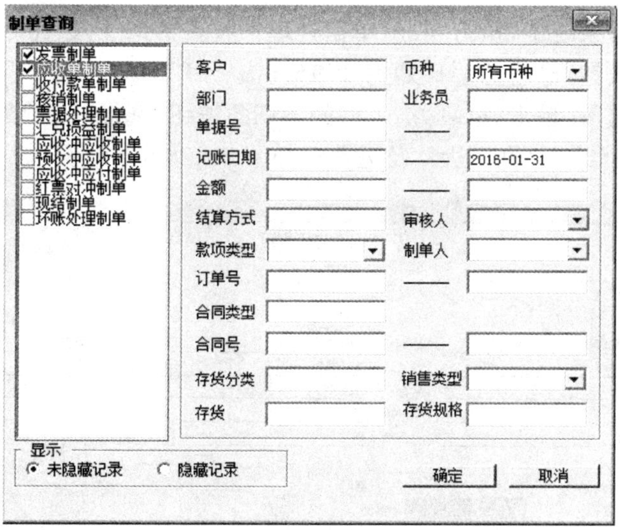

图 7—24 制单查询

(3)单击“确定”按钮，进入“应收制单”窗口。

(4)单击“全选”按钮。

(5)单击“制单”按钮，生成第一张转账凭证。

(6)单击“保存”按钮，如图 7—25 所示。

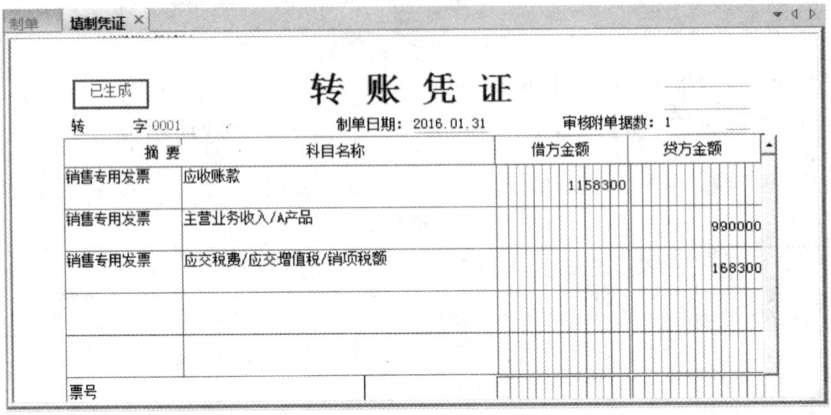

图 7—25　凭证生成

(7)单击“下张”按钮，再单击“保存”按钮。

注意：

①在“制单查询”窗口中，系统已默认制单内容为“发票制单”，如果需要选中其他内容制单，可以选中要制单内容前的复选框。

②如果所选择的凭证类型错误，可以在生成凭证后再修改。

③在以上例子中，由应收单所生成的凭证，其贷方是“现金”或“银行存款”，则应修改凭证类别为“付款凭证”，否则系统将不予保存。

④凭证一经保存就传递到总账系统，再在总账系统中进行审核和记账等。

(七)填制收款单

(1)在应收款管理系统中，执行“收款单据处理—收款单据录入”命令，打开“收款单”窗口。

(2)单击“增加”按钮，修改开票日期为“2016—01—22”，单击“客户”栏参照按钮，选择“学邦公司”，在“结算方式”栏单击“结算方式”栏的下三角按钮，选择“转账支票”，在“金额”栏录入“1318.08”，在“摘要”栏录入“收到货款及运费”，如图 7—26 所示。

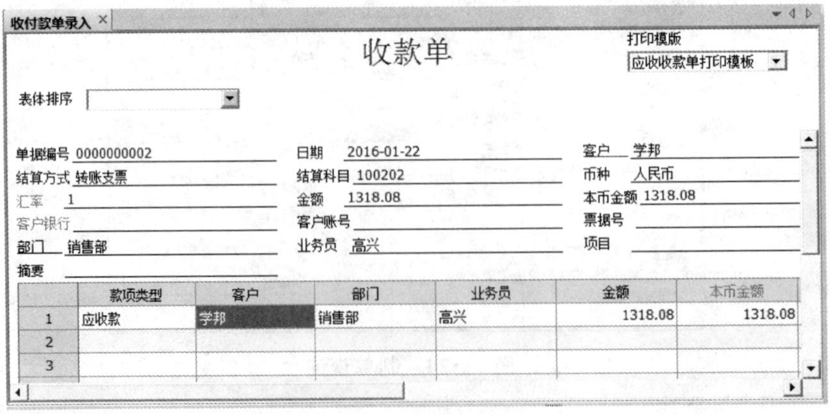

图 7—26　填制收款单

(3)单击“保存”按钮，再单击“增加”按钮，继续录入第二张收款单。

注意：

①在单击收款单的“保存”按钮后，系统会自动生成收款单表体的内容。

②表体中的款项类型系统默认为“应收款”，可以修改。款项类型还包括“预收款”和“其他费用”。

③若一张收款单中，表头客户与表体客户不同，则视表体客户的款项为代付款。在填制收款单后，可以直接单击“核销”按钮进行单据核销的操作，如果是退款给客户，则可以单击“切换”按钮，填制红字收款单。

(八)修改收款单

(1)在应收款管理系统中，单击“收款单据处理—收款单据录入”，进入收款单窗口。

(2)单击“下张”按钮，找到要修改的收款单，在要修改的收款单中单击修改按钮，将金额修改为“1500”。

(3)单击“保存”按钮，再单击“退出”按钮退出。

(九)删除收款单

(1)在应收款管理系统中，单击“收款单据处理—收款单据录入”，打开“收款单”窗口。

(2)单击“下张”按钮，找到要删除的收款单。

(3)单击“删除”按钮，系统提示：“单据删除后不能恢复，是否继续?”

(4)单击“是”按钮。

(十)审核收款单

(1)在应收款管理系统中，单击“收款单据处理—收款单据审核”，打开“结算单过滤条件”对话框。

(2)单击“确定”按钮，打开“结算单列表”窗口。

(3)单击“全选”按钮。

(4)单击“审核”按钮，系统提示：“本次审核成功单据1张。”

(5)单击“确定”按钮，再单击“退出”按钮退出。

(十一)核销收款单

(1)在应收款管理系统中，单击“核销处理—手工核销”，打开“核销条件”对话框。

(2)在“客户栏”中单击“客户”栏的参照按钮，选择“东北学邦公司”。

(3)单击“确定”按钮，进入“单据核销”窗口，在该窗口中将上半部分的本次结算金额栏的数据修改为“1318.08”，在下半部分的本次结算栏的第一行录入“120”，在第二行录入“1198.08”，如图7—27所示。

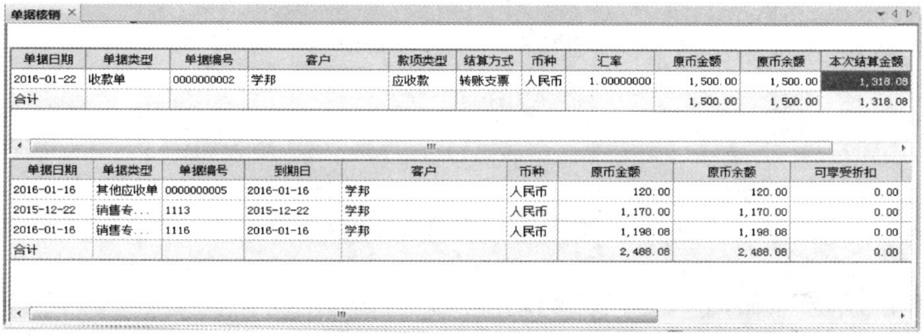
单据核销

单据日期	单据类型	单据编号	客户	款项类型	结算方式	币种	汇率	原币金额	原币余额	本次结算金额
2016-01-22	收款单	0000000002	学邦	应收款	转账支票	人民币	1.00000000	1,500.00	1,500.00	1,318.08
合计								1,500.00	1,500.00	1,318.08

单据日期	单据类型	单据编号	到期日	客户	币种	原币金额	原币余额	可享受折扣
2016-01-16	其他应收单	0000000005	2016-01-16	学邦	人民币	120.00	120.00	0.00
2015-12-22	销售专...	1113	2015-12-22	学邦	人民币	1,170.00	1,170.00	0.00
2016-01-16	销售专...	1116	2016-01-16	学邦	人民币	1,198.08	1,198.08	0.00
合计						2,488.08	2,488.08	0.00

图7—27 应收款——单据核销

(4)单击"保存"按钮,再单击"退出"按钮退出。

注意:

①在保存核销内容后,单据核销窗口中将不再显示已被核销的内容。

②结算单列表显示的是款项类型为应收款和预收款的记录,而款项类型为其他费用的记录不允许在此作为核销记录。

③核销时,结算单列表中款项类型为应收款的,记录默认的本次结算金额为该记录上的原币金额;款项类型为预收款的,记录默认的本次结算金额为空。核销时可以修改本次结算金额,但是不能大于该记录的原币金额。

④在结算单列表中,单击"分摊"按钮,系统将当前结算单列表中的本次结算金额合计自动分摊到被核销单据列表的本次结算栏中。核销顺序依据被核销单据的排序顺序。

⑤手工核销时一次只能显示一个客户的单据记录,且结算单列表根据表体记录明细显示。当结算单有代付处理时,只显示当前所选客户的记录。若需要对代付款进行处理,则需要在过滤条件中输入该代付单位,进行核销。

⑥一次只能对一种结算单类型进行核销,即手工核销的情况下需要将收款单和付款单分开核销。

⑦手工核销保存时,若结算单列表的本次结算金额大于或小于被核销单据列表的本次结算金额合计,系统将提示结算金额不相等,不能保存。

⑧若发票中同时存在红蓝记录,则核销时先进行单据的内部对冲。

⑨如果核销后未进行其他处理,可以在期末处理中"取消操作"功能中取消核销操作。

(十二)制单

(1)在应收款管理系统中,执行"制单处理"命令,进入"制单查询"窗口。

(2)在"制单查询"窗口中,选中"收付款单制单",如图7—28所示。

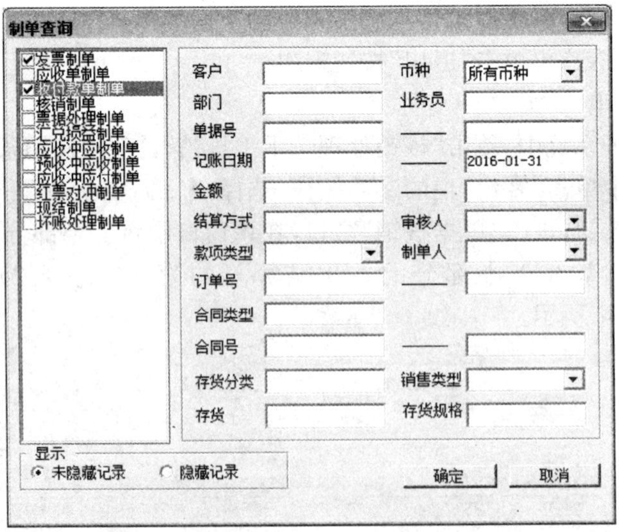

图7—28 制单查询窗口

(3)单击"确定"按钮,进入"制单"窗口。

(4)在"制单"窗口中,单击"全选"按钮,如图7—29所示。

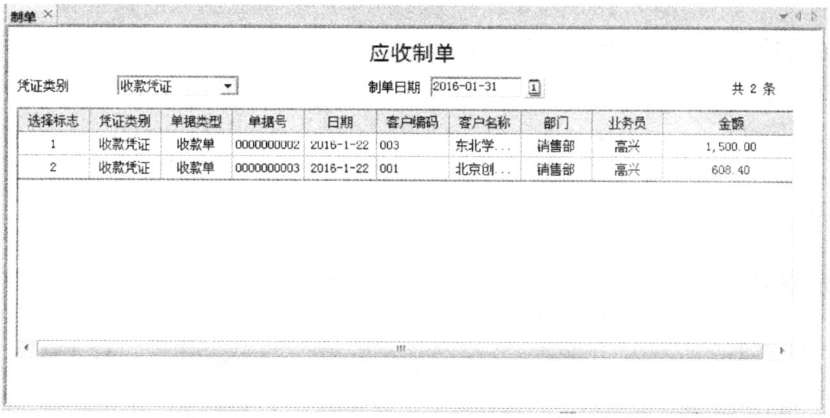

图 7—29 制单窗口

(5)单击"制单"按钮,生成记账凭证。

(6)单击"保存"按钮,结果如图 7—30 所示。

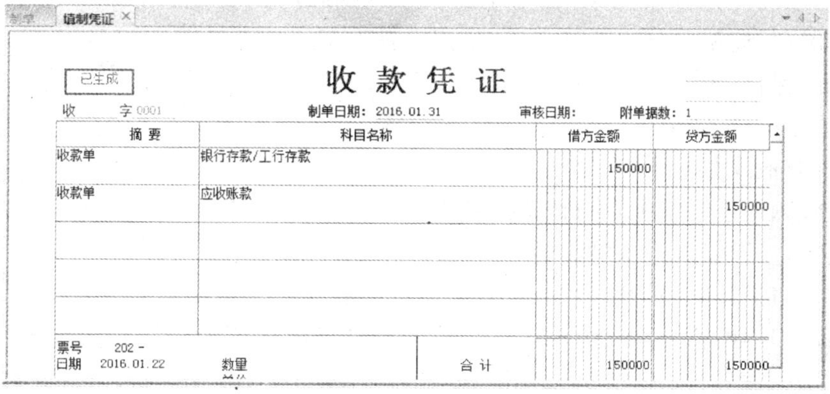

图 7—30 收款凭证生成

(7)单击"退出"按钮退出。

注意:

①如果在"单据查询"窗口中,在选中"收付款单制单"后,再去掉"发票制单"的选项,则会打开"收付款单制单"窗口;如果不去掉"发票制单"选项,虽然制单窗口显示的是"应收制单",但两种待制的单据都会显示。

②在制单功能中还可以根据需要进行合并制单。

任务三 票据管理

一、任务资料

1. 2016 年 1 月 2 日,收到北京创新公司签发并承兑的商业承兑汇票一张(No.345612),面值为 7 020 元,到期日为 2016 年 3 月 2 日。

2.2016 年 1 月 3 日，收到上海远大公司签发并承兑的商业承兑汇票一张(No.367809)，面值为 7 020 元，到期日为 2016 年 1 月 23 日。

3.2016 年 1 月 31 日，将收到的北京创新公司签发并承兑的商业承兑汇票(No.345612)到银行贴现，贴现率为 6%。

4.2016 年 1 月 23 日，将 2016 年 1 月 3 日收到的上海远大公司签发并承兑的商业承兑汇票(No.367809)结算。

二、任务要求

完成承兑汇票的业务处理并制单。

三、任务操作指导

(一)增加结算方式

(1)在企业应用平台中，打开“基础设置”选项卡，执行“基础档案—收付结算—结算方式”命令，进入“结算方式”窗口。

(2)单击“增加”按钮，在“结算方式编码”栏录入编码，在“结算方式名称”栏录入“商业承兑汇票”，单击“保存”按钮，再在“结算方式编码”栏录入编码，在“结算方式名称”栏录入“银行承兑汇票”，单击“保存”按钮。

(3)单击“退出”按钮退出。

(二)填制商业承兑汇票

(1)在应收款管理系统中，执行“票据管理”命令，打开“票据查询”对话框。

(2)单击“过滤”按钮，进入“票据管理”窗口。

(3)单击“增加”按钮，打开“票据增加”窗口对话框。

(4)在“收到日期”栏选择“2016—01—02”，单击“结算方式”栏的下三角按钮，选择“商业承兑汇票”，在“票据编号”栏录入“345612”，在“承兑单位”栏单击“出票人”栏的参照按钮，选择“北京创新公司”，在“金额”栏录入“7020”，在“出票日期”栏选择“2016—01—02”，在“到期日”栏选择“2016—03—02”，在“摘要”栏录入“收到商业承兑汇票”，如图 7—31 所示。

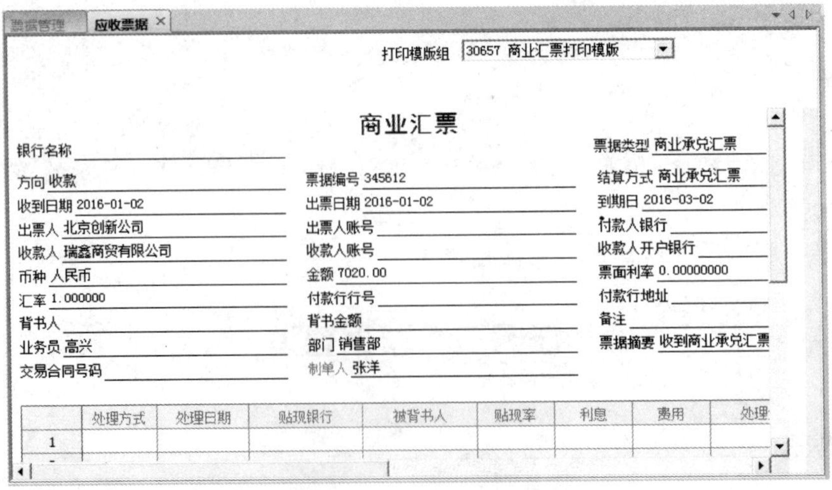

图 7—31 填制票据

(5)单击“保存”按钮,返回“票据管理”窗口。以此方法继续录入第二张商业承兑汇票。

注意:

①在实际工作中可以根据需要随时增加需要的结算方式。

②保存一张商业票据之后,系统会自动生成一张收款单,这张收款单还需经过审核之后才能生成记账凭证。

③由票据生成的收款单不能修改。

④在票据管理功能中可以对商业承兑汇票和银行承兑汇票进行日常业务处理,包括票据的收入、结算、贴现、背书、转出、计息等。

⑤商业承兑汇票不能有承兑银行,银行承兑汇票必须有承兑银行。

(三)商业承兑汇票贴现

(1)在应收款管理系统中,执行“票据管理”命令,打开“票据查询”对话框。

(2)单击“确定”按钮,进入“票据管理”窗口。

(3)在票据管理窗口中,单击选中2016年1月2日填制的商业承兑汇票,如图7—32所示。

图7—32 选择商业承兑汇票

(4)单击“贴现”按钮,打开“票据贴现”对话框。

(5)在“贴现率”栏录入“6”,在“结算科目”栏录入“100202”,或单击“结算科目”栏的参照按钮,选择“100202 工行存款”,如图7—33所示。

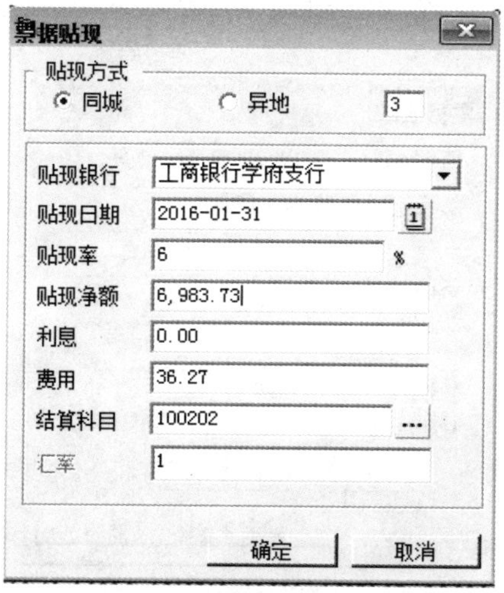

图7—33 “票据贴现”对话框

(6)单击“确定”按钮,系统弹出“是否立即制单”信息提示框。

(7)单击“是”按钮,生成贴现的记账凭证,单击“保存”按钮,如图 7－34 所示。

(8)单击“退出”按钮退出。

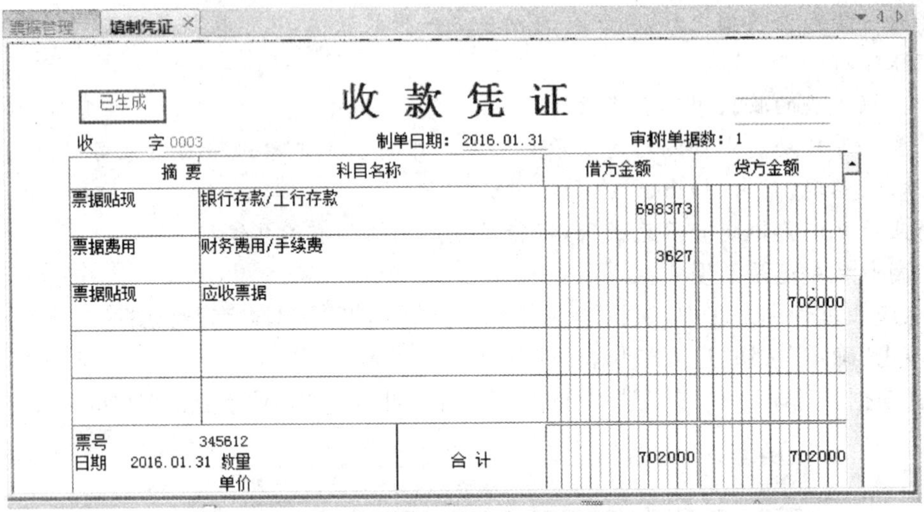

图 7－34　贴现记账凭证生成

注意:

①如果贴现净额大于余额,系统自动将其差额作为利息,不能修改;如果贴现净额小于票据余额,系统自动将其差额作为费用,不能修改。

②票据贴现后,将不能对其进行其他处理。

(四)商业承兑汇票结算

(1)在“票据管理”窗口中,单击选中 2016 年 1 月 3 日填制的收到明兴公司签发并承兑的商业承兑汇票(No.367809)。

(2)单击“结算”按钮,打开“票据结算”对话框。修改结算日期为“2016－01－23”,录入结算金额“7020”,在“结算科目”栏录入“100202”,或单击“结算科目”栏的参照按钮,选择“100202 工行存款”,如图 7－35 所示。

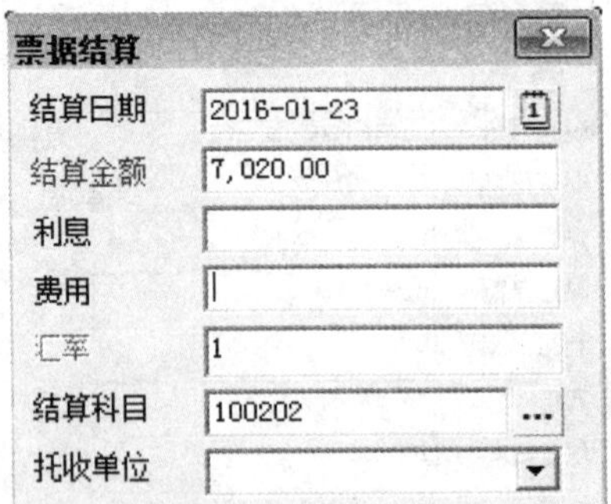

图 7－35　设置票据结算信息

(3)单击“确定“按钮,出现“是否立即制单”提示。

(4)单击“是”按钮,生成结算的记账凭证,单击“保存”按钮,结果如图 7—36 所示。

(5)单击“退出”按钮退出。

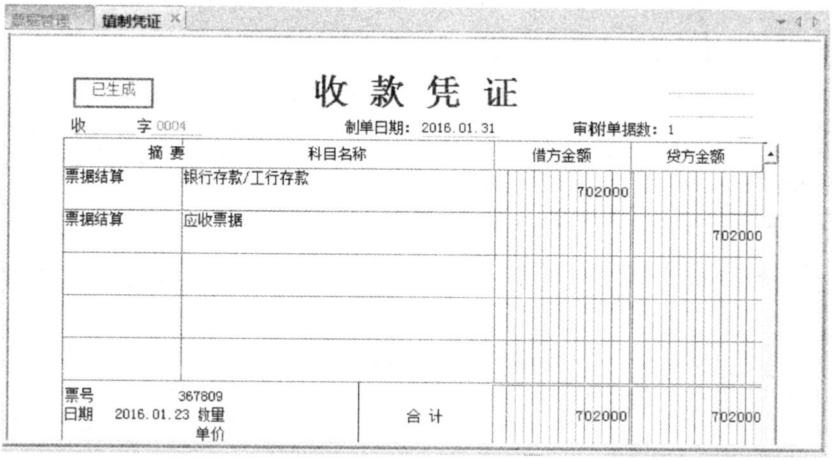

图 7—36 票据结算记账凭证生成

注意:

①当票据到期持票收款时,执行票据结算处理。

②进行票据结算时,结算金额应是通过结算实际收到的金额。

③结算金额减去利息加上费用的金额要小于或等于票据余额。

④票据结算后,不能再进行其他与票据相关的处理。

(五)审核收款单

(1)在应收款管理系统中,执行“收款单据处理—收款单据审核”命令,打开“结算单过滤条件”对话框。

(2)单击“确定”按钮,进入“收付款单列表”窗口。

(3)单击“全选”按钮,再单击“审核”按钮,系统弹出“本次审核成功单据[2]张”信息提示框,如图 7—37 所示。

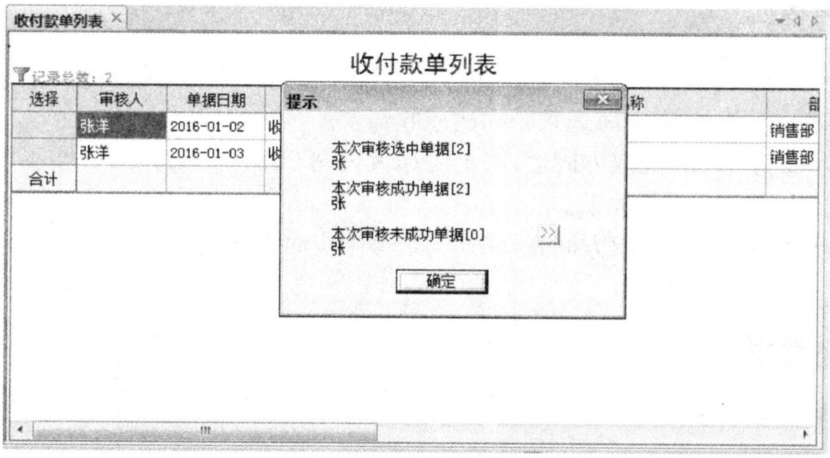

图 7—37 审核成功提示

(4)单击“确定”按钮，在“审核人”栏出现了审核人的签字。

(5)单击“退出”按钮退出。

(六)制单

(1)在应收款管理系统中，执行“制单处理”命令，打开“制单查询”对话框。

(2)单击选中“收付款单制单”前的复选框。

(3)单击“确定”按钮，打开“收付款单制单”窗口，单击“全选”按钮。

(4)单击“制单”按钮，出现第 1 张记账凭证，修改凭证类别为“转账凭证”，单击“保存”按钮，保存第一张记账凭证。单击“下张”按钮，修改凭证类别为“转账凭证”，单击“保存”按钮，保存第二张记账凭证，如图 7—38 所示。

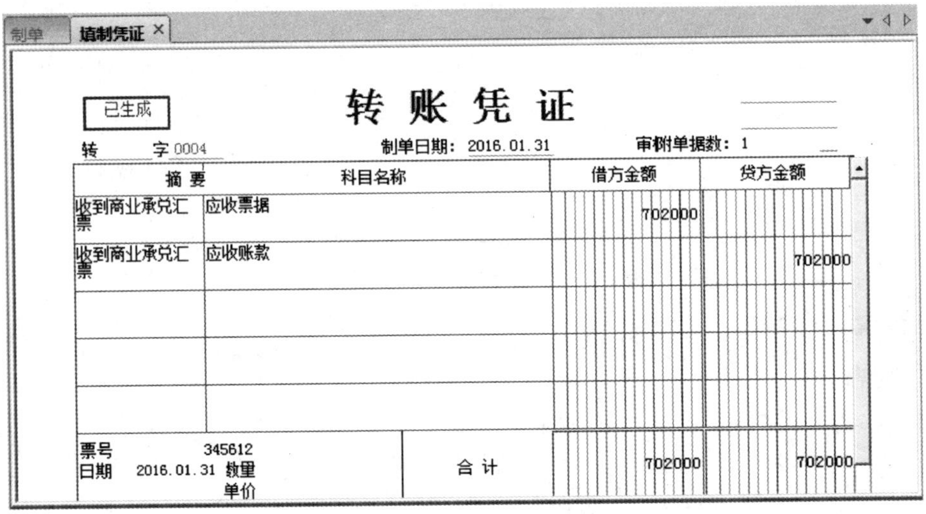

图 7—38　转账凭证生成

(5)单击“退出”按钮退出。

任务四　转账处理

一、任务资料

1.2016 年 1 月 31 日，经三方同意将 1 月 16 日形成的应向“北京创新公司”收取的货款及代垫费用款 728.4 元转为向上海远大公司的应收账款。

2.2016 年 1 月 31 日，经双方同意，将上海远大公司 2016 年 1 月 22 日购买“A 产品”5 包的货税款 11 583 元用预收款冲抵。

3.2016 年 1 月 31 日，经双方同意，将期初余额中应向上海远大公司收取的运费 500 元用红票冲抵。

二、任务要求

完成转账业务处理。

三、任务操作指导

(一)应收账款冲抵应收账款

(1)在应收款管理系统中,执行"转账—应收冲应收"命令,打开"应收冲应收"对话框。

(2)在"转出户"栏单击"转出户"栏的参照按钮,选择"北京创新公司",再在"转入户"栏单击"转入户"栏参照按钮,选择"远大公司",如图 7—39 所示。

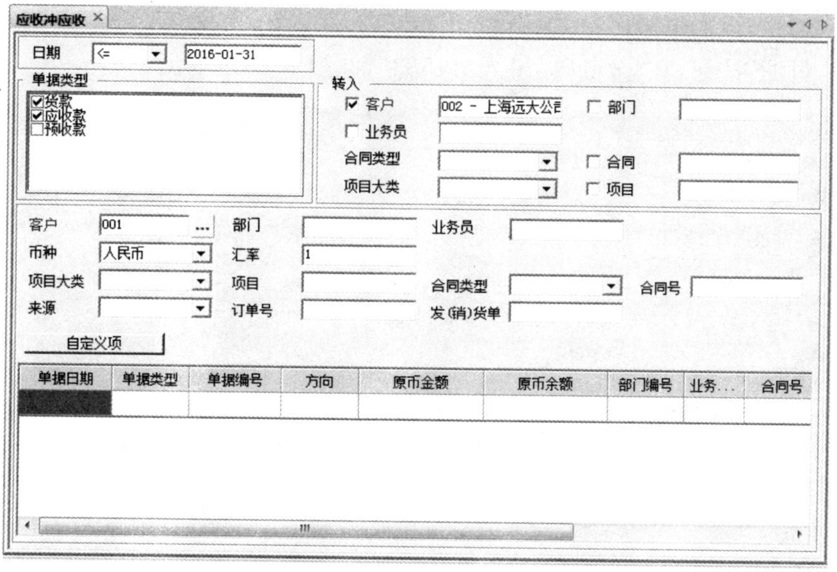

图 7—39 "应收冲应收"对话框

(3)单击"查询"按钮,在第二行"并账金额"栏录入"608.4",再在第三行"并账金额"栏录入"120",如图 7—40 所示。

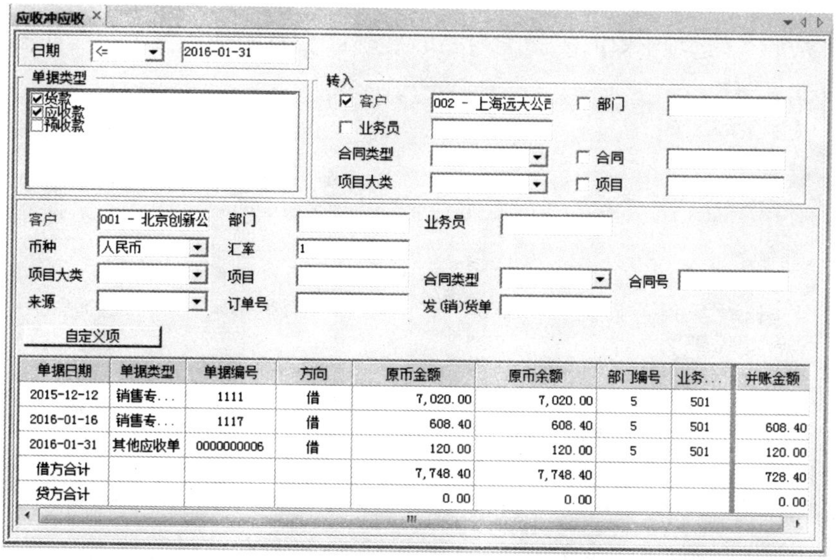

图 7—40 设置并账金额

(4)单击“确定”按钮，出现“是否立即制单”提示，单击“否”按钮，再单击“取消”按钮退出。

注意：

①每一笔应收款的转账金额不能大于其余额。

②每次只能选择一个转入单位。

(二)将预收账款冲抵应收账款

(1)在应收款管理系统中，执行“转账—预收冲应收”命令，打开“预收冲应收”对话框。

(2)单击“客户”栏的参照按钮，选择“上海远大公司”。

(3)单击“过滤”按钮，在“金额”栏录入“11583”，如图 7—41 所示。

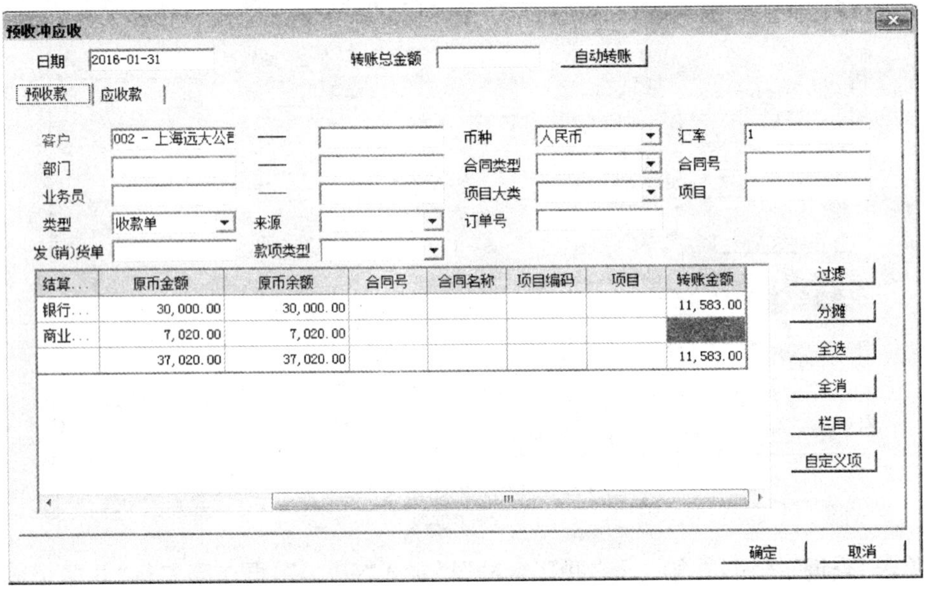

图 7—41　设置客户及金额信息

(4)单击“应收款”选项卡，单击“过滤”按钮，在转账金额栏录入“11583”，如图 7—42 所示。

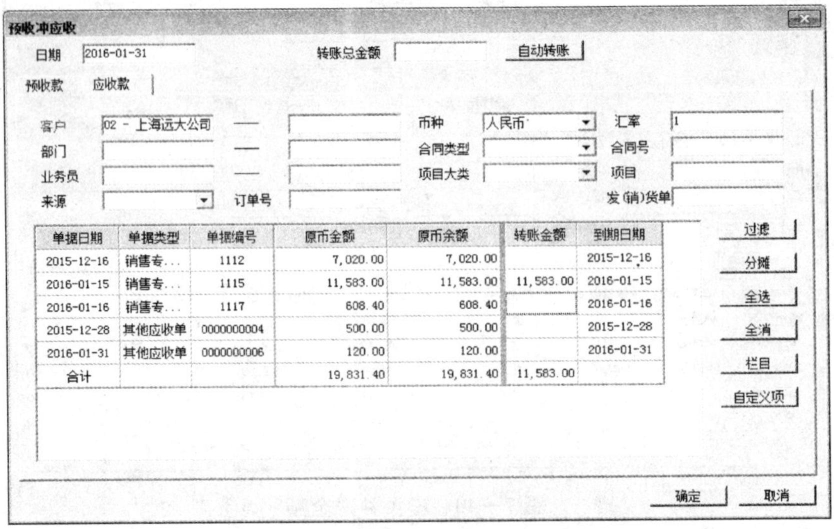

图 7—42　录入转账金额

(5)单击“确定”按钮，出现“是否立即制单”提示，单击“否”按钮，单击“退出”按钮。

注意：

①可以在输入转账总金额后单击“自动转账”按钮，系统自动根据过滤条件进行成批的预收冲抵应收款工作。

②每一笔应收款的转账金额不能大于其余额。

③应收款的转账金额合计应该等于预收款的转账金额合计。

④如果是红字预收款和红字应收单进行冲销，要把过滤条件中的“类型”选为“付款单”。

(三)填制红字应收单并制单

(1)在应收款管理系统中，执行“应收单据处理—应收单据录入”命令，打开“单据类别”窗口。

(2)单击“单据名称”栏的下三角按钮，选择“应收单”，单击“方向”栏的下三角按钮，选择“负向”，如图7—43所示。

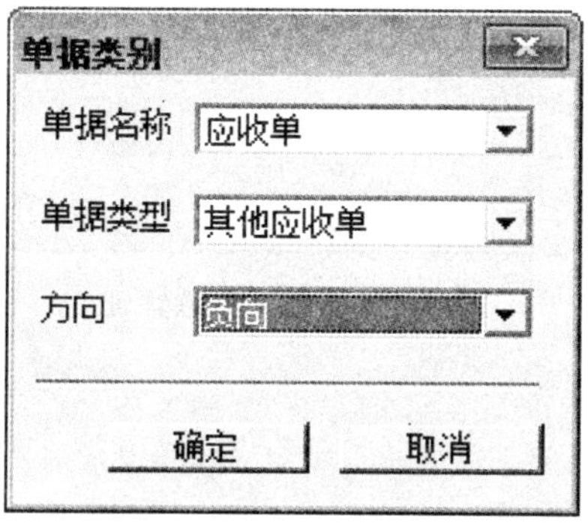

图7—43 设置单据类别

(3)单击“确定”按钮，进入红字“应收单”窗口。单击“客户”栏，选择“远大公司”，在“科目”栏录入“1122”，或单击“科目”栏的参照按钮，选择“1122 应收账款”，在“金额”栏录入“500”，如图7—44所示。

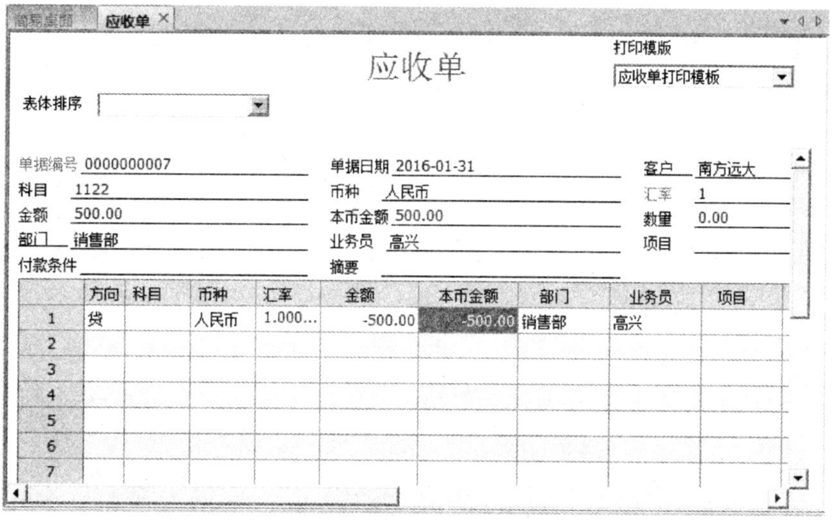

图7—44 录入红字应收单

(4)单击“保存”按钮，单击“审核”按钮，系统弹出“是否立即制单”信息提示对话框，单击“是”按钮，生成红字凭证。

(5)在红字凭证的第二行“科目名称”栏录入“100202”，或单击“科目”栏参照按钮，选择“100202 工行存款”，选择结算方式“信汇”，单击“保存”按钮，如图 7－45 所示。

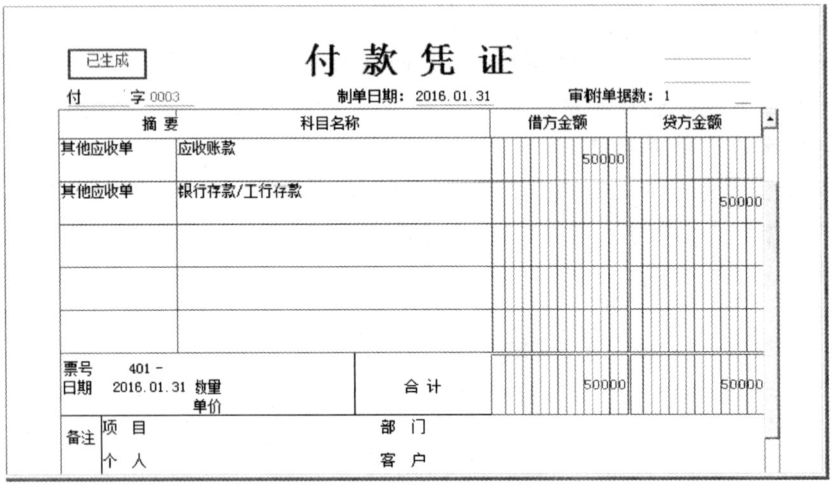

图 7－45 红字付款凭证

(6)单击“退出”按钮退出。

(四)红票对冲

(1)在应收款管理系统中，执行“转账—红票对冲—手工对冲”命令，打开“红票对冲条件”窗口。

(2)在“客户”栏选择“远大公司”。

(3)单击“确定”按钮，进入“红票对冲”窗口。

(4)在“2015－12－28”所填制的其他应收单对冲金额栏录入“500”，如图 7－46 所示。

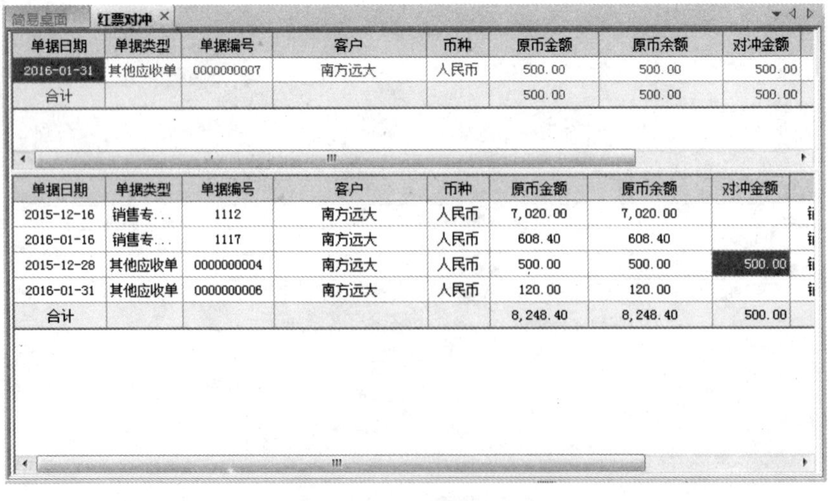

单据日期	单据类型	单据编号	客户	币种	原币金额	原币余额	对冲金额
2016-01-31	其他应收单	0000000007	南方远大	人民币	500.00	500.00	500.00
合计					500.00	500.00	500.00

单据日期	单据类型	单据编号	客户	币种	原币金额	原币余额	对冲金额
2015-12-16	销售专...	1112	南方远大	人民币	7,020.00	7,020.00	
2016-01-16	销售专...	1117	南方远大	人民币	608.40	608.40	
2015-12-28	其他应收单	0000000004	南方远大	人民币	500.00	500.00	500.00
2016-01-31	其他应收单	0000000006	南方远大	人民币	120.00	120.00	
合计					8,248.40	8,248.40	500.00

图 7－46 红票对冲设置

(5)单击“保存”按钮,系统自动将选中的红字应收单和蓝字应收单对冲完毕。

(6)单击“退出”按钮退出。

注意:

①红票对冲可以实现客户的红字应收单据与其蓝字应收单据、收款单与付款单之间进行冲抵的操作,可以自动对冲或手工对冲。

②自动对冲可以同时对多个客户依据对冲原则进行红票对冲,提高红票对冲的效率。

③手工对冲只能对一个客户进行红票对冲,可以自行选择红票对冲的单据,提高红票对冲的灵活性。

(五)制单

(1)在应收款管理系统中,执行“制单处理”命令,打开“制单查询”对话框。

(2)分别单击选中“转账制单”和“并账制单”前的复选框,如图 7—47 所示。

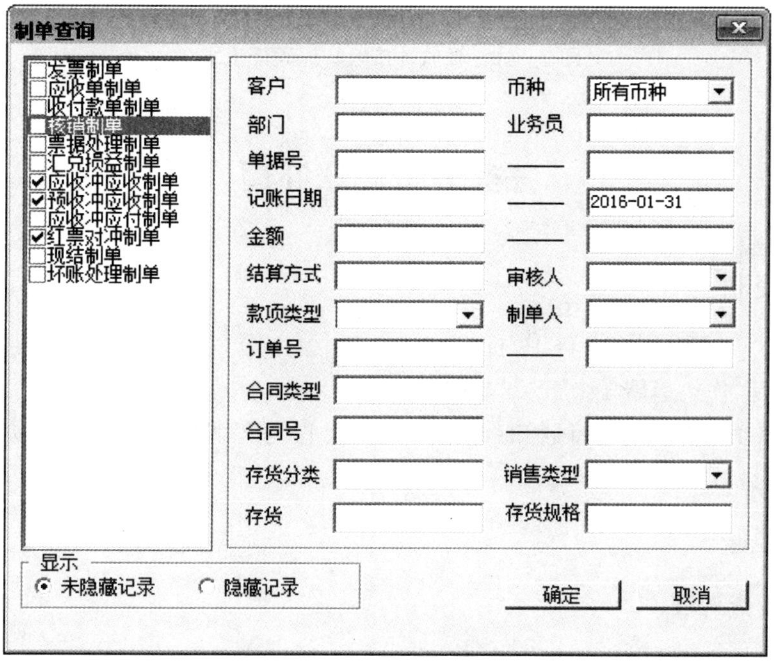

图 7—47　制单查询对话框

(3)单击“确认”按钮,打开“制单”窗口,单击“全选”按钮,再单击“凭证类别”栏的参照按钮,选择“转账凭证”。

(4)单击“制单”按钮,出现第一张记账凭证,单击“保存”按钮,保存第一张记账凭证。单击“下张”按钮,单击“保存”按钮,保存第 2 张记账凭证,如图 7—48 所示。

(5)单击“退出”按钮退出。

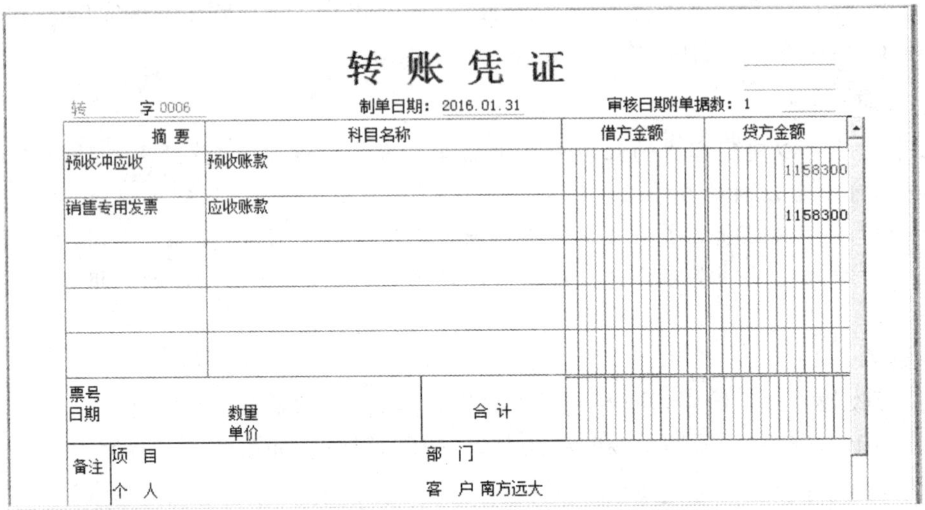

图 7—48 预收冲应收转账凭证生成

任务五 坏账处理

一、任务资料

1.2016 年 1 月 24 日，将 1 月 16 日形成的应向上海远大公司收取的应收账款 728.4 元(其中，货款 608.4 元，代垫运费 120 元)转为坏账。

2.2016 年 1 月 31 收到银行通知(电汇)，收回已作为坏账处理的应向上海远大公司收取的应收账款 728.4 元。

二、任务要求

完成坏账业务处理。

三、任务操作指导

(一)发生坏账

(1)在应收款管理系统中，执行“坏账处理—坏账发生”命令，打开“坏账发生”对话框。

(2)将日期修改为“2016－01－24”，单击“客户”栏的参照按钮，选择“远大公司”，如图7—49所示。

图 7—49 坏账信息设置

(3)单击“确定”按钮，进入“坏账发生单据明细”窗口。

(4)在“本次发生坏账金额”栏第 2 行录入“608.4”，再在第三行录入“120”，如图 7—50 所示。

坏账发生单据明细

单据编号	单据日期	到期日	余额	部门	业务员	本次发生坏账金额
1112	2015-12-16	2015-12-16	7,020.00	销售部	高兴	
1117	2016-01-16	2016-01-16	608.40	销售部	高兴	608.4
0000000006	2016-01-31	2016-01-31	120.00	销售部	高兴	120
			7,748.40			728.40

图 7—50　坏账发生单据明细

(5)单击“确定”按钮，出现“是否立即制单”提示，单击“确定”按钮，生成发生坏账的记账凭证，修改凭证类别为“转账凭证”，单击“保存”按钮，如图 7—51 所示。

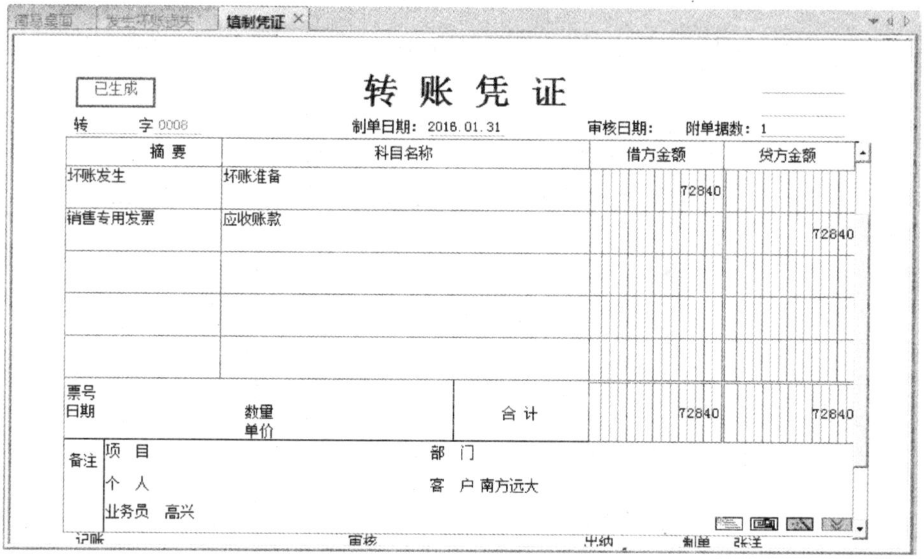

图 7—51　坏账凭证生成

(6)单击“退出”按钮退出。

(二)填收款单

(1)在应收款管理系统中，执行“收款单据处理—收款单据录入”命令，进入“收款单”窗口。

(2)单击“增加”按钮。单击“客户”栏的参照按钮，选择“远大公司”，在“结算方式”栏录入：单击“结算方式”栏的参照按钮，选择“电汇”，在“金额”栏录入“728.4”，在“摘要”栏录入“已做坏账处理的应收账款收回”。

(3)单击“保存”按钮，如图 7—52 所示。

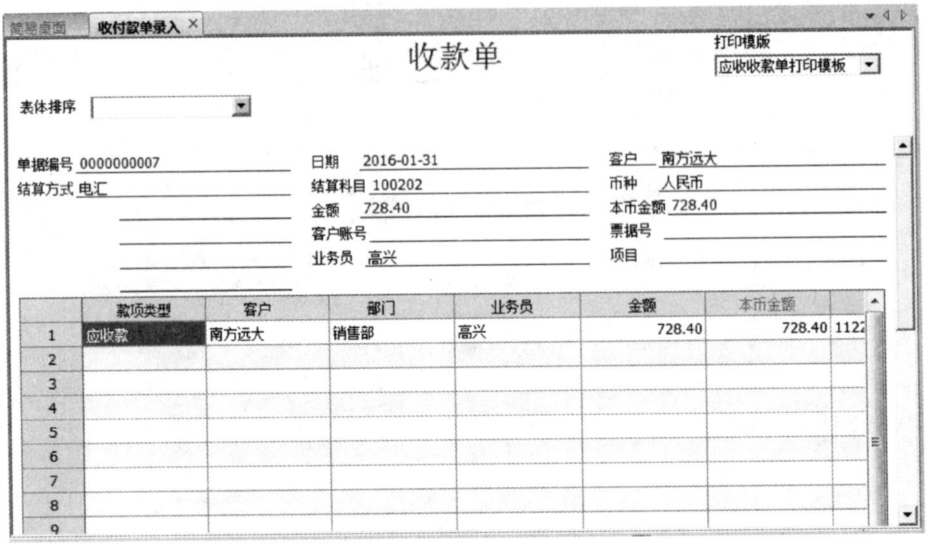

图 7—52　收款单

(三)坏账收回

(1)在应收款管理系统中,执行“坏账处理—坏账收回”命令,打开“坏账收回”对话框,单击“客户”栏的参照按钮,选择“远大公司”,单击“结算单号”栏的参照按钮,选择“07”结算单,如图7—53 所示。

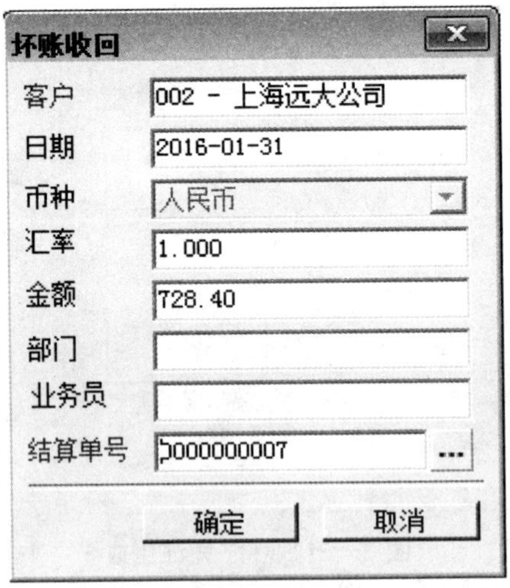

图 7—53　坏账收回信息

(2)单击“确定”按钮,系统提示“是否立即制单”,单击“是”按钮,生成一张收款凭证,单击“保存”按钮,如图 7—54 所示。

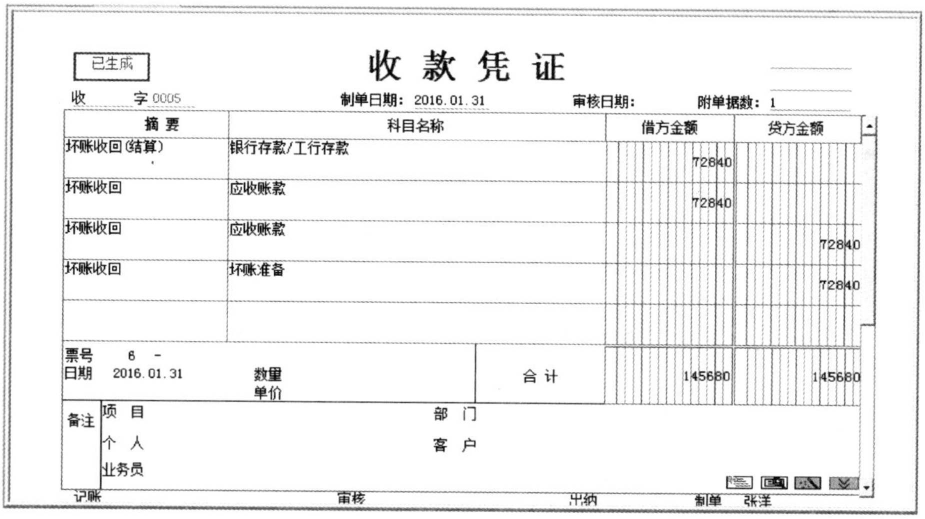

图 7—54 收回坏账凭证

(3)单击“退出”按钮退出。

注意：

①在录入一笔坏账收回的款项时，应该注意不要把该客户的其他收款业务与该笔坏账收回业务录入一张收款单中。

②坏账收回时制单不受系统选项中“方向相反分录是否合并”选项控制。

(四)取消转账操作

(1)在应收款管理系统中，执行“其他处理—取消操作”命令，打开“取消操作条件”对话框。

(2)单击“客户”栏的参照按钮，选择“远大公司”，单击“操作类型”栏的下三角按钮，选择“红票对冲”，如图 7—55 所示。

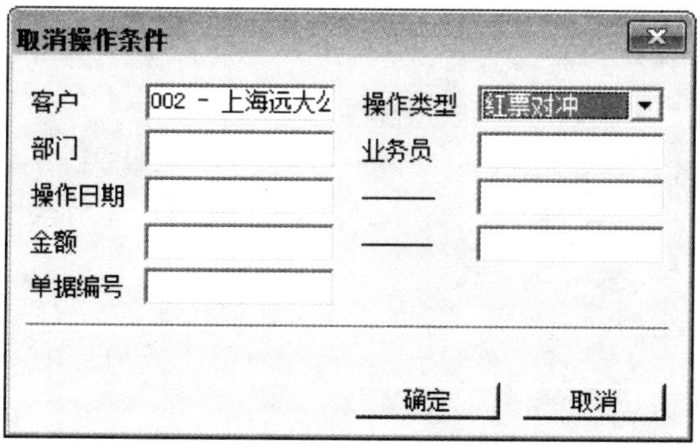

图 7—55 设置取消操作条件

(3)单击“确定”按钮，进入“取消操作”窗口。

(4)双击“选择标志”栏，如图 7—56 所示。

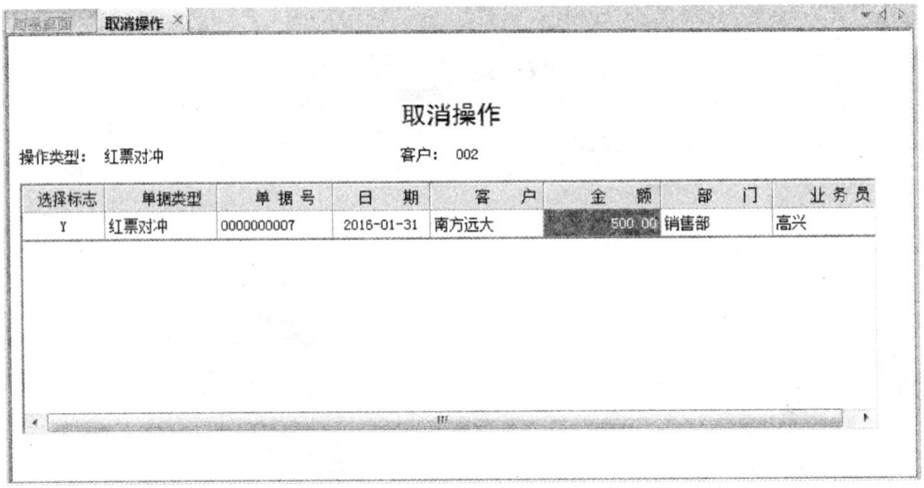

图 7—56　取消操作窗口

(5)单击“确定”按钮。

(6)单击“退出”按钮退出。

注意：

①取消操作类型包括取消核销、取消坏账处理、取消转账、取消汇兑损益、取消票据处理、取消并账等几类。

②取消操作必须在未进行后序操作的情况下进行，如果已经进行后序操作，则应在恢复后序操作后再取消操作。

(五)结账

(1)在应收款管理系统中，执行“期末处理—月末结账”命令，打开“月末处理”对话框。

(2)双击 1 月份“结账标志”栏，如图 7—57 所示。

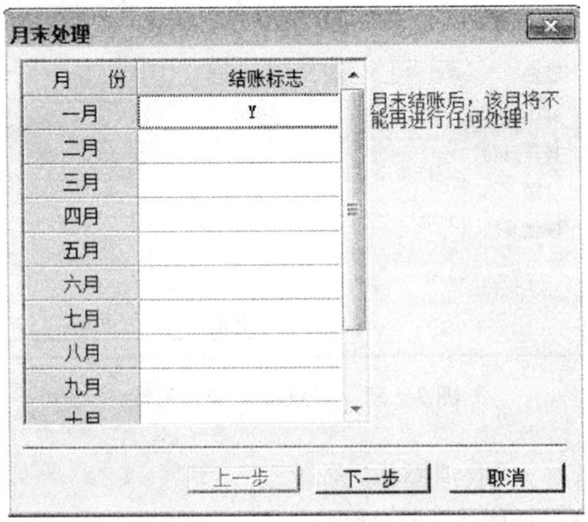

图 7—57　月末处理对话框

(3)单击“下一步”按钮，出现“月末处理—处理情况”表，如图 7—58 所示。

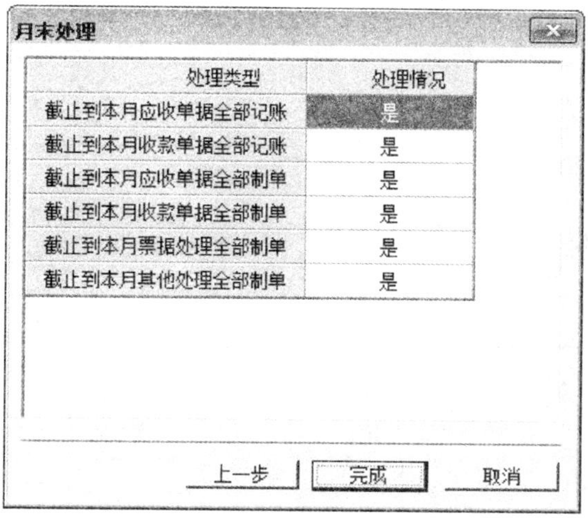

图 7—58　月末处理情况表

(4)单击"完成"按钮，系统弹出"1 月份结账成功"信息提示框。

(5)单击"确定"按钮。

注意：

①如果当月业务已经全部处理完毕，应进行月末结账。只有当月结账后，才能开始下月的工作。

②进行月末处理时，一次只能选择一个月进行结账，前一个月未结账，则本月不能结账。

③在执行了月末结账后，该月将不能再进行任何处理。

项 目 八

应付款管理

职业能力目标

能根据单位具体信息设置参数、设置基础档案、录入期初数据，能录入应付单据、付款；能进行票据录入、转账设置；能根据原始凭证准确制单。

学习成果

完成应付款系统初始化设置；完成应付单据、付款单据业务处理；完成承兑汇票的业务处理、完成转账业务处理。

任务一　应付款管理系统初始化

一、任务资料

(一)应付款系统的参数

应付款核销方式为“按单据”，单据审核日期依据为“业务日期”，应付款核算类型为“详细核算”，受控科目制单依据为“明细到供应商”，非受控科目制单方式为“汇总方式”；启用供应商权限，并且按信用方式根据单据提前7天自动报警。

(二)基本科目

应付科目为“应付账款”，预付科目为“预付账款”，采购科目为“在途物资”，采购税金科目为“应交税费——应交增值税——进项税额”，银行承兑科目为“应付票据”，商业承兑科目为“应付票据”，现金折扣科目为“财务费用”，票据利息科目为“财务费用”，票据费用科目为“财务费用”。

(三)结算方式科目

现金结算方式科目为“库存现金”，现金支票结算方式科目、转账支票结算方式科目、银行汇票结算方式科目均为“工行存款”。

(四)逾期账龄区间

总天数分别为30天、60天、90天和120天。

(五)期初余额

存货税率均为 17%,开票日期均为 2008 年。期初余额情况如表 8—1 所示。

表 8—1　　期初余额情况

单据名称	开票日期	票号	供应商名称	采购部门	科目编码	货物名称	数量	无税单价(元)	价税合计(元)
采购专用发票	12.15	33987	北京连城公司	采购部	2202	A 材料	30	1 100	38 610
采购专用发票	12.18	34987	天津通信公司	采购部	2202	B 材料	200	100	23 400
采购专用发票	12.23	35987	黑龙江向阳公司	采购部	2201	A 材料	22	1 000	25 740
预付款单	12.23	11111	北京连城公司	采购部	1123				20 000

二、任务要求

完成应付系统初始设置。

三、任务操作指导

(一)设置系统参数

(1)登录到账套中,在企业应用平台中,执行"财务会计—应付款管理—设置—选项"命令,打开"账套参数设置"对话框。

(2)单击"编辑"按钮。打开"权限与预警"选项卡,选中"启用供应商权限"前的复选框,选择按照"信用方式"进行单据自动报警,在"提前天数"栏选择提前天数"7",如 8—1 所示。

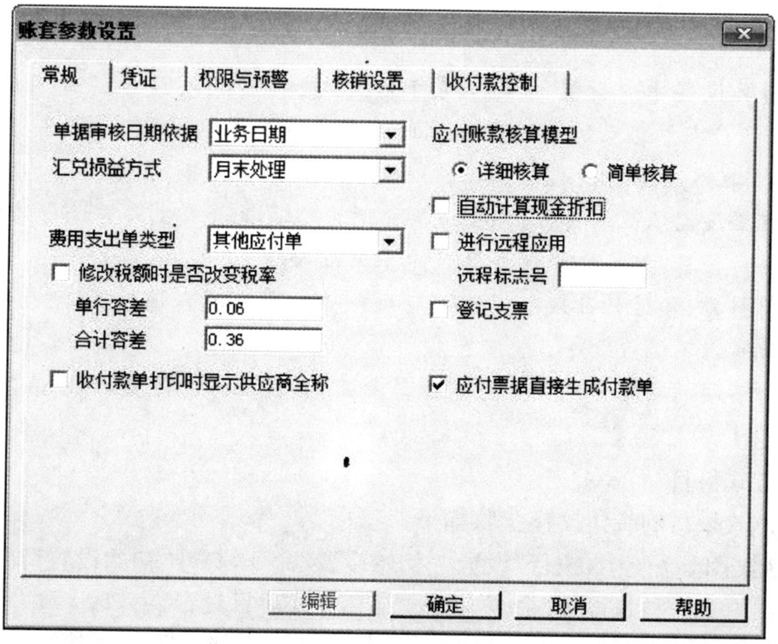

图 8—1　账套参数设置

(3)单击“确定”按钮。

注意：

①在进入应付款系统之前应在建立账套后启用应付款系统，或者在企业应用平台启用应付款系统。应付款系统的启用会计期间必须大于或等于账套的启用期间。

②在账套使用过程中可以随时修改账套参数。

③如果选择单据日期为审核日期，则月末结账时单据必须全部审核。

④关于应付账款核算模型，在系统启用时或者还没有进行任何业务处理的情况允许从简单核算改为详细核算。从详细核算改为简单核算随时可以进行。

(二)设置基本科目

(1)在应付款管理系统中，执行“设置—初始设置”命令，进入“初始设置”窗口。

(2)录入或选择应付科目“2202”及其他的基本科目，如图 8—2 所示。

图 8—2　初始设置——基本科目设置

(3)单击“退出”按钮。

注意：

①在基本科目设置中所设置的应付科目“2202 应付账款”、预付科目“1123 预付账款及“2201 应付票据”，应在总账系统中设置其辅助核算内容为“供应商往来”，并且其受控系统为“应付系统”，否则在这里不能被选中。

②只有在这里设置了基本科目，在生成凭证时才能直接进入生成凭证中的会计科目，否则凭证中将没有会计科目，相应的会计科目只能手工录入。

③如果应付科目、预付科目按不同的供应商或供应商分类分别设置，则可在“控制科目设置”中设置，在此可以不设置。

④如果针对不同的存货分别设置采购核算科目，则在此不用设置，可以在“产品科目设置”中进行设置。

(三)结算方式科目

设置结算方式科目的具体操作步骤如下：

(1)在应付款管理系统中，执行“设置—初始设置”命令，打开“初始设置”窗口。

(2)执行“结算方式科目设置”命令，进入“结算方式科目设置”窗口。

(3)单击“结算方式”栏的下三角按钮，选择“现金结算”，单击“币种”栏，选择“人民币”，在“科目”栏录入或选择“1001”，回车。以此方法继续录入其他的结算方式科目，如图 8—3 所示。

图 8—3 结算方式科目设置

(4)单击“退出”按钮。

注意:

①结算方式科目设置是针对已经设置的结算方式设置相应的结算科目,即在付款或收款时只要告诉系统结算时使用的结算方式,就可以由系统自动生成该种结算方式所使用的会计科目。

②如果在此不设置结算方式科目,则在付款或收款时可以手工输入不同结算方式对应的会计科目。

(四)设置逾期账龄区间

(1)在应付款管理系统中,执行“设置—初始设置”命令,打开“初始设置”窗口。

(2)执行“逾期账龄区间设置”命令,在“总天数”栏录入“30”,回车,再在“总天数”栏录入“60”后回车。以此方法继续录入其他的总天数,如图 8—4 所示。

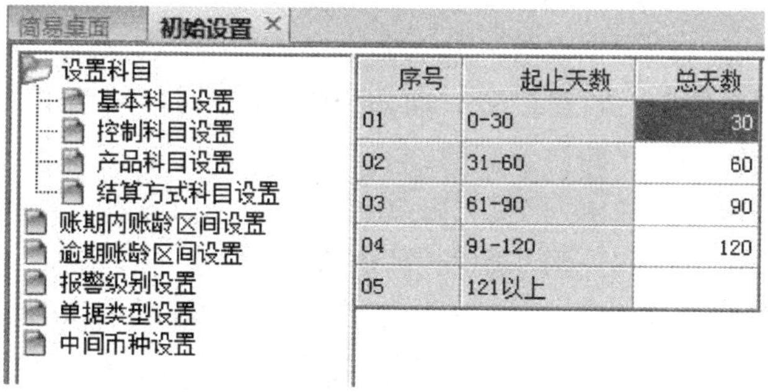

图 8—4 初始设置——逾期账龄区间设置

(3)单击“退出”按钮。

注意:

①序号由系统自动生成,不能修改和删除。总天数直接输入截止该区间的账龄总天数。

②最后一个区间不能修改和删除。

(五)单据编号设置

(1)在企业应用平台中,打开“基础设置”选项卡,执行“单据设置—单据编码设置”命令,进入“单据编号设置”窗口。

(2)执行“采购管理—采购专用发票”命令,出现“单据编号设置[采购专用发票]”窗口。

(3)在“单据编号设置[采购专用发票]”窗口中，单击“修改”按钮，选中“完全手工编号”前的复选框，如图8—5所示。

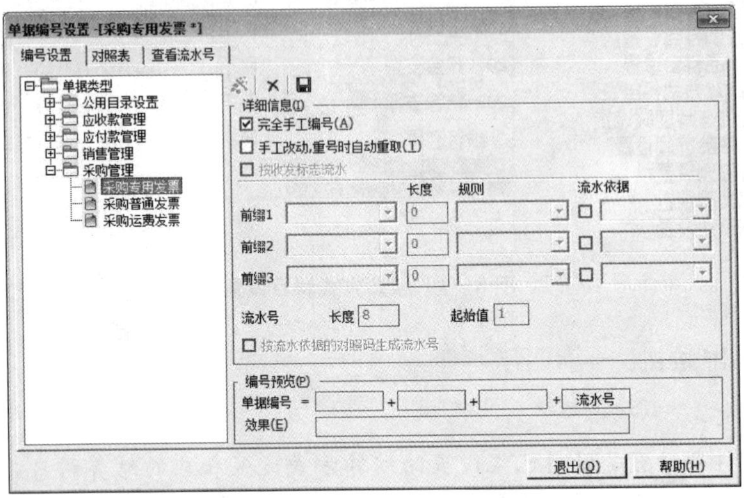

图8—5　采购专用发票编号设置

(4)单击“保存”按钮，单击“退出”按钮退出。

(5)同理，设置对应付款系统中的其他应付单、付款单“完全手工编号”。

注意：

①如果不在“单据编号设置”中对采购专用发票采用“完全手工编号”，则在填制采购专用发票时其编号由系统自动生成，而不允许手工录入编号。

②在单据编号设置中还可以设置“重号时自动重取”及“按收发标志流水”等。

(六)录入期初采购发票

(1)在应付款管理系统中，执行“设置—期初余额”命令，打开“期初余额”对话框。

(2)单击“确定”按钮，进入“期初余额明细表”窗口。

(3)单击“增加”按钮，打开“单据类别”窗口。

(4)单击“确定”按钮，打开“采购专用发票”窗口。

(5)修改开票日期为“2015—11—15”，录入发票号“33987”，单击“供应商”栏的参照按钮，选择“北京连城公司”，单击“存货编码”栏的参照按钮，选择“A材料”，在“数量”栏录入“30”，在原币单价”栏录入“1100”，如图8—6所示。

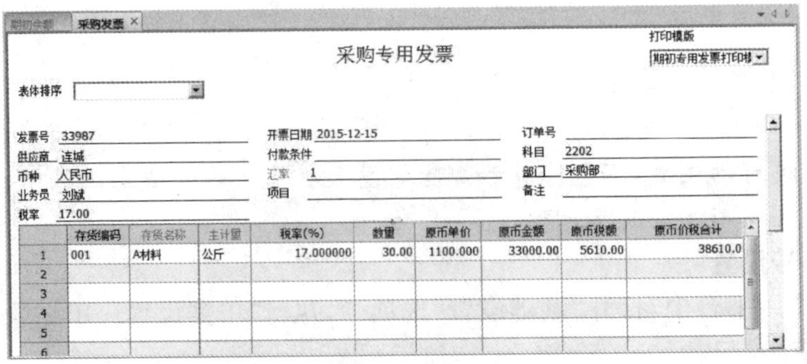

图8—6　录入期初采购专用发票

(6)单击“保存”按钮。以此方法继续录入第二张和第三张采购专用发票。

注意：

①在初次使用应付款系统时，应将启用应付款系统时未处理完的所有供应商的账款、预付账款、应付票据等数据录入应付款管理系统。当进入第二年度时，系统自动将上年度未处理完的单据转为下一年度的期初余额。在下一年度的第一会计期间里，可以进行期初余额的调整。

②在日常业务中，可对期初发票、应付单、预付款、票据进行后续的核销、转账处理。

③如果退出了录入期初余额的单据，在“期初余额明细表”窗口中并没有看到新录入的期初余额，应单击“刷新”按钮，就可以列示所有的期初余额的内容。

④在录入期初余额时一定要注意期初余额的会计科目，比如第三张采购发票的会计科目为“2201”，即应付票据。应付款系统的期初余额应与总账进行对账，如果科目错误将会导致对账错误。

⑤如果并未设置允许修改采购专用发票的编号，则在填制采购专用发票时不允许修改采购专用发票的编号。其他单据的编号也一样，系统默认的状态为不允许修改。

(七)录入预付款单

(1)在应付款管理系统中，执行“设置—期初余额”命令，打开“期初余额—查询”对话框。

(2)单击“确定”按钮，进入“期初余额明细表”窗口。

(3)单击“增加”按钮，打开“单据类别”窗口。

(4)单击“单据名称”栏的下三角按钮，选择“预付款”，如图8—7所示。

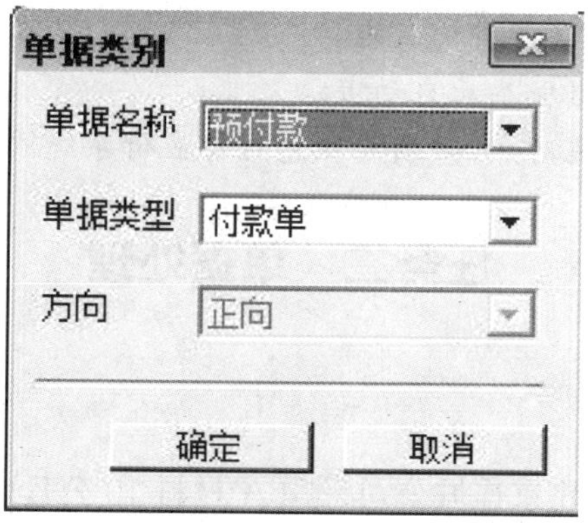

图8—7　设置单据类别

(5)单击“确定”按钮，进入“付款单”窗口。

(6)修改日期为“2015—11—23”，单击“供应商”栏的参照按钮，选择“连城公司”，单击“结算方式”栏的参照按钮，选择“转账支票”，在“金额”栏录入“20000”，在“摘要”栏录入“预付货款”。在付款单下半部分中的“科目”栏录入“1123”，或单击“科目”栏的参照按钮，选择“1123 预付账款”，如图8—8所示。

图 8—8 期初预付款单

(7)单击“保存”按钮，单击“退出”按钮退出。

注意：

①录入预付款的单据类型仍然是“付款单”，但是款项类型为“预付款”。

②当完成全部应付款期初余额录入后，应通过对账功能将应付系统期初余额与总账系统期初余额进行核对。

③当保存了期初余额结果，或在第二年使用需要调整期初余额时可以进行修改。当第一个会计期已结账后，期初余额只能查询不能再修改。

④期初余额所录入的票据保存后自动审核。

⑤应付款系统与总账系统对账，必须要在总账与应付系统同时启用后才可以进行。

任务二 单据处理

一、任务资料

1. 2016 年 1 月 15 日，从北京连城公司采购 A 材料 10 公斤，原币单价为 1 200 元，增值税为 17%(采购专用发票号码:168800)。

2. 2016 年 1 月 15 日，从天津通信公司采购 B 材料 20 公斤，原币单价为 110 元，增值税率为 17%(采购专用发票号码:8900)，运费 80 元。

3. 2016 年 1 月 16 日，从黑龙江向阳公司采购 A 材料 50 公斤，原币单价为 990 元，增值税率为 17%(采购专用发票号码:3450)。

4. 2016 年 1 月 16 日，向北京连城公司采购 A 材料 20 公斤，原币单价为 980 元，增值税率为 17%(采购专用发票号码:2302)。

5. 2016 年 1 月 18 日，从北京连城公司采购 A 材料 12 公斤，原币单价为 1 200 元，增值税率为 17%(采购专用发票号码:69900)。

6. 2016 年 1 月 22 日，以转账支票支付向北京连城公司购买 A 材料 10 公斤的货税款 14 040元。

7. 2016 年 1 月 22 日，以转账支票支付向黑龙江向阳公司购买 A 材料 50 公斤的货税款

57 915元。

8. 2016 年 1 月 22 日，以转账支票支付向天津通信公司购买 B 材料 20 公斤的货税款及运费 2 574 元。

9. 2016 年 1 月 23 日，发现 2016 年 1 月 22 日所填制的以转账支票支付向北京连城公司购买钢材 10 吨的货税款 14 040 元应为 15 000 元，余款作为预付款。

二、任务要求

完成单据处理业务。

三、任务操作

(一)填制第一笔业务的采购专用发票

(1)在应付款管理系统中，执行“应付单据处理—应付单据录入”命令，打开“单据类别”对话框。

(2)单击“确定”按钮，进入“采购专用发票”窗口。

(3)修改开票日期为“2016－01－15”，录入发票号“668800”，单击“供应商”栏的参照按钮，选择“连城公司”，单击“存货编码”栏的参照按钮，选择“A 材料”，在“数量”栏录入“10”，在“原币单价”栏录入“1200”，如图 8－9 所示。

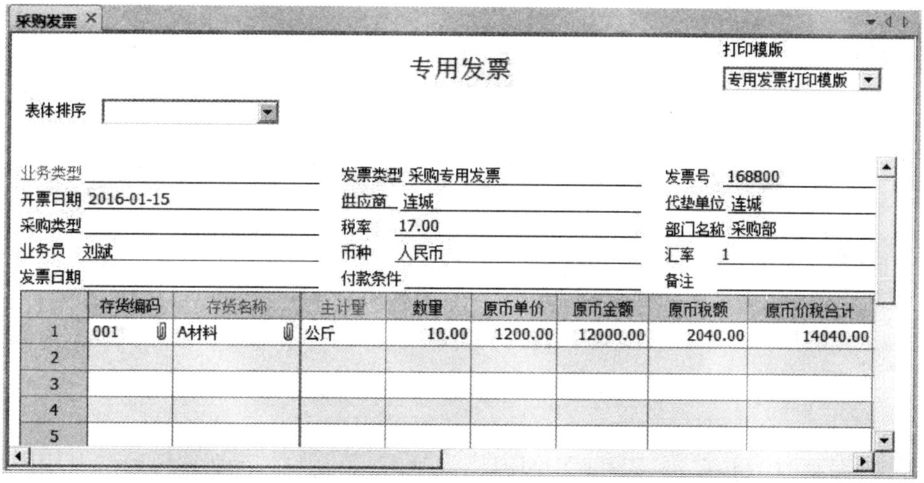

图 8—9　第一笔采购专用发票

(4)单击“保存”按钮，单击“退出”按钮退出。

(5)同理，填制第二笔业务的采购专用发票。

注意：

①在填制采购专用发票时，税率由系统自动生成，可以修改。

②采购发票与应付单是应付款管理系统日常核算的单据。如果应付款系统与采购系统集成使用，采购发票在采购管理系统中录入，在应付款系统中可以对这些单据进行查询、核销、制单等操作。此时应付款系统需要录入的只限于应付单。

③如果没有使用采购系统，则所有发票和应付单均需在应付系统中录入。

④在不启用供应链的情况下，在应付款系统中只能对采购业务的资金流进行会计核算，即

可以对应付款、已付款以及采购情况进行核算，而其物流的核算，即存货入库成本的核算还需在总账系统中手工进行结转。

⑤已审核的单据不能修改或删除，已生成凭证或进行过核销的单据在单据界面不再显示。

⑥在录入采购发票后可以直接进行审核，在直接审核后系统会提示“是否立即制单”，此时可以直接制单。如果录入采购发票后不直接审核可以在审核功能中审核，再到制单功能中制单。已审核的单据在未进行其他处理之前取消审核后再修改。

（二）填制第二笔业务的采购普通发票

（1）在应付款管理系统中，执行“应付单据处理—应付单据录入”命令，打开“单据类别”对话框。

（2）单击“单据类型”栏的下三角按钮，选择“采购普通发票”。

（3）单击“确定”按钮，打开“采购发票”窗口。

（4）修改开票日期为“2016—01—31”，单击“供应商”栏的参照按钮，选择“天津通信公司”，在“税率”栏录入“7”，单击“存货编码”栏的参照按钮，选择“运输费”，在“原币金额”栏录入“80”，如图 8—10 所示。

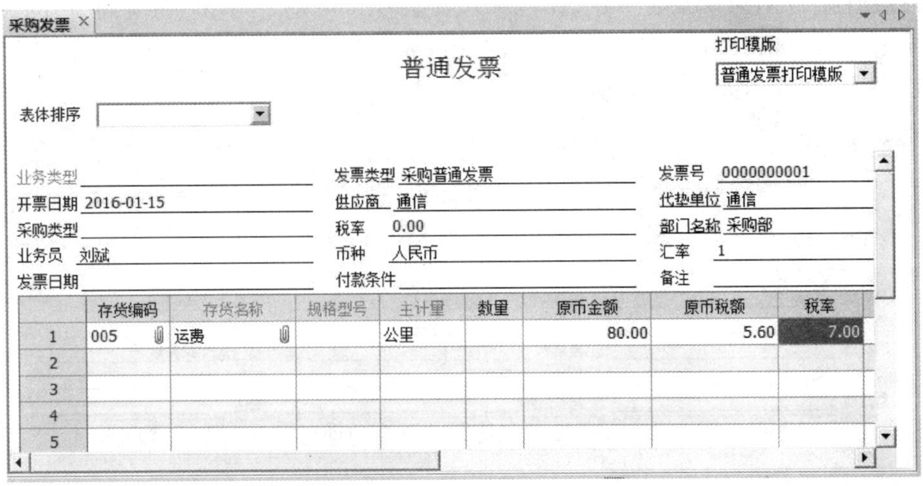

图 8—10　第二笔运费发票

（5）单击“保存”按钮，单击“退出”按钮退出。继续录入其他笔业务的采购专用发票。

注意：

①按会计制度规定，运费可以按 7%的税率进行增值税的进项税额抵扣，因此运费成本为扣除 7%进项税后的部分。

②如果在启用应付款系统的同时启用采购系统，则应在采购系统中填制“运费发票”，在应付款系统中对采购系统传递过来的“运费发票”进行付款及付款核销等操作。

（三）审核应付单据

（1）在应付款管理系统中，执行“应付单据处理—应付单据审核”命令，打开“单据过滤条件”对话框。

（2）单击“确定”按钮，进入“应付单据列表”窗口。

（3）单击“全选”按钮，如图 8—11 所示。

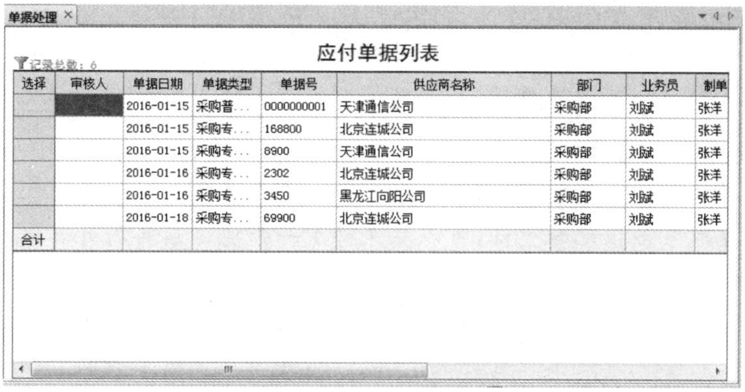

单据处理

应付单据列表

记录总数：6

选择	审核人	单据日期	单据类型	单据号	供应商名称	部门	业务员	制单
		2016-01-15	采购普...	0000000001	天津通信公司	采购部	刘斌	张洋
		2016-01-15	采购专...	168800	北京连城公司	采购部	刘斌	张洋
		2016-01-15	采购专...	8900	天津通信公司	采购部	刘斌	张洋
		2016-01-16	采购专...	2302	北京连城公司	采购部	刘斌	张洋
		2016-01-16	采购专...	3450	黑龙江向阳公司	采购部	刘斌	张洋
		2016-01-18	采购专...	69900	北京连城公司	采购部	刘斌	张洋
合计								

图 8—11 应付单据列表

(4)单击“审核”按钮，系统提示“本次审核成功单据 6 张”。

(5)单击“确定”按钮，再单击“退出”按钮退出。

(四)制单

(1)在应付款管理系统中，执行“制单处理”命令，打开“制单查询”对话框。

(2)选中“发票制单”前的复选框，单击“确定”按钮，进入“采购发票制单”窗口。

(3)单击“全选”按钮，单击“凭证类别”栏的下三角按钮，选择“转账凭证”，如图 8—12 所示。

制单

采购发票制单

凭证类别 收款凭证　　制单日期 2016-01-31

选择标志	凭证类别	单据类型	单据号	日期	供应商编码	供应商名称	部门	业务员	金额
1	收款凭证	采购普...	0000000001	2016/1/31	002	天津通...	采购部	刘斌	80.00
2	收款凭证	采购专...	168800	2016/1/31	001	北京连...	采购部	刘斌	14,040.00
3	收款凭证	采购专...	8900	2016/1/31	002	天津通...	采购部	刘斌	2,574.00
4	收款凭证	采购专...	2302	2016/1/31	001	北京连...	采购部	刘斌	22,932.00
5	收款凭证	采购专...	3450	2016/1/31	003	黑龙江...	采购部	刘斌	57,915.00
6	收款凭证	采购专...	69900	2016/1/31	001	北京连...	采购部	刘斌	16,848.00

图 8—12 采购发票制单列表

(4)单击“制单”按钮，生成第一张转账凭证。

(5)单击“保存”按钮，结果如图 8—13 所示。

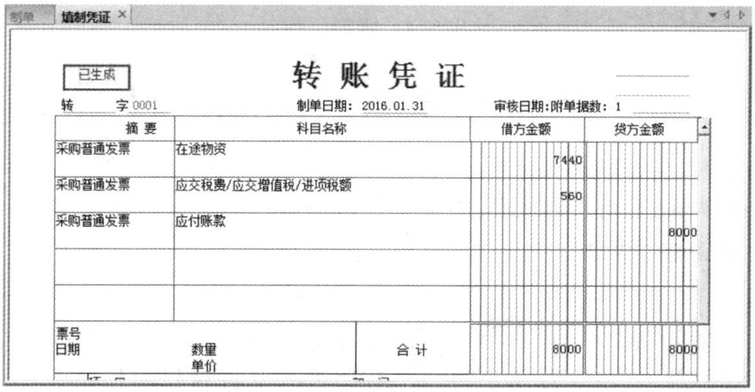

制单　填制凭证

已生成

转 账 凭 证

转　字 0001　　制单日期：2016.01.31　　审核日期：附单据数：1

摘要	科目名称	借方金额	贷方金额
采购普通发票	在途物资	7440	
采购普通发票	应交税费/应交增值税/进项税额	560	
采购普通发票	应付账款		8000
票号 日期　数量 单价	合 计	8000	8000

图 8—13 采购转账凭证生成

(6)单击“下张”按钮,再单击“保存”按钮,完成全部单据的制单。

注意:

①在“制单查询”窗口中,系统已默认制单内容为“发票制单”,如果需要选中其他内容制单,可以选中要制单内容前的复选框。

②如果所选择的凭证类型错误,可以在生成凭证后再修改。

③如果一次生成了多张记账凭证,可以在保存了一张凭证后再打开其他的凭证,直到全部保存为止,未保存的凭证视为放弃本次凭证生成的操作。

④只有在凭证保存后才能传递到总账系统,再在总账系统中进行审核和记账等。

⑤其中第1号转账凭证是根据普通发票填制的,其运费中应抵扣的进项税为价内税,因此进项税为5.6元,而物资采购为74.4元。

(五)填制付款单

(1)在应付款管理系统中,执行“付款单据处理—付款单据录入”命令,进入“付款单”窗口。

(2)单击“增加”按钮。修改开票日期为“2016—1—22”,单击“供应商”栏的参照按钮,选择“北京连城公司”,单击“结算方式”栏的下三角按钮,选择“转账支票”,在“金额”栏录入“14040”,在“摘要”栏录入“支付购买材料的货税款”,如图8—14所示。

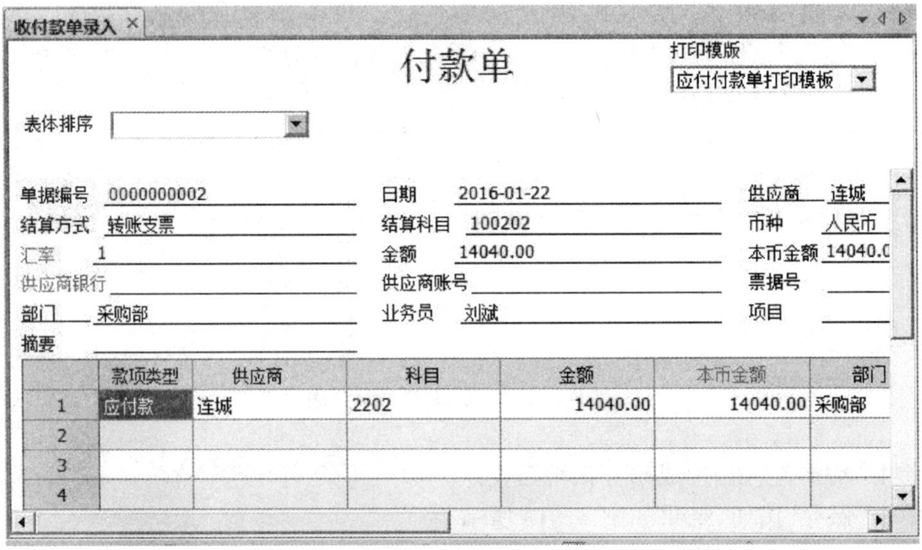

图8—14 填制付款单

(3)单击“保存”按钮,再单击“增加”按钮,继续录入付款单。

注意:

①在单击付款单的“保存”按钮后,系统会自动生成付款单表体的内容。

②表体中的款项类型系统默认为“应付款”,可以修改。款项类型还包括“预付款”和“其他费用”。

③若一张付款单中,表头供应商与表体供应商不同,则视表体供应商的款项为代收款。

④在填制付款单后,可以直接单击“核销”按钮进行单据核销的操作。

⑤如果是供应商退款,则可以单击“切换”按钮,填制红字付款单。

(六)审核付款单

(1)在应付款管理系统中,执行"付款单据处理—付款单据审核"命令,打开"付款单过滤条件"对话框,如图 8—15 所示。

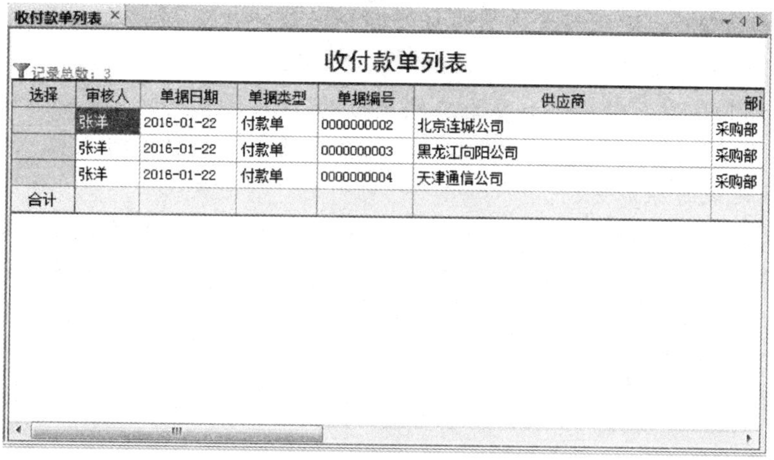

图 8—15 付款单列表

(2)单击"确定"按钮,进入"收付款单列表"窗口。

(3)单击"全选"按钮,单击"审核"按钮,系统提示"本次审核成功单据 2 张"。

(4)单击"确定"按钮,再单击"退出"按钮退出。

(七)核销付款单

(1)在应付款管理系统中,执行"核销处理—手工核销"命令,进入"核销条件"窗口。

(2)单击"供应商"栏的参照按钮,选择"北京连城公司"。

(3)单击"确定"按钮,进入"单据核销"窗口。在上半部分的"本次结算"栏的第一行录入"14040",在下半部分的"本次结算"栏的第二行录入"14040",如图 8—16 所示。

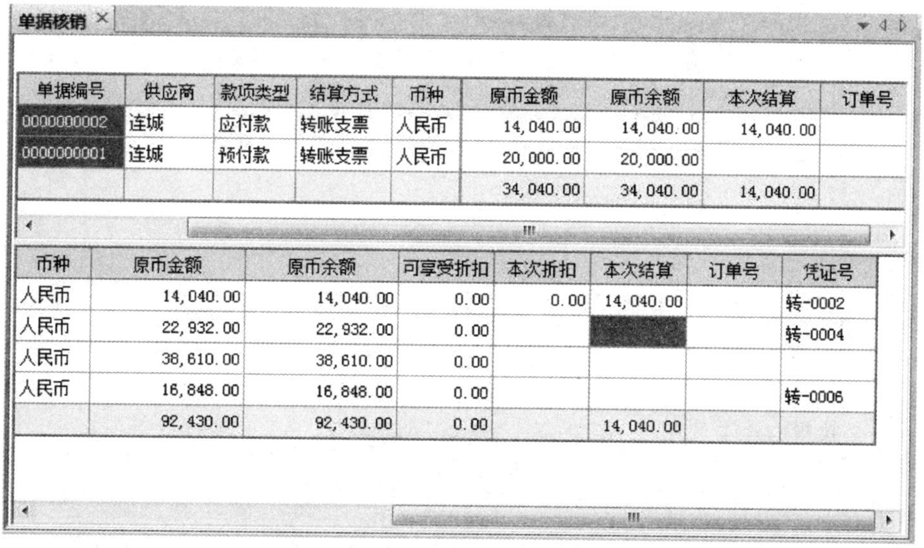

图 8—16 应付款管理——单据核销

(4)单击“保存”按钮，再单击“退出”按钮，退出。

注意：

①在保存核销内容后，单据核销窗口中将不再显示已被核销的内容。

②结算单列表显示的是款项类型为应付款和预付款的记录，而款项类型为其他费用的记录不允许在此作为核销记录。

③核销时，结算单列表中款项类型为应付款的，记录默认本次结算金额为该记录上的原币金额；款项类型为预付款的，记录默认的本次结算金额为空。核销时可以修改本次结算金额，但是不能大于该记录的原币金额。

④在结算单列表中，单击“分摊”按钮，系统将当前结算单列表中的本次结算金额合计自动分摊到被核销单据列表的本次结算栏中。核销顺序依据被核销单据的排序顺序。

⑤手工核销时一次只能显示一个供应商的单据记录，且结算单列表根据表体记录明细显示。当结算单有代付处理时，只显示当前所选供应商的记录。

⑥一次只能对一种结算单类型进行核销，即手工核销的情况下需要将收款单和付款单分开核销。

⑦手工核销保存时，若结算单列表的本次结算金额大于或小于被核销单据列表的本次结算金额合计，系统将提示结算金额不相等，不能保存。

⑧若发票中同时存在红蓝记录，则核销时先进行单据的内部对冲。

⑨如果核销后来进行其他处理，可以在期末处理的“取消操作”功能中取消核销操作。

(八)制单

(1)在应付款管理系统中，执行“制单处理”命令，打开“制单查询”对话框。

(2)选中“收付款单制单”前的复选框，单击“确定”按钮，进入“收付款单制单”窗口。

(3)单击“全选”按钮，如图 8—17 所示。

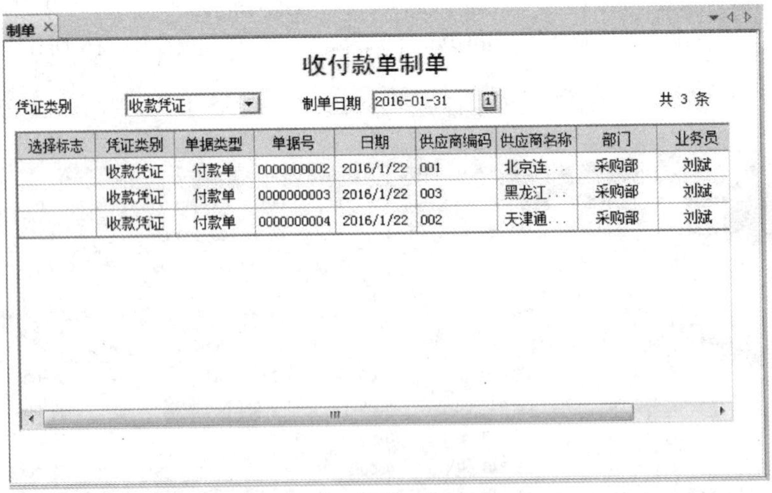

图 8—17　收付款单制单列表

(4)单击“制单”按钮，生成记账凭证。

(5)修改第一张凭证的凭证类别为“付款凭证”，再单击“保存”按钮，结果如图 8—18 所示。

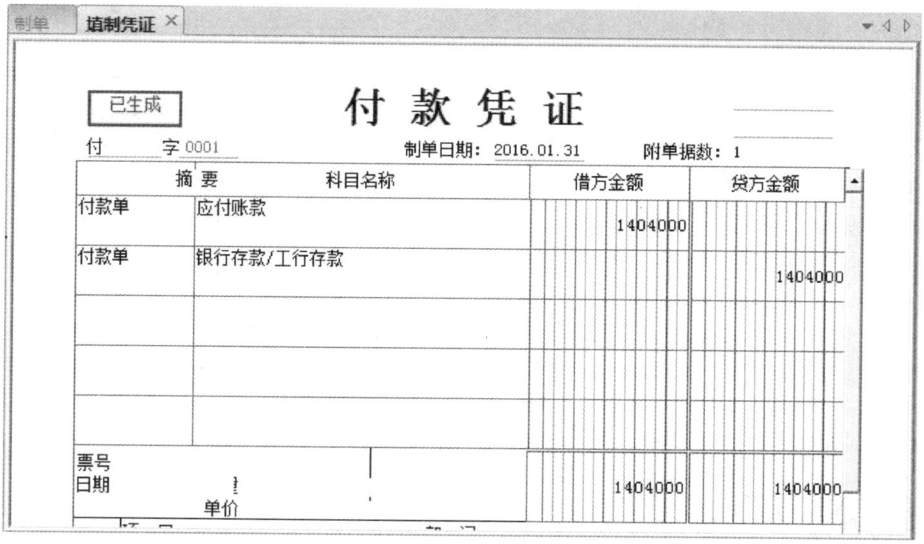

图 8－18　付款凭证

（6）单击“下张”按钮，再修改凭证类别为“付款凭证”，单击“保存”按钮，单击“退出”按钮退出。

任务三　票据管理

一、任务资料

1.2016 年 1 月 2 日，向黑龙江向阳公司签发并承兑的商业承兑汇票一张（No.56121），面值为 57 915 元，到期日为 2016 年 6 月 2 日。

2.2016 年 1 月 3 门，向天津通信公司签发并承兑的商业承兑汇票一张（No.56561），面值为 23 400 元，到期月为 2016 年 1 月 23 日。

3.2016 年 1 月 23 日，将 2016 年 1 月 3 门向杰信公司签发并承兑的商业承兑汇票（No.56561）结算。

二、任务要求

完成票据管理业务处理。

三、任务操作指导

（一）填制商业承兑汇票

（1）在应付款管理系统中，执行“票据管理”命令，打开“票据查询”对话框。

（2）单击“过滤”按钮，进入“票据管理”窗口。

（3）单击“增加”按钮，打开“票据增加”对话框。

（4）单击“结算方式”栏的下三角按钮，选择“商业承兑汇票”，在“票据编号”栏录入“56121”，在“收款人”单击参照按钮，选择“向阳公司”，在“票据面值”栏录入“57915”，在“出票日期”栏选择“2016－01－02”，在“到期日”栏选择“2016－06－02，在“摘要”栏录入“签发并承兑商业承兑汇票”，如图 8－19 所示。

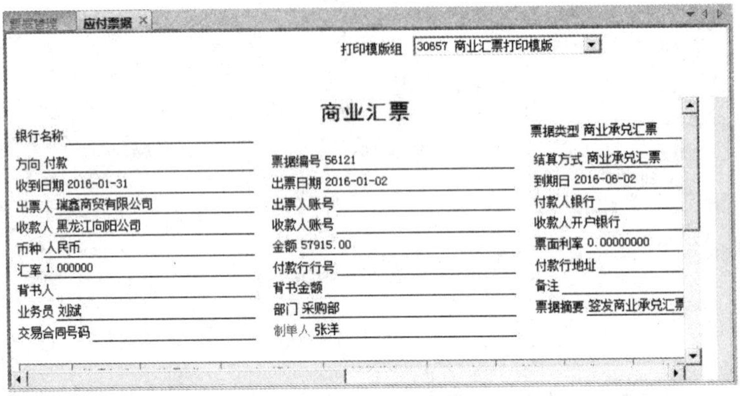

图 8—19　商业汇票增加

(5)单击“确定”按钮,返回“票据管理”窗口。以此方法继续录入第二张商业承兑汇票。

注意:

①保存一张商业票据之后,系统会自动生成一张付款单。这张付款单还需经过审核之后才能生成记账凭证。

②由票据生成的付款单不能修改。

③在票据管理功能中可以对商业承兑汇票和银行承兑汇票进行日常业务处理,包括票据的取得、结算、背书、转出、计息等。

④商业承兑汇票不能有承兑银行,银行承兑汇票必须有承兑银行。

(二)商业承兑汇票结算

(1)在应付款管理系统中,执行“票据管理”命令,打开“票据查询”对话框。

(2)单击“过滤”按钮,进入“票据管理”窗口。

(3)单击选中向通信公司签发并承兑的商业承兑汇票(No.56561)。

(4)单击“结算”按钮,打开“票据结算”对话框。

(5)修改结算日期为“2016－01－23”,录入结算金额“23400”,在“结算科目”栏录入“100202”,或单击“结算科目”栏的参照按钮,选择“1002 02 工行存款”,如图 8—20 所示。

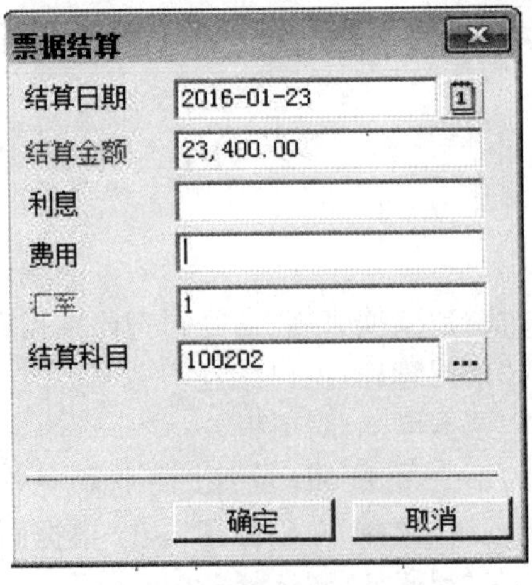

图 8—20 票据结算设置

(6)单击“确定”按钮,出现“是否立即制单”提示。

(7)单击“是”按钮,生成结算的记账凭证,修改凭证类别为“付款凭证”单击“保存”按钮,如图 8—21 所示。

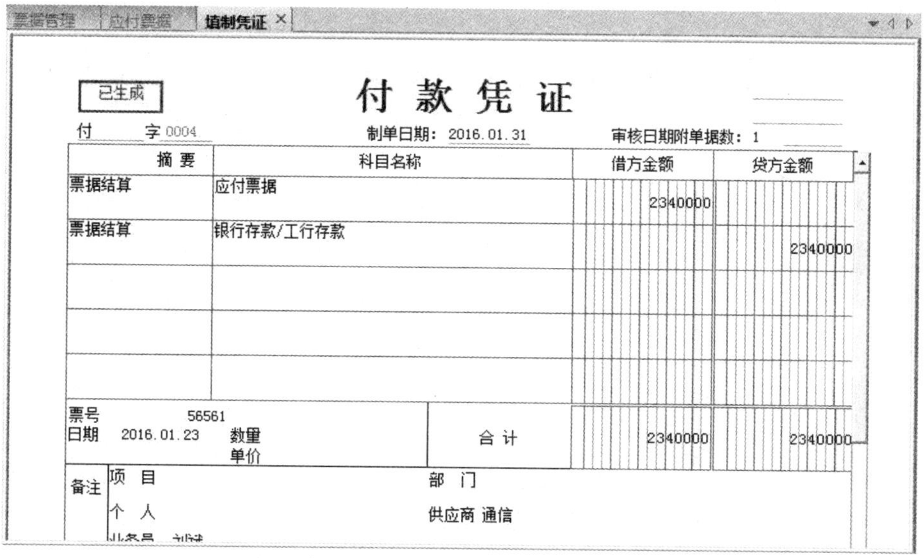

图 8—21　票据结算凭证

(8)单击“退出”按钮退出。

注意:

①当票据到期付款时,执行票据结算处理。

②进行票据结算时,结算金额应是通过结算实际支付的金额。

③票据结算后,不能再进行其他与票据相关的处理。

(三)审核付款单

(1)在应付款管理系统中,执行“付款单据处理—付款中据审核”命令,打开“付款单过滤条件”对话框。

(2)单击“确定”按钮,进入“收付款单列表”窗口。

(3)单击“全选”按钮,再单击“审核”按钮,出现“本次审核成功[2]张”的提示。

(4)单击“确定”按钮,在“审核人”栏出现了审核人的签字。

(5)单击“退出”按钮退出。

(四)制单

(1)在应付款管理系统中,执行“制单处理”命令,打开“制单查询”对话框。

(2)单击选中“收付款单制单”,单击“确定”按钮,进入“收付款单制单”窗口。单击“凭证类别”栏的下三角按钮,选择“转账凭证”,再单击“全选”按钮,如图 8—22 所示。

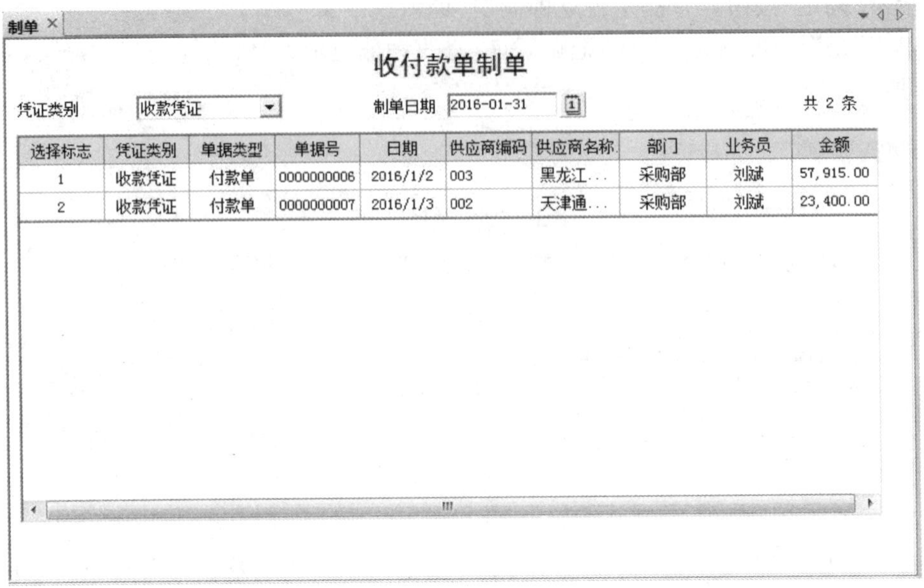

图 8—22　应付制单表

(3)单击“制单”按钮，出现第一张记账凭证，单击“保存”按钮，保存第一张记账凭证。单击“下张”按钮，单击“保存”按钮，保存第二张记账凭证，如图 8—23 所示。

(4)单击“退出”按钮退出。

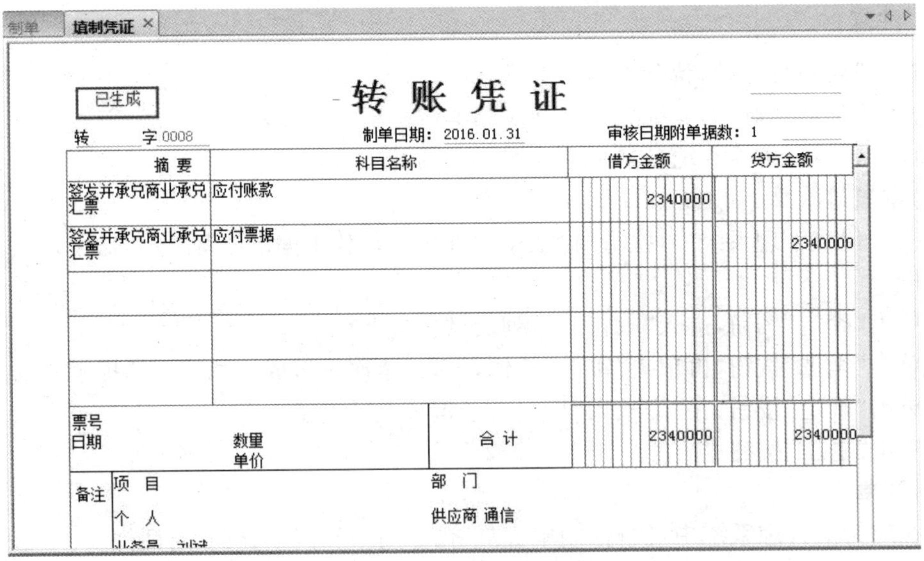

图 8—23　转账生成窗口

任务四 转账处理

一、任务资料

1. 2016 年 1 月 31 日，经三方同意将 2015 年 12 月 23 日形成的应向"北京连城公司"支付的货税款 38 610 元转为黑龙江向阳公司的应付账款。

2. 2016 年 1 月 31 日，经双方同意，将向北京连城公司 2016 年 1 月 18 日购买 A 材料 12 公斤的货税款 16 848 元与预付款冲抵。

二、任务要求

完成转账业务处理。

三、任务操作指导

(一)将应付账款冲抵应付账款

(1)在应付款管理系统中，执行"转账—应付冲应付"命令，打开"应付冲应付"对话框。

(2)在"转出户"栏录入"001"，或单击"转出户"栏的参照按钮，选择"北京连成公司"，再在"转入户"栏录入"003"，或单击"转入户"栏的参照按钮，选择"向阳公司"，如图 8—24 所示。

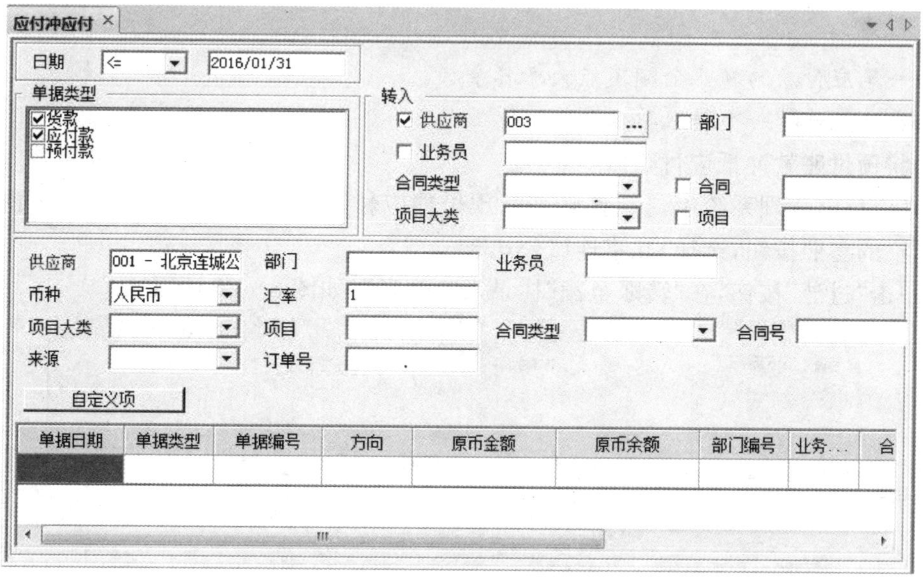

图 8—24 应付冲应付对话框

(3)单击"过滤"按钮，在第二行"并账金额"栏录入"38610"，如图 8—25 所示。

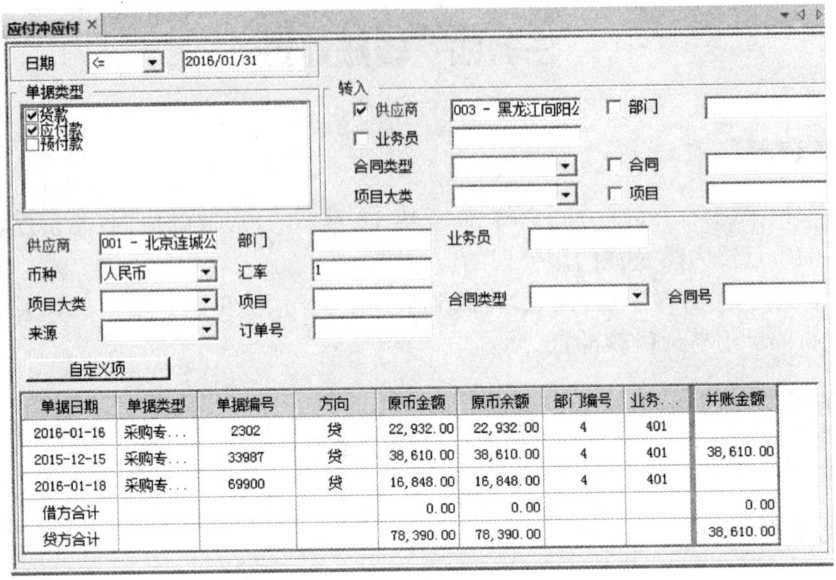

图 8—25　应付冲应付录入金额图

(4)单击“确定”按钮,弹出“是否立即制单”信息提示框,单击“否”按钮,再单击“取消”按钮退出。

注意:

①每一笔应付款的转账金额不能大于其余额。

②每次只能选择一个转入单位。

(二)将预付账款冲抵应付账款

(1)在应付款管理系统中,执行“转账—预付冲应付”命令,打开“预付冲应付”窗口,单击“供应商”栏的参照按钮,选择“北京连城公司”。

(2)单击“过滤”按钮,在“转账金额”栏录入“16848”,如图 8—26 所示。

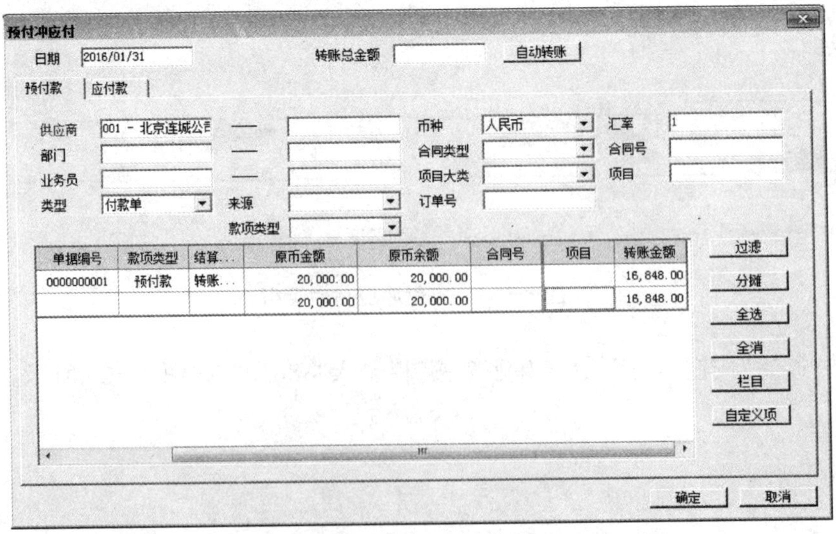

图 8—26　预付账款冲抵应付账款之一

(3)打开“应付款”选项卡,单击“过滤”按钮,在“转账金额”栏录入“16848”,如图 8—27 所示。

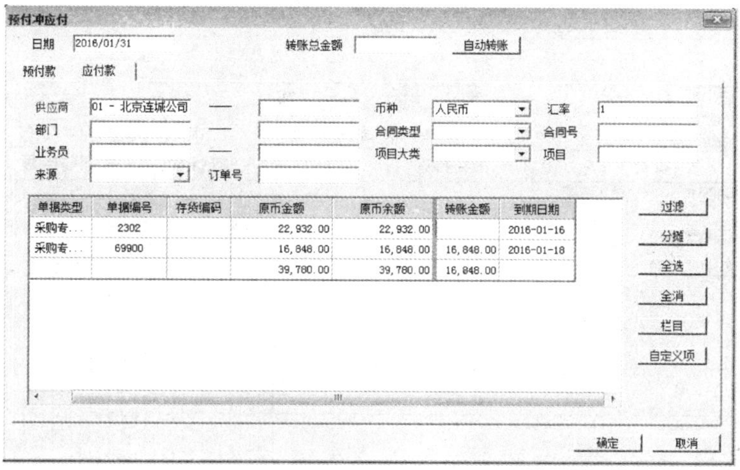

图 8—27　预付账款冲抵应付账款之二

(4)单击“确定”按钮,弹出“是否立即制单”信息提示框,单击“否”按钮,再单击“取消”按钮退出。

注意:

①可以在输入转账金额后单击“自动转账”按钮,系统自动根据过滤条件进行成批的预付冲抵应付款工作。

②每一笔应付款的转账金额不能大于其余额。

③应付款的转账金额合计应该等于预付款的转账金额合计。

④如果是红字预付款和红字应付单进行冲销,要把过滤条件中的“类型”选为“收款单”。

(三)制单

(1)在应付款管理系统中,执行“制单处理”命令,打开“制单查询”对话框。

(2)单击选中“应付冲应付”和“预付冲应付”前的复选框。

(3)单击“确定”按钮,打开“应付制单”窗口,单击“全选”按钮,如图 8—28 所示。

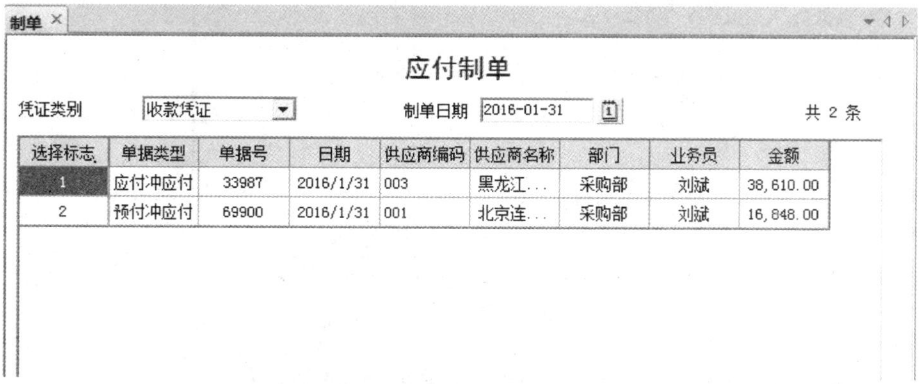

图 8—28　应付制单窗口

(4)单击“制单”按钮,出现第一张记账凭证,单击“保存”按钮,保存第一张记账凭证。

(5)单击“下张”按钮,单击“保存”按钮,保存第二张记账凭证,如图 8—29 所示。

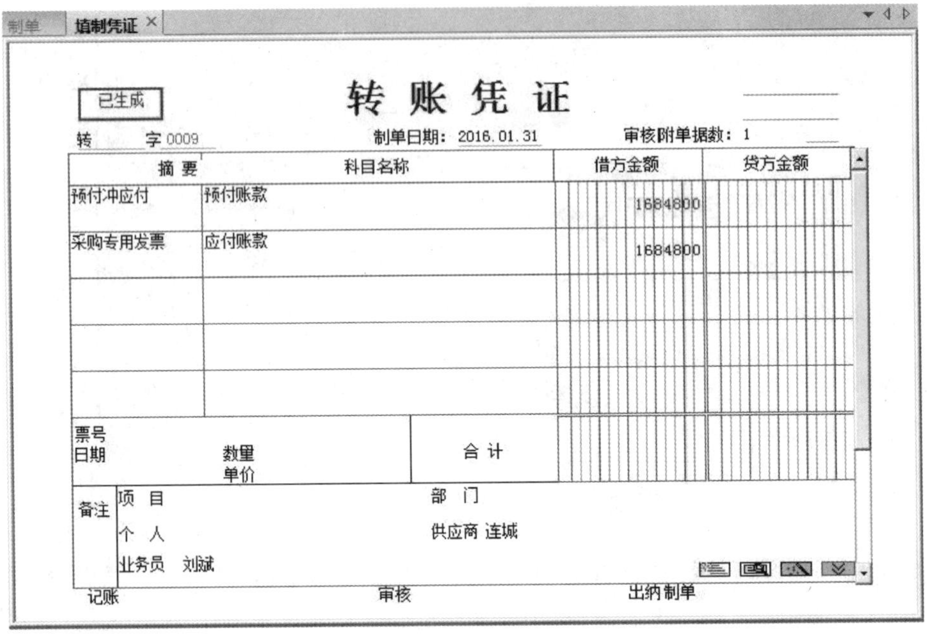

图 8—29 凭证生成

(6)单击“退出”按钮退出。

(四)结账

(1)在应付款管理系统中,执行“期末处理—月末结转”命令,打开“月末处理”对话框。

(2)双击一月“结账标志”栏,如图 8—30 所示。

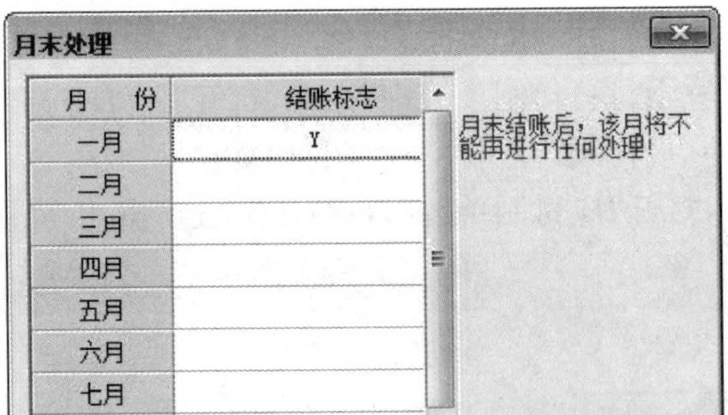

图 8—30 月末处理

(3)单击“下一步”按钮,弹出“月末处理—处理情况表”对话框。

(4)单击“完成”按钮,弹出“1 月份结转成功”信息提示对话框,如图 8—31 所示。

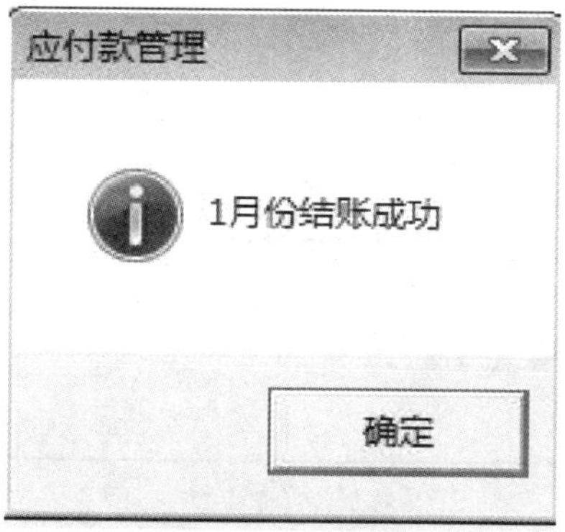

图 8—31　结账

(5)单击“确定”按钮。

注意：

①如果当月业务已经全部处理完毕，应进行月末结转。只有当月结转后，才能开始下月的工作。

②进行月末处理时，一次只能选择一个月进行结账，前一个月未结转，则本月不能结转。

项目九

企业财务报表管理

职业能力目标

通过本章的学习，了解报表管理系统的种类、特点和功能；了解会计电算化环境下报表系统有关基本概念；掌握报表格式设计和公式设置的方法；能够编制会计报表；掌握报表单元公式的用法；掌握报表数据处理的操作；能够编制自定义会计报表和使用模板生成相关会计报表的方法。

学习成果

创建与打开报表，设计合适的报表格式，编辑报表内容，编辑报表公式，系统预设报表的应用。

任务一　会计报表管理系统概述

瑞鑫商贸有限公司在会计期间结束后，对各种账务进行了期末处理，各功能模块也结了账，此时就可以按要求编制会计报表，进行本期财务分析，从而查看企业本期的经营情况和财务情况，为以后企业的经营活动和决策提供依据。

一、会计报表的种类

会计报表是综合反映企业一定时期财务状况的经营成果的书面文件，编制会计报表的目的是向会计报表的使用者提供对经营决策有用的会计信息。会计报表的使用者有投资者、债权人、金融机构、财政、审计、税收等相关部门，还有潜在的投资者和债权人。会计工作要编制的报表按照用途可划分为两类：

(一)对外的会计报表

按照我国会计制度的规定，企业的会计报表主要包括资产负债表、利润表、现金流量表和各种附表及说明。

资产负债表是反映企业在某一特定日期财务状况的报表，它是根据“资产＝负债＋所有者权益”的会计平衡公式编制的，资产负债表应当按照资产、负债、所有者权益(或股东权益)分类分项列示，以表明企业在某一特定日期所拥有或控制的经济资源、所承担的经济义务和企业所拥有的权益，通过对资产负债表的分析，可以了解企业当前的偿债能力和未来的经济前景。

利润表是反映企业一定时期内（年度、季度、月度）经营成果（利润或亏损）的报表。利润表应当按照各项收入、费用以及利润的各个项目分类分项列示，并计算出企业当期的利润（或亏损）总额。通过对利润表的分析，可以考核企业的获利能力，分析企业利润增减变动的原因。

现金流量表是反映企业在一定会计期间现金和现金等价物流入和流出的报表。现金流量表是年度会计报表，它应当按照经营活动、投资活动、筹资活动的现金流量分项列示，以反映企业在一定时间经营活动、投资活动和筹资活动的现金流入量、现金流出量等动态指标。

会计报表的相关附表是反映企业财务状况、经营成果和现金流量的补充报表，主要包括利润分配表、资产减值准备明细表、所有者（或股东）权益增减变动表、应交增值税明细表等其他附表。

会计报表附注是为了便于会计报表使用者理解会计报表的内容而对会计报表的内容及主要项目报表所做的解释，如重要会计政策变更对财务状况和经营成果的影响、或有事项和资产负债表日后事项的说明、关联方关系及其交易的说明、重要资产转让及其出售情况、企业的合并、分立、重大的投资、融资活动等。

（二）内部管理报表

企业为了经营管理的需要，常需要编制适应企业内部经营管理需要的会计报表，这部分会计报表不需要企业对外公开，有时对企业来说还要有一定的保密性，如销售日报表、费用分配表等。这类报表没有统一的格式，也没有统一的指标体系，企业完全结合自己的管理需要来设置不同的格式，具有很大的灵活性。

二、会计报表系统的特点

（一）编制会计报表应遵守的原则

由于会计报表是在会计电算化信息系统各模块处理的数据基础上按一定的格式和指标体系而编制的，因此应用会计报表管理系统也应该遵守一定的原则和规范。

1. 内容必须完整

凡是会计制度规定的应该予以报送的会计报表必须全部编制，不能漏编、漏报，会计报表项目应该无一漏缺的填列。

2. 会计报表的数据必须真实

会计报表的数字应该根据会计电算化信息系统各模块提供的数据如实填制，不得估计和推算。在编制会计报表前，各项本期内的会计业务必须在其他模块处理完毕。编制会计报表时，所用计算方法应该前后统一，报表与报表之间的数据必须相互衔接，账表数据一致。

3. 会计报表处理与报送的及时性

只有及时报送才能有助于提高会计报表使用的时效性，要做到这一点，就必须在平时做好各功能模块的会计核算工作，并定期进行对账、结账工作，确保报表数据的准确性和完整性。

（二）会计报表管理系统的特点

1. 对外报表的规范性

会计报表系统提供了打印输出功能，打印输出的会计报表的格式和内容应该符合国家统一会计制度的规定。会计分析使用的财务指标也要有规定性，如比率分析指标要使用财政部公布的评价企业的多项财务指标。报表管理系统的输出是为了满足经营管理和预测、决策的需要。输出信息的规范性是便于使用者理解。

2. 对内报表的灵活性

企业对内的会计报表与对外的会计报表相比有很大的灵活性，不同的管理单位通常具有不同的报表内容、格式、编制要求和编制依据，企业也可以随管理的不同需要而改变。

3. 报表数据的不可修改性

“对根据机内会计凭证和根据已登账的相关账簿生成的各种机内会计报表数据，会计管理软件不能提供直接修改功能”，这是《会计管理软件基本功能规范》的规定。报表数据的变动只能依靠数据来源的变动而变动。

4. 报表及分析有较强的可视性

会计报表系统在报表功能的基础上，利用图表分析功能可以对编制的各种报表进行各种分析，包括数据分析和图形分析，做到图文并茂，同时也提高了财务会计工作的自动化程度。

三、会计报表的格式

填制一张报表，必须有表样后才能填写数据。ERP-U8 报表管理系统中报表的制作也不外乎是报表的格式设计和数据处理，在介绍报表系统的基本操作前，应先熟悉报表系统的一些基本概念。

(一)报表窗口

UFO 报表有 3 个重要窗口：系统窗口、报表窗口和图表窗口。

1. 系统窗口

启动 UFO 报表后的窗口是系统窗口，此时窗口中没有打开文件。系统窗口包含“文件(F)”“工具(T)”“帮助(H)”系统菜单，在系统窗口菜单中执行“文件(F)—新建(N)”命令，就进入报表窗口，如图 9—1 所示。

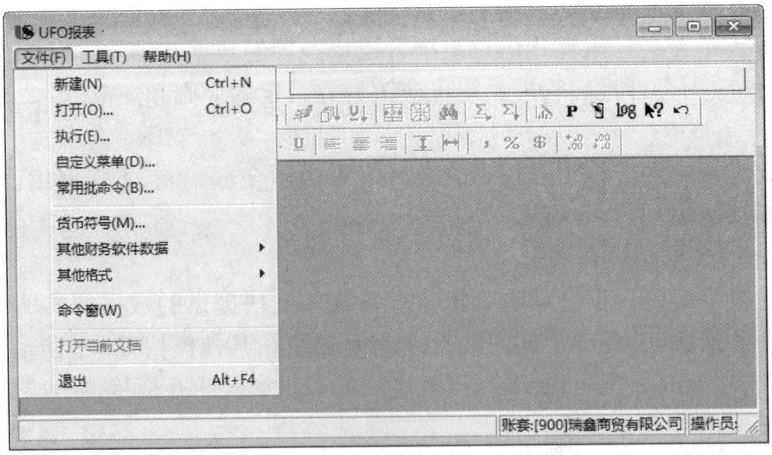

图 9—1 “系统”窗口

2. 报表窗口

报表窗口是对报表进行格式设计和数据处理等一系列报表操作的重要窗口。它包含的报表菜单有“文件(F)”“编辑(E)”“格式(S)”“数据(D)”“工具(T)”“窗口(W)”“帮助(H)”，如图 9—2 所示。

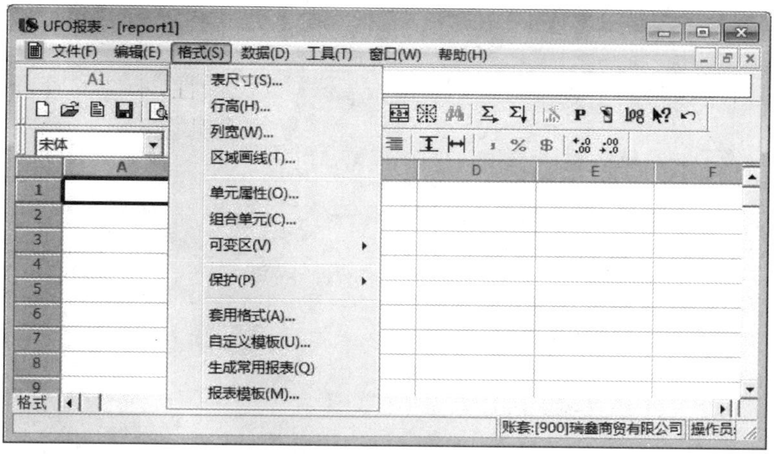

图 9—2 “报表”窗口

3. 图表窗口

图表窗口与报表窗口相似，区别在于工作区和工具栏图标。图表工作区用于显示图表，工具栏图标用于图表的相关操作。它包含的图表菜单有“图表(F)”“编辑(E)”“格式(S)”“帮助(H)”，如图 9—3 所示。

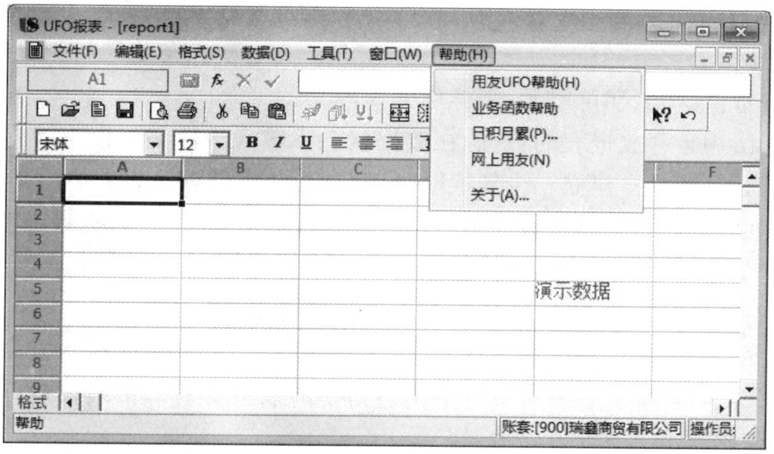

图 9—3 “图表”窗口

(二)格式状态与数据状态

报表系统将报表制作分为两大部分来处理，即报表格式设计工作与报表数据处理工作。

UFO 报表格式设计状态下进行有关格式设计的操作，如表尺寸、行高、列宽、单元属性、单元风格、组合单元、关键字及定义报表的单元公式(计算公式)、审核公式及舍位平衡公式。在格式状态下，所看到的是报表的格式，报表的数据全部隐藏。在格式状态下所做的操作对本报表所有的表页都发生作用。在格式状态下不能进行数据的录入、计算等操作。

UFO 报表的数据状态下管理报表的数据，如输入数据、增加或删除表页、审核、舍位平衡、制作图形、汇总、合并报表等。在数据状态下不能修改报表的格式，看到的是报表的全部内容，包括格式和数据。

报表工作区的左下角有一个“格式—数据”按钮，如图 9—4 所示，点击这个按钮可以在格式状态和数据状态之间切换。

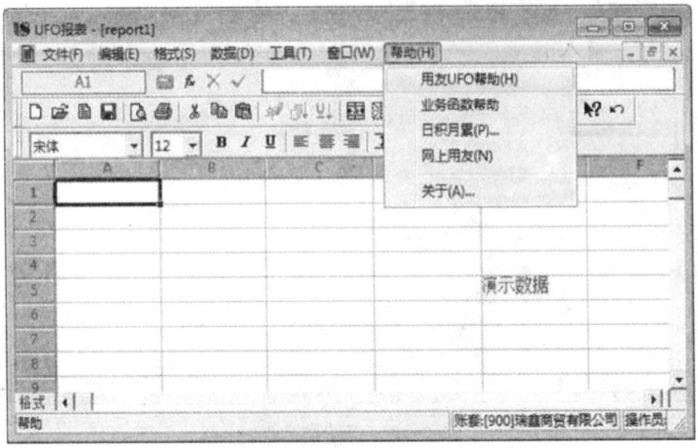

图 9—4　格式状态与数据状态

(三)单元和单元类型

1. 单元

单元是组成报表的最小单位,单元名称由所在行、列标识,行号用数字 1～9 999 表示,列标用字母 A～IU 表示。例如,B5 表示第二列第五行的那个单元。

2. 单元类型

单元类型有数值单元、字符单元、表样单元 3 种。

(1)数值单元:用于存放报表的数据,在数据状态下输入。数字可以直接输入或由单元中存放的单元公式运算生成。建立一个新表时,所有单元的类型默认为数值型。

(2)字符单元:也是报表的数据,只不过不一定是数值数据,也在数据状态下输入。字符单元的内容可以是汉字、字母、数字及各种键盘可输入的符号组成的一串字符,一个单元中最多可输入 63 个字符或 31 个汉字。字符单元的内容也可由单元公式生成。

(3)表样单元:是报表的格式,是定义一个没有数据的空表所需的所有文字、符号或数字。一旦单元被定义为表样,那么在其中输入的内容对所有表页都有效。表样单元在格式状态下输入和修改,在数据状态下不允许修改。

单元类型在报表窗口中点"格式(S)"菜单中的"单元属性"对话框中设置,如图 9—5 所示。

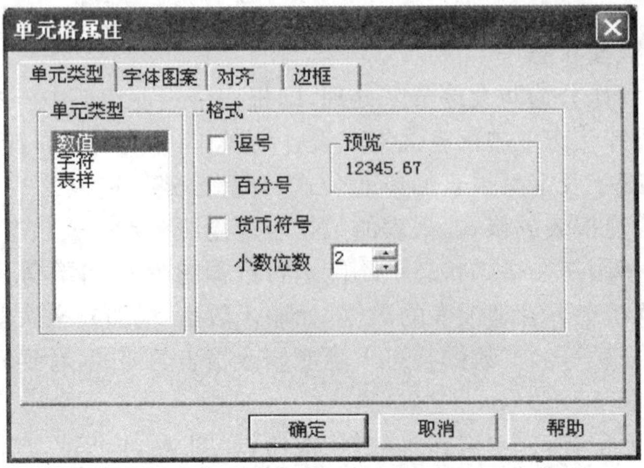

图 9—5　单元属性

(四)组合单元和区域

1. 组合单元

由于一个单元只能输入有限个字符,在实际工作中有的单元有超长输入情况,这时,可以采用系统提供的组合单元。

组合单元由相邻的两个或更多的单元组成,这些单元必须是同一种单元类型(表样、数值、字符),报表系统在处理报表时将组合单元视为一个单元。可以组合同一行相邻的几个单元,也可以组合同一列相邻的几个单元,还可以把一个多行多列的平面区域设为一个组合单元。

组合单元的名称可以用区域的名称或区域中的单元的名称来表示。例如,把 C4 到 C7 定义为一个组合单元,这个组合单元可以用"C4""C7"或"C4：C7"表示。

2. 区域

由一张表页上的一组单元组成,自起点单元至终点单元是一个完整的长方形矩阵。在报表系统中,区域是二维的,最大的区域是一个表的所有单元(整个表页),最小的区域是一个单元。例如,A2 到 D8 的长方形区域表示为 A2：D8,起点单元与终点单元用"："连接。

(五)表页和 N 维表

1. 表页

表页是由许多单元组成的表。一个报表系统报表最多可容纳 99 999 张表页,其中的所有表页具有相同的格式,但其中的数据不同。表页在报表中的序号在表页的下方以标签的形式出现,称为"页标"。页标用"第 1 页"～"第 99 999 页"表示,当前表的第 5 页,可以表示为@(5)。

2. 二维表

确定某一数据位置的要素称为"维"。在一张有方格的纸上填写一个数,这个数的位置可通过行和列(二维)来描述。如果将一张有方格的纸称为表,那么这个表就是二维表,通过行(横轴)和列(纵轴)可以找到这个二维表中任何位置的数据。

3. 三维表

如果将多个相同的二维表叠在一起,找到某一个数据的要素需增加一个,即表页号(Z轴)。这一叠表称为一个三维表。

如果将多个不同的三维表放在一起,就要从这多个三维表中找到一个数据,又需增加一个要素,即表名。三维表的表间操作即为"四维运算"。因此,在报表系统中要确定一个数据的所有要素为:〈表名〉、〈列〉、〈行〉、〈表页〉。例如,资产负债表第 3 页的 A5 单元,表示为:"资产负债表"—〉A5@3。

一张二维报表的各项默认指标为:

行数:1～9 999	(默认值为 50 行)
列数:1～255	(默认值为 7 列)
行高:0～160 毫米	(默认值为 5 毫米)
列宽:0～220 毫米	(默认值为 26 毫米)
表页数:1～99 999 页	(默认值为 1 页)

(六)固定区及可变区

1. 固定区

固定区是指组成一个区域的行数和列数是固定的数目。一旦设定好以后,在固定区域内其单元总数是不变的。

2. 可变区

可变区是组成一个区域的行数或列数是不固定的数字，可变区的最大行数或最大列数是在格式设计中设定的。在一个报表中只能设置一个可变区，或是行可变区或是列可变区。行可变区是指可变区中的行数是可变的，列可变区是指可变区中的列数是可变的。设置可变区后，屏幕只显示可变区的第一行或第一列，其他可变行列隐藏在表体内。在以后的数据操作中，可变行列数随需要而增减。

有可变区的报表称为可变表。没有可变区的表称为固定表。

（七）关键字

关键字是游离于单元之外的特殊数据单元，可以唯一标识一个表页，用于在大量表页中快速选择表页。例如，一个资产负债表的表文件可放一年 12 个月的资产负债表（甚至多年的多张表），要对某一张表页的数据进行定位，要设置一些定位标志，在报表系统中称为关键字。

报表系统共提供六种关键字，关键字的显示位置在格式状态下设置，关键字的值则在数据状态下录入，每个报表可以定义多个关键字。

六种关键字为：

（1）单位名称：字符型（最多 30 个字符），为编制单位的名称。

（2）单位编号：字符型（最多 10 个字符），为编制单位的编号。

（3）年：数字型（1980～2099），为该报表的年度。

（4）季：数字型（1～4），为该报表的季度。

（5）月：数字型（1～12），为该报表的月份。

（6）日：数字型（1～31），为该报表的日期。

除此之外，报表系统还增加了一个自定义关键字，当定义名称为“周”和“旬”时有特殊意义，可以用于业务函数中代表取数日期，可以从其他系统中提取数据，在实际工作中可以根据具体情况灵活运用这些关键字。

四、会计报表管理系统中报表的格式

报表的格式一般可划分为表头、表体和表尾三部分。

表头是会计报表中描述报表整体性质的部分，位于每张报表的上端，一般填报报表的报表名称、报表编号、报表编制单位、编制日期和计量单位和报表栏目。报表的表头栏目名称是表头的最主要内容，它决定着报表的纵向结构、列数以及每一列的宽度。有的报表表头栏目比较简单，只有一层，而有的报表表头栏目比较复杂，需要分若干层次。

表体是报表的主体，也是报表的核心。它是由若干项目和相关数据组成，或者说是由若干单元格组成的数据和字符的集合。表体的内容决定报表的横向组成，它又是报表数据的表现区域，表体在纵向由若干行组成，这些行称为表行；在横行上，每个表行又由若干个栏目构成，这些栏目称为表列。

表尾是表体下面进行辅助说明的部分及编制人、审核人等内容。

例如，表 9－1 是一张利润表及补充资料表的基本格式。

表 9—1

利润表

会企 02 表

单位名称：　　　　年　　月　　　　单位：元

项　目	行次	本月数	本年累计
一、营业收入	1		
减：营业成本	2		
营业税金及附加	3		
销售费用	4		
管理费用	5		
财务费用	6		
资产减值损失	7		
加：公允价值变动净收益(净损失以“—”号填列)	8		
投资收益(损失以“—”号填列)	9		
二、营业利润(亏损以“—”填列)	10		
加：营业外收入	11		
减：营业外支出	12		
其中：非流动资产处置损失(收益以“—”填列)	13		
三、利润总额(亏损总额以“—”号填列)	14		
减：所得税费用	15		
四、净利润(净亏损以“—”号填列)	16		
五、每股收益	17		
(一)基本每股收益	18		
(二)稀释每股收益	19		

制　　表：　　　　复　　核：

财务主管：　　　　报送日期：

五、会计报表的数据来源

(一)报表子系统与其他系统的主要关系

ERP-U8 报表管理系统主要是从其他系统中提取编制报表所需的数据。总账、工资、固定资产、应收、应付、财务分析、采购、库存、存货核算和销售子系统均可向报表子系统传递数据，以生成财务部门所需的各种会计报表。

(二)会计报表管理系统的数据来源

手工会计信息系统和电算化会计信息系统所编制的会计报表，其数据基本来源是一致的，对于规定编制的会计报表的格式与内容的要求也是相同的。在电算化会计信息系统中账簿数据以账簿文件的形式存在，账簿文件是总账系统和会计报表管理系统的接口。

会计报表管理系统的数据来源主要有：电算化会计信息系统的账务处理系统、电算化会计信息系统会计报表系统本身(如报表项目间的运算结果和报表间报表项目的运算结果)、电算化会计信息系统外部数据输入。

六、会计报表管理系统的主要功能

(一)文件管理功能

报表系统提供了各类文件管理功能,除能完成一般的文件管理外,报表的数据文件还能够转换为不同的文件格式,如文本文件、*.MDB文件、*.DBF文件、EXCEL文件、LOTUS1—2—3文件等。此外,通过报表系统提供的“导入”和“导出”功能,可以实现与其他流行财务软件之间的数据交换。

(二)格式设计功能

依靠提供的格式设计功能,可以设置报表尺寸、组合单元、画表格线(包括斜线)、调整行高列宽、设置字体和颜色、设置显示比例等,从而制作各种形式的报表。同时,报表系统还内置了11种套用格式和19个行业的标准财务报表模板,包括最新的现金流量表,方便了用户标准报表的制作。对于用户单位内部常用的管理报表,报表系统还提供了自定义模板功能。

(三)数据处理功能

报表系统的数据处理功能可以固定地格式管理大量数据不同的表页,能将多达99 999张具有相同格式的报表资料统一在一个报表文件中管理,并在每张表页之间建立有机的联系。

此外,还提供了排序、审核、舍位平衡、汇总功能;提供了绝对单元公式和相对单元公式,可以方便、迅速地定义计算公式;提供了种类丰富的函数,在系统向导的引导下轻松地从账务及其他子系统中提取数据,生成财务报表。

(四)图表功能

报表系统可以很方便地对数据进行图形组织和分析,制作包括直方图、立体图、圆饼图、折线图等多种分析图表,并能编辑图表的位置、大小、标题、字体、颜色、打印输出。“图文混排”使财务报表的数据更加直观。

(五)打印功能

报表系统提供“所见即所得”和“打印预览”,可以随时观看报表或图形的打印效果。报表打印时,可以打印格式或数据,可以设置表头和表尾,可以在0.3～3倍的范围内缩放打印,可以横向打印或纵向打印等。

七、二次开发功能

报表系统还能进行二次开发。它提供了批命令和自定义菜单,自动记录命令窗中输入的多个命令,可将有规律性的操作过程编制成批命令文件,进一步利用自定义菜单可以开发出适合本企业的专用系统。

任务二　会计报表的格式设计与公式编辑

一、报表的格式设计

报表的格式设计在格式状态下进行,格式对整个报表都有效。下面以利润表为例,说明会计报表格式设计的步骤。

(一)启动UFO报表系统,建立报表

选择“文件”菜单中的“新建”命令或单击“新建”图标后,进入“报表”窗口,出现一张空表,

默认表名为 report1,默认状态为格式状态。

(二)设置表尺寸

利润表表样中,共有 30 行 4 列,包括表头 3 行,表体 25 行,表尾 2 行。单击“格式”下的“表尺寸”,如图 9－6 所示,出现表尺寸对话框,将行数设为 30,列数设为 4,如图 9－7 所示,确认。这时屏幕上只保留 30 行 4 列,其余部分皆为灰色。如果在设计过程中发现表尺寸有误,可以通过“编辑”菜单下的“插入”和“删除”增减行列数。

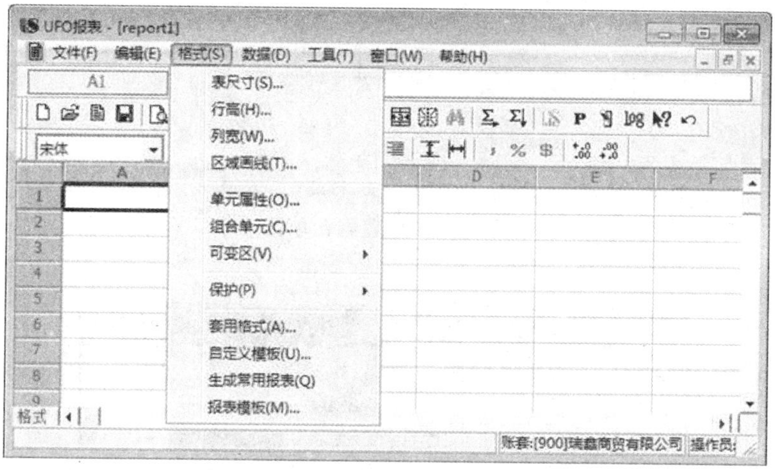

图 9－6 UFO 进入表尺寸

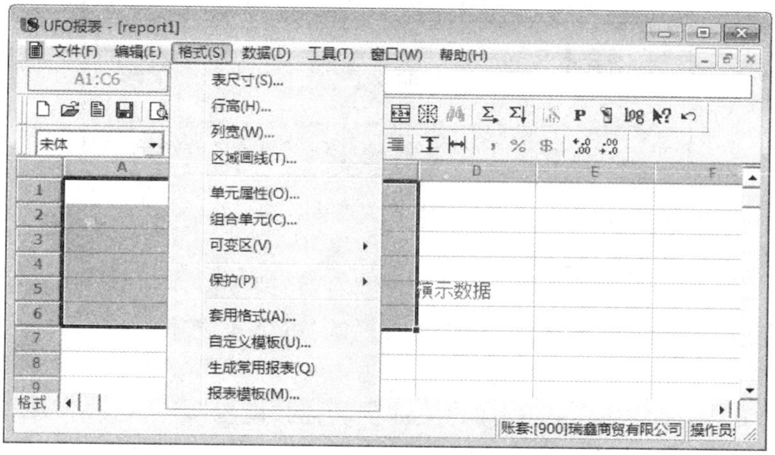

图 9－7 UFO 设置表尺寸界面

(三)定义表头和关键字

1. 定义表头

首先在 A1 单元输入标题“利润表”,将“利润表”三字居中放置的操作如下:选中 A1∶D1 单元,选择“格式”下的“组合单元”,如图 9－8 所示,选择“整体组合”或“按行组合”,使 A1～D1 成为一个单元,然后单击工具栏的“居中”按钮,就可以将报表标题居中,再选择“格式”菜单中的“单元属性”,在“单元属性”对话框中的“字体图案”设置表头字体为黑体,字号为“16”,如图 9－9 所示。

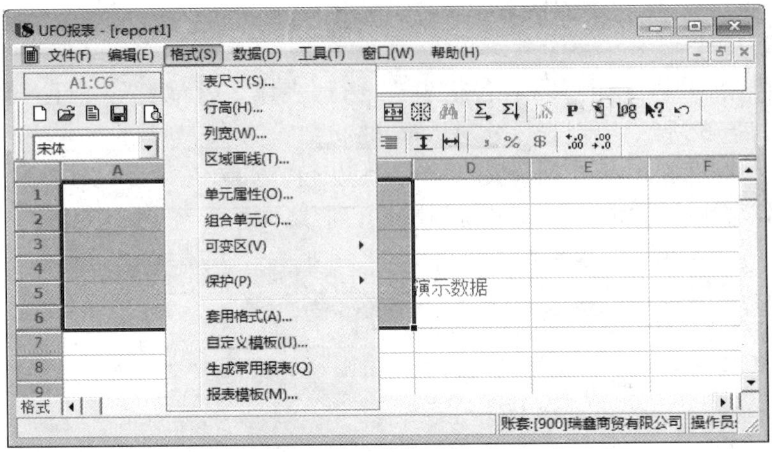

图 9—8　设置组合单元

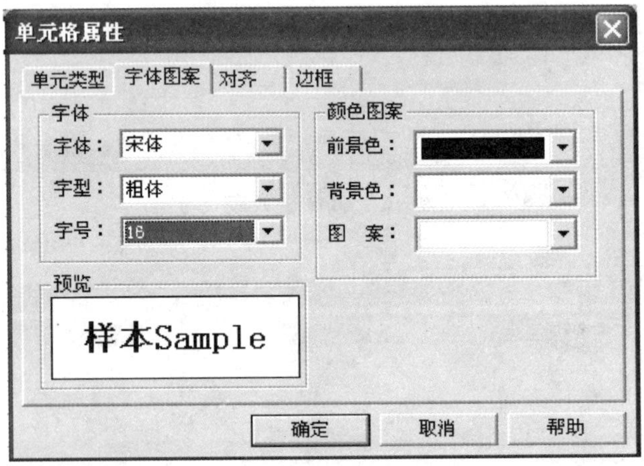

图 9—9　设置表头字体

在 D2 单元输入“会企 02 表”，单击工具栏的“右对齐”按钮，将“会企 02 表”靠右对齐。同理，在 D3 单元输入“单位：元”字样，并单击工具栏的“右对齐”按钮。

2. 定义和关键字

选定 A3 单元，选择“数据”菜单下的“关键字”后的“设置”，默认设置“单位名称”关键字，确认，A3 单元中出现了红色的“单位名称：×××××××”。重复上述操作，选择 B3 单元，将“年”和“月”两个关键字加入，如图 9—10 所示。关键字“年”和“月”与“单位名称”重叠在一起，无法辨别。选择“数据”菜单下的“关键字”后的“偏移”，设置“月”关键字偏移量为 40，确认后，“月”关键字位置向后移动一定距离。

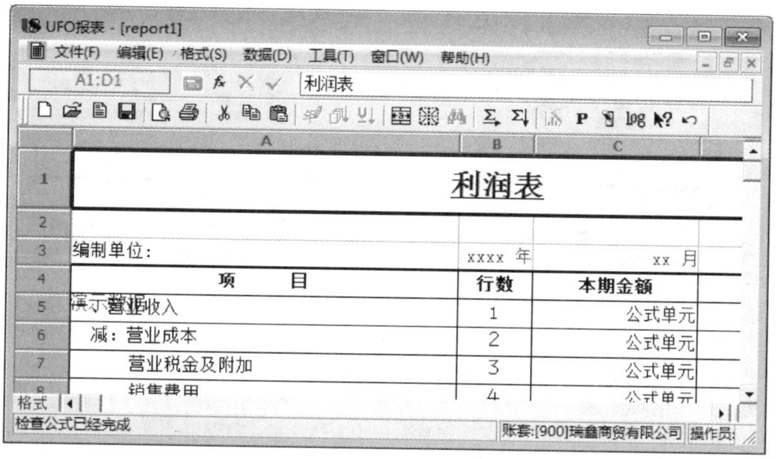

图 9—10 设置关键字

（四）制作表体

1. 输入表体内各栏目内容

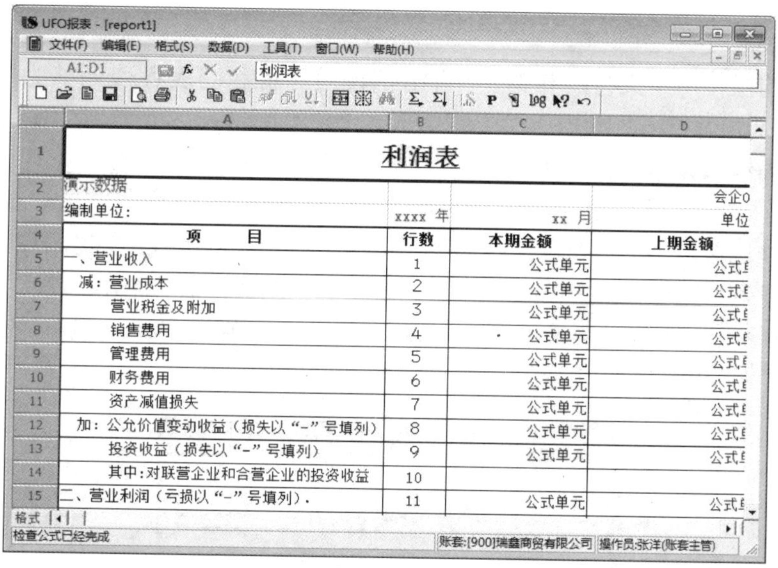

图 9—11 表体内容

2. 定义行高

标题行加高：单击行标“1”。选择标题行，选择“格式”菜单中的“行高”，出现“行高”对话框。在对话框中输入希望的行高值，如图 9—12 所示。

定义行高时也可以把鼠标定位在第一行和第二行两个行标之间，鼠标变形为黑色双向箭头时，拖动鼠标到满意行高为止。可用鼠标一次调整多行的行高。首先选取多个行标，然后利用鼠标调整行高，选中区域的所有行将按新高度显示。单击表页左上角的全选钮后调整行高，可一次调整表页中所有行的行高。

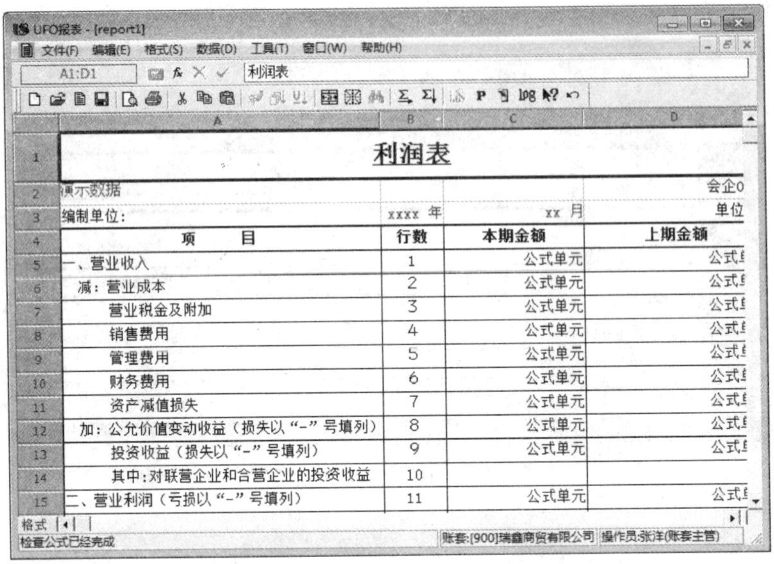

图 9—12　定义行高对话框

3. 定义列宽

定义列宽的操作与定义行高相似，不再举例说明。将利润表各列调整为 A 列：73；B 列：12；C 列：30；D 列：30。

(五)区域画线和设置单元属性

1. 区域画线

选取要画线的区域 A4：D20，选择"格式"菜单中的"区域画线"，在"区域画线"对话框中选择"画线类型"和"样式"。本例中，选择"网格"类型和默认样式，确认后，A4：D20 区域出现设定格线，如图 9—13 所示。如果想删除区域中的表格线，则重复以上过程，在对话框中选相应的"画线类型"样式为"空线"即可。

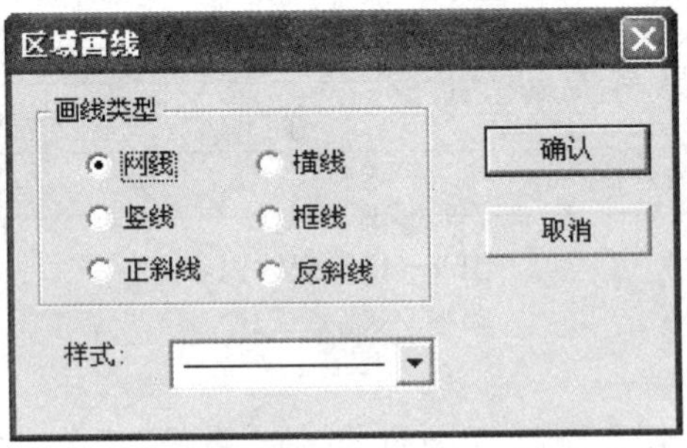

图 9—13　区域画线对话框

2. 设置单元属性

单元的类型、单元文字的字形、字体、字号、颜色图案、对齐、边框等需要在单元属性中设置。选择 A4：D4 区域，单击工具栏的"居中"按钮，将表头栏目居中。选择 B 列，单击工具栏的"居中"按钮，将"行次"栏各项居中。系统对在格式状态下录入的单元默认为表样，如 A4：D4及 A5：A20 单元；其余单元均为"数值"。

选取要设置单元属性的区域，如 C5：D20，选择“格式”菜单中的“单元属性”，在“单元属性”对话框中设置单元的单元类型、数字格式和边框样式，如图 9－14 所示。

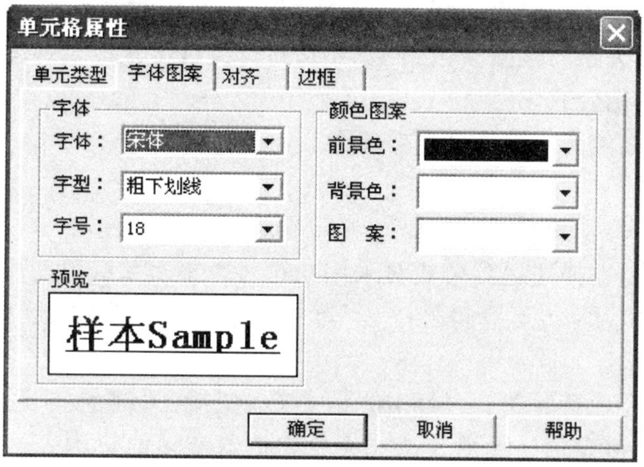

图 9－14 单元属性对话框

（六）定义公式

以 C15 单元为例，C15 单元是本月营业利润的计算数。定义过程如下：在格式设计状态，单击 C15 单元；输入“＝”或单击“fx”图标，出现“定义公式”对话框；在定义公式对话框中，在对话框中输入“C5－C6－C7－c8－c9－c10－c11＋c12＋c13”，最后单击“确定”按钮返回，如图 9－15 所示；同理，在 C19 单元定义公式对话框中输入“C15＋C16－C17”并单击“确定”按钮。

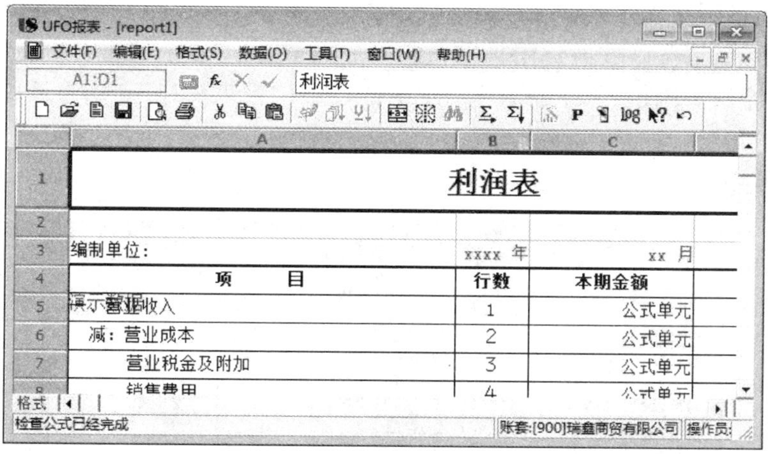

图 9－15 定义公式对话框

（七）制作表尾

在 A33 单元输入“制表”，A34 单元输入“财务主管”，C33 单元输入“复核”，C34 单元输入“报送日期”，然后将这些单元定义为右对齐。

（八）报表存盘

经过以上步骤，一个利润表的样板基本上建立，选择“文件”菜单下的“保存”按钮，出现“另存为”对话框，输入文件名“利润表”，确认。如果不立即进行报表计算，可以选“文件”菜单下的“关闭”，关闭当前文件。

二、报表的公式编辑

在报表系统中，由于各种报表之间存在着密切的数据间的逻辑关系，所以，报表中各种数据的采集、运算和勾稽关系的检测就用到了不同的公式。UFO 报表管理系统中主要有计算公式、审核公式和舍位平衡公式。

在讲解三种公式之前先介绍几个主要概念。

(一)主要概念

1. 算术运算符和算术表达式

(1)算术运算符：是在描述运算公式时采用的符号。报表系统可使用的算术运算符及运算符的优先顺序如下：“^”为平方运算符号；“ * ”为乘运算符号；“/”为除运算符号；“＋”和“－”为加、减运算符号。

(2)算术表达式：是由运算符、区域和单元、常数、变量、关键字、非逻辑类函数表达式构成的组合，其结果为一个确定值。算术表达式又分为单值和多值算术表达式。单值算术表达式的结果为一个数值，也可为一个单纯的常数，可将其赋值给一个单元。

例如，C1＝10；C2＝A1＋B1。

多值算术表达式的结果为多个数值，可将其运算结果赋值给多个单元。

例如，C1：C10＝A1 ∶ A10＋B1 ∶ B10(表示 C1＝A1＋B1，C2＝A2＋B2，……，C10＝A10＋B10)。

2. 账务和统计函数

UFO 报表中的函数又分为用友账务函数、统计函数、本表他页取数函数、其他系统取数函数等。下面举例说明常用账务和统计函数的用法。

(1)账务函数。账务函数通常用来采集总账中的数据。用友 ERP-U8 的 UFO 报表管理系统中有 40 多个财务函数，要详细了解用友函数，进入“报表窗口”点击“fx”图标，进入“定义公式”对话框，点击“函数向导”，如图 9－16 所示。每个函数各自的功能都不一样，在报表的格式设计中需要使用它们来完成各种任务。

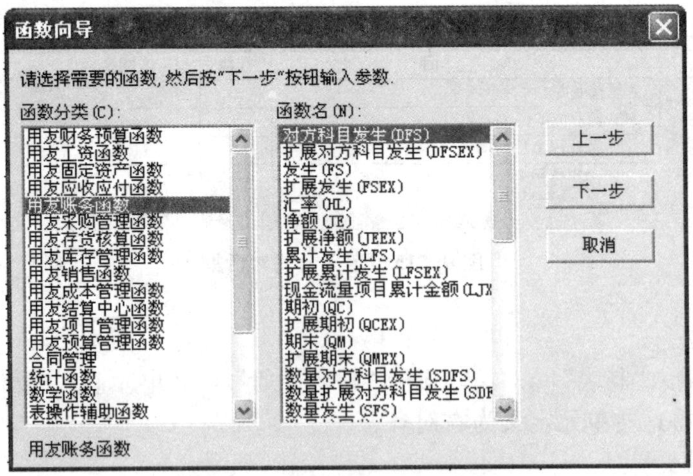

图 9－16　函数向导对话框

以下是使用较为频繁的用友财务函数：

取对方科目发生数	DFS
取某科目本期发生数	FS
取某科目借、贷方发生净额	JE
取某科目累计发生额	LFS
取某科目期初数	QC
取某科目期末数	QM
取对方科目数量发生数	SDFS
取某科目本期数量发生数	SFS
取某科目借贷方数量发生净额	SJE
取某科目数量累计发生额	SLFS
取某科目数量期初数	SQC
取某科目数量期末数	SQM

(2)统计函数。统计函数一般用来做报表数据的统计工作，在 UFO 报表中有 20 多个统计函数。

常用统计函数如下：

函数名称	固定区	可变区	立体方向
合计函数	PTOTAL	GTOTAL	TOTAL
平均值函数	PAVG	GAVG	AVG
计数函数	PCOUNT	GCOUNT	COUNT
最小值函数	PMIN	GMIN	MIN
最大值函数	PMAX	GMAX	MAX

3. 其他取数函数

(1)"本表他页取数函数"：用于从同一报表文件的其他表页中采集数据。

很多报表数据是从以前的历史记录中取得的，如本表其他表页。当然，这类数据可以通过查询历史资料而取得，但是，查询既不方便，又会由于抄写错误而引起数据的失真。而如果在计算公式中进行取数设定，既减少工作量，又节约时间，同时数据的准确性也得到了保障。这就需要用到表页与表页间的计算公式。

首先介绍"取确定页号表页的数据"。当所取数据所在的表页页号已知时，用以下格式可以方便地取得本表他页的数据：<目标区域>＝<数据源区域>@<页号>。

例如，下面单元公式令各页 B2 单元均取当前表第一页 C5 单元的值：B2＝C5@1。

其次介绍"按一定关键字取数"：SELECT()函数常用于从本表他页取数计算。

例如，在"利润表"中，本年累计数＝本月数＋同年上月累计数，"主营业务成本"中的本年累计数的公式定义为：D6＝? C6＋select(? D6，年@＝年 and 月@＝月＋1)。

(2)"从其他报表取数函数"：当我们从他表取数时，已知条件并不是页号，而是希望按照年、月、日等关键字的对应关系来取他表数据，这就必须用到关联条件。用以下格式可以取得已知页号的他表表页数据：

<目标区域>＝"<他表表名>"－><数据源区域>[@<页号>]

取他表数据，例如，C8＝“K”－＞C8@4 是当前表页 C8 的值等于表“K”第 4 页 C8 的值的表达式

C8＝“K”－＞C10@1＋“K”－＞C2@2 是当前表所有表页 C8 的值等于表“K”第 1 页中 C10 的值与表“K”第 2 页中 C2 的值之和的表达式

取他表及本表的数据：

令当前表所有表页 C8 的值等于表“K”第 1 页中 C10 的值与当前表第 2 页中 C2 的值之和，C8＝“K”－＞C10@1＋C2@2

取其他两个表的数据：

令当前表 C1＞0 的表页 C8 的值等于表“K”第 1 页中 H20 的值与表“Q”第 2 页中 E4 的值之和，C8＝“K”－＞H20@1＋“Q”－＞E4@2FORC1＞0

(二)计算公式

计算公式是报表数据的一个重要组成部分。

除了手工输入的数据，其他数据都需要通过定义计算公式来获得。通过计算公式来组织报表数据，既经济又省事，把大量重复、复杂的劳动简单化了。合理地设计计算公式能大大节约劳动时间，提高工作效率。

1. 单元公式

计算公式可以直接定义在报表单元中，这样的公式称为单元公式。

报表系统允许在报表中的每个数值型、字符型的单元内，写入代表一定运算关系的公式，用来建立表内各单元之间、报表与报表之间或报表系统与其他系统之间的运算关系，描述这些运算关系的表达式就称为单元公式。

单元公式的书写规则如下：＜目标区域＞＝＜算术表达式＞

例如，C18＝C13＋C14＋C15＋C16－C17。

2. 绝对单元公式和相对单元公式

绝对单元公式：前边我们举例都是绝对单元公式，即如果此单元移动到其他位置，其中的单元公式不变(也叫绝对引用)。例如，定义了 A10＝PTOTAL(A1：A9)，在 A10 单元前面插入一行后，单元公式依然为 PTOTAL(A1：A9)。

而利用相对单元公式就可以使公式随着报表的改变而变化。因此，相对单元公式是当单元公式移动或复制到其他单元，单元公式中引用的单元也随之改变。在单元名称的左侧输入“?”表示相对引用。

例如，对于“利润表”中的“主营业务收入”的“本年累计数”单元格定义了 D5＝？C5＋select(？D5，年@＝年 and 月@＝月＋1))，在 D5 单元前面插入一行后，单元公式自动变为 D6＝？C6＋select(？D6，年@＝年 and 月@＝月＋1))。同理可以对“本年累计数”列中的所有单元格设置成自动取数的单元公式。

例如，定义单元公式“A1＝B1＋？C1”，其中 B1 为绝对引用，？C1 为相对引用。

当在第 1 行之前插入 1 行时，单元公式改变为“A2＝B1＋？C2”。再把 A2 单元复制到 D2 单元时，单元公式改变为“D2＝B1＋？F2”。

3. 单元公式的定义方法

单元公式在格式状态下定义。在报表中选择要定义公式的单元，按“＝”号弹出“单元公式”对话框，在其中输入单元公式。如果定义的公式符合语法规则，点取“确认”按钮后公式写入单元中。如果公式有语法错误，则提示“输入公式失败”，如图 9－17 所示。

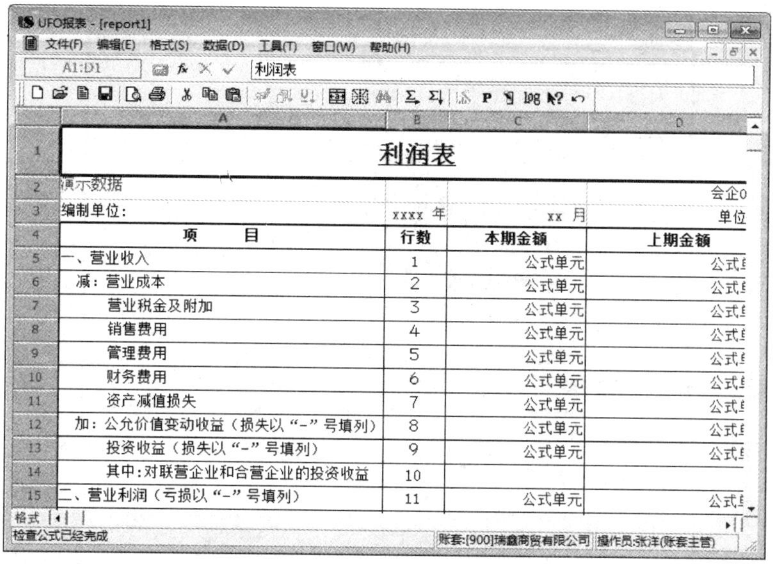

图 9—17 “公式输入失败”窗口

也可以利用“函数向导”定义单元公式。

例如，在“利润表”的财务费用本月数栏(C10)定义自动取数的财务函数如下：

光标指定 C10 单元格，按“＝”号或“fx”图标弹出“单元公式”对话框，点击“函数向导”，在对话框的“函数分类”中选择“用友财务函数”，在“函数名”中选择“发生(FS)”。如图 9—18 所示，再点击“下一步”进入“用友财务函数”窗口，如图 9—19 所示，在“函数录入”处录入“6603，月，借，900，年”点击“确定”按钮即可，如图 9—20 所示。同理，可以对利润表中的“本月数”中的单元设置自动取数的单元公式。

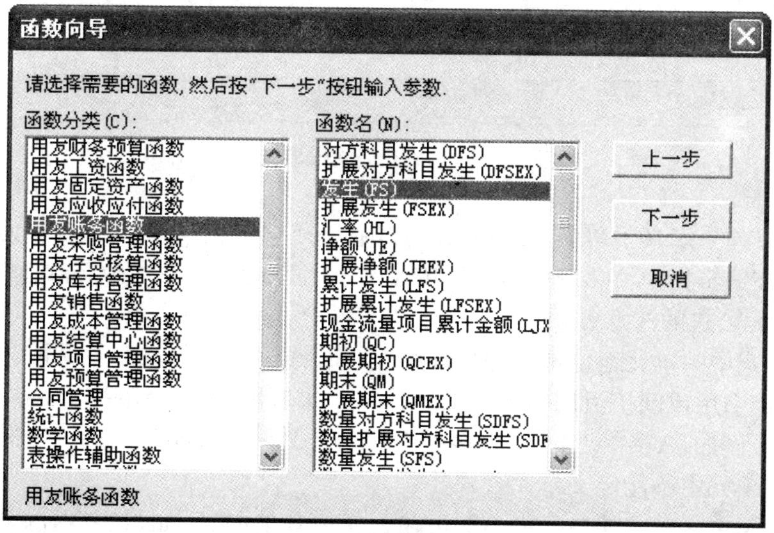

图 9—18 “函数向导”窗口

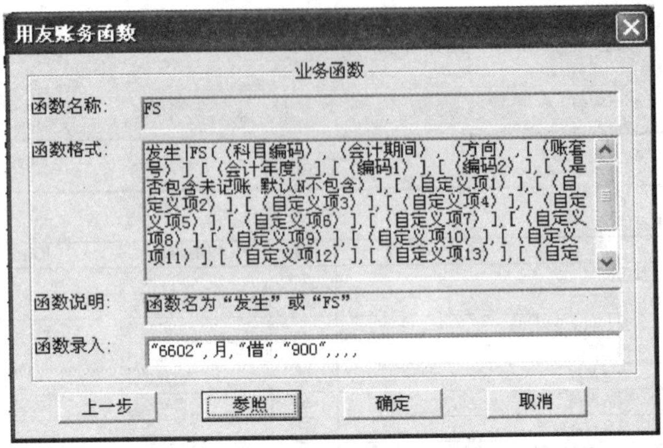

图 9－19　“用友财务函数”窗口

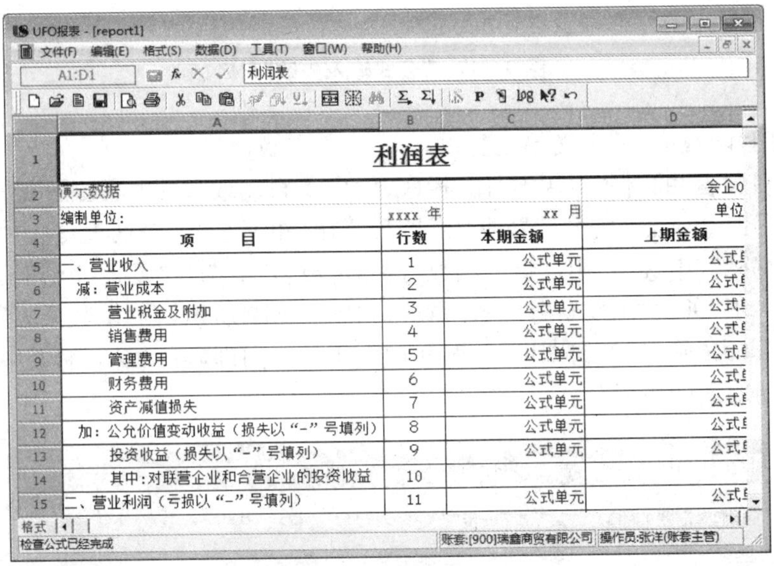

图 9－20　“单元公式设置”窗口

一个单元中如果定义了单元公式，则在格式状态下，单元中显示“公式单元”这 4 个汉字，单元公式显示在编辑栏中；在数据状态下，单元中显示公式的结果，单元公式显示在编辑栏中。

4. 定义单元公式的注意事项

(1)单元公式中的单元地址不允许循环引用(SELECT 函数、IFF 函数除外)，即本单元的公式中不能直接引用或间接引用本单元中的数据。如果出现循环引用，单元中将显示出错信息“公式错误”。例如，A1＝A1＋B2(直接引用)；A1＝B1＋C1，B1＝A1＋D1(间接引用)。

(2)在组合单元中不能定义单元公式。

(3)在定义了单元公式的单元中不能再输入任何其他内容，如数字等，除非删除其中的公式。

(4)单元公式与单元类型。

数值类型单元中的公式返回结果应为数值，如果返回结果为字符，则单元显示为空。例如，在数值类型单元 A1 中定义单元公式 A1＝“沈阳华旭”，则单元在数据状态下显示为空。

字符类型单元中的公式返回结果应为字符，如果返回结果为数值，则单元显示为空。例如，在字符类型单元 A2 中定义单元公式 A2＝1 000，则 A2 单元在数据状态下显示为空。如果利用单元公式定义字符单元的内容，则单元公式中的字符串应加上半角引号“ ”。例如，在字符类型单元 A1 中定义单元公式 A1＝“北方联盟”，则 A1 单元在数据状态下显示为“北方联盟”。

（三）审核公式

报表中的各种数据之间一般都存在某种钩稽关系，利用这种钩稽关系可定义审核公式来进一步检验报表编制的结果是否正确。审核公式可以验证表页中数据的钩稽关系，也可以验证同表中不同表页之间的钩稽关系，还可以验证不同报表之间数据的钩稽关系。

审核公式由验证关系公式和提示信息组成。定义报表审核公式，首先要分析报表中各单元之间的关系来确定审核关系，然后根据确定的审核关系定义审核公式。其中，审核关系必须确定正确，否则审核公式会起到相反的作用。

审核公式把报表中的某一单元或某一区域与另外某一单元或某一区域或其他字符之间用逻辑运算符连接起来。

审核公式格式：＜表达式＞＜逻辑运算符＞＜表达式＞[MESS“说明信息”]。

逻辑运算符有：＝、＞、＜、＞＝、＜＝、＜＞。“＝”的含义不是赋值，是等号两边的值要相等。

定义审核公式时，营业利润＝营业收入－营业成本－营业税金及附加－销售费用－管理费用－财务费用＋公允价值变动净收益＋投资收益，否则会出现“营业利润计算有误”的出错信息。

下面以编制“利润表”中的审核公式为例给出说明，具体操作步骤如下：

(1)单击“数据(D)”按钮，选择“编辑公式”进入“审核公式”对话框。

(2)在“审核公式”对话框中输入：

C15＝C5－C6－C7－c8－c9－c10－c11＋c12＋c13＋c14

MESS“营业利润计算有误”

C19＝C15＋C16－C17－C18

MESS“利润总额计算有误”

C21＝C19－C20

MESS“净利润计算有误”

(3)单击“确定”按钮即可，如图 9－21 所示。

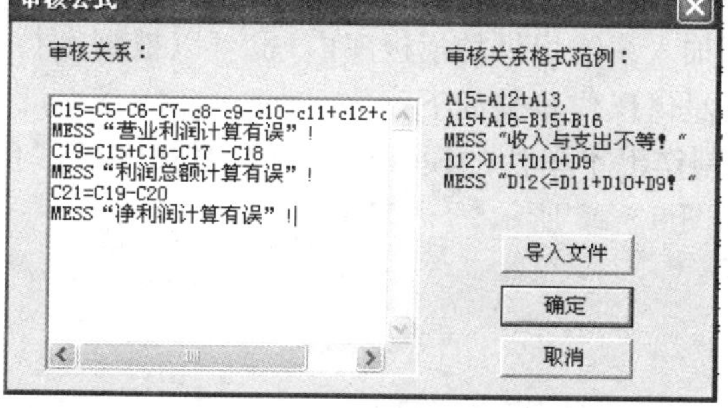

图 9－21 “编辑审核公式”窗口

(四)舍位平衡公式

在报表汇总中,各种报表的数据计量单位有可能不统一,这时,需要将报表的数据进行位数转换,将报表的数据单位由个位转换为百位、千位或万位,这种操作称作进位操作。

进位操作以后,原来的平衡关系可能会因为小数位的四舍五入而被破坏,因此还需要对进位后的数据平衡关系重新调整,使舍位后的数据符合指定的平衡公式。这种用于对报表数据舍位及重新调整(舍位之后)平衡关系的公式称为舍位平衡公式。

定义舍位平衡公式需要指明要舍位的表名、舍位范围以及舍位位数,并且必须输入平衡公式。例如,将数据由元进位为千元,定义该报表的舍位平衡公式,具体操作步骤如下:

(1)单击"数据 D"按钮,选择"编辑公式"进入"审核公式"对话框。

(2)在"舍位表名"文本框中输入"利润表"。

(3)在"舍位范围"文本框中输入"C5:C21"。

(4)在"舍位位数"文本框中输入"3"。

(5)在"平衡公式"文本框中输入,如图 9—22 所示:

C15=C5−C6−C7−c8−c9−c10−c11+c12+c13+c14

C19=C15+C16−C17−C18

C21=C19−C20

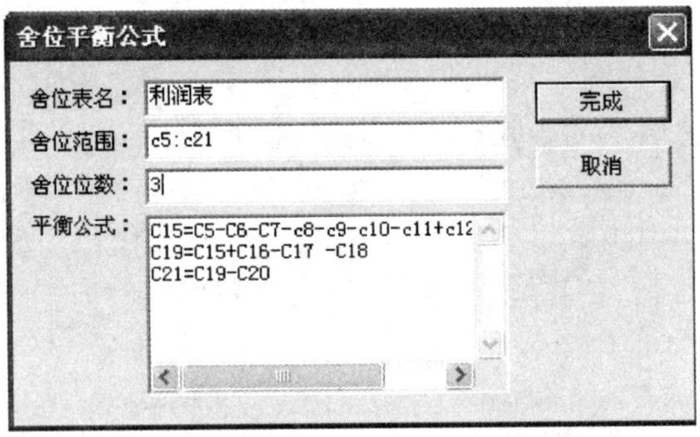

图 9—22 "编辑舍位平衡公式"窗口

(6)单击"完成"按钮。

(7)执行"文件"中的"另存为"按钮将其保存。

三、自定义模板的使用

用友 ERP-U8 的 UFO 报表系统的自定义模板可以使用户根据本单位的实际需要定制报表模板,并将自定义模板加入系统提供的模板库内,也可以根据本行业的特征,增加或删除各个行业及其内置的模板,具体操作步骤如下:

(1)在 UFO 报表中制作出本单位的模板后,执行"格式(S)"、"自定义模板"命令项,进入"自定义模板"对话框,如图 9—23 所示。

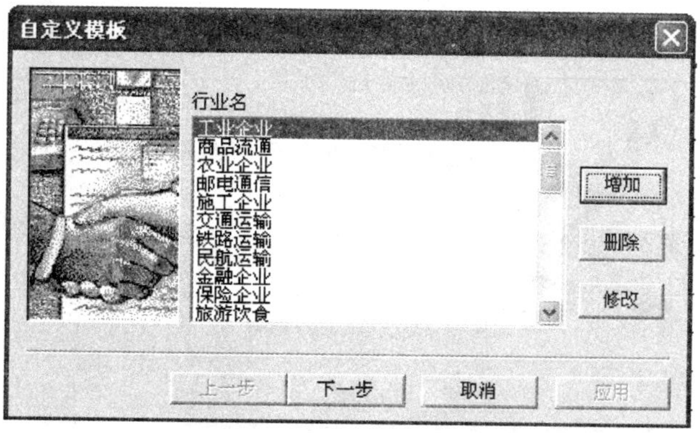

图 9—23　自定义模板对话框

(2)点击“增加”按钮，弹出“定义模板”编辑框，在编辑框中录入模板所属的行业名称(如“石油化工”)，录入正确后该行业被加入“自定义模板”对话框的“行业名称”列表框内，如图9—24所示。

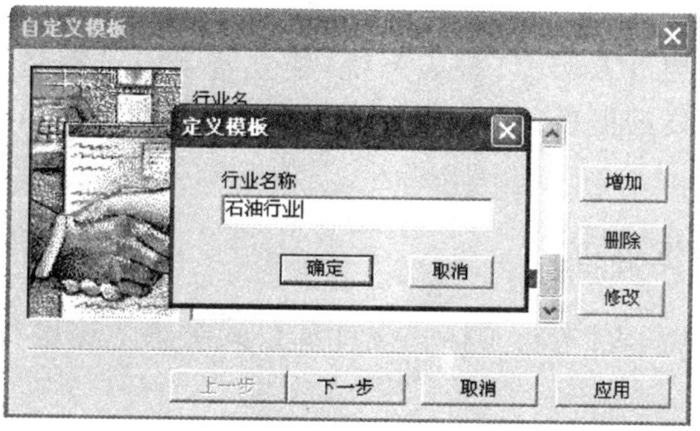

图 9—24　自定义模板编辑框

(3)点击“下一步”按钮，进入定制模板对话框。

(4)选定“石油化工”，点击“下一步”，进入如图 9—25 所示的对话框。

(5)点击“增加”按钮，在“模板名称”编辑框中录入模板名称(如利润表)，点击“完成”按钮，如图 9—26 所示。

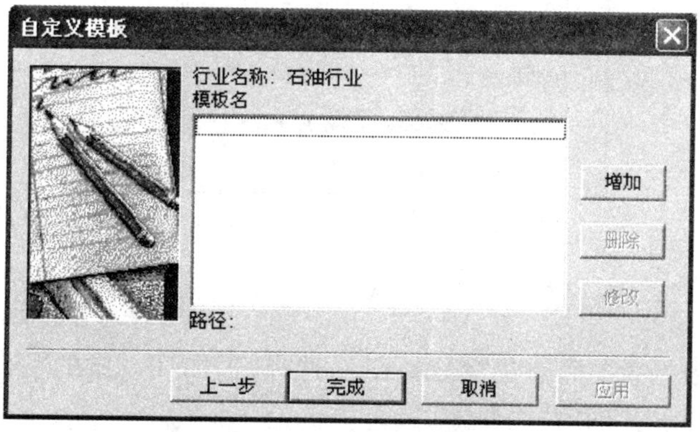

图 9—25　定制模板编辑框

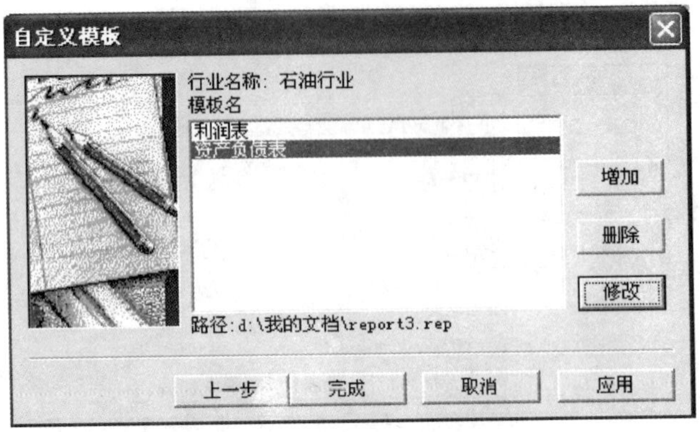

图 9—26 “完成定制模板”窗口

同理,在“石油化工”行业中增加“资产负债表”模板。

任务三 会计报表的数据处理

每个会计期末,都需要进入 UFO 报表系统,建立若干电子表格,然后应用设计的报表样式或报表模板,建立所需要的报表。下面分别以“利润表”和“资产负债表”为例说明会计报表数据的处理过程。

一、会计报表的数据处理

在前文中,已经对“利润表”进行了格式设计和公式编辑。这里我们通过以下步骤编制报表:

(一)打开报表

在报表系统窗口中,新建一张报表,点击“格式”下“报表模板(M)”,在“模板对话框”选择“2007 年新会计制度”和“利润表”,单击“确定”按钮,出现“提示对话框”,点击“确定”即可,如图 9—27 所示。

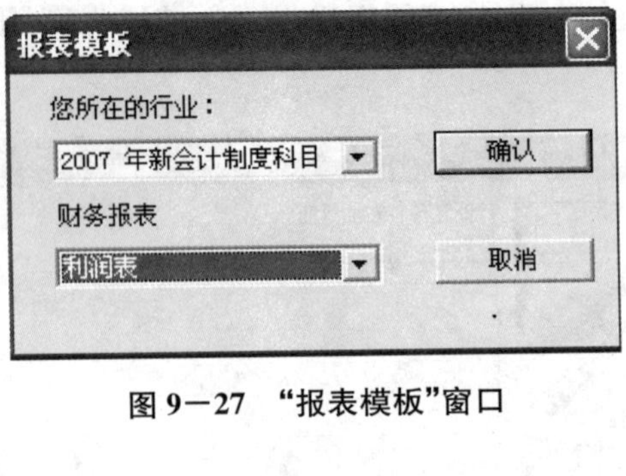

图 9—27 “报表模板”窗口

(二)追加表页

将报表调整为“数据状态”,点击“编辑(E)”,选择“追加(B)”中的“表页”,打开“追加表页”对话框,输入表页数,点击“确定”按钮即可。

(三)录入关键字

在“利润表”窗口下，点击“数据 D”，选择“关键字”中的“录入”，在“录入关键字”对话框输入“瑞鑫商贸有限公司”和“2016 年 1 月”，点击“确定”按钮即可，如图 9—28 所示。

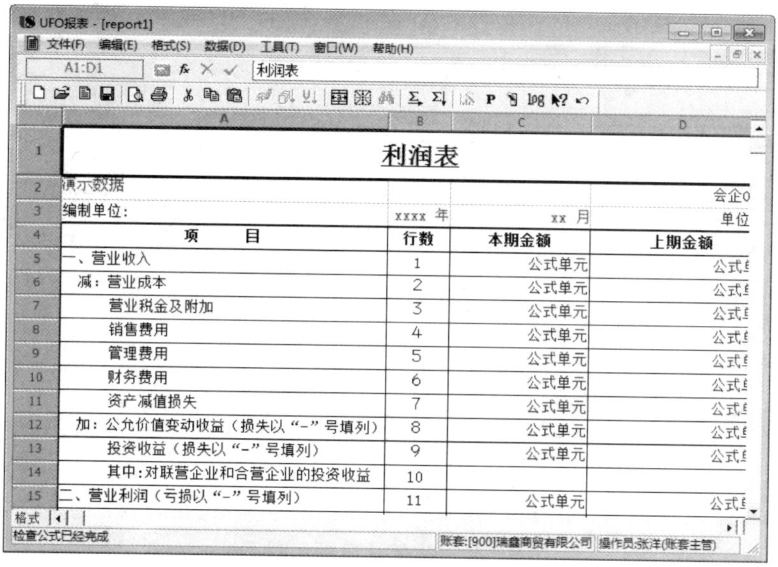

图 9—28 录入关键字对话框

(四)报表计算

按计算公式计算报表中的数据。

执行“数据(D)”下“表页重算”命令项，打开对话框：“是否重算第一页?”如图 9—29 和图 9—30所示，单击“是”按钮，系统会自动在已经存在的账套中和会计年度范围内根据单元公式计算，生成相关会计报表。

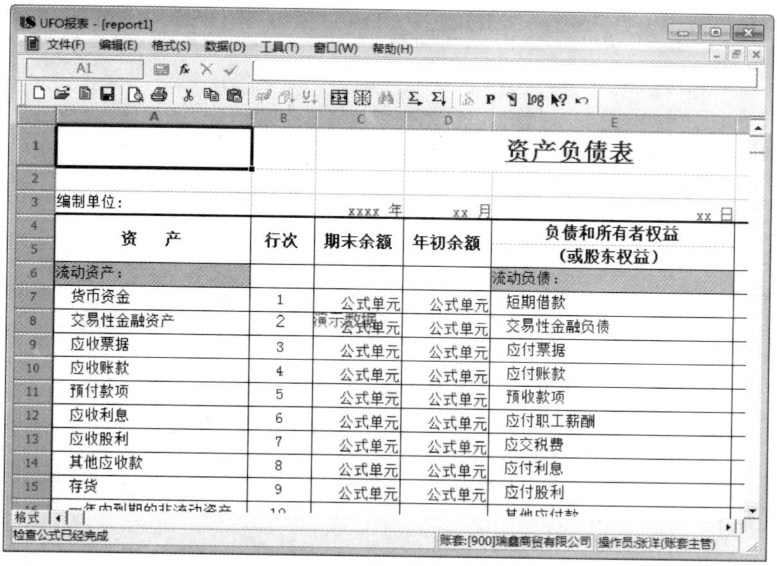

图 9—29 “报表计算”窗口

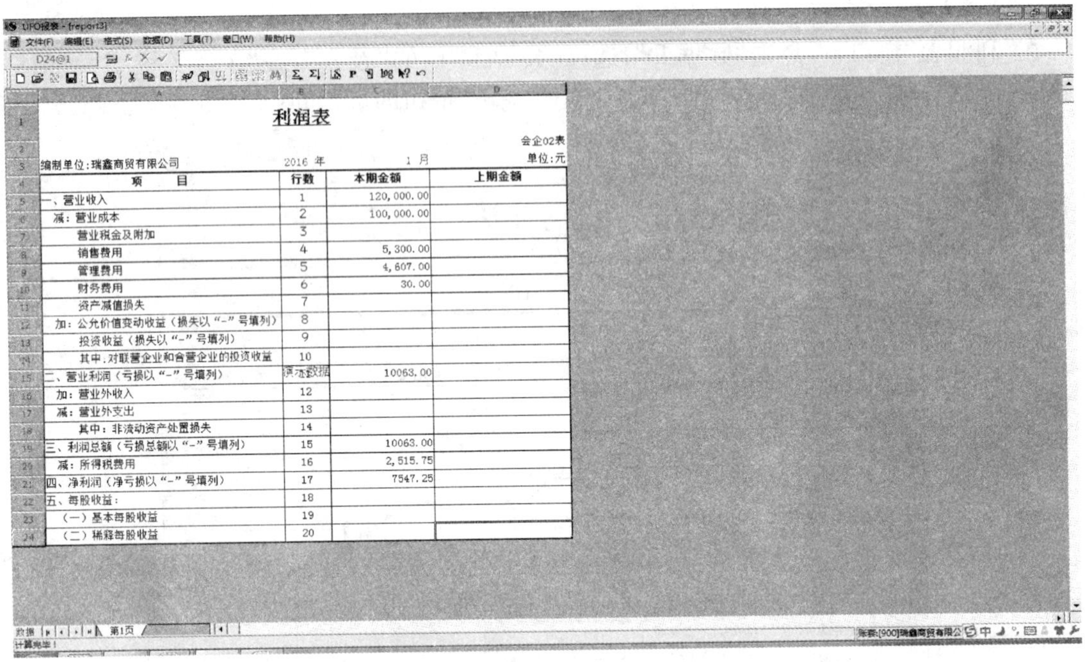

图 9—30 重复计算提示对话框

同理,可以完成"资产负债表"的编制工作,如图 9—31～图 9—33 所示。

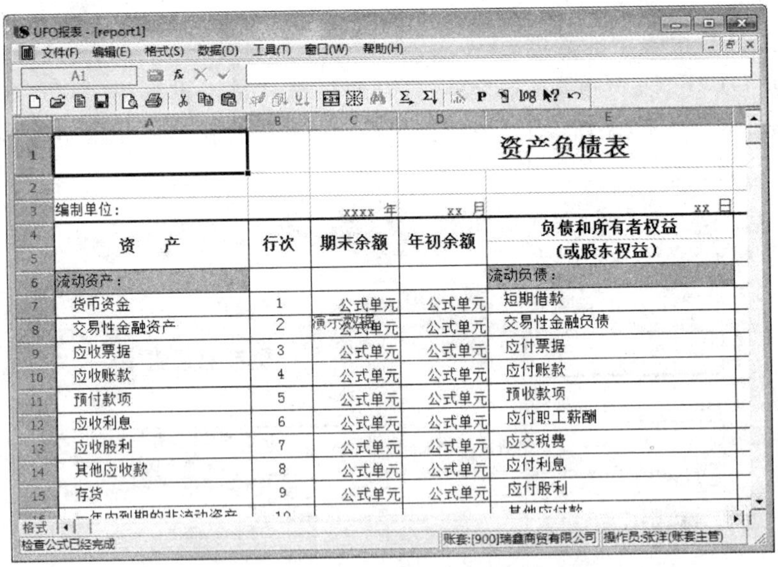

图 9—31 "资产负债表的编制"窗口之一

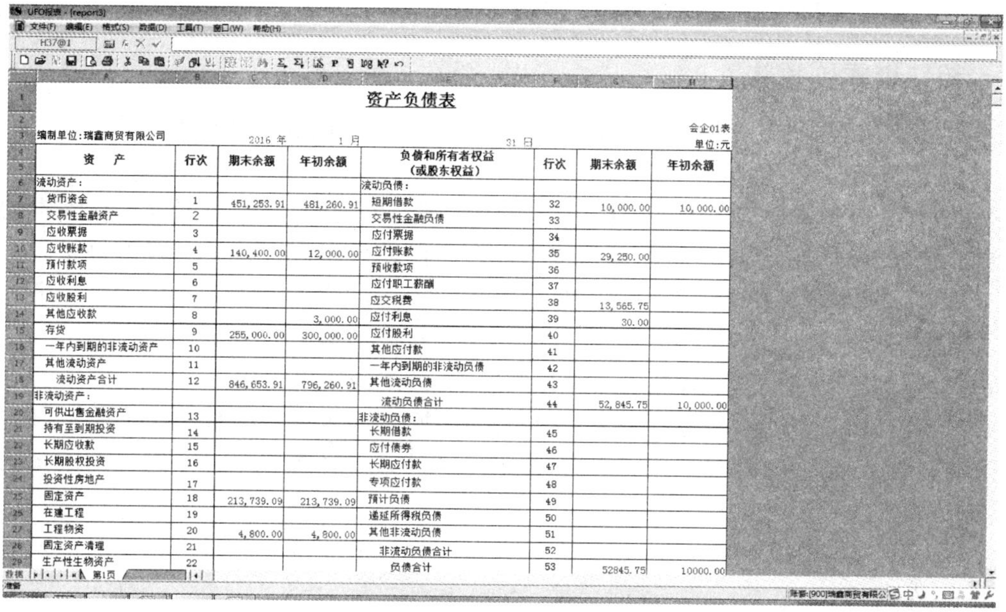

资产负债表

编制单位：瑞鑫商贸有限公司　　2016 年　1 月　31 日　　会企01表　单位：元

资　产	行次	期末余额	年初余额	负债和所有者权益（或股东权益）	行次	期末余额	年初余额
流动资产：				流动负债：			
货币资金	1	451,253.91	481,260.91	短期借款	32	10,000.00	10,000.00
交易性金融资产	2			交易性金融负债	33		
应收票据	3			应付票据	34		
应收账款	4	140,400.00	12,000.00	应付账款	35	29,250.00	
预付款项	5			预收款项	36		
应收利息	6			应付职工薪酬	37		
应收股利	7			应交税费	38	13,565.75	
其他应收款	8		3,000.00	应付利息	39	30.00	
存货	9	255,000.00	300,000.00	应付股利	40		
一年内到期的非流动资产	10			其他应付款	41		
其他流动资产	11			一年内到期的非流动负债	42		
流动资产合计	12	846,653.91	796,260.91	其他流动负债	43		
非流动资产：				流动负债合计	44	52,845.75	10,000.00
可供出售金融资产	13			非流动负债：			
持有至到期投资	14			长期借款	45		
长期应收款	15			应付债券	46		
长期股权投资	16			长期应付款	47		
投资性房地产	17			专项应付款	48		
固定资产	18	213,739.09	213,739.09	预计负债	49		
在建工程	19			递延所得税负债	50		
工程物资	20	4,800.00	4,800.00	其他非流动负债	51		
固定资产清理	21			非流动负债合计	52		
生产性生物资产	22			负债合计	53	52845.75	10000.00

图 9—32　“资产负债表的编制”窗口之二

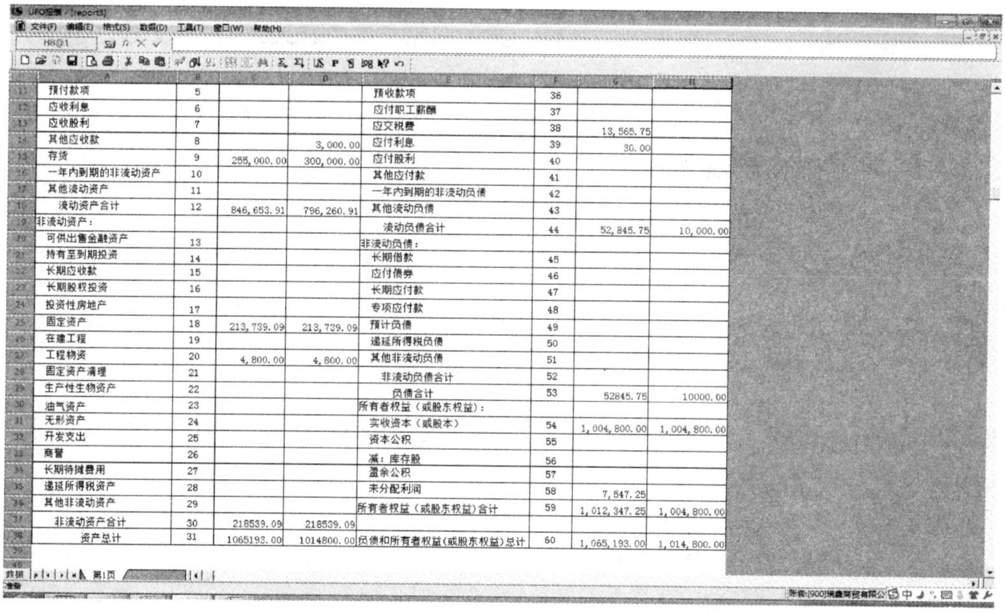

资　产	行次	期末余额	年初余额	负债和所有者权益（或股东权益）	行次	期末余额	年初余额
预付款项	5			预收款项	36		
应收利息	6			应付职工薪酬	37		
应收股利	7			应交税费	38	13,565.75	
其他应收款	8		3,000.00	应付利息	39	30.00	
存货	9	255,000.00	300,000.00	应付股利	40		
一年内到期的非流动资产	10			其他应付款	41		
其他流动资产	11			一年内到期的非流动负债	42		
流动资产合计	12	846,653.91	796,260.91	其他流动负债	43		
非流动资产：				流动负债合计	44	52,845.75	10,000.00
可供出售金融资产	13			非流动负债：			
持有至到期投资	14			长期借款	45		
长期应收款	15			应付债券	46		
长期股权投资	16			长期应付款	47		
投资性房地产	17			专项应付款	48		
固定资产	18	213,739.09	213,739.09	预计负债	49		
在建工程	19			递延所得税负债	50		
工程物资	20	4,800.00	4,800.00	其他非流动负债	51		
固定资产清理	21			非流动负债合计	52		
生产性生物资产	22			负债合计	53	52845.75	10000.00
油气资产	23			所有者权益（或股东权益）：			
无形资产	24			实收资本（或股本）	54	1,004,800.00	1,004,800.00
开发支出	25			资本公积	55		
商誉	26			减：库存股	56		
长期待摊费用	27			盈余公积	57		
递延所得税资产	28			未分配利润	58	7,547.25	
其他非流动资产	29			所有者权益（或股东权益）合计	59	1,012,347.25	1,004,800.00
非流动资产合计	30	218539.09	218539.09				
资产总计	31	1065193.00	1014800.00	负债和所有者权益（或股东权益）总计	60	1,065,193.00	1,014,800.00

图 9—33　“资产负债表的编制”窗口之三

注意：

①单元公式形式在格式设计状态中定义，存储在报表单元中，切换到数据处理状态时，单元公式将自动进行运算，也可以随时使用菜单“数据—整表重算”命令驱动报表中所有单元公式进行重算。

②不需再计算时，可以点取屏幕上方的“不计算”按钮，本表页以后不再重算。要重新计算，再次点取“不计算”按钮即可。当本表单元公式中涉及其他表或其他系统数据时，必须“整

表重算”后才能更新数据，得到完整、准确的会计报表。

二、会计报表的输出

会计报表输出的形式一般有屏幕查询、网络传输、打印输出和磁盘输出等形式。

(一)报表查询

报表查询是报表系统应用的一项重要工作。在报表系统中，可以对当前正在编辑的报表予以查询，也可以对历史报表进行迅速有效的查询。在进行报表查询时一般以整张表页的形式输出，也可以将多张表页的局部内容同时输出，这种输出叫透视。

1. 查找表页

查找表页可以以某关键字或某单元为查找依据，具体操作步骤如下：

执行“编辑(F)”菜单下的“查找”命令项，打开“查找”对话框，如图 9－34 所示，单击“表页”单选按钮，在“查询条件”框中分别输入“月”“＝”“2”，单击“查找”按钮，这里的表页为第一个符合条件的表页。

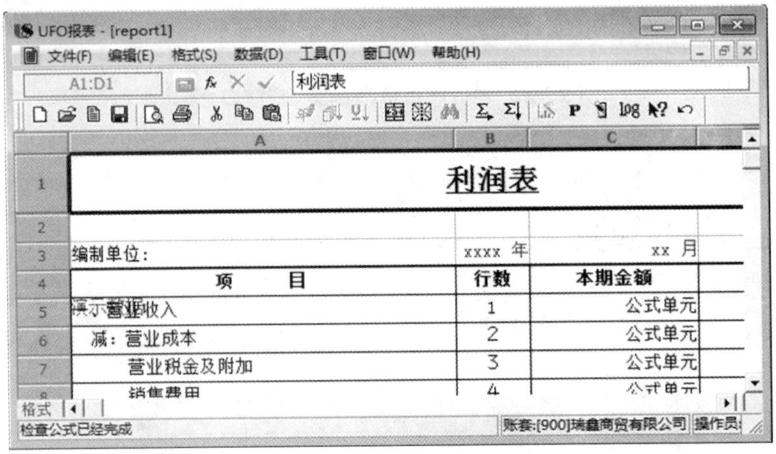

图 9—34　查找表页对话框

2. 联查明细账

用友 ERP－U8 的报表管理系统为用户提供了在报表上联查明细账的功能，并可以通过明细账查询相应总账和记账凭证。

要实现联查明细账，还需要具备以下几个条件：

(1)必须在数据状态下使用联查明细账功能，并且操作员必须同时具备 UFO 明细功能、总账函数、总账明细账查询的权限。

(2)必须在有单元公式的单元格中使用，单元公式必须是有会计科目参数的期初类函数(包括 QC、WQC、SQC)、期末类函数(包括 QM、WQM、SQM)、发生类函数(包括 FS、SFS、WFS、LFS、SLFS、WLFS)、净额函数(包括 JE、SJE、WJE)。在无单公式的单元格中无法使用此功能。

(3)当用户选择了某单元格时，只要当前单元格内有总账函数，即联查当前科目的明细账，如果当前单元格有多个科目，显示第一个科目的明细账，其他科目通过明细账的查询窗口进行切换。

(二)网络传送

网络传输方式是通过计算机网络将各种报表从一个工作站传送到另一个或另几个工作站的报表传输方式。使用计算机网络进行报表传输,可在各自的计算机上方便、快捷地查看相关会计报表,大大提高了会计数据的时效性和准确性,又有很好的安全性,并且可以节省报表报送部门大量的人力、物力、财力。随着计算机网络的日益普及,网络传输方式的优势越发明显,并且正在逐步取代其他的传输方式。

用户只要将报表生成网页文件(Html 文件),就可以将其发布在企业内部网和互联网上。

(三)报表打印

打印输出方式是指将编制出来的报表以纸介质的形式打印输出。打印输出是将报表进行保存、报送有关部门而不可缺少的一种报表输出方式。但在打印之前必须在报表系统中做好打印机的有关设置,以及报表打印的格式设置,并确认打印机已经与主机正常连接。

UFO 报表系统提供了不同文件格式的输出方式,方便不同软件之间进行数据的交换,输出的格式有:报表文件(*.rep)、文本文件(*.txt)、数据库文件(*.dbf)、Access 文件(*.mdb)、Excel 文件(*.xls)、Lotus1—2—3 文件(*.wk4)。

此外,将各种报表以文件的形式输出到磁盘上也是一种常用的方式。

实务演练

1. 货币资金表

货币资金表

编制单位: 年 月 日 单位:元

项 目	行 次	期初数	期末数
现金	1		
银行存款	2		
合计	3		

制表人:

(1)报表格式说明

表头:标题"货币资金表"设置为黑体、16 号、居中;单位名称和年、月、日应设置为关键字。

表体:表体中文字设置为楷体、14 号、居中,第 3、4 栏右对齐。

表尾:"制表人:"设置为宋体、12 号、右对齐。

(2)报表公式

现金期初数:C4=QC("1001",月)

现金期末数:D4=QM("1001",月)

银行存款期初数:C5=QC("1002",月)

银行存款期末数:D5=QM("1002",月)

期初数合计:C6=C4+C5

期末数合计:D6=D4+D5

2. 资产负债表和利润表

利用报表模板生成资产负债表、利润表。

会计电算化综合实训

一、建立账套技能测试

(一)建立账套信息

1. 账套信息:账套号“789”,账套名称“好事家公司”,启用日期“2016 年 1 月”。

2. 单位信息:单位名称“好事家公司”,单位简称“好事家”,税号“111122223333”。

3. 核算类型:企业类型“工业”,行业性质“2007 新会计制度科目”,账套主管“张明”,按行业性质预置科目。

4. 基础信息:存货、客户及供应商均分类,有外币核算。

5. 编码方案:

(1)客户分类和供应商分类的编码方案为“22”。

(2)部门编码的方案为“12”。

(3)存货分类的编码方案为“2233”。

(4)会计科目的编码方案为“42222”。

(5)结算方式的编码方案为“12”。

(6)其他编码项目保持不变。

6. 数据精度:保持系统默认设置。

7. 系统的启用:“总账”“工资”“固定资产”系统,启用日期为“2016－01－01”。

(二)电算化工作岗位人员及分工权限

1. 账套主管:001 张明,拥有“账套主管”的全部权限。

2. 会计:002 于丽,拥有“总账、UFO 报表、固定资产、工资”的全部权限。

3. 出纳:003 李华,拥有“出纳签字和出纳”的全部权限。

二、系统初始化技能测试

(一)部门及人员档案

部门编码	部门名称	职员姓名	职员属性
1	管理部	王刚	管理人员
2	生产车间	王花	生产管理人员
2	生产车间	刘洽	生产管理人员
2	生产车间	魏刚	生产管理人员
2	生产车间	王工	生产管理人员

续表

部门编码	部门名称	职员姓名	职员属性
3	财务部	张明	管理人员
3	财务部	于丽	管理人员
3	财务部	李华	管理人员
4	供应部	李平	管理人员
5	销售部	周杰	销售人员

（二）客户分类及客户档案

客户编码	客户简称	所属分类	税　号	开户银行	账　号
001	夏雨公司	01 黑龙江	1000001	工行	111
002	万花贸易公司	02 辽宁	2000001	中行	222
003	美师达公司	03 北京	3000001	建行	333
004	静文公司	04 上海	4000001	招行	444

（三）供应商分类及供应商档案

供应商编码	供应商简称	所属分类	税　号	开户银行	账　号
001	达达公司	东北	312345	工行	101
002	利华公司	华北	312346	中行	232
003	建德公司	华东	312347	建行	115
004	加美商行	西北	312348	招行	236
005	华东公司	其他	312349	招行	321

三、总账系统应用技能测试(总账启用日期:2016 年 1 月 1 日)

（一）基础档案设置

1. 设置外币:“美元”;固定记账汇率:“8.272”。

2. 凭证类型为“记账凭证”。

3. 结算方式为:

(1)支票

101 现金支票

102 转账支票

(2)汇兑:201 电汇,202 信汇

(3)银行汇票

(4)银行本票

(5)其他结算方式

（二）会计科目及期初余额表

指定现金为现金总账科目，银行存款为银行总账科目。

科目名称	外币/单位	辅助账类型	方向	数量	期初余额
库存现金		日记账	借		3 000.00
银行存款			借		12 726 806.00
工行存款		日记账、银行账	借		12 726 806.00
中行存款	美元	日记账、银行账	借		
其他货币资金			借		100 000.00
外埠存款			借		100 000.00
应收账款		客户往来	借		1 400 000.00
其他应收款			借		7 000.00
其他借款			借		
私人借款		个人往来	借		7 000.00
坏账准备			贷		
原材料			借		
A 材料	KG		借	5 000	50 000.00
B 材料	KG		借	500	10 000.00
库存商品			借		400 000.00
甲	件		借	100	100 000.00
乙	件		借	600	300 000.00
待摊费用			借		374 540.00
报刊费			借		374 540.00
长期股权投资			借		500 000.00
股票投资			借		500 000.00
长期债权投资			借		1 000 000.00
债券投资			借		1 000 000.00
固定资产			借		1 205 000.00
累计折旧			贷		101 346.00
在建工程			借		100 000.00
无形资产			借		120 000.00
短期借款			贷		300 000.00
应付股利			贷		20 000.00
应付账款		供应商往来	贷		1 300 000.00
应付福利费			贷		50 000.00

续表

科目名称	外币/单位	辅助账类型	方向	数量	期初余额
长期借款			贷		1 000 000.00
实收资本(或股本)			贷		16 100 000.00
生产成本					
基本生产成本			借		775 000.00
甲产品			借		375 000.00
乙产品			借		400 000.00
制造费用			借		
工资		部门核算	借		
福利费		部门核算	借		
电话费		部门核算	借		
折旧费		部门核算	借		
其他			借		
主营业务收入			贷		
主营业务成本			借		
管理费用			借		
工资		部门核算	借		
福利费		部门核算	借		
电话费		部门核算	借		
折旧费		部门核算	借		
办公费		部门核算	借		
其他			借		
财务费用			借		
手续费			借		
利息收入			借		
利息支出			借		

应收账款明细余额表

日期	凭证号	客户单位名称	摘　要	方　向	金　额
2015—12—31		夏雨公司	销售商品	借	1 200 000.00
2015—12—31		万花贸易公司	销售商品	借	200 000.00

其他应收款——个人明细余额表

日期	凭证号	部门	职员	摘要	方向	金额
2015－12－31		管理部	王小刚	出差借款	借	5 000.00
2015－12－31		生产车间	陈欣	出差借款	借	2 000.00

应付账款明细余额表

日期	凭证号	供应商单位名称	摘要	方向	金额
2015－12－07		达达公司	购买商品	贷	1 200 000.00
2015－12－29		利华公司	购买材料	贷	100 000.00

(三)总账选项中的参数设置

1."凭证"页签中选中"制单序时控制"、"可以使用应收应付受控科目"、"自动填补凭证断号"、"凭证编号方式一系统编号"参数、"出纳凭证必须经由出纳签字"、"允许修改、作废他人填制的凭证"。

2."账簿""会计日历""其他"页签均按系统默认值。

(四)经济业务及期末处理

1.1月4日提取现金800元。

2.1月5日管理部王刚借2 000元出差。财务开出现金支票,票号为"101"。

3.1月6日供应部支付业务招待费1 200元,转账支票号:201。

4.1月7日,开银行汇款120 000元准备到华东采购材料。

5.1月8日,收到采购员交来的发票等报销凭证93 600元,其中采购A材料8 000千克,价格为10元/千克,共计80 000元,税费为13 600元,材料已验收入库,多余款项已交回。

6.1月9日,收到夏雨公司转账支票1张,面值为1 200 000元,用以归还货款。

7.1月10日,归还利华公司欠货款100 000元,转账支票号为"205"。

8.1月12日,向夏雨公司出售甲产品20件,销售价格1 800元/件,共计36 000元,增值税率17%,共计6 120元,已办妥托收手续。

9. 结转1月12日业务销售成本,销售成本1 000元/件。

10.1月13日,向万花贸易公司销售乙产品30件,销售价格为1 000元/件,销售成本500元/件,现金折扣条件为2/10、N/30,增值税率为17%,产品交付并办妥托收手续。

11. 结转1月13日业务销售成本。

12.1月15日,万花贸易公司按2/10现金折扣方式回款34 398元,702元作为财务费用入账。银行已转来收账通知。

13.1月20日收到BB集团投资资金10 000美元。

14.1月26日,管理部购买200元的办公用品。

15.1月27日计提工资费用。

16.1月28日购办公用品传真机一台,价值2 852元,管理部使用,使用年限5年,平均年限法,净残值率3%。

17. 计提固定资产累计折旧。

18. 自定义转账:结转制造费用到甲产品。

19. 结转"本年利润"账户有关事项。

20. 按本年实现利润的25%计算应交企业所得税。

21. 按税后利润的15%提取法定盈余公积金,按税后利润的10%提取任意盈余公积金。

22. 按年末可供分配利润的25%计算应分配给投资者的利润。

23. 年末结转未分配利润。

24. 2016 年 1 月 31 日，月末结账。

四、工资系统技能测试

(一)工资初始化

启用工资：选择单类别、扣税、人员编码 3 位，启用时期为“2016 年 1 月 1 日”。

(二)基础档案

1. 银行名称

银行名称为“工商银行支行”，银行账号定长为 14 位。

2. 工资项目设置

工资项目	类型	长度	小数点	增减及其他
基本工资	数字	8	2	增项
岗位工资	数字	8	2	增项
岗位津贴	数字	8	2	增项
住房补贴	数字	8	2	增项
交补	数字	8	2	增项
应发合计	数字	8	2	增项
病假天数	数字	3		其他
病假扣款	数字	8	2	减项
事假天数	数字	3		其他
事假扣款	数字	8	2	减项
扣款合计	数字	8	2	减项
实发合计	数字	8	2	增项

3. 人员档案

部门名称	人员		人员类别	性别	银行账号
管理部	001	王刚	管理人员	男	100001
生产车间	002	王花	生产管理人员	男	100002
生产车间	003	刘冶	生产管理人员	男	100003
生产车间	004	魏刚	生产管理人员	女	100004
生产车间	005	王工	生产管理人员	女	100005
财务部	006	张明	管理人员	男	100006
财务部	007	于丽	管理人员	男	100007
财务部	008	李华	管理人员	女	100008
供应部	009	李平	管理人员	女	100009
销售部	010	周杰	销售人员	男	100010

4. 工资计算公式

应发合计＝基本工资＋岗位工资＋岗位津贴＋住房补贴

病假扣款＝病假天数×30

事假扣款＝事假天数×40

交补＝销售人员或者生产人员300元，其他200元

5. 工资表

姓名	基本工资	岗位工资	岗位津贴	住房补贴	病假天数	病假扣款	事假天数	事假扣款
王刚	3 900	300	320	195				
王花	4 600	350	320	195				
刘洽	810	300						
魏刚	3 900	300	320	195				
王工	4 200	300	320	195				
张明	3 900	300	320	195				
于丽	1 800	300	320	195	3	90	2	80
李华	3 200	390	320	195	3	90	2	80
李平	3 200	340	320	195	4	120		
周杰	1 500	230	320	158	4	120	2	80

6. 个人所得税基数——3 500元

7. 分配工资费用

8. 结账

将“病假天数”“事假天数”“病假扣款”“事假扣款”设为清零项。

五、固定资产技能测试

(一)固定资产初始化

1. 启用固定资产系统：主要折旧方法为平均年限法；折旧分配周期为1个月；资产类别编码长度：2—1—1—2；自动编号(类别编号＋序号，序号长度3位)；与总账系统进行对账科目：“1601”为固定资产科目，“1602”为累计折旧科目。

(二)基础设置

1. 选项修改：“业务发生后立即制单”“月末结账前一定要完成制单登账业务”；录入固定资产缺省入账科目“1601”，累计折旧缺省入账科目“1602”。

2. 固定资产类别：01. 房屋及建筑物；02.专用设备；03.交通设备；04.办公设备。

3. 使用状况：默认系统设置。

4. 增减类别：默认系统设置。

5. 设置部门对应折旧科目。

(三)录入原始卡片

名称	类别	部门	使用年限	开始使用日期	原值(元)	累计折旧(元)	残值率
厂房	01	生产车间	30	2013—09—01	800 000	56 160	5%
A机器	02	生产车间	6	2014—09—01	60 000	2 430	3%
B机器	02	生产车间	6	2015—09—01	60 000	2 430	3%

续表

名称	类别	部门	使用年限	开始使用日期	原值(元)	累计折旧(元)	残值率
奥迪车	03	管理部	10	2014—09—01	250 000	29 625	5%
面包车	03	供应部	4	2014—05—01	9 000	1 247.4	5%
电脑	04	财务部	4	2014—06—01	13 000	4 726.8	3%
电脑	04	销售部	4	2014—06—01	13 000	4 726.8	3%
合计					1 205 000	101 346	

注:原始卡片增加方式均为直接购入的方式,使用状况均为在用,各卡片均为"平均年限法(一)"。

(四)日常业务

1. 当月 28 日购办公用品传真机一台,价值 2 852 元,管理部使用,使用年限 5 年,平均年限法,净残值率为 3%。

2. 收到捐赠的电脑一台,市场价值 400 元。

3. 计提折旧。

4. 1 月 31 日销售部电脑报废,清理费用 30 元。

六、报表系统技能测试

进入 UFO 报表系统,利用报表模板生成资产负债表和利润表。

七、要求

1. 以账套主管身份设置账套的会计科目,录入期初余额并进行试算平衡等。
2. 由账套主管填制记账凭证。
3. 由出纳对出纳凭证进行签字。
4. 由会计审核凭证并记账。
5. 由账套主管处理工资和固定资产业务。